高等院校经济学·管理学"十三五"规划教材

经济法

刘次邦　主　编

陕西新华出版传媒集团

陕西人民出版社

图书在版编目（CIP）数据

经济法/刘次邦主编. —西安. 陕西人民出版社，
2016
高等院校经济学、管理学"十三五"规划教材
ISBN 978 - 224 - 12085 - 1
Ⅰ. ①经… Ⅱ. ①刘… Ⅲ. ①经济法—中国—
高等学校—教材 Ⅳ. ①D922.29

中国版本图书馆 CIP 数据核字（2016）第 296546 号

高等院校经济学·管理学
"十三五"规划教材　　　经济法

主　编	刘次邦	封面设计	白明娟
责任编辑	李俊宏	版式设计	白明娟

出版发行	陕西新华出版传媒集团　陕西人民出版社
购书电话	（029）87216020　87216756
地　　址	西安北大街 147 号
邮政编码	710003
经　　销	陕西省新华书店
印　　刷	西安印刷包装产业基地发展有限公司

开　　本	787mm×1092mm　1/16
印　　张	23.5
插　　页	2
字　　数	550 千字
版　　次	2016 年 12 月第 1 版　2016 年 12 月第 1 次印刷
印　　数	1—5000
书　　号	ISBN　978 - 7 - 224 - 12085 - 1
定　　价	45.00 元

前　　言

市场经济在一定意义上是法制经济。经济法自 20 世纪 70 年代末在我国兴起以来，得到了迅速发展，特别是随着我国社会主义市场经济体制的不断完善、中国特色社会主义法律体系的形成，人们的经济法律意识不断增强，依法管理社会经济活动，实现依法治国，已成为全社会的共识。因此，提高广大经济、管理工作者依法办事的意识和能力，就成为时代发展的必然要求。同时，随着我国社会主义市场经济法制的不断完善，也要求高等院校的经济学、管理学专业培养出通晓市场经济法律基本理论和基本制度，能够自觉依法办事的新型经济、管理人才，以适应市场经济对复合型人才的需求。

为使经济、管理类专业学生能够较全面地掌握我国调整市场经济关系的法律制度，我们在总结长期教学经验的基础上，根据经济、管理类专业学生的知识结构和特点，编写了这本教材，以适应高等院校经济、管理类专业的经济法教学需要。本书在保持经济法学科体系完整性的基础上，融入了民商法相关法律制度，如法人、所有权、代理、时效和合同法等内容，以弥补学生民商法基本知识的不足，增强教材的应用价值和信息含量。

本书基本结构如下：第一编经济法基本理论、第二编经济组织法、第三编市场管理和市场行为法、第四编宏观经济调控法、第五编仲裁法和诉讼法。

本次修订力求反映国家最新立法和学术界的最新研究成果，根据我国现行法律、法规，对本书进行了修正和部分章节重新撰写。撰写分工如下（按各章顺序）：刘次邦（西安交通大学）第 1、2、7、20、21 章；陈思思（西安建筑科技大学）第 3、14 章；高明侠（西安交通大学）第 4 章；单杰（西安建筑科技大学）第 5、11 章；王鹏（西安交通大学城市学院）第 6、22 章；吴关龙（西安交通大学）第 8、18 章；鲁璐（西安财经学院行知学院）第 9、17 章；王玉苹（西安交通大学）第 10 章；祝建辉（西北工业大学）第 12、13、16 章；刘星（延安大学）第 15、19 章；白丹（西安交通大学城市学院）第 23、24 章；王继红（西安交通大学）第 25 章。主编刘次邦，副主编刘星、吴关龙、单杰；主编统稿。

最后，对本书出版和发行工作给予大力支持和关心的陕西人民出版社和西安交通大学城市学院表示诚挚谢意。

编写组

2016 年 10 月

目　录

第一编　经济法基本理论

第 1 章　经济法概述

§1.1　经济法的概念和调整对象

§1.1.1　经济法的概念

1. 经济法概念的由来及其重要性

"经济法"这一概念，从现有资料来看，始见于法国空想社会主义者摩莱里在 1755 年出版的《自然法典》一书。此后，法国的另一空想社会主义者德萨米在 1842 年出版的《公有法典》中，再次使用了"经济法"这个概念。但是，他们都将"经济法"与分配制度紧密联系，作为理想社会中实现分配关系的一种制度，因而并未引起人们的重视。直到 20 世纪初，经济法这一概念才被人们重新使用。第一次世界大战前后，西方国家纷纷通过立法直接干预经济生活，德国学者便用经济法来概括当时国家干预经济的各种法律、法规，此后"经济法"便被广泛使用。我国自党的十一届三中全会以来，法律作为国家调整经济关系的重要手段，日益为人们所重视。在党中央、全国人大和国务院的各种文件中，经济法这一概念也被广泛使用。

随着我国经济体制改革的不断深入和法制建设的日益完善，经济法的重要性也为人们所普遍认识。因此，准确掌握经济法的概念，对于加强我国经济法制建设，深入开展经济法律的科学研究，都具有十分重要的意义。

2. 经济法的概念

经济法自出现以来，对其概念就有各种不同的理解。我们认为，确定经济法的概念应当注意到：

（1）反映我国经济生活的客观要求。随着我国社会主义市场经济体制的建立，国家的经济管理职能正逐步转化为以宏观调控为主的间接管理。与此相适应，法律对经济关系的调整应主要体现为国家对市场经济活动的管理、协调。经济法的概念应反映这一要求。

（2）有利于完善我国市场经济法律体系。市场经济在一定意义上是法制经济。因此，我国市场经济体制的建立，必须有完善的市场经济法律体系作保障。市场经济的复杂性，决定了由多个法律部门对其调整的必要性。经济法作为直接反映国家干预经济生活意志的法律、法规，其作用是其他法律部门所无法替代的。因此，经济法的概念应体现国家对市场经济的法律调整。

（3）应与已有的法律部门相区别。这是确定经济法概念的一个基本问题。经济法作为一个新兴的法律部门，是在原有法律部门的基础上形成的，其目的在于解决原有法律部门所无法解决的问题，与其他法律部门相互配合，共同保障市场经济的健康发展。但是，经济法自身的特定调整对象和基本特征又决定了其独立存在的必然性。因此，在表述经济法概念时，应明确其特定的调整对象，从而与其他法律部门相区别。

综上所述，我们认为经济法的概念应作如下表述：经济法是指调整国家在管理、协调市场经济活动的过程中所发生的经济关系的法律规范的总称。经济法的这个概念具有三层含义：

（1）经济法是调整经济关系的法律手段。国家对经济关系的调整是实现其经济管理职能的重要方面，其调整方式包括经济手段、行政手段和法律手段。经济法作为法律手段的一种，是由国家强制力保证实施的，因此与经济手段和行政手段的性质是不同的。后者不由国家强制力保证，其力度也不及法律手段。

（2）经济法只调整一定范围的经济关系。经济关系的复杂性决定了它不可能由单一的法律部门去调整，而要由不同的法律部门分别调整。因此，经济法并不调整所有的经济关系，而只是调整一定范围的经济关系，即国家在管理、协调市场经济活动的过程中所发生的经济关系。除此之外，其他方面的经济关系则由民法、刑法等其他法律部门去调整。

（3）经济法是指一系列经济法律、法规的总称。经济法自产生以来，除极个别国家外，始终未形成统一的法典，但是各国大都承认经济法的独立存在。其主要原因有两个：①经济法的调整对象广泛而复杂，难以用统一的原则和调整方法去规范；②经济法所调整的经济关系的性质虽然有所不同，但却存在着十分密切的联系。所以，经济法既有特定的调整对象，又难以在短期内形成统一的法典，就只能通过国家颁布的调整特定范围经济关系的诸多法律和行政法规来表现。

§1. 1. 2 经济法的基本特征

经济法作为调整国家在管理、协调市场经济活动中所发生的经济关系的法律、法规，从总体上来看，与其他法律部门，特别是与民法、行政法相比，其基本特征是明显的：

1. 经济法以实现国家对市场经济活动的管理、协调为目的

经济法作为国家干预经济生活的法律、法规，是国家实现经济管理职能，进行宏观经济调控的重要法律手段，其目的在于实现国家对市场经济活动的管理、协调。因而经济法律关系往往直接体现了国家管理、协调市场经济活动的意志。这与民法、行政法的目的显然不同：民法调整平等主体之间的财产关系和人身关系，以规范主体之间商品经济关系为目的；民事法律关系虽在本质上也体现统治阶级的国家意志，但具体的民事法律关系直接体现的却是当事人双方的意志。行政法虽然也是国家实现其职能的手段，行政法律关系虽然也直接体现国家意志，但是一般来说，行政法的目的不是实现国家对市场经济活动的管理、协调，而是保障政府及其所属机构和工作人员依法行政，防止其滥用行政权力；行政法律关系也不直接具有经济内容。

2. 经济法采取命令与服从和综合性方法调整经济关系

经济法尽管也调整某些生产经营协作关系，但总的来说，命令与服从是经济法最基本的调整方法。这是由于国家经济管理机关常常作为主体一方，使经济法律关系主体的地位不平等。而民法则以平等、自愿为原则，民事法律关系的当事人双方一律平等。这是经济法与民法的重要区别之一。

经济法的调整方法还具有综合性的特点。经济法律、法规与民法、行政法和刑法在调整社会经济关系时会出现相互交叉的情形，因此，经济法常采取综合并处的方法，即通过民事（经济）的、行政的和刑事的方法去追究违法行为人的法律责任，这也是其他法律部门所没有的。

3. 经济法主要是强制性规范

法律规范可以分为强制性规范和任意性规范两类。经济法因其直接体现国家对经济生活的干预，故主要为强制性规范，即经济法律规范以禁止性和命令性规范居多。这与民法有极大的不同：民事法律规范以任意性规范为主，即民事法律关系的设立、变更、终止以及民事权利和民事义务的确定，原则上均凭当事人自愿。所以，经济法与民法的一个重要区别是：前者以强制性规范居多。当然，经济法也包括某些任意性规范，如工商企业的经营范围的确定、企业的经营权的行使、合同的订立等。但总的来看，经济法主要是强制性规范。

4. 经济法的表现形式具有多样性

经济法所调整的国家在对市场经济活动管理、协调过程中发生的经济关系，涉及市场经济活动的各个领域和各个行业，其内容复杂而广泛。这就决定了经济法自身内容的广泛性和经济立法的多层次性，其结果必然导致经济法表现形式的多样性。具体来看，经济法的表现形式包括：宪法中调整经济关系的法律规范；全国人大及其常委会制定的经济法律；国务院及其各部、委、局制定的行政法规和行政规章；拥有立法权的地方权力机关制定的地方性法规。经济法的这种多样性表现形式与民法、刑法明显不同，后者多以法典形式表现。

§1. 1. 3　经济法的调整对象

任何法律都以一定的社会关系为调整对象，经济法自然也不例外，也调整一定的社会关系。因此，经济法的调整对象就是指经济法所调整、所规范的社会关系，即特定的经济关系。这里有两层含义：①经济法的调整对象是经济关系；②经济法不调整所有的经济关系，只调整特定的经济关系。

经济法所调整的特定的经济关系是指国家在管理、协调市场经济活动的过程中所发生的经济关系。这种因国家管理、协调市场经济活动而发生的经济关系具有两个基本特征：一是体现了国家对市场经济活动的管理，即直接干预；二是体现了国家对市场经济活动的协调，即宏观经济调控或间接干预。这是其他调整市场经济关系的法律，如民法所不具有的。经济法的调整对象具体包括下述四个方面的经济关系：

1. 市场主体的组织管理关系

经济法的一个重要内容就是规范市场主体的组织管理。所谓市场主体是指参加市场经济活动，并因此而享有权利和承担义务的组织或个人。市场主体体系中最重要、最活跃的是企业。因为企业是社会物质财富的主要创造者，是商品生产和交换的直接承担者，是生产力发展和经济、技术进步的主要力量，是从事市场经济活动的基本组织。同时，国民经济的协调发展，社会主义市场经济的建立与完善也都需要政府和企业的共同努力。因此，经济法对市场主体组织管理关系的调整，主要就是对企业组织管理关系的调整。

经济法所调整的市场主体组织管理关系包括下述内容：

（1）政府及其有关主管部门因审批、核准企业的设立、变更、终止和其他经济组织、个人的开业、歇业而发生的经济行政关系。

（2）政府及其有关主管部门因依法确认各市场主体的法律地位、组织形式和权利义务而发生的经济行政关系。

（3）企业以及其他经济组织内部上下级之间、各部门之间、企业与职工之间，因其内部经营管理而发生的经济关系。

2. 市场行为的监督管理关系

市场经济本身的自发性和盲目性，决定了国家对各市场主体的市场行为的监督管理的必要性。为了优化资源配置，维护公平竞争的市场秩序和各市场主体的合法权益，保障社会主义市场经济的健康、有序发展，国家必然要对各主体的市场行为进行监督管理。经济法作为国家管理、协调市场经济活动的法律手段，其调整对象当然包括国家在监督管理主体的市场行为过程中发生的经济关系。

经济法所调整的市场行为监督管理关系，包括下述内容：

（1）国家为维护公平竞争的市场秩序而与市场主体之间发生的监督管理关系。

（2）国家为限制垄断、制止不正当竞争而与市场主体之间发生的监督管理关系。

（3）国家为保障市场交易安全、维护交易各方的合法权益而与市场主体之间发生的监督管理关系。

（4）国家为制止市场主体违法经营，损害用户、消费者和社会公众的合法权益，而与有关各方发生的监督管理关系。

3. 宏观经济调控关系

国家对市场经济活动的干预，除了对市场主体的经济行为直接监督管理以外，还必须从宏观上予以协调，即对市场经济活动进行宏观经济调控，通过间接手段引导市场主体的生产经营活动符合社会主义方向，以保持国民经济持续、稳定、健康、快速地发展，满足人民群众日益增长的物质文化生活需要，实现经济总量的基本平衡和经济结构的优化。为达到上述目的，就必须使国家协调市场经济活动的宏观经济调控手段制度化、规范化，将宏观经济调控关系纳入法律调整，经济法正好适应了这一需要。

经济法所调整的宏观经济调控关系包括下述内容：

（1）国家因财政税收分配而与市场主体之间发生的经济关系。

（2）国家因执行货币政策，运用金融工具而与市场主体之间发生的经济关系。

（3）国家因稳定物价、遏制通货膨胀而与市场主体之间发生的经济关系。

（4）国家因固定资产投资、国有资产管理而与有关各方发生的经济关系。

（5）国家因自然资源的开发、利用和保护而与有关各方发生的经济关系。

4. 社会保障关系

社会保障是为保证社会成员的基本生活权利而提供的救助和补贴。社会主义市场经济体制的建立，离不开完善的社会保障体系。市场竞争的结果必然是优胜劣汰，企业和职工都承担着较大的风险，当职工失业时其基本生活是无法通过市场来解决的；同时，每一个人都会面临伤、老、病、残、死等风险。这些风险仅靠个人和家庭的力量是难以承担的。所以必须建立起完善的社会保障体系，以保证市场经济的稳定发展和社会的安定。因此，在实施社会保障的过程中发生的经济关系，即社会保障关系，必须由法律来调整。

经济法所调整的社会保障关系包括下述内容：

（1）国家财政因支付社会救济、优抚安置和社会福利资金而与有关各方及支付对象之间发生的经济关系。

（2）国家因强制实施社会保险而与有关单位和个人之间发生的经济关系。

（3）商业保险机构与投保的单位、个人以及受益人之间因人身、财产保险而发生的经济关系。

经济法调整的上述经济关系，都是在市场经济活动中形成的，都体现了国家对市场经济活动的管理和协调。

§1. 2　经济法的历史与现状

§1. 2. 1　概　述

从经济法的产生和发展来看，对经济法的理解有广义和狭义之分，广义的经济法是指调整一切经济关系的法律规范的总称；狭义的经济法则是指调整特定经济关系的法律规范的总称。对于狭义经济法国内外学者虽有不同的理解，但都承认经济法只调整特定的经济关系。现代经济法通常是指作为独立法律部门的经济法，即调整特定经济关系的法律规范的总称。

古代社会实行诸法合体，无所谓法律部门。随着商品经济的发展，资本主义生产方式得以确立，经济关系日益复杂。为适应这种变化，法律也逐步从诸法合体走向诸法分立，形成了若干法律部门以适应统治阶级调整不同性质的、复杂的社会关系的需要。

为了适应资本主义商品经济发展的需要，19 世纪初，法国率先将刑法与民法分立，以民法来调整民事主体之间的财产关系和人身关系。此后，随着资本主义商品生产和商品交换规模的不断扩大，资本主义市场经济逐步形成，为了规范商事组织和商事行为，一些资本主义国家又先后将调整商事关系的法律从民法中分离出来，制定专门的商法。19 世纪末、20 世纪初，市场竞争不断加剧，垄断资本主义逐步形成，不公平竞争现象日益严重，资本主义国家经济危机频繁发生，民商法传统的平等、自愿原则和政府"不干预经济"的理论受到严重挑战。为了限制垄断、制止不正当竞争和摆脱经济危机，为资本主义经济制度寻找出路，"国家干预经济"的理论受到各国政府的普遍重视。与此相适应，资本主义国家先后颁布了大量的国家直接干预经济生活的法律，经济法也就应运而生了。

§1. 2. 2　古代经济法

如前所述，经济法是从诸法合体的法典中分离出来的，对于古代经济法就只能从广义上去理解。古代社会存在于自然经济的基础之上，商品经济不发达，社会关系也较为简单，反映在法律上，就是在诸法合体法典中的调整各种经济关系的法律条文。

　　统治阶级历来重视对经济关系的法律调整，古代社会也不例外，无论奴隶社会，还是封建社会，其法律中都有大量的调整经济关系的条文，以下列举几部具有代表性的法律，说明古代统治阶级对法律调整经济关系的重视：《汉穆拉比法典》共282条，其中调整经济关系的条文达半数以上，其核心是土地属于国家；奴隶属于奴隶主。此外，还有果园经营、借贷、租赁、委托、合伙、雇佣等方面的法律规定。《十二铜表法》中有三表是直接调整经济关系的，包括债务、所有权以及土地权属等方面的规定，其核心是维护以族长为中心的奴隶主私有财产，确认奴隶主私有财产不可侵犯。该法的基本内容，如债权、物权等又在《查士丁尼国法大全》中得到发展和完善，最终成为《法国民法典》乃至于大陆法系国家的立法蓝本。我国古代社会的法律虽以刑法为主，但也包括了大量的调整土地、税负、手工业、契约、货币等方面经济关系的法律规范，其核心是维护封建土地所有制。

　　从上述可以看出，古代经济法的主要特征是：①确认和维护统治阶级对奴隶或土地的占有；②调整经济关系的法律与调整其他社会关系的法律并存于诸法合体的法典之中。

§1. 2. 3　资本主义经济法

　　随着资本主义制度在欧洲的确立，商品经济迅速发展，从而引起了法律的变革。为了适应商品经济发展的要求，1804年法国开诸法分立之先河，颁布了民法典，确立了三大制度，即确认当事人法律地位平等的民事主体制度；以所有权为核心的物权制度；以合同为核心的债权制度，从而确认和维护资本主义商品经济关系。1807年法国又颁布了商法典，调整公司、票据、海商、保险等方面的经济关系。此后，欧洲各国也都仿照法国制定了各自的民商法典，从而形成了资本主义国家的民商法体系。其主要特点是：①确认主体法律地位平等；②维护私有财产神圣不可侵犯；③契约自由。

　　随着资本主义经济的迅速发展，市场竞争日趋激烈，资本大量集中，各种垄断组织也在逐步形成。19世纪末、20世纪初，西方各主要资本主义国家先后进入垄断资本主义时期，垄断组织往往控制了某个地区或某个部门，甚至国家的经济命脉，滥用经济力，破坏公平竞争的市场规则，排挤中小企业的公平竞争，使资本主义社会的固有矛盾更加尖锐，经济危机日益严重，而传统的民商法又不能完全适应资产阶级国家调整垄断资本主义经济关系的需要。在这种情况下，国家必须凭借政治权力，直接或间接地干预经济生活。于是"国家干预经济"的理论就理所当然地为资本主义各国政府所接受，从而也就产生了现代意义上的经济法。

　　1890年美国制定了第一部经济法规《谢尔曼反托拉斯法》，规定任何组织或个人以合同、联合、共谋等方式企图垄断或限制州际贸易或与其他国家贸易的行为均属非法。1914年又制定了《克莱顿法》和《联邦贸易委员会法》，以制止一切不正当竞争行为和商业欺诈。1930年又通过了《罗宾逊—佩特曼法案》禁止价格歧视，从而形成了美国反垄断和反不正当竞争法的基础。20世纪30年代美国为了应付经济危机又制定了《紧急银行法》《全国产业复兴法》等一批经济法规。德国在第一次世界大战期间为了保障战争的需要，制定了《钾素业法》（1910年）、《关于限制契约最高价格的通知》（1915年）、《确保战时国民粮食措施令》（1916年）等经济法规，战后为了恢复经济又颁布了第一部以经济法命名的法律《煤炭经济法》（1919年）。此后，又颁布了《防止滥用经济力法》（1923 年）等一批经济法律。日本也十分重视经济立法，在这一时期也颁布了《价格统制法》《米谷配给统制法》《国家总动员法》等一批经济法律。从经济法兴起到第二次世界大战，资本主义经济法主要有两个特点：①国家通过经济立法维护自由竞争、公平交易、限制垄断；②国家通过经济立法直接控制经济，掌握重要物资，以保障战争的需要。

第二次世界大战结束后，资本主义国家为了恢复和发展经济，充分发挥国家组织、管理和干预经济的职能，开始大规模地经济立法，其中具有代表性的有德国的《标准合同法》《财政管理法》《卡特尔法》《制止不正当竞争法》等，美国的《联邦统一商法典》《外贸法》《税收法》等，英国的《公平交易法》《商品买卖法》等。日本战后也十分重视经济立法，制定了《关于禁止私人垄断和确保公平交易的法律》《经济力过度集中排除法》《不当赠品及不当表示防止法》等，并在《六法全书》中将经济法作为独立的一编，分 11 章列入了 225 个法规。第二次世界大战后至 20 世纪 70 年代，资本主义国家经济法的主要特点是：①通过立法使国家成为经济主体，直接掌握一部分企业；②充分运用法律手段振兴经济；③通过立法加强国家对外贸的控制。20 世纪 70 年代以后，随着资本主义经济的变化，国家对经济过度干预的弊端日益突出，西方各国也逐步缩小干预规模，改变干预机制结构，发挥民间组织作用；同时，随着市场的国际化，加强了国际组织的作用。

从上述可以看出，资本主义经济法虽然在不同时期、不同国家的立法模式和特点有所不同，但无论大陆法系国家，还是英美法系国家都十分重视发挥经济法在国家干预经济生活，管理、协调市场经济活动中的作用。

§1.2.4　我国社会主义经济法

我国经济法是建立在公有制基础上的，体现了工人阶级领导的广大人民群众组织管理经济的意志和要求，是社会主义性质的经济法，也是社会主义国家实现其经济管理职能的重要法律手段。

社会主义国家在革命胜利后都十分重视通过法律建立和维护生产资料公有制。早在 20 世纪 20 年代苏联法学界就有人提出"经济行政法"的主张，后由于理论上和实践中的种种原因，始终未能正式颁布经济法典。1964 年前捷克斯洛伐克颁布了迄今世界上唯一的《经济法典》，调整在国民经济管理和社会主义组织的经济活动中发生的经济关系。其他东欧国家也都十分重视经济立法。20 世纪 80 年代末由于苏联和东欧国家社会制度的剧变，其法律转向西方。

新中国成立后，20 世纪 50 年代曾颁布了大量的经济法律、法规，如《土改法》《机关、国营企业、合作社签订合同契约暂行办法》《对外贸易暂行条例》《预算决算暂行条例》《国民经济计划编制暂行办法》等。但是，从总体上看，由于当时的计划经济体制下主要是依靠行政手段管理经济，经济法制建设未得到应有的重视。党的十一届三中全会以后，随着改革开放的不断深入，经济法日益受到人们的重视，国家也颁布了大量的经济法律、法规，特别是党的十四大提出建立社会主义市场经济体制以来，为了适应市场经济对法制建设的要求，经济立法步伐不断加快，已初步建立起了我国的社会主义市场经济法律体系。按照我国社会主义市场经济的要求，经济法应当包括下述四个方面的法律和行政法规：

1. 市场主体法

市场主体法，是指调整市场主体的设立、变更、终止或开业、歇业及其组织机构和经营管理过程中发生的经济关系的法律规范的总称。主要包括：《全民所有制工业企业法》《公司法》《商业银行法》《合伙企业法》《破产法》和《外商投资企业法》等。

2. 市场管理法

市场管理法，是指调整国家在管理市场交易的过程中所发生的经济关系的法律规范的总称。其目的在于维护平等自愿、等价有偿、诚实信用等公平交易原则。主要包括：《反不正当竞争法》《消费者权益保护法》《产品质量法》《广告法》《房地产法》《票据法》《证券法》以及《工业产权法》《合同法》等。

3. 宏观经济调控法

宏观经济调控法，是指调整国家在协调市场经济活动的过程中所发生的经济关系的法律规范的总称。其目的在于保证我国市场经济的社会主义方向，优化经济结构，保持国民经济持续、稳定、健康发展。主要包括《预算法》《税法》《中国人民银行法》《固定资产投资法》《对外贸易法》《外汇管理法》等。

4. 社会保障法

社会保障法，是指调整社会保障关系的法律规范的总称。从我国社会保障制度的改革和社会主义市场经济的要求来看，我国社会保障体系包括社会保险、社会救济、社会福利、优抚安置和社会互助、个人储蓄积累。社会保障的关键是保障基金的筹集和使用，我国社会保障基金的筹集方式主要有：财政支付、强制社会保险和自愿投保的商业保险。社会保障基金主要用于社会救济、优抚安置、社会福利和养老、失业、医疗、工伤、生育以及人寿、人身等方面的保险项目。建立符合中国国情的，适应社会主义市场经济要求的社会保障制度，是建立现代企业制度和维护社会稳定的必要条件。因此，必须加快社会保障立法，完善社会保障制度，实现社会保障的法制化。

§1.2.5 经济法产生的历史必然性

经济法的产生有其历史必然性，它是伴随着商品经济的发展和垄断资本主义的形成而产生的。

在商品经济不发达的古代社会，诸法合体的法典足以调整简单商品经济关系。随着资本主义生产方式的确立，商品经济得以迅速发展，社会经济关系日益复杂，诸法合体的立法方式，不能适应经济生活的客观要求。为了规范商品的生产和交换活动，维护商品经济秩序，统治阶级必须按照资本主义商品经济的要求，依照平等自愿、等价有偿的原则，建立起相应的法律体系——民商法，以调整商品经济关系。

随着商品经济的发展，生产和交换的规模不断扩大形成了以市场为基础进行资源配置的市场经济，同时也形成了垄断资本主义。为了管理、协调市场经济活动，维护公平交易的市场竞争规则，限制垄断和制止不正当竞争，国家一方面要坚持民商法所确立的市场交易规则；另一方面又要凭借其强制力，充分发挥国家组织管理经济的职能，借助法律手段直接或间接地干预经济生活。仅靠民商法平等自愿、等价有偿的原则显然无法适应国家干预经济生活的要求。因此，国家必须制定出新的法律来调整市场经济关系，以弥补原有法律的不足，从而制止各种破坏公平交易的市场行为，维护市场经济秩序。由于这些新的法律是为了实现国家组织管理经济的职能，必然直接体现了国家干预经济生活的意志和要求。这种在国家干预的过程中形成的经济关系直接体现了统治阶级的国家意志，作为相对人的各市场主体必须服从。这种新的经济关系无法再适用民商法原则，其干预的结果又直接涉及有关当事人的经济利益，也不是行政法所能胜任的。因此，建立新的法律部门以调整国家在管理、协调市场经济活动中所形成的特定的经济关系势在必行。所以，经济法的产生是日益复杂的市场经济关系对国家立法的客观要求，也是不断完善市场经济法律体系的必然结果。

§1.3 经济法的地位和作用

§1.3.1 经济法的地位

1. 经济法地位概述

经济法的地位，是指经济法在我国法律体系中的位置，即经济法在我国法律体系中是否独立的法律部门，其重要性如何。

关于经济法的地位，历来是一个有争议的问题，英美法系国家一般采取实用主义，学者们关心立法，而不关心法律部门的划分，理论上也无经济法与民法之分；大陆法系国家自经济法兴起以来，特别是战后，由于大量经济法律、法规的颁布，学者们大都承认经济法的存在。苏联关于经济法地位的问题自 20 世纪 20 年代起，争论了近 70 年，直至解体，终无定论。我国自 20 世纪 70 年代末经济法以来，关于经济法地位的争论也随之而来，随着《民法通则》的颁布，学者们的意见也渐趋一致，其结果是经济法在我国法律体系中作为一个独立法律部门的地位得到了肯定。同时，随着我国社会主义市场经济体制的建立，经济立法步伐不断加快，经济法作为国家管理、协调市场经济活动的法律手段，在我国经济建设中的地位也日趋重要。

2. 经济法是独立的法律部门

经济法在我国法律体系中是一个独立的法律部门。

（1）经济法有特定的调整对象。理论界通常认为，有无特定的调整对象是划分法律部门的最重要的标准。我们认为，经济法有其特定的调整对象，即国家在管理、协调市场经济活动中所形成的经济关系。这种经济关系是国家在干预经济生活的过程中形成的，直接体现了国家实现其经济管理职能的要求，具有明显的隶属性质，是其他法律部门所不予调整的。从调整对象来看，经济法与民法、行政法的区别是明显的：民法调整的财产关系发生在平等主体之间；调整的人身关系经济法一般不调整。行政法调整行政管理关系通常不直接具有经济内容。

（2）经济法有相对独立的主体体系。如前所述，区分法律部门的最重要的标准固然是调整对象，即性质相同或联系紧密的不同性质的社会关系。但是，任何社会关系的形成都离不开主体，因此在某些特定情形下，主体也可以成为区分法律部门的标准。经济法的主体体系由国家机关、社会组织、社会组织的内部机构和具备一定条件的公民，如个体工商户和农村承包户组成；民事主体通常则不包括国家机关和社会组织的内部机构。此外，经济法最重要的主体是企业；而民法最重要的主体则是公民。

（3）经济法以责、权、利、效为原则。一个国家法律的基本原则固然有其共同之处，但作为一个法律部门也有其特定的原则。这种特定的原则对于区分法律部门也有一定的意义。经济法的一些原则，如统一领导与相对独立原则、兼顾物质利益原则等，都是建立在责、权、利、效相结合原则的基础之上。其他法律部门则没有这一原则。

（4）经济法以宏观调控和监督管理为调整手段。宏观调控，即国家通过税收、信贷、价格等经济杠杆对市场经济活动进行干预。其目的在于引导主体的市场行为符合国家的宏观经济政策，以保障国民经济持续、稳定、健康发展。监督管理，则是通过经济管理机关的执法活动，检查、监督主体的市场活动，处罚违法行为，保护当事人合法权益，维护市场经济秩序。经济法对市场经济关系的调整，采取宏观调控与监督管理相结合的方式。一方面利用宏观调控手段引导市场主体的生产经营活动，符合国民经济发展的总体要求；另一方面又凭借国家强制力，通过经济管理机关的执法活动，对主体的市场行为进行监督管理，及时发现、制止和查处各种市场违法、违规行为，维护社会主义市场经济秩序。因此，尽管经济法有多种调整方式，但从总体上看，是采取宏观调控与监督管理相结合的调整手段。这是国家实现其经济管理职能的要求所决定的，也是其他法律部门所不具有的调整手段。

综上所述，经济法在我国法律体系中之所以能够成为一个独立的法律部门，最重要的原因是由于它有特定的调整对象，即国家在管理、协调市场经济活动中所形成的经济关系。这种经济关系是其他法律部门所不予调整的。除此之外，经济法的主体体系、调整原则和调整手段等与其他法律部门也有所不同。

§1. 3. 2 经济法的作用

我国经济法作为一个独立的法律部门，是国家实现其经济管理职能的重要工具，在我国社会主义经济建设中发挥着十分重要的作用。

1. 保护公有制为主体的多种经济成分的合法权益

生产资料公有制是我国社会主义经济制度的基础。我国宪法明确规定，国家保护、巩固和发展社会主义公有制。经济法的作用就在于把宪法的原则规定加以具体化、制度化，通过对市场经济关系的调整，明确各市场主体的法律地位、权利义务和法律责任，打击各种破坏社会主义公有制的经济违法行为，以法律手段来巩固和发展社会主义公有制经济。同时，经济法还维护依法从事生产经营活动的外商投资企业、城乡个体工商户、农村承包户和私营经济的各种合法权益；并通过各种措施，指导、帮助、监督其生产经营活动，使之沿着社会主义方向健康发展，为社会主义经济建设服务。

2. 为我国经济体制改革提供法律保障

我国经济法在经济体制改革中的法律保障作用，首先表现为坚持四项基本原则，确保经济体制改革的社会主义方向。其次，国家在经济立法的过程中及时地将经济体制改革中行之有效的方针、政策、措施加以规范化、制度化，赋予国家强制力，使之成为法律或行政法规，以确保经济体制改革的顺利进行和改革的成果得以巩固。

3. 促进我国社会主义市场经济体制的建立与完善

市场经济体制的建立与完善需要有与之相适应的、完备的法律体系。经济法对于促进我国社会主义市场经济体制的建立与完善具有十分重要的作用，主要表现为：①建立现代企业制度，确认市场主体的法律地位，维护其合法权益；②确立市场规则，规范市场监督管理，维护市场经济秩序；③建立宏观调控机制，规范调控手段，确保国家宏观调控的有效性；④完善社会保障体系，保障市场经济稳健运行，维护劳动者合法权益。

4. 推动科学技术进步，发展专业化协作，促进生产力发展科学技术是第一生产力。科学技术的发展、科技成果的应用，促进了生产力的发展和社会的进步，也促进了法律的完善；同时，科学技术的发展和成果的应用又需要得到法律的保护。经济法就是通过维护发明创造者合法权益来推动科学技术进步和科技成果的应用，从而促进社会生产力的发展。科学技术的进步促进了社会生产的专业化分工，国民经济各部门、各地区、各企业之间相互依存、相互联系，存在着各种各样的协作关系。经济法为这些协作关系提供法律保障，使之规范和稳定，以促进社会生产力的发展。

5. 促进对外经济关系的发展

为了加快我国社会主义经济建设的速度，国家在坚持独立自主、自力更生的同时，还必须实行对外开放。为了适应对外开放的需要，国家制定了大量的经济法律和法规来调整涉外经济关系，促进对外经济技术交流与合作，在对外经济交往中既维护国家主权和我国企业的合法权益，又维护外商的合法权益。在引进国外先进技术、吸收国外资金和学习国外先进的管理经验的同时，也鼓励我国企业积极开拓和占领国际市场。

【思考题】

1. 应如何理解经济法的概念和基本特征？
2. 经济法调整哪些社会关系？
3. 我国社会主义经济法包括哪些内容？
4. 为什么说经济法的产生有其历史必然性？
5. 应如何理解经济法的地位和作用？

第2章 经济法律关系

§2. 1 经济法律关系的概念和特征

§2. 1. 1 经济法律关系的概念

法律关系，是指法律规范在调整人们行为的过程中所形成的权利义务关系。法律关系是一种特殊的社会关系，是人们依照法律形成的权利义务关系，本质上体现了统治阶级的意志。

经济法律关系，是指经济法律规范在调整国家管理、协调市场经济活动的过程中所形成的经济权利和经济义务关系。即人们依照经济法所形成的权利义务关系。经济法律关系具有法律关系的一般含义：

1. 经济法律关系是思想意志关系

经济法律关系同其他法律关系一样，都是依照法律形成的权利义务关系，而法律又是统治阶级意志的体现，反映了统治阶级以国家立法的形式调整各种社会关系的要求。因而，包括经济法律关系在内的任何法律关系，本质上都体现了统治阶级的意志。同时，某些具体的经济法律关系的形成还须当事人的意思表示，也体现了当事人的意志。所以说经济法律关系是思想意志关系。因此，经济法律关系与经济关系不同：前者是思想意志关系，属于上层建筑；后者是物质利益关系，属于经济基础。

2. 经济法律关系是特殊的社会关系

经济法律关系是特殊的社会关系，具有两层含义：首先，经济法律关系与其他法律关系一样，都是经法律调整而形成的社会关系。没有相应的法律，就不会形成法律关系，经济法律关系也不例外。因此，经济法律关系的确立，必须以一定的经济法律规范的存在为前提。由此可见，经济法律关系不同于一般社会关系，是由法律调整的社会关系。其次，经济法律关系同其他法律关系一样，都以权利义务为内容。法律作为一种特殊的社会规范，规定了人们的权利和义务。法律关系是依照法律形成的社会关系，其内容必然反映当事人之间的权利和义务。因此，经济法律关系也不同于那些不受法律调整的、不具有法律上权利和义务的社会经济关系。

§2. 1. 2 经济法律关系的特征

经济法律关系除具有法律关系的一般含义外，还有其自身的下述特征：

1. 经济法律关系体现了国家对市场经济的管理、协调

市场经济是以市场为基础进行资源配置的经济体制，其基本要求是通过公平竞争机制来实现资源配置的最优化，各市场主体的经济利益也须在竞争中实现。因而，各市场主体为了自身的经济利益，相互之间必然展开激烈竞争，相互之间必然发生各种利益冲突。同时，各市场主体为局部利益所驱动，往往也会与社会整体利益发生冲突，产生消

极后果。为使竞争有序进行，市场经济健康发展，维护竞争各方的合法权益和社会整体利益，国家必须要对市场经济活动进行管理、协调，通过立法规范和干预市场经济活动，使之健康、有序，从而实现国民经济的协调、稳定发展。我国经济法是调整国家在管理、协调市场经济活动中发生的经济关系的法律规范的总称，在本质上反映了工人阶级领导的广大人民群众通过国家干预市场经济活动的要求。因此，国家在管理、协调市场经济的活动中，依照经济法与有关当事人形成的权利和义务关系，在本质上必然反映了我国工人阶级领导的广大人民群众干预市场经济活动的要求，体现了国家对市场经济活动的管理、协调。

2. 经济法律关系具有经济行政性质

法律关系的性质是由法律的调整对象，即法律所调整的社会关系的性质所决定的，经济法律关系自然也不例外。经济法的调整对象是国家在管理、协调市场经济活动中所发生的经济关系，这种因国家对经济活动的干预而发生的特定经济关系的性质，必然决定了经济法律关系具有经济、行政性质。首先，经济法的调整对象是特定的经济关系。这种经济关系是在国家管理、协调市场经济活动中形成的，其目的在于通过国家对社会经济活动的干预，依法保障、协调各市场主体的经济利益，维护国家和社会公众的合法权益，保障国民经济按比例协调发展。因而经济法律关系与其他法律关系，如行政法律关系相比，必然具有明显的经济性质。其次，国家对市场经济活动的管理、协调，主要是通过政府的各种行政行为实现的。经济法律关系正是国家在依法管理、协调市场经济活动的过程中，与各市场主体之间形成的权利义务关系。具体地说，国家经济行政机关作为一方参加经济法律关系成为法律关系主体，这就使得经济法律关系主体之间的地位不平等，权利义务也不对等，即法律关系的另一方，如企业、事业单位等，对国家经济行政机关作出的决定只能服从，使得经济法律关系具有明显的行政性质。经济法律关系的这种行政隶属性质，使它明显不同于在平等、自愿基础上产生的民事法律关系。此外，国家进行宏观经济调控时采取的某些手段如税收、利率、价格等，虽属经济手段，但当国家经济行政机关作为主体一方采用这些手段时，其他市场主体必须服从，并遵照执行，因此这些经济手段仍具有行政性质。由此可见，经济法律关系兼有经济、行政性质，既不同于行政法律关系，也不同于民事法律关系。

3. 经济法律关系以经济权利和经济义务为内容

任何法律关系都是依照法律形成的权利义务关系。但是，不同的法律关系因其依据的法律不同，其内容——权利义务也不相同。经济法律关系以经济权利和经济义务为内容，与其他法律关系的内容相比，具有明显区别。首先，经济权利和经济义务直接体现了经济法主体依法实现或满足他人某种经济利益的可能性。无论国家经济行政机关，还是市场主体，享有和行使经济权利、承担和履行经济义务，都是为了一定的经济目的，实现某种经济利益。所不同的仅在于国家经济行政机关享有和行使经济权利是为了实现国家和社会的公共利益；一般市场主体享有和行使经济权利则是为了实现自身的经济利益。但是，就享有经济权利和承担经济义务而言，都直接体现了一定的经济利益。因而，经济法律关系不同于那些不直接具有经济目的和没有直接经济利益的法律关系。其次，经济权利和经济义务也不同于平等主体之间的民事权利义务关系：前者主要因国家对市场经济活动的管理、协调行为而产生，国家经济行政机关在具体的经济法律关系中作为主体一方，往往单方面享有权利，而另一方主体则只承担义务，其权利义务不对等；后者则是按平等自愿、等价有偿的原则确立的法律关系，主体之间相互享有权利、承担义务，其权利义务是对等的。

总之，经济法律关系是依照经济法形成的权利义务关系。经济法的本质决定了经济法律关系必然体现统治阶级通过国家管理、协调市场经济活动的意志和要求。经济法律关系因国家对经济生活的干预而形成，国家经济行政机关在经济法律关系中作为主体一方作出的决定，他方主体只能服从，因而具有经济行政性质。经济法律关系的这种经济行政性质又决定了其内容——经济权利和经济义务的不对等性。经济法律关系的这些特征是其他法律关系所不具有的，也是理解经济法律关系所应当注意的问题。

§2.2　经济法律关系的构成要素

§2.2.1　经济法律关系的主体

1. 经济法律关系主体的概念和特征

经济法律关系的主体，也叫经济法主体，是指在国家管理、协调市场经济活动的过程中，依法享有经济权利和承担经济义务的当事人，即经济法律关系的参加者。一般来说，经济法律关系的设立、变更和消灭都取决于经济法主体的意志。因此，经济法律关系的主体是经济法律关系中最积极、最活跃的构成要素，经济法律关系的内容和客体通常也是由主体所决定的。经济法主体具有下述主要特征：

（1）经济法主体是国家管理、协调市场经济活动的参加者。经济法的调整对象是国家在管理、协调市场经济活动中发生的经济关系，因而只有参加这种经济关系的单位或个人才能成为经济法律关系的主体。否则，就是其他法律关系的主体。

（2）经济法主体具有广泛性。经济法律关系主体包括国家机关、企业事业单位以及其他社会组织和公民个人，其范围十分广泛。这与民法主体是不同的，后者一般不包括国家机关。国家机关参与民事法律关系，以法人身份出现，与其他民事主体是平等的。

（3）经济法主体之间地位不平等。由于国家对市场经济活动的管理、协调往往以国家经济行政机关为经济法律关系的主体一方，以企业事业单位、其他社会组织和公民个人为另一方，故此双方的地位不平等，具有经济行政性质。

2. 经济法律关系主体的范围

经济法律关系的主体包括下述几类：

（1）国家机关。国家机关作为经济法主体一般是指国家经济行政管理机关。这些国家机关是国家为管理、协调市场经济活动而设立的，根据其权限和职责的不同，又可以分为职能性经济管理机关和部门（行业）性经济管理机关：①职能性经济管理机关。即其职权涉及国民经济各领域的综合性经济管理机关，如财政税务、工商行政管理、审计、技术监督等机关。②部门（行业）性经济管理机关。即其职权只涉及国民经济某一部门或行业的经济管理机关，如电力、机械、信息、铁道、交通、农业等机关。无论职能性经济管理机关，还是部门性经济管理机关，都是国家经济行政管理机关，都在其职权范围内依法管理、协调我国社会主义市场经济活动。

（2）社会组织。社会组织作为经济法主体可以分为法人和非法人组织两大类。法人又可以分为企业法人、机关法人、事业法人和社会团体法人；非法人组织则是指不具备法人资格的组织，一般包括合伙组织、企业分支机构、个人独资企业等。社会组织作为经济法主体，最重要、最常见的是企业。

（3）企业内部机构。这是一类特殊的经济法主体，它们受经济法律规范的调整，在企业内部的生产经营活动中享有权利、承担义务。需要特别注意的是：企业内部机构不能对外发生权利义务关系，因为它们没有独立的财产，因而没有独立的负债能力。如果企业内部机构需要对外发生权利义务关系，也只能通过其所属的企业法人，以该企业法人名义进行。

（4）公民。公民作为经济法主体，须依法具有生产经营资格，一般是指个体工商户和农村承包户，他们以个人名义从事生产经营活动，以个人或家庭财产对债权人负责。此外，公民在依法纳税时，也是经济法主体。

§2.2.2　经济法律关系的内容

经济法律关系的内容，是指经济法主体依法享有的经济权利和承担的经济义务。经济法律关系的内容是联结经济法主体的纽带，也是联结经济法律关系主体和客体的桥梁。各种经济法律关系也正是由具体的经济权利和经济义务构成的。所以，经济法律关系的内容，即经济权利和经济义务，是经济法律关系三要素的核心。

1. 经济权利

经济权利，是指经济法主体依法享有的自己为一定行为或不为一定行为和要求他人为一定行为或不为一定行为的可能性。

经济权利是经济法主体在国家管理、协调市场经济活动中，依照法律规定、国家授权或合同约定而享有的，其目的在于实现经济法主体的意志或经济利益。经济权利具有下述基本特征：①经济权利是一种综合性权利。这是由经济法调整对象的复杂性和经济法主体的广泛性所决定的。因为国家在管理、协调市场经济活动的过程中必然涉及各种不同性质的经济关系，在不同的经济关系中主体的经济权利也不相同，这就必然导致经济权利成为综合性权利，包括经济职权、所有权、债权、经营管理权等。②经济权利更直接地反映了国家意志。经济法是国家干预经济的产物，比其他任何法律都更直接地反映了统治阶级干预经济活动的意志。这种干预反映在经济权利上，就是经济职权，这种权利由国家法律直接赋予经济法主体，其权利的行使也直接体现了国家意志。③经济权利的行使不仅是为了实现经济法主体利益，也是为了实现国家利益和社会公共利益。一般来说，权利的行使是为了实现主体自身的利益。但是，在经济法律关系中国家经济行政管理机关往往作为主体一方，其行使经济职权的目的则不是为了自身的利益，而是为实现国家和社会公共利益。

经济权利主要包括下述内容：

（1）经济职权。是指国家机关为实现其经济管理职能而依法享有的权利。经济职权具有三个基本特征：①经济职权直接产生于法律规定或国家授权。国家机关因法律规定或国家授权而享有经济职权，其范围亦由法律、行政法规规定，任何单位或个人都不得滥用经济职权。②经济职权具有命令与服从性质。国家机关代表国家依法行使经济职权，实现国家对市场经济活动的管理、协调，任何有关组织或个人都必须服从。③经济职权不得随意转让、放弃和抛弃。经济职权是国家经济管理职能在法律上的反映，只有法律规定的和国家授权的机关才享有这种权利。对于享有经济职权的国家机关来说，这种权利同时也是其对国家承担的义务。因而不能随意转让、放弃和抛弃。经济职权依法可以归纳为：宏观经济调控权和市场监督管理权。

（2）财产所有权。是指财产所有人依法对自己的财产享有占有、使用、收益和处分的权利。财产所有权是人们进行社会经济活动的起点和终点，是一种静态的财产关系，也是国家监督、管理国有企业的重要依据。因此，财产所有权不仅是一项民事权利，而且也是经济法主体的一项重要经济权利。财产所有权具有绝对性、排他性、充分性等特征。

（3）经营管理权。是指企业对于自己财产或授权经营管理的财产享有的占有、使用和依法处分的权利。经营管理权有两种情况：一种情况是企业作为财产所有人依法对其财产占有、使用、收益和处分，在这种情况下企业行使经营管理权也就是行使所有权；另一种情况是企业不是财产所有权人，在经财产所有权人依法授权后，就对经授权的财产享有占有、使用和依法处分的权利。由于前一种情况实际上就是企业行使所有权。所以，通常所说的企业经营管理权是指后一种情况，如国有企业对国家授权其经营的财产依法享有经营管理权。企业经营管理权具有下述特征：①企业经营管理权是经所有权人授权而产生的权利。这种权利的授予及其范围完全取决于所有权人的意志，是在所有权的基础上派生出来的权利。企业在享有经营管理权的同时，还承担了维护企业财产安全，保证企业财产保值、增值的义务。②企业经营管理权是一种相对独立的权利。经营管理权虽然以所有权为基础，但经所有权人授权后，就成为一种相对独立的权利，企业有权依法自主经营，所有权人则不直接干预其经营活动。③企业经营管理权具有排他性。国有企业对国家授权其经营管理的财产依法享有法人财产权，国家不直接干预企业的生产经营活动。同时，企业对国家授权经营的财产依法独立支配，任何单位或个人均不得妨碍或侵犯。④企业经营管理权是人事权和财产权的统一。企业经营管理权以管理、协调、控制人们的集体劳动和支配物质生产资料为内容，因此是人事权和财产权的统一。企业经营管理权依法包括人、财、物和产、供、销两个方面的权利。

（4）债权。是指当事人请求特定的人为特定行为的权利。债权的内容由当事人约定或法律规定，包括给付请求、给付受领和保护请求等权利，反映了动态的财产关系。国家对市场经济的管理、协调也包括对市场主体之间债权债务关系的监督和保护。因而债权，特别是因合同而产生的债权也是企业事业等经济法主体享有的一项重要经济权利。债权具有相对性、特定性、期限性等基本特征。

（5）知识产权。是指人们对于自己脑力劳动创造的精神财富，即无形财产，所享有的权利。知识产权与其他经济权利的不同之处在于：它不仅具有财产性，而且具有人身性。知识产权包括工业产权和著作权。经济法传统理论认为经济权利只包括工业产权，不包括著作权。但是，随着科学技术的进步和市场竞争的加剧，受著作权法保护的计算机软件、工程设计、产品设计图纸、影视作品、图形作品等凝聚了人们创造性劳动的智力成果，也成为经济法主体的重要无形财产。因此，包括著作权在内的知识产权也是经济法主体的一项重要经济权利。知识产权具有专有性、地域性和时间性等基本特征。

（6）请求权。是指经济法主体依法请求义务人履行义务，或当其合法权益受到侵害时依法请求有关国家机关予以保护的权利。请求权是经济法主体实现其经济利益，维护其合法权益的一项基本权利。请求权包括实体意义上的请求权和程序意义上的请求权，前者如债务给付请求权、停止不法侵害请求权等；后者如请求调解、申请仲裁、提起诉讼等权利。

经济权利是由国家法律确认和保护的，任何单位或个人都不得侵犯他人经济权利，否则将承担相应的法律责任。但是，经济法主体也只能依法行使权利，国家禁止滥用权利。

2. 经济义务

经济义务，是指经济法主体依法为一定行为或不为一定行为的必要性。其基本含义包括三个方面：①经济法主体必须依照法律规定或合同约定，为一定行为或不为一定行为，以满足国家利益、社会公共利益或其他权利主体利益；②经济法主体只在法律规定或合同约定的范围内履行义务；③经济法主体不履行义务，将承担相应的法律责任。

我国经济法主体的经济义务主要包括下述几个方面：

（1）遵守国家法律，贯彻国家方针、政策的义务。遵守国家法律、行政法规，贯彻国家方针政策是经济法律行为的一个基本构成要件，也是经济法主体的一项法定义务。具体地说，就是主体的行为必须合法，在法律没有规定或规定不明确时，则应符合国家的方针、政策。只有这样，经济法主体的行为才符合国家利益和社会公共利益，符合社会主义市场经济的要求，才有利于巩固和发展我国社会主义经济关系和市场经济秩序。同时，经济法主体也只有使其行为符合国家法律和政策，才会受到国家法律的保护，才能真正实现其自身的经济利益。

（2）履行经济管理职责。包括两方面的含义：一方面，国家经济行政管理机关应在法律规定或国家授权范围内，依法行使经济职权，对市场经济活动进行管理、协调，维护主体各方的合法权益和市场经济秩序。这是因为经济行政管理机关的经济职权同时也是其对国家承担的义务，因此也是其必须履行的经济管理职责。另一方面，国有企业对于国家授权其经营的国有财产也应依法履行其管理职责，以保证国有资产的保值、增值。

（3）完成国家指令性计划。我国将关系国计民生的重要产品纳入国家计划，经综合平衡后下达指令性计划，有关计划单位包括经济管理机关和国有企业都必须保证国家指令性计划的完成。经济法主体在完成国家指令性计划的过程中要注意把国家计划与市场经济相结合，既要保证指令性计划的完成，又要面向市场，搞活企业。

（4）缴纳税金和利润。税收是国家财政收入的主要来源，也是国家参与社会产品和国民收入分配的基本形式。在商品经济条件下，税收基本上是以货币形式征收的。经济法主体必须依法纳税，以履行其法定义务。此外，国家作为国有资产的所有者还有权从国有企业获得税后利润。

（5）经济法主体之间的义务。主要是指经济法主体基于平等互利的原则相互承担的义务。①全面履行合同的义务。合同依法成立后，就发生法律效力，当事人必须全面履行，任何一方都不得违反。否则，将承担相应的法律责任。同时，全面履行合同也是维护市场经济秩序的基本要求，对于实现经济法主体自身的经济利益和巩固市场经济体制都具有十分重要的现实意义。②尊重他人合法权益的义务。即不侵犯他人合法权益，这是一种不作为的义务。一切经济法主体，无论国家机关，还是企业事业单位或个人，都不得侵犯他人合法权益。否则，将承担相应的法律责任。因此，经济法主体在行使自己权利的同时，还必须履行尊重他人合法权益的义务，以维护社会主义市场经济秩序。

经济权利和经济义务构成了经济法律关系的内容，两者是相互对立、相互联系的关系。经济权利的实现以经济义务的履行为前提和条件；经济义务的内容则由相应的权利限定，即义务不是无限的。因此，经济法主体一方享有权利的同时，必有另一方承担相应的义务，且义务的履行也以设立经济法律关系时确定的权利为限。并且，对于经济法律关系主体双方来说，其经济权利和经济义务是同时产生、变更和消灭的，所以经济权利和经济义务是对立统一的关系。

§2. 2. 3 经济法律关系的客体

经济法律关系的客体，是指经济法主体的经济权利和经济义务共同指向的事物。经济法律关系的客体可以分为下述几类：

1. 行为

行为即人们有意识的活动。行为作为经济法律关系的客体，是指经济法主体为实现一定经济目的而进行的有意识的活动。具体包括经济管理行为、完成工作行为和提供劳务行为。

（1）经济管理行为。是指经济法主体为实施经济管理职能而依法进行的有意识、有目的的活动。经济管理行为因行为主体不同，又可分为国家经济行政管理机关的经济管理行为和企业的经营管理行为。前者主要是经济行政管理机关为管理、协调市场经济活动而进行的经济行政行为，表现为国家对市场经济活动的调控、监督、检查、决策等行为；后者主要是企业对其财产或国家授权经营财产的管理行为，表现为企业为实现其经营目标，对其财产和人员的监督、组织、指挥、协调和决策等行为。

（2）完成工作行为。是指经济法主体为满足他方主体的要求而进行的行为。这种行为主要表现为完成一定的工作任务或提供某种特定的物质成果的活动。如完成指令性计划任务、经济资料的统计和上报、提供定做物等。

（3）提供劳务行为。是指经济法主体利用自己的劳动和设备为他方主体提供与自己劳动不可分离的某种成果的行为。提供劳务的行为与完成工作的行为不同，一般不产生出新的物质成果，如运输、保管等。

2. 物

物是指具有经济价值而又能够为人所控制和支配的物质财富。物在广义上还包括货币和有价证券。物作为经济法律关系的客体须具备下述特征：①有用性。即经济法律关系客体的物须有某种使用价值，能满足人们生产生活的需要。②稀缺性。即该物须是不能无限供给的。③可支配性。即该物须能为人所支配、控制，否则不具有法律意义。物作为经济法律关系的客体十分广泛，包括生产资料和生活资料。

此外，货币是充当一般等价物的特殊商品，有价证券是具有一定票面金额的代表一定财产权利的凭证。因而货币和有价证券在实质上都代表了一定的物质财富，故物在广义上还包括货币和有价证券。但是，货币和有价证券对其持有人来说毕竟不直接就是物质财富。因此，为了区分货币、有价证券这种特殊的物与一般物，有的经济法著作也将其称为财。

3. 智力成果

智力成果是指人们脑力劳动创造的精神财富。智力成果因其凝聚了人们的创造性劳动而具有价值，因其能给人们带来经济利益而具有交换价值。因此，智力成果也是经济法律关系的客体。智力成果作为经济法律关系的客体通常包括：

（1）专利。即专利权，是指受专利法保护的发明创造，包括发明、实用新型和外观设计。

（2）专有技术。是指没有取得专利权的技术成果。专有技术因其不受专利法保护而须技术持有人依照其他法律自我保护。

（3）商标。包括注册商标和未注册商标，注册商标受商标法保护；未注册商标则不受商标法保护。因此，通常认为注册商标才是经济法律关系的客体。

（4）作品。作品作为经济法律关系的客体是指计算机软件、工程设计、产品设计图纸及说明、影视作品等。

（5）经济信息。随着科学技术的进步，信息传递日益广泛，及时地掌握一定的经济信息往往会给人们带来经济利益。所以，经济信息也是一种无形财产。

§2.3　经济法律关系的确立和保护

§2.3.1　经济法律事实

1. 经济法律事实的概念

经济法律事实是指能够引起经济法律关系产生、变更和消灭的客观情况。任何法律关系的产生、变更和消灭都须有一定的法律事实，经济法律关系也不例外，也是由一定的法律事实引起的。这种引起经济法律关系产生、变更和消灭的客观情况，就称为经济法律事实。经济法律事实应具备两个基本条件：

（1）经济法律事实须是由经济法规定的客观情况。这里有两层含义：首先，经济法律事实作为法律事实不同于一般的客观现象，须是法律规定的客观现象。其次，经济法律事实是由经济法律或经济行政法规规定的法律事实。所以，经济法律事实是经济法规定的客观情况。

（2）经济法律事实须是能产生一定法律后果的客观情况。所谓一定的法律后果，在这里是指经济法律关系的产生、变更和消灭。我们知道，经济法律关系的产生、变更和消灭须有一定的经济法律事实，而经济法律事实又是经济法规定的客观现象。但是，仅有经济法的规定还不会引起经济法律关系的产生、变更和消灭，还须发生某种具体的客观情况，如事件或行为，才能导致一定的法律后果，即经济法律关系的产生、变更和消灭。

所以，简单地说，经济法律事实就是经济法规定的能产生出一定法律后果的客观情况。需要指出的是，经济法律规范、经济法律事实和经济法律关系的概念虽然不同，但相互联系却十分密切。经济法律规范是认定经济法律事实和确立经济法律关系的前提或依据，经济法律事实是确立经济法律关系的原因，经济法律关系则是经济法律事实的结果。因此，只要有某种具体的经济法律事实出现，必然导致经济法律关系的产生、变更或消灭。

2. 经济法律事实的分类

经济法律事实作为引起经济法律关系产生、变更和消灭的客观情况，根据其是否取决于当事人的主观意志，可以分为事件和行为两大类：

（1）事件。是指不以当事人的主观意志为转移的，能够引起经济法律关系产生、变更和消灭的客观情况。如自然人的出生与死亡、自然灾害的发生、时间的经过等。事件虽然不以当事人的主观意志为转移，但其一旦发生，在当事人之间便会依法产生、变更和消灭经济法律关系。

（2）行为。是指人们有意识的活动，即由当事人的主观意志决定的法律事实。行为在经济法上称为经济行为。经济法律关系以经济权利和经济义务为内容，而经济权利和经济义务的设立、变更和消灭，在大多数情况下都是经济法主体为实现一定经济目的而进行的有意识的活动，即当事人的主观意志所决定的。所以，经济行为是最常见的经济法律事实。

事件和行为作为经济法律事实，其共同之处在于：两者都是经济法规定的客观情况，都是引起经济法律关系产生、变更和消灭的原因。事件和行为的区别是：事件不以当事人的主观意志为转移；行为则是由当事人的主观意志所决定的。

§2. 3. 2 经济行为的合法与违法

1. 经济合法行为

经济合法行为，是指经济法主体为设立、变更、消灭经济法律关系，基于意思表示而进行的为经济法所肯定的行为。经济合法行为的范围十分广泛，既包括国家为干预市场经济活动而依法实施的调控、检查、监督、组织、决策等行为，又包括市场主体为实现其经营管理目标而依法进行的各种市场行为及内部管理行为。具体地说，经济合法行为应具备下述构成要件：

（1）经济法主体须具有行为能力。行为能力是主体实施具体行为，依法为自己设定权利和义务的资格。经济法主体广泛，不同的经济法主体，其行为能力也不相同：国家经济行政管理机关须依法律、行政法规或政府决定而设立，在法律规定或国家授权范围内，依法行使经济职权，实施经济行为，否则其行为因主体不具有行为能力而无效；企业事业单位、社会团体和个体工商户、农村承包户，须是依政府决定或经主管机关核准登记而依法设立的法人、非法人组织或个人，其经济行为亦不得超越国家规定或经登记主管机关核准的经营范围，否则其行为因主体不具有行为能力而无效。

（2）经济行为的内容须合法。经济行为的内容是指经济法主体通过其行为所希望产生的法律后果。经济行为的内容合法，就是要求经济法主体实施的经济行为的内容须是确定的、可能实现的和不违反法律的；要求国家经济行政管理严格依法行使经济职权，不得滥用职权或侵害市场主体的合法权益；市场主体服从国家经济行政管理机关的监督管理，在市场活动中不侵害他人合法权益、遵守国家法律和政策，不违反国家和社会公共利益，遵守公认的商业道德。

（3）意思表示真实。意思表示是指当事人将其内部意愿表现于外部的行为。意思表示的结果决定了经济行为的内容。经济法要求主体在实施经济行为时，意思表示必须真实，即主体的内部意愿与其外部表现应当一致。否则，经济行为因意思表示不真实而无效。意思表示真实作为经济合法行为的构成要件，与民事法律行为有所不同：前者大多发生在不平等的主体之间，市场主体对于国家经济行政管理机关依法实施的具有行政性质的经济行为，只能服从，经济法律关系亦因该经济行政行为而确立。后者则只能发生在平等主体之间，其意思表示不仅应当真实，还应是自愿的。当然，经济行为如果发生在平等主体之间，也应遵循自愿协商、公平交易的原则。

（4）经济合法行为须符合法定形式和程序。经济合法行为的形式，即经济法主体为确立经济法律关系所为意思表示的方式。一般来说，经济合法行为的形式可以是书面的，也可以是口头的。但法律规定了特殊形式的，应符合该法定形式。否则，经济行为因形式不合法而无效。经济合法行为的程序，即经济法主体为确立经济法律关系而须履行的手续。国家对某些经济行为的成立规定了特殊的程序，如企业的设立须经工商行政管理部门登记；特殊行业的经营活动须经行业主管部门审批并发给许可证；土地使用权、城市房地产、交通工具等财产的抵押须经有关主管部门登记等。法律规定须履行特殊程序的经济行为，经济法主体未履行该法定程序的，其经济行为无效或不能对抗第三人。

经济合法行为须同时具备上述四个基本要件，缺少任何一个要件，均不构成经济合法行为，亦不能产生行为人预期的法律后果。

2. 经济违法行为

经济违法行为，是指违反经济法律规范的行为，是一种无效经济行为。经济违法行为按其危害后果和应承担的法律责任的性质不同，可以分为一般经济违法行为和严重经济违法行为：

（1）一般经济违法行为。是指违反经济法律规范，但危害后果不大，尚未触犯刑律，应承担经济责任或行政责任的经济违法行为。一般经济违法行为是实践中较为常见的经济违法行为，因其尚未构成经济犯罪，故行为人只承担经济责任或行政责任。如侵权损害赔偿、违反合同、造成环境污染、超越经营范围、无照经营、虚假广告、非法垄断、侵犯商业秘密、产品缺陷致人损害等行为。

（2）严重经济违法行为。是指违反经济法律规范，社会危害性较大、触犯刑律，应承担刑事责任的经济违法行为。因此，严重经济违法行为也就是经济犯罪行为。我国《刑法》规定了破坏社会主义市场经济秩序罪、侵犯财产罪、贪污贿赂罪三大类经济犯罪行为。对于构成经济犯罪的经济违法行为，应由司法机关依照《刑法》规定追究刑事责任。

一般经济违法行为与严重经济违法行为的社会危害程度不同，其违法行为的性质也不相同。在实践中应特别注意区分两种性质不同的经济违法行为，做到不枉不纵。

§2. 3. 3 经济法律关系的确立和保护

1. 经济法律关系的确立

经济法律关系的确立须有一定的经济法律事实。一定经济法律事实的出现，又必然引起经济法律关系的产生、变更和消灭。因此，经济法律关系的确立也就是经济法律关系的产生、变更和消灭。

经济法律关系的产生，是指经济法主体之间经济权利和经济义务的形成。如合同的签订、税收关系的形成、因查处经济违法行为而形成的经济行政执法关系等。

经济法律关系的变更，是指经济法律关系的主体、内容、客体三要素中任何一个要素发生了变化，如经济法主体的变更、经济权利和经济义务的变更、经济法律关系客体的变更均导致经济法律关系的变更。

经济法律关系的消灭是指经济法主体之间经济权利和经济义务的终止。经济法律关系主体、内容、客体三要素中任何一个要素的消灭都会引起经济法律关系的消灭。

2. 经济法律关系的保护

经济法律关系是依法形成的权利义务关系，受到国家法律的严格保护。经济法律关系的保护具有两方面含义：一方面是依法肯定主体的经济权利。经济法主体是否合法、有效地享有经济权利，是经济法律关系保护的前提条件。因此，进行经济法律关系的保护必须确认主体经济权利的合法性、有效性，即肯定主体享有经济权利。另一方面是依法明确主体的经济义务和应承担的法律责任。设立经济法律关系的目的在于通过义务主体对其经济义务的履行，使权利主体实现其经济权利，即经济权利的实现有赖于经济义务的履行；法律责任则是主体不履行其法定或约定义务而应承担的强制性义务。因而进行经济法律关系的保护就必须依法明确主体应承担的经济义务及其履行程度，从而认定其法律责任。所以，经济法律关系的保护必须肯定主体经济权利的合法性、有效性，明确主体应承担的义务及其履行程度，通过确定和追究法律责任的方式来实现。

经济法律关系保护的意义在于：保障国家宏观经济调控的顺利实现，维护经济法主体的合法权益和我国社会主义市场经济秩序。我国经济法律关系的保护，按保护机构的不同可以分为行政保护、司法保护和仲裁保护。

（1）行政保护。是指国家经济行政管理机关依法对经济法律关系所进行的保护。如工商行政管理机关、税务机关、审计机关、技术监督机关和金融监督机构等都有权在各自的职责范围内保护经济法律关系。经济法律关系行政保护的方式是追究违法行为人的经济责任和行政责任。

（2）司法保护。是指国家司法机关依法对经济法律关系所进行的保护。经济法律关系的司法保护有两种情形：①经济审判。即各级人民法院经济审判庭通过对经济纠纷案件的审理，依法作出调解或判决，从而实现经济法律关系的保护。②经济检察。即各级人民检察院经济检察机构依法行使检察权，对经济犯罪案件立案、侦查、起诉和出庭支持公诉。经济法律关系司法保护的方式主要是追究违法行为人的民事责任和刑事责任。

（3）仲裁保护。是指仲裁机构依法对经济法律关系所进行的保护。仲裁保护与行政保护、司法保护不同，须有当事人就仲裁达成协议，仲裁机构方能受理。依我国《仲裁法》规定，仲裁案件限于平等主体之间的合同纠纷和其他财产权益纠纷。经济法律关系仲裁保护的方式主要是经济责任。

【思考题】

1. 经济法律关系的概念、一般含义和特征。

2. 经济法律关系主体的概念和内容。

3. 经济权利和经济义务包括哪些内容？

4. 经济法律关系客体的类型。

5. 确立经济法律关系的法律事实有哪些？

第3章　法人

§3.1　法人概述

§3.1.1　法人的概念与特点

依照我国《民法通则》第三十六条规定，法人是具有民事权利能力和民事行为能力，依法独立享有民事权利和承担民事义务的组织。因此，法人是法律赋予人格的组织，是社会组织的人格化。法人制度是目前世界各国规范经济秩序和社会秩序的一项重要的法律制度。世界各国根据不同的法人理论建立和完善了各自的法人制度，使其成为规范经济秩序和社会秩序的理论基础。尽管各国法人制度内容有所不同，但都具有共同的特点。法人的基本特点，可以归纳如下：

1. 法人是依法成立的一种社会组织

这是法人与自然人的根本区别，法人可以是以人形成的组织，也可以是以财产形成的组织。但不是任何组织都能取得法人资格，只有那些具备法定的条件，并得到国家认可或批准的组织，才能取得法人的资格。

2. 法人拥有独立的财产或者经费

法人拥有独立的财产或者经费，是法人作为独立主体存在的基础和前提条件，也是法人独立地享有民事权利和承担民事义务的物质条件。这也就是说，法人成员不以个人财产对法人的债务承担责任，法人也不会以自己财产对其成员个人的债务承担责任。

3. 法人以自己的名义参加活动

这是法人拥有自己独立财产的一种具体表现，也是法人的人格独立于其成员人格的标志。法人可以以自己的名义独立参加各种民事活动，并在活动过程中享有和行使民事权利，承担民事义务。

4. 独立承担民事责任

能不能独立承担民事责任，是法人与其他组织的重要区别。法人拥有自己能独立支配的财产，同时，法人可以用这部分财产独立承担民事责任。而且对于自己所负担的债务，它可以以自己这部分能独立支配的财产负有限清偿责任。

§3.1.2　法人的历史发展

法人制度一般被认为开始于罗马法。罗马法有关法人人格的理念主要体现在赋予了"团体"以法律人格，这被认为是民法研究中最富有创造性的理论。而当人类社会进入资本主义时代以来，对生产和交换规模的扩大提出了进一步的要求，以往在经济生活中作为民事主体进行各类经济活动的自然人和合伙，已经无法满足社会化大生产各种要求，在这种情况下，逐渐出现了公司，公司理论的核心就是法人理论。从公司整体的发展历史来看，最早出现的是无限公司，1673 年法国《商事条例》第一次确认了无限公司的法律地位。但无限公司中，公司的财产并未与成员财产完全分开，其人格也并未与成员人格分离，不仅投资风险很大，而且筹资范围有限，不能完全适应市场经济发展的需求。于是两合公司开始产生。两合公司是股东的一人或数人以其一定的出资财产数额而对公司的债务负责任，即有限责任股东，其他股东负无限责任。它的出现在一定程度上降低了投资风险，但筹资范围依然有限，在这种情况下，股份有限公司开始出现。股份有限公司是由一定人数以上的股东所设立的，股东以其认购的股份为限对公司承担责任的公司。股份有限公司的出现标志着法人制度的完善。

新中国成立以后，在计划经济体制下，整个社会经济秩序依靠行政手段和指令性计划来维持，缺乏法人制度存在和发展的社会空间。改革开放以来，国家开始重视法人的相关立法。例如，1981 年颁布的《经济合同法》、1983 年发布的《国营工业企业暂行条例》、1983 年发布的《中外合资经营企业法实施条例》、1988 年 4 月颁布的《全民所有制工业企业法》等法律、法规对法人均有涉及。1986 年 4 月 12 日第六届全国人民代表大会第四次会议通过、1987 年 1 月 1 日起施行的《中华人民共和国民法通则》（以下简称《民法通则》）第三章对法人做了专章规定，我国自始建立了法人制度，随着《中华人民共和国公司法》的颁行，法人制度在我国更趋于完善。

§3. 1. 3　法人的分类

我国法人的分类。按不同标准，对法人可以作不同的分类。我国民法通则将法人分为企业法人、机关法人、社会团体法人、事业单位法人。

1. 企业法人

企业法人，按我国《民法通则》的规定，可以将法人分为企业法人与非企业法人两大类。企业法人指以营利为目的，具有民事权利能力和民事行为能力，依法独立享有民事权利和独立承担民事义务的经济组织体。我国企业法人有三种分类方法：一是根据所有制性质的不同，企业法人又分为全民所有制法人、集体所有制法人、私营企业法人；二是根据是否有外资参与，企业法人又分为中资企业法人、中外合资经营企业法人、中外合作经营企业法人和外商独资企业法人；三是根据企业的组合形式的不同，企业法人又分为单一企业法人、联营企业法人和公司法人。

2. 机关法人

机关法人是指依法行使职权，从事国家管理活动的各种国家机关。包括国家各级权力机关、行政机关、司法机关、军事机关等。机关法人以自己名义参加平等主体之间的民事活动，不能以国家名义不平等的参加民事活动；同时不能从事以营利为目的的商品生产经营活动。有独立经费的机关法人以自己名义参加民事活动所产生的债务，应以它的独立经费给予偿还。

3. 事业单位法人

事业单位法人又称事业单位，指国家为了社会公益目的，由国家机关举办或者其他组织利用国有资产举办的，从事教育、科技、文化，卫生、体育、新闻等活动的具备法人条件的社会服务组织。这类法人组织不以盈利为目的，因此，不参与商品生产和经营活动，尽管有些情况下会能产生一定收益，但这些收益也只能用于目的事业，而事业单位的独立经费主要来源于国家财政拨款，也可以通过集资入股或集体出资等方式取得。事业单位以法人名义从事民事活动所产生的债务，应以它们的独立经费承担清偿责任。

4．社会团体法人

社会团体法人又称社会团体。社会团体是指由自然人或法人自愿组成，为实现会员共同意愿，按照其章程开展活动的具备法人条件的非营利性社会组织。国家机关以外的组织可以作为单位会员加入社会团体。社会团体采取由参加成员出资或由国家资助的办法建立团体财产和活动基金，除法律规定的特别基金外，应以此对其债务负清偿责任。社会团体包括：人民群众团体、社会公益团体、行业协会、学术研究团体、宗教团体和各种俱乐部等。

外国立法和学理对法人的分类与我国《民法通则》的规定不同，主要有下述分类：

1．社团法人与财团法人

根据法人成立的基础，将法人分为社团法人与财团法人。社团法人是以人的组合作为法人成立基础的法人，也称人的组合。公司、学会与各种协会都是典型的社团法人。财团法人是指以一定的财产的设定作为成立基础的私法人。各种基金会组织、寺院、慈善组织等都是典型的财团法人。

2．营利法人与公益法人

根据法人的设立目的，将法人可以分为营利法人和公益法人。营利法人是指以营利并分配给其成员为活动目的的法人，例如公司；公益法人是指以公益为其活动的目的的法人，例如学校、医院、幼儿园等。

3．公法人与私法人

根据法人设立的目的和所依据的法律，可以将法人分为公法人和私法人。公法人是指以社会公共利益为目的，由国家或者公共团体依公法所设立的行使或者分担国家权力或者政府职能的法人；私法人是指以私人利益为目的，由私人依私法而设立的法人。

4．本国法人与外国法人

具有本国国籍的法人为本国法人，不具有本国国籍的法人为外国法人。因此，投资人设立在中国境内的法人是中国法人，设立在中国境外的法人是外国法人。

§3．2　法人的成立

§3．2．1　法人的成立条件

法人成立的条件，是指某些社会组织想要通过法人设立程序，成为法人所应具备的条件，只有具备了这些条件，才能进入法人设立程序成为合法的法人。而根据我国《民法通则》第三十七条的规定，法人的成立必须具备以下四个条件：

1．依法成立

依法成立，是指依照法律规定而成立。首先，法人组织的设立要合法，其设立的目的、宗旨要符合国家和社会公共利益的要求，其组织机构、设立方案、经营范围、经营方式等要符合法律的要求；其次，法人的成立程序符合法律、法规的规定。

2．有必要的财产或经费

法人作为独立的民事主体，要独立进行各种民事活动，独立承担民事活动的后果。所以，法人应有必要的财产或者经费，否则，法人无法进行各种民事活动。法人的财产或者经费要求在我国的一些法律法规中都有规定。必要的财产或者经费是法人生存和发展的基础，也是法人独立承担民事责任的物质保障。因此，法人具备必要的财产或者经费是法人成立的先决条件。

3. 有自己的名称、组织机构和场所

每一个法人都应该有自己的名称，法人的名称可以将一个法人与另一个法人，甚至与其成员区别开来，这样不仅表现出各个法人的特殊性，也表现出每一个法人的独立人格。因此，每一个法人都应有自己的名称。

法人应该有自己的组织机构，法人是一种社会组织，法人的意思表示必须依法通过法人组织机构来完成，因此，每一个法人都应该有自己的组织机构，如果没有组织机构，就不能够成为法人。

法人还应该有自己的场所。这种场所既可以是自己所拥有的，也可以是租赁他人的。法人的场所可以是一个，也可以是多个。法人必须拥有自己的场所，主要是为了交易安全和便于国家主管机关监督。

4. 能够独立承担民事责任

能够独立承担民事责任是指法人具有承担民事责任的独立能力。这是法人拥有独立支配财产的必然结果。法人作为拥有独立人格的民事主体，对其从事各种活动的后果，必须能以自己的财产独立承担民事责任。法人的成员对此后果不承担连带责任。能否独立承担民事责任是法人区别于非法人组织的一个关键特征。

以上这四个条件是一个社会组织成为法人的必备条件，而且这四个条件相互联系，缺一不可。符合以上四个条件，经依法履行有关设立程序，即可成为法人。

§3. 2. 2 法人设立的程序

法人设立程序中的核心问题是法人设立原则，而法人设立原则因法人类型和时代的不同而有所不同，主要包括以下几个原则：

1. 自由设立主义

自由设立主义，也称为放任主义。是指国家对于法人的设立完全听凭当事人自由，不要求具备任何形式，国家不加以任何干涉或限制。在欧洲中世纪，由于商事公司勃兴，各国曾多采用放任主义，但因有碍交易安全，近代以来已不多见。

2. 特许设立主义

特许设立主义，亦称立法特许主义。是指法人的设立需要有专门的法令或国家特别许可。由于特许设立主义对法人设立的限制、干预过于严格，因此当前除对公法人或者某些特别法人的设立采用特许主义外，也少有采用。

3. 许可设立主义

许可设立主义，又称核准设立主义。是指法人设立时除了应符合法律规定的条件外，还要经过主管行政官署的批准，主管机关依照规定进行审查，作出批准或不批准的决定。

4. 准则设立主义

准则设立主义，亦称登记主义。是指法律对于法人之设立，预先规定一定的条件，设立人可遵照该条件设立，无需先经主管机关许可，依照法定条件设立后，仅需向登记机关办理登记，法人即可成立。

5. 严格准则主义

严格准则主义，即在法人设立时，除了具备法律规定的要件外，还应符合法律所规定的限制性条款。

6．强制设立主义

强制设立主义，是指国家以法令规定某种行业或某种情况下必须设立一定法人组织的设立原则。通常此类法人为一些职业团体，从事此类职业的人员必须加入。

我国由于自身经济发展和市场的需要，对于以上法人的设立原则进行了选择，对不同的法人采取不同的设立原则，形成了自己的法人设立程序。

1．企业法人的设立原则

在我国，企业法人分为公司企业法人与非公司企业法人。公司企业法人依据《公司法》的规定，分为有限责任公司和股份有限公司。有限责任公司和股份有限公司的设立，采取严格准则主义，即符合相关法律关于有限责任公司的成立条件的，仅需到公司登记机关申请设立登记，公司即可成立。但也有采取许可设立主义，我国《公司法》第六条第二款规定："法律、行政法规规定设立公司必须报经批准的，应当在公司登记前依法办理批准手续。"而非公司企业法人按照相关法律规定一般采取许可设立主义。

2．机关法人的设立原则

机关法人的设立，取决于宪法和相关国家机构设置法的强制性规定，在设立原则上采用强制主义。机关法人自成立之日起，即具有法人资格。

3．事业单位法人的设立原则

事业单位法人的设立，须依照国家法律和行政命令的规定，在设立原则上采用特许设立主义。事业单位法人自成立之日起，即具有法人资格。

4．社会团体法人的设立原则

社会团体法人的设立，有采取特许设立主义的，需要按照国家法律和行政命令的规定来设立，例如工会；也有采取行政许可主义的，即法人的设立需要经过业务主管部门审查同意，然后向登记机关申请登记才可成立，例如学会。

§3.3　法人的民事能力

§3.3.1　法人的民事权利能力

法人的民事权利能力是法人享有民事权利和承担民事义务，成为民事主体的资格。由于法人并不是真正意义上的人，法人的民事权利能力只是在法人参加民事活动时，享受权利和承担义务的资格，不同于自然人人格的含义。所以，法人的民事权利能力与自然人的民事权利能力相比有以下几点不同：

1．民事权利能力的开始和终止条件不同

自然人的民事权利能力始于自然人出生，终止于自然人死亡。法人的民事权利能力从法人成立时开始，于法人消灭时终止。法人是一种无自然生命的组织，其产生与死亡完全取决于法律的相关规定。法人自核准登记之日起依法取得民事权利能力，从事民事活动；法人自核准注销之日起，丧失民事权利能力，终止民事活动。

2．法律对民事权利能力的限制不同

所有自然人的民事权利能力一律平等，同时自然人之间民事权利能力的内容也毫无差别，不会因为年龄、民族、智力、健康等的不同而有所不同，法律另有规定的除外。而不同法人的民事权利能力不同，不同性质的法人，其民事权利能力的内容有所不同，例如国家机关法人和企业法人具有完全不同的业务范围，国家机关法人只有在与其行政管理职能需要的范围之内，才可以参加民事活动。另外，不同的企业的业务经营范围有所不同，这个企业可以参加的民事活动，另一个企业就有可能不能参加，这就决定了各种不同的企业在民事权利能力的具体内容上是有区别的。

3. 民事权利能力的内容范围不同

在民事权利享有的具体范围上，自然人能够享有的财产权利，法人一般都可以享有。但自然人基于其人格或者身份而享有的某些特定的民事权利，例如生命权、健康权、肖像权、继承权等，法人是不能享有的。而一些为法人所专享的民事权利，例如国有财产的经营管理权等，自然人个人是不能享有的。

§3.3.2　法人的民事行为能力

1. 法人的民事行为能力的概念和特征

法人的民事行为能力是法人以自己的行为取得民事权利和承担民事义务的资格。由于法人是法律所拟定的"人"，它与自然人之间存在着诸多不同，因此，两者之间的民事行为能力也有着不同，而这些体现在法人民事行为能力的特点之中：

（1）法人的民事行为能力和权利能力是同时产生、同时终止。法人的民事权利能力同法人的民事行为能力同时开始于法人经法定程序取得法人资格时。法人的民事权利能力和民事行为能力同时终止于法人被撤销或解散时。而自然人的民事权利能力从出生之时开始享有，但民事行为能力则要达到一定年龄且精神健康才可完全具备。自然人的民事权利能力终止于其死亡时，但民事行为能力却有可能在此之前因精神失常而暂时中止。

（2）法人的民事行为能力与其民事权利能力范围总是一致的。由于法人的民事行为能力在法人存续期间无任何差别，所以，法人依法成立后，便可以从事与其设立目的、章程或法律规定范围相一致的所有活动，不存在欠缺民事行为能力的问题。而对于自然人而言，只有当自然人是完全民事行为能力人，其民事行为能力范围才与其民事权利能力范围一致，也就是说完全民事行为能力人所具有的民事权利能力范围即为其民事行为能力的范围；当自然人是限制民事行为能力人，其民事权利能力与民事权利能力范围不一致，也就是说限制民事行为能力人的行为能力范围小于其权利能力范围；当自然人是无民事行为能力人，其虽然具有民事权利能力，但完全不具备民事行为能力。

（3）法人的民事行为能力是通过法人的法定代表人和代理人的活动来实现的。法人是一种组织，它无法像自然人一样自己参加各种民事活动。因此，只能通过某些自然人的行为来代表。而自然人的民事行为能力一般通过自然人自身的行为实现，也就是说自然人可以以自己的活动参加民事法律关系，为自己设定民事权利义务。

2. 法人的法定代表人和代理人

（1）法人的法定代表人和代理人的概念。法人的法定代表人是依照法律或者法人章程规定，代表法人行使职权的负责人。例如公司的董事长、企业的经理、学校的校长、工厂的厂长等。法人的代理人是受法人委托，以法人名义实施民事法律行为的人。可以成为法人代理的有：法人组织中法定代表人以外的其他成员、其他法人或自然人。

（2）法人的法定代表人的法律地位。法人的法定代表人所具有的法律地位表现为：法人的法定代表人以法人名义实施的行为，被视为法人自身的行为。这就说明，法人的人格此时与其法定代表人的人格是重合的，同一的，两者是一个主体。法定代表人执行法人的对外业务，以法人名义订立合同，不需要法人另行授权。法定代表人所实施的行为的法律后果，由法人全部承受。

法人的法定代表人的地位与法人的代理人的地位是截然不同的。尽管法人的代理人以法人名义实施的行为，其法律后果由法人直接承受，但法人的代理人必须通过法人的授权，才可以以法人的名义进行民事活动。同时，在代理活动中，法人的代理人的人格独立于法人的人格之外，他们是两个主体，代理人的行为不是法人自身的行为，只是基于代理制度的规定，其行为的效果才归属于法人。如果法人的代理人超越代理权范围实施民事行为，或利用代理活动实施违法行为，其行为的后果由其个人承担。

§3.3.3 法人的民事责任能力

法人的民事责任能力，是法人行为能力中的一种最为特殊的形式，它是指法人据以独立承担民事责任的资格。法人具有民事责任能力的表现有：当法人的法定代表人的行为构成侵权行为时，其行为就是法人自身的侵权行为，法人必须对此承担民事责任。而法人的工作人员经法人授权而进行的经营活动，如果造成了他人的损害，法人也必须对此承担民事责任。我国法律明确规定：企业法人对于它的代表人和其他工作人员的经营活动，承担民事责任。而这里的经营活动包括经营活动中实施的侵权行为。但是法人承担民事责任须具备以下三个条件：

（1）存在法定代表人或工作人员加害于他人的侵权行为且造成损害结果。我国民法中有关于民事侵权行为损害赔偿责任的详细规定。一般情况下，行为人承担民事责任必须具有过错。所以，法定代表人以及工作人员的侵权行为如果构成侵权民事责任的条件，法人就应对这种侵权行为承担民事责任。也就是说，判定法人是否承担民事责任，应以法人的法定代表人或工作人员的具体情况而定。

（2）该损害结果须因法人的法定代表人或工作人员的行为而发生。在法律上，法人的法定代表人的行为被视为法人自身的行为，所以，法定代表人在其代表权限范围内的侵权行为，就是法人自身的侵权行为，其后果当然应由法人承担。除此之外，法人的经营活动还需要由其工作人员进行，工作人员在授权后，以法人名义从事各种活动。尽管这种地位与法人的法定代表人不同，其行为不能被认为是法人自身的行为，而只能被认为是法人的代理人的行为。但法人的工作人员从事的经营活动是执行法人的意志，为法人谋利益，所以，对于工作人员的侵权行为，法人也应当承担民事责任。

（3）该损害结果必须是因为法人的法定代表人或工作人员在经营活动中执行职务所实施的侵权行为而引起。只有当法人的法定代表人或其工作人员在执行法人有关业务活动的过程中造成他人损害，其责任才能由法人承担。其执行职务的行为主要包括职务活动本身要求法人的法定代表人或工作人员实施的行为。例如，法人的法定代表人或工作人员由于执行法人的决定而非法泄露他人的商业秘密。也包括其不正当执行职务活动的行为。例如，行政机关的工作人员在进行行政管理活动时，对有关当事人施以错误的行政处罚，造成他人财产损害。法人对于其法定代表人或工作人员因实施与其业务活动无关的行为致人损害，或者纯粹以个人名义实施的侵权行为不承担民事责任，其责任应由实施侵权行为的行为人自己承担。例如，法人的法定代表人或工作人员下班后与人打架斗殴，造成他人人身或财产损害等。

法人就法定代表人或工作人员的行为承担民事责任以后，根据法律的规定，有权追究有过错的法定代表人或工作人员的个人责任。

另外，法人成员中不具有代表权和代理权的普通职员或雇员，在执行职务时对他人存在侵权行为的，应该由法人作为雇用人对受害人承担赔偿责任。例如，建筑公司的工人在盖房过程中，不小心将建筑材料掉落在地，砸伤路人。在这种情况下，该建筑公司应依法对受害人承担赔偿责任，随后向有过错的工人追究责任。

§3.4 法人的变更和终止

§3.4.1 法人的变更

法人的变更是指法人在存续期间其组织机构、性质、宗旨、活动范围、财产状况以及名称、住所等事项发生的重大变化。

1. **法人组织机构的变更**

法人组织的变更包括法人的合并及法人的分立。法人的合并，是指两个以上的法人根据法律规定或合同约定合并成一个法人，是法人在主体资格方面的变化。法人合并的方式有两种：新设合并、吸收合并。法人的分立，是指一个法人分裂为两个或两个以上的法人。法人的分立有两种方式：创设式分立、存续式分立。原法人的权利义务由变更后的法人享有和承担。

2. **法人责任形式的变更**

如将有限责任公司变更为无限责任公司，或将无限责任公司变更为有限责任公司等。

3. **法人性质、活动范围、名称、住所、财产、经营场所、法定代表人以及增设或撤销分支机构等的变更**

以上事项是法人在设立时应登记的事项，这些事项的变更应履行变更登记手续，但并不影响法人的民事主体资格，不影响变更前后权利义务的承担。企业法人变更应向工商行政管理部门履行变更登记，并以一定的方式公告。

§3.4.2 法人的终止

法人的终止，是指从法律上消灭法人作为民事主体的资格。根据我国《民法通则》的规定，法人终止的原因主要包括以下几种：

1. **依法被撤销**

包括两种情形：一是法律、行政命令直接规定撤销其法人资格；二是因法人从事违法行为，而由主管机关依法撤销。

2. **法人自行解散**

法人自行解散的原因主要有：①因设立的目的事业完成或无法完成而解散。如为建设某项大型基建项目而成立的项目公司，在项目完成后，因其事业完成而解散；②因法人章程所规定的存续期限届满或解散事由出现而解散；③由法人的成员会议决议而解散。如有限责任公司和股份有限公司经股东会议决议而解散；④因法人合并或者分立而解散。如新设合并中，两个或两个以上的法人合并为一个新法人，原有的法人即解散；⑤因法人章程所规定的解散事由出现而解散。

3. **依法被宣告破产**

破产，是指企业法人不能清偿到期债务，并且资产不足以清偿全部债务或者明显缺乏清偿能力的，依照破产法规定清理债务。

4. 其他原因

除上述原因之外导致法人终止的原因。如社团法人因成员不足法定人数而终止。

法人的终止直接关系到企业法人存在和利害关系人的利益，因此，我国《民法通则》第四十六条规定："企业法人终止，应当向登记机关办理注销登记并公告。"而根据《工商企业登记管理条例》的相关规定，工商企业终止时，应当按照有关规定经批准后 30 日内，向市、县工商行政管理局办理注销手续，吊销营业执照，并对其财产依法进行清算。

第4章 财产所有权

§4.1 财产所有权概述

§4.1.1 财产所有权的概念

依据《中华人民共和国物权法》（以下简称《物权法》）第三十九条的规定，财产所有权是指所有权人对自己的不动产或者动产，依法享有占有、使用、收益和处分的权利。

财产所有权，在静态上确定了财产的归属，是人们进行生产、分配、交换和消费的前提。在国家宏观经济调控过程中，财产所有权以及由此产生的经营管理权，是国家宏观经济管理和社会经济组织进行宏观经济协作的基本依据。财产所有权，既是一种民事权利，又是一种经济权利。

§4.1.2 财产所有权的特征

1. 独立性

所有权关系是社会经济生活中最广泛、最具体的一种民事财产关系，财产所有权是独立存在的，财产的转让关系、流通关系以及租赁权、抵押权、经营权和债权等都是在财产所有权的基础上产生的。

2. 自物权性

财产所有权是权利人对自己的财产享有的权利，权利人可以直接地、无条件地支配其物，并依自己的意愿行使占有、使用、收益和处分其物的权利，与权利人对他人的物享有的权利不同。因此，财产所有权又叫自物权，除此以外的其他物权又叫他物权。

3. 排他性

财产所有权的排他性是指由所有人对其财产享有权利，非所有人不得对所有人的财产享有所有权。换言之，财产所有权遵循"一物不容二主""一物一主一权"的原则，即同一物上不得并存两个所有权，任何其他人都不得对所有人正当行使的权利加以干涉和妨碍，同时，财产所有权人可以向任何侵占其财产的人提出索赔。

4. 绝对性

财产所有权的绝对性，是指所有人在实现对其财产的占有、使用、收益和处分权利时，不需要他人的协助，只需义务方不加妨害即可。

5. 充分性

财产所有权包括占有、使用、收益和处分四项权能。这四项权能是物权的全部，因此又被称为"完全物权"。而所有权以外的其他物权如抵押权等只具有所有权的某一项或几项权能，或者只在一定程度上具有所有权的各项权能，因而被称为"限制物权"。与其他物权相比较，财产所有权是最充分、最完整的财产权利，具有充分性。

6. 弹力性

所有权的内容可以自由屈伸。所有人在实际享有并行使所有权的过程中，往往将所有权的权能分离出去而由非所有人享有，在其所有物上为他人设定物权，如抵押权、质权等，将占有、使用、收益等权能交由他人行使，由此发生了所有权权能与所有人部分分离的情况。但只要未发生使所有权消灭的法律事实，即使出现了部分权能与所有人分离的情况，所有人仍保持着对其所有物的支配权，所有权依然存在。在所有物上设定的权利一旦消灭，所有权立即恢复全面支配的圆满状态，分离出去的各项权能仍复归所有权人。这种独特的弹力性对于所有人充分发挥财产的社会效益起到了十分重要的作用。所有权的权能与所有权不断地分离和回复，也是所有权实现的客观需要和动态的过程。

7. 恒久性

财产所有权的存在无期限限制，即使转让，只不过是权利主体的变更而已。这一点与抵押权等他物权不同，他物权是有期限的。因此，财产所有权又称为无期物权，他物权又称为有期物权。

§4. 1. 3　财产所有权与所有制的关系

所有制，是指一定社会的生产资料归谁占有，由谁支配的基本经济制度，它构成该社会生产关系的核心。无论任何社会，人们要生产生活，就必须占有和支配一定的物质生产资料，也就必须存在一定的所有制形式。所有制作为经济范畴，是社会物质关系，属于经济基础的范畴。所有权作为一个法律范畴，是以权利和义务为内容的意志关系，是所有制在法律上的反映，属上层建筑的范畴。

所有制和所有权的关系，即经济基础和上层建筑的关系。所有制的形式决定着所有权的性质和内容，但所有权并不是所有制的简单模拟，当所有权一旦形成，就会成为一种巨大的力量反作用于所有制。在我国现阶段，为适应生产力发展需要，存在着多种所有制形式，同时也存在着国家、集体和个人多种所有权形式，法律通过对所有权人合法权益的保护和对侵权人的制裁，稳定社会经济秩序，促进和保障社会主义公有制和市场经济的发展。所有权充分体现了物对所有人而言的最终归属，因而使财产关系特定化和趋于稳定，具有维护和稳定社会秩序的功能；另外，财产所有权在发挥财产效用、优化资源配置和促进财富积累方面都具有重要的社会作用，促进了生产力的发展。

§4. 2　财产所有权法律关系

§4. 2. 1　财产所有权法律关系概述

财产所有权法律关系，是指特定的所有人与不特定的义务人依照所有权法律制度在特定的财产上形成的权利义务关系。它包括主体、内容和客体三个基本要素。

§4. 2. 2　财产所有权法律关系的主体

财产所有权法律关系的主体，是指财产所有权法律关系中权利的享有者和义务的承担者。财产所有权法律关系的主体包括权利主体和义务主体。

1. 财产所有权法律关系的权利主体

财产所有权法律关系的权利主体，是指财产所有权法律关系中权利的享有者，即财产所有人。财产所有权法律关系的权利主体总是特定的，并且可以是任何有权利能力的主体。财产所有权人的资格与行为能力无关，因此，国家、集体组织、自然人，甚至胎儿都可成为财产所有权法律关系的权利主体。一定财产的所有权权利主体，可以是特定的一个人，也可以是多个人，即一物可以为单个人所有，也可以归多个特定的人共有。

2. 财产所有权法律关系的义务主体

财产所有权法律关系的义务主体，是指财产所有权法律关系中义务的承担者。财产所有权法律关系中的义务主体具有不特定性，即所有权人之外的其他任何非所有人，都是该所有权的义务主体。

财产所有权的特点之一，在于所有人所有权的本质属性是权利而非义务。即权利主体仅享有权利，不承担义务；义务主体仅承担义务，不享有权利。但是，任何权利都是相对的，即使所有人的权利再大，在其行使时也受到一定的限制。根据我国现行法律、法规的规定，所有人在行使所有权时主要受以下限制：不得妨害社会公共利益；不得妨害其他公民的合法权益；行使所有权必须符合环境保护、自然资源保护和生态平衡的要求；行使所有权不得破坏名胜古迹、国家规定的风景区、自然保护区和依法受保护的寺庙以及其他宗教建筑等。

§4.2.3 财产所有权法律关系的内容

财产所有权法律关系的内容，是指财产所有权法律关系中，特定的权利主体所享有的权利和不特定的义务主体所承担的义务。根据我国《民法通则》的规定，财产所有权具有占有、使用、收益、处分和排除他人对其所有物的非法干涉的权能，其中前四项权能被称为财产所有权的积极权能，后一项被称为所有权的消极权能。

1. 财产所有权的积极权能

（1）占有权。是指权利主体对财产实际控制、支配或管理的权利。它是所有权内容中的基本权能，也是实现使用权和处分权的基础。所有人享有对财产的占有权。但是，依照所有人的意志，占有权也可与所有权人分离，由非所有人享有。如保管人根据保管合同占有他人的财产，承租人根据租赁合同占有他人的财产等。因此，必须区分所有人占有和非所有人占有。所有人占有是独立合法、直接的占有；非所有人占有是不独立的、间接的占有。区分直接占有和间接占有具有一定的意义，主要在于确定动产所有权的转移，一般来说，动产所有权的转移必须是直接占有的转移，新的所有人只有在直接占有动产以后，才享有所有权。

非所有人的占有可分为合法占有和非法占有。合法占有，是指占有人占有该财产时具有法律依据或合同依据，如根据借贷合同、抵押关系确立的占有；非法占有，是指占有人占有该财产时无任何法律依据或合同依据，如占有道路拾遗物、偷盗来的财产等。

非法占有又可分为善意占有和恶意占有。占有人占有该财产时不知道或不可能知道他的占有是非法的为善意占有。占有人占有该财产时知道或应当知道他的占有是非法的为恶意占有。区分善意占有和恶意占有在确定被占有财产的归属和占有人的责任上有重要意义。善意占有人主观上无过错，因此其占有受法律保护；恶意占有人主观上有过错，其占有不受法律保护。

（2）使用权。是指权利主体占有财产，按照物的性能和用途对财产进行有效利用，以获取经济利益或满足生活上某种需要的权利。使用权是所有人的一项独立权能。因此，所有人可以在法律规定的范围内，依自己的意志使用其财产，同时也可取得所有物的收益。

使用权是直接用于所有物上的权利，因而其存在首先以占有物为前提。当财产的占有权与所有人分离后，所有人的使用权也与所有权分离。所有人可基于自己某种利益的需要，将使用权与所有权分离而由非所有人行使。非所有人的使用权是从所有权中派生出来的一项权利。非所有人行使使用权，必须按照法律规定或合同要求进行，并且按照指定的用途使用。

由于对物的使用以对物的占有为前提，因此，享有物的使用权必定享有物的占有权。但享有物的占有权并不一定就享有物的使用权，如质权人、保管人只能对物进行占有，而不得使用。

（3）收益权。是指权利主体在财产上取得某种经济利益的权利。收益权能是所有人实现对物的利益享有的基本手段，它直接体现了所有人的利益。在所有权的四大权能中，占有权、使用权、处分权可以和所有权人相对分离或完全分离，但收益权不能分离，至少不可完全分离。

（4）处分权。是指权利主体对其财产依法进行处置，决定财产命运的权利。处分权决定着财产的归属，是所有权的核心。财产所有权人对财产的处分包括事实上的处分和法律上的处分两种。事实上的处分，是指财产所有权人在生产或生活中把财产直接消耗掉，如日常生活中日用品的消耗；法律上的处分，是指财产所有权人依照自己的意志，通过某种法律行为处置财产，如转移物的所有权、设定他物权等。事实上的处分和法律上的处分都会引起所有权的消灭或转移。

2. 财产所有权的消极权能

财产所有权的消极权能是指所有人在法律规定的范围内，排除他人对其所有物违背其意志加以干涉的权能。由于这种权能并不是所有人对于物可以施加的积极行为，在没有他人干涉时，此种权能不体现出来，因此称为消极权能。

财产所有权是独立性的支配权，不容他人非法干涉，如果有非法干涉存在，法律应当予以保护。但是，依照法律规定对财产所有权进行的正当干涉，所有人不得予以排除。

§4. 2. 4　财产所有权法律关系的客体

1. 财产所有权法律关系客体的概念和条件

财产所有权法律关系的客体，是指财产所有权法律关系主体的权利和义务共同指向的对象，即财产。财产所有权法律关系的客体应当具备以下条件：

（1）必须存在于人身之外。人身不是财产，不能作为法律上的权利客体。但是，从人体分离出来的某些部分如血液、头发等，可以作为所有权的客体。处分人体的某一部分，只要不违反法律和社会秩序仍然视为有效。

（2）必须为人力所能支配。如果不能为人力支配，也就难以在物上形成权利，这样，物就不能成为权利的客体。

（3）必须具有使用价值，能满足人们的生产或生活的某种需要。人们对财产的支配，是为了实现某种需要，而非单纯的支配。因此，无用财产不是财产所有权的客体。

（4）必须是有形财产。财产所有权的客体为有形财产，不包括无形财产和权利。这是财产所有权与知识产权的一个重要区别。

2. 财产所有权法律关系客体的分类

（1）流通物与限制流通物。流通物是指国家允许在权利主体之间依照民事程序自由流转的物，凡是法律不禁止流转的物都是流通物。限制流通物是指依照法律和政策的规定，不能在流通领域中自由交换的物，如国家专有的土地、武器等。限制流通物不能成为以转移所有权为目的的债权的客体，但是，法律并不禁止限制流通物成为所有权的客体。

（2）特定物与种类物。特定物是指具有单独的特征，不能以其他物代替的物，如某幅图画、某个建筑物等。特定物作为债权的客体时，必须交付特定物，不能用种类物替代，如特定物灭失，可用价金赔偿。种类物是指具有共同特征，可以用品种、规格或数量加以确定的物，如某种牌号的汽车、某种规格的车床等。种类物可以用同类物替代。

（3）主物与从物。主物是指两种或两种以上的物由一定经济目的而组合在一起时，起主要作用的物，从物是指配合主物的使用而起辅助效用的物，如锁与钥匙、船与桨，前者为主物，后者为从物。

（4）原物与孳息。原物是指能被使用或收益的物；孳息是指由原物所产生的收益。孳息可以根据收益取得方式的不同分为天然孳息（如果树结的果实、母畜生的幼畜等）和法定孳息（如借款的利息、出租房屋的租金等）。

（5）可分物与不可分物。可分物是指可以进行实物分割而不改变其经济用途和价值的物，如一批布可分为几段衣料，一大桶石油可分为若干小桶。不可分物是指经实物分割后，将使该物失去原有的经济用途，降低其价值的物，如一头牛、一辆汽车等。

（6）动产与不动产。不动产是指在空间上具有固定位置、移动就会影响其经济价值的物，如土地、森林和建筑物等。动产是指能够在空间上移动且不影响其经济价值的物，如家具、牲畜等。

§4.3 财产所有权的取得和消灭

§4.3.1 财产所有权的取得

财产所有权的取得，是指民事主体依据一定的法律事实而获得某物的所有权。我国《民法通则》第七十二条规定："财产所有权的取得，不得违反法律的规定。"因此，财产所有权的取得方式必须合法。财产所有权取得的方式和途径有多种，通常根据所有权的取得是否以原所有人的所有权与意志为根据，把所有权的取得分为原始取得和传来取得。

1. 原始取得

原始取得，是指财产所有权第一次产生或不依原所有人的权利而取得所有权。原始取得主要包括以下几种形式：

（1）生产。自然人或社会组织，通过自己的劳动生产占有自然物，或通过扩大再生产占有新的产品，即取得该物或产品的所有权。生产是取得财产所有权最重要的方式。

（2）孳息。孳息是与原物相对而言的，指由原物而产生的物，包括天然孳息和法定孳息。天然孳息是指依物的自然属性所产生的物。法定孳息是指依一定的法律关系由原物所生的物，是原物的所有权人进行投资、租赁等特定民事法律活动而应当获得的合法收益。关于孳息的归属，根据《物权法》一百一十六条，天然孳息，由所有权人取得；既有所有权人又有用益物权人的，由用益物权人取得。当事人另有约定的，按照约定。法定孳息，当事人有约定的，按照约定取得；没有约定或者约定不明确的，按照交易习惯取得。

（3）没收。没收是指依照法律规定，强制将财产收归国有的一种措施。根据我国现行刑法和有关行政法规，没收是刑法和行政法中的一种法律责任形式。针对当事人的违法犯罪行为，司法机关和有关行政机关有权通过一定程序，将其非法所得的财产收归国有。它具有不承认原所有人的权利或不考虑原所有人的意志、依法直接取得的特点，是直接凭借国家的强制力产生的财产所有权。

（4）添附。添附是指不同所有人的财产或劳动产品合并在一起，形成一种不能分离的财产。添附包括混合、附和和加工。混合，是指不同所有人的动产相互结合在一起，难以分开并形成为新的财产，如米与米混合。附和，是指不同所有人财产密切结合在一起，形成新的财产，虽未混合，但非经拆毁不能恢复原来的状态。附和与混合不同，在混合的情况下，已无法识别原各所有人的财产；在附和的情况下，原各所有人的财产仍能识别。加工，是指一方使用他人的财产，将其加工改造为具有更高价值的财产，原物因为加工人的劳动而成为新物，如在他人木板上作画等。

根据我国司法实践，非所有人只有在取得所有人的同意之后，才能在他人的财产之上从事添附行为，否则，构成侵权。最高人民法院《关于贯彻执行〈中华人民共和国民法通则〉若干问题的意见（试行）》第八十六条规定："非产权人在使用他人的财产上增添附属物，财产所有人同意增添，并就财产返还时附属物如何处理有约定的，按约定办理；没有约定又协商不成，能够拆除的，可以责令拆除；不能拆除的，也可以折价归财产所有人；造成财产所有人损失的，应当负赔偿责任。"一方从事添附行为时，虽然取得了另一方的同意，但双方并未就添附后财产的归属达成协议的，也可以通过协商，将新物归原财产价值较大的一方所有，原财产价值较小的一方应取得与原财产价值相当的补偿。如果加工价值显然大于原物的价值，新物也可以归加工人所有，但加工人应对原财产所有人按其财产价值给予补偿。

（5）无主财产。无主财产是指所有人不明或无所有人的财产。无主财产包括埋藏物和隐藏物、无人认领的拾得物、漂流物和走失物、无人继承的财产及抛弃物。

根据我国《物权法》的规定，拾得遗失物，应当返还权利人。拾得人应当及时通知权利人领取，或者送交公安等有关部门。有关部门收到遗失物，知道权利人的，应当及时通知其领取；不知道的，应当及时发布招领公告。拾得人在遗失物送交有关部门前，有关部门在遗失物被领取前，应当妥善保管遗失物。因故意或者重大过失致使遗失物毁损、灭失的，应当承担民事责任。权利人领取遗失物时，应当向拾得人或者有关部门支付保管遗失物等支出的必要费用。权利人悬赏寻找遗失物的，领取遗失物时应当按照承诺履行义务。拾得人侵占遗失物的，无权请求保管遗失物等支出的费用，也无权请求权利人按照承诺履行义务。遗失物自发布招领公告之日起6个月内无人认领的，归国家所有。

拾得漂流物、发现埋藏物或者隐藏物的，参照拾得遗失物的有关规定。文物保护法等法律另有规定的，依照其规定。

无人继承的财产，根据《中华人民共和国继承法》第三十二条，"无人继承又无人受遗赠的遗产，归国家所有；死者生前是集体所有制组织成员的，归集体所有制组织所有。"

抛弃物的财产所有权，目前我国实践中采取先占原则来确定。

2. 传来取得

传来取得又称继受取得，是指所有人通过某种法律行为或法律事件从原所有人那里取得财产所有权。它是最基本、最普遍的所有权取得方式。传来取得主要包括以下几种形式：

（1）买卖。买卖是商品交换最典型的法律形式，凡流通物均可以买卖方式转移所有权。

（2）赠与。赠与是一方将自己财产无偿给予另一方的法律行为。

（3）互易。互易即以物易物。互易物的所有权由原所有人互相更换，各取得对方财产的所有权。法律规定要履行登记手续的，完成登记手续后，互易物的所有权才发生转移。

（4）继承或接受遗赠。合法继承人或根据所有人的意志接受遗赠的人，依法取得财产的所有权。

§4.3.2 财产所有权的消灭

财产所有权的消灭，亦称财产所有权的终止，是指因一定的法律事实使所有人丧失其所有权，或使所有权与所有人相分离。引起财产所有权消灭的法律事实主要包括以下几种：

（1）所有权主体消灭。所有权主体消灭是指自然人死亡或法人终止，二者都可引起所有权的转移。自然人死亡后，其财产由继承人继承，或由受遗赠人接受遗赠。法人终止后，其财产归属应依照法人的章程和有关法律的规定处理。

（2）所有权的转让。所有权转让是所有权消灭的普遍方式。财产所有权转让后，原所有人即丧失该财产的所有权，受让人则因此取得财产所有权。

（3）所有权的抛弃。财产所有权作为一项民事权利，具有一定的任意性，法律允许权利人抛弃自己的财产所有权。这种抛弃所有权的行为，是所有人行使其权利的单方行为，无须向特定人作意思表示。所有人实施抛弃行为以后，即丧失对所抛弃的财产的所有权。但是，所有人抛弃自己的财产不得损害国家、社会公共利益及他人利益。否则，将构成滥用所有权的行为。

（4）国家依法对所有人的财产采取强制措施。国家有关机关依法采取强制措施，也可导致所有权的消灭。如：人民法院通过审判程序，依法判决将当事人的财产收归国家所有或交他人所有。

（5）所有权客体消灭。所有权客体消灭，所有权自然不复存在。所有权客体消灭的主要原因是：所有人对其所有物进行事实上的处分，即将物用于生产和生活消费；所有权的客体由于自然灾害或因为第三人的过错而灭失等。

§4.4 财产所有权的种类

§4.4.1 国家财产所有权

1. 国家财产所有权的概念和特征

国家财产所有权，是指国家依法对全民所有制财产享有占有、使用、收益和处分的权利。《民法通则》第七十三条第一款规定："国家财产属于全民所有。国家财产神圣不可侵犯，禁止任何组织或者个人侵占、哄抢、私分、截留、破坏。"《物权法》第四十五条规定："法律规定属于国家所有的财产，属于国家所有即全民所有。国有财产由国务院代表国家行使所有权；法律另有规定的，依照其规定。"由此，确定了国家所有权的性质、地位和内容，表明了该所有权是社会主义全民所有制在法律上的体现。国家财产所有权作为财产所有权的一种形式，其法律特征为：

（1）国家财产所有权的权利主体是国家，且具有统一性和唯一性。国家是全民财产的唯一所有人，非经国家授权或法律规定，任何组织和个人都不得行使该所有权权能或充当权利主体。国家授权将财产交给各级政府部门管理，把财产按其性质、用途交给企业、事业单位经营管理，使之在法定范围内占有、使用和处分，这是国家充分发挥全民财产的经济效益，满足社会利益及人民利益的需要，所以，国家财产占有权主体的多元化，并不影响国家财产所有权主体的统一性和唯一性的特征。

（2）国家财产所有权的客体，是指国家财产所有权的对象。国家财产所有权的客体具有广泛性。根据我国法律的规定，矿藏、水流、海域、城市的土地、无线电频谱资源、国防资产以及法律规定属于国家所有的文物，属于国家所有；法律规定属于国家所有的农村和城市郊区的土地，属于国家所有；森林、山岭、草原、荒地、滩涂等自然资源，属于国家所有，但法律规定属于集体所有的除外；法律规定属于国家所有的野生动植物资源，属于国家所有；铁路、公路、电力设施、电信设施和油气管道等基础设施，依照法律规定为国家所有的，属于国家所有。

2. 国家财产所有权的行使

国家行使所有权的方式主要有：国家以民事主体的身份直接行使所有权，如以国库财产为基础进行发行国库券等民事活动；国家根据统一领导的原则，通过制定法律及宏观管理计划等实现所有权权能的行使；国家同其创设的全民所有制企业、事业单位，实行所有权与经营权相分离，或者赋予各国家机关以分级管理的职能，从而实现在微观上行使所有权。

§4.4.2　集体组织财产所有权

1. 集体组织财产所有权的概念和特征

集体组织财产所有权，是指劳动群众集体组织占有、使用、收益和处分其财产的权利，它是劳动群众集体所有制在法律上的表现。它对集体经济起着巩固、促进和发展的重要作用。集体组织财产所有权具有如下法律特征：

（1）集体组织财产所有权主要是通过生产资料公有化，或由其成员交纳股金建立起来的。

（2）集体组织财产所有权的主体是劳动群众集体组织。集体组织的某个成员或某部分成员不是集体组织财产所有权的主体，其主体是由个人联合起来的组织，是具有法人资格的组织，其财产所有权由代表法人的机构经营、管理和统一行使。

（3）集体组织财产所有权的客体受到一定限制。集体组织财产所有权的客体范围较为广泛，但属于国家专有的财产不能成为其财产所有权的客体。即除依法属于国家专有的财产外，一般的生产资料和生活资料都可以成为集体财产所有权的客体。根据我国法律，集体所有的不动产和动产包括：法律规定属于集体所有的土地和森林、山岭、草原、荒地、滩涂；集体所有的建筑物、生产设施、农田水利设施；集体所有的教育、科学、文化、卫生、体育等设施；集体所有的其他不动产和动产。农民集体所有的不动产和动产，属于本集体成员集体所有。

（4）集体组织依法行使其所有权的各项权能。下列事项应当依照法定程序经农民集体成员决定：土地承包方案以及将土地发包给本集体以外的单位或者个人承包；个别土地承包经营权人之间承包地的调整；土地补偿费等费用的使用、分配办法；集体出资的企业的所有权变动等事项；法律规定的其他事项。

对于集体所有的土地和森林、山岭、草原、荒地、滩涂等，依照下列规定行使所有权：属于村农民集体所有的，由村集体经济组织或者村民委员会代表集体行使所有权；分别属于村内两个以上农民集体所有的，由村内各该集体经济组织或者村民小组代表集体行使所有权；属于乡镇农民集体所有的，由乡镇集体经济组织代表集体行使所有权。

城镇集体所有的不动产和动产，依照法律、行政法规的规定由本集体享有占有、使用、收益和处分的权利。

2. 集体组织财产所有权的种类

（1）农村集体财产所有权。农村集体财产所有权是集体财产所有权在农村的表现。农村集体组织是集体财产的所有者，土地和其他应归集体所有的生产资料是该所有权的客体。承包经营户对于承包的土地、荒山、水面等只有使用权，没有所有权。

（2）城镇集体财产所有权。城镇集体财产所有权是集体财产所有权在城镇的表现。各城镇集体组织对于属于自己的财产依法享有所有权。法律充分保护集体组织所有权的行使，我国《物权法》第六十三条规定："集体所有的财产受法律保护，禁止任何单位和个人侵占、哄抢、私分、破坏。集体经济组织、村民委员会或者其负责人作出的决定侵害集体成员合法权益的，受侵害的集体成员可以请求人民法院予以撤销。"

§4.4.3 私人财产所有权

这里的"私人"是指与国家、集体相对应的物权主体，不单包括我国的公民，也包括在我国合法取得财产的外国人和无国籍人；不仅包括自然人，还包括个人独资企业、个人合伙等非公有制企业。

私人财产的范围包括其合法的收入、房屋、生活用品、生产工具、原材料等不动产和动产、私人合法的储蓄、投资及其收益。

国家依照法律规定保护私人的继承权及其他合法权益。

私人的合法财产受法律保护，禁止任何单位和个人侵占、哄抢、破坏。

§4.4.4 业主的建筑物区分所有权

业主的建筑物区分所有权是指业主对建筑物内的住宅、经营性用房等专有部分享有所有权，对专有部分以外的共有部分享有共有和共同管理的权利。

业主对其建筑物专有部分享有占有、使用、收益和处分的权利。业主行使权利不得危及建筑物的安全，不得损害其他业主的合法权益。业主对建筑物专有部分以外的共有部分，享有权利，承担义务；不得以放弃权利不履行义务。业主转让建筑物内的住宅、经营性用房，其对共有部分享有的共有和共同管理的权利一并转让。

建筑区划内的道路，属于业主共有，但属于城镇公共道路的除外。建筑区划内的绿地，属于业主共有，但属于城镇公共绿地或者明示属于个人的除外。建筑区划内的其他公共场所、公用设施和物业服务用房，属于业主共有。

建筑区划内，规划用于停放汽车的车位、车库应当首先满足业主的需要。建筑区划内，规划用于停放汽车的车位、车库的归属，由当事人通过出售、附赠或者出租等方式约定。占用业主共有的道路或者其他场地用于停放汽车的车位，属于业主共有。

业主可以设立业主大会，选举业主委员会。下列事项由业主共同决定：制定和修改业主大会议事规则；制定和修改建筑物及其附属设施的管理规约；选举业主委员会或者更换业主委员会成员；选聘和解聘物业服务企业或者其他管理人；筹集和使用建筑物及其附属设施的维修资金；改建、重建建筑物及其附属设施；有关共有和共同管理权利的其他重大事项。决定以上第五项和第六项规定的事项，应当经专有部分占建筑物总面积 2/3 以上的业主且占总人数 2/3 以上的业主同意。决定以上所列其他事项，应当经专有部分占建筑物总面积过半数的业主且占总人数过半数的业主同意。业主大会或者业主委员会的决定，对业主具有约束力。业主大会或者业主委员会作出的决定侵害业主合法权益的，受侵害的业主可以请求人民法院予以撤销。

业主不得违反法律、法规以及管理规约，将住宅改变为经营性用房。业主将住宅改变为经营性用房的，除遵守法律、法规以及管理规约外，应当经有利害关系的业主同意。

建筑物及其附属设施的维修资金，属于业主共有。经业主共同决定，可以用于电梯、水箱等共有部分的维修。维修资金的筹集、使用情况应当公布。建筑物及其附属设施的费用分摊、收益分配等事项，有约定的，按照约定；没有约定或者约定不明确的，按照业主专有部分占建筑物总面积的比例确定。

业主可以自行管理建筑物及其附属设施，也可以委托物业服务企业或者其他管理人管理。对建设单位聘请的物业服务企业或者其他管理人，业主有权依法更换。物业服务企业或者其他管理人根据业主的委托管理建筑区划内的建筑物及其附属设施，并接受业主的监督。

业主大会和业主委员会，对任意弃置垃圾、排放污染物或者噪声、违反规定饲养动物、违章搭建、侵占通道、拒付物业费等损害他人合法权益的行为，有权依照法律、法规以及管理规约，要求行为人停止侵害、消除危险、排除妨害、赔偿损失。业主对侵害自己合法权益的行为，可以依法向人民法院提起诉讼。

§4. 4. 5　共有

1. 共有的概念和特征

共有，是指两个或两个以上的民事权利主体对同一项财产享有所有权。我国《物权法》第九十三条规定："不动产或者动产可以由两个以上单位、个人共有。共有包括按份共有和共同共有。"共同享有这种权利的主体称为共有人，共有人可以是自然人，也可以是法人。共有人之间是共有关系。共有关系有以下特征：

（1）共有财产的主体是共有人，具有非单一性。共有财产的主体是多个共有人，而且是特定的。这一点与公有不同。公有，是指社会经济制度，即公有制，无论它是全民所有还是集体所有，其所有权的主体是单一的，在我国为国家或集体组织。全民公有的财产属于国家所有，集体公有的财产则属于某一个集体组织所有。

（2）共有关系的客体是同一项财产。共有人共同所有的财产是同一项财产，而且一般是特定物。在共有关系存续期间，不能分割为各个部分，由各共有人分别享有所有权。每个共有人的权利及于整个共有财产，因此共有不是分别所有。

（3）共有产生的根据广泛。共有的产生可以是共同劳动、共同购买、共同经营、共同继承，也可以是基于某种特定的身份而产生，例如婚姻关系中的夫妻共有财产。

（4）共有的方式有两种：一是共同共有，二是按份共有。

2. 共同共有

我国《物权法》第九十五条规定："共同共有人对共有的不动产或者动产共同享有所有权。"共同共有，是指两个或两个以上的民事主体，根据某种共同关系而对某项财产不分份额地共同享有权利并承担义务。共同共有的特征表现为：

（1）共同共有根据共同关系而产生，必须以共同关系为其存在前提。例如以夫妻关系为基础产生的夫妻共有财产和以家庭关系为基础产生的家庭共有财产。因此，共同共有是以当事人之间存在某种共同关系为前提，它一般发生在互有特殊身份关系的当事人之间。

（2）共同共有人之间不分份额。在共同共有关系存续期间，共有人对共有财产无法划分各自的份额，也无法确定或不能确定。只有在共有关系终止时，才能确定各共有人的份额，以分割共有财产。这是共同共有与按份共有的主要区别。所以，在共同共有关系存续期间，部分共有人擅自划分份额，处分共有财产的行为无效。

（3）共同共有关系存续期间，各共有人对共有财产平等地享受权利和承担义务。在共同共有关系存续期间，部分共有人擅自处分共有财产的，一般认定无效。但第三人善意、有偿取得该项财产的，应当维护第三人的合法权益；对其他共有人的损失，由擅自处分共有财产的人赔偿。由于共同财产产生的债务，债权人可以向任何一个共有人请求全部偿还。

在我国，共同共有的形式有夫妻共同共有财产、家庭共同共有财产和遗产分割前的共有。

3. 按份共有

按份共有，是指与共同共有相对应的一项制度，指数人按应有份额对共有物共同享有权利和承担义务的共有。我国《物权法》第九十四条规定："按份共有人对共有的不动产或者动产按照其份额享有所有权。"共有人对共有的不动产或者动产没有约定为按份共有或者共同共有，或者约定不明确的，除共有人具有家庭关系等外，视为按份共有。按份共有的特征表现为：

（1）按份共有一般基于法律规定或合同约定产生。但按份共有并非将同一项财产分为若干份额由各共有人分别享有，而是各共有人按照法律规定或合同约定的比例对共有财产享有权利、承担义务。

（2）共有人对自己的份额有权要求分出或转让。按份共有人可以转让其享有的共有的不动产或者动产份额。其他共有人在同等条件下享有优先购买的权利。

（3）对份额没有约定或者约定不明确的情况。按份共有人对共有的不动产或者动产享有的份额，没有约定或者约定不明确的，按照出资额确定；不能确定出资额的，视为等额享有。

（4）共有关系可依全体共有人协议而终止。按份共有关系终止分割财产时，以不损害财产的使用价值为原则。

4. 共有物的管理与分割

无论是共同共有，还是按份共有，共有人按照约定管理共有的不动产或者动产；没有约定或者约定不明确的，各共有人都有管理的权利和义务；处分共有的不动产或者动产以及对共有的不动产或者动产做重大修缮的，应当经占份额 2/3 以上的按份共有人或者全体共同共有人同意，但共有人之间另有约定的除外；对共有物的管理费用以及其他负担，有约定的，按照约定；没有约定或者约定不明确的，按份共有人按照其份额负担，共同共有人共同负担。

共有人约定不得分割共有的不动产或者动产，以维持共有关系的，应当按照约定，但共有人有重大理由需要分割的，可以请求分割；没有约定或者约定不明确的，按份共有人可以随时请求分割，共同共有人在共有的基础丧失或者有重大理由需要分割时可以请求分割。因分割对其他共有人造成损害的，应当给予赔偿。共有人可以协商确定分割方式。达不成协议，共有的不动产或者动产可以分割并且不会因分割减损价值的，应当对实物予以分割；难以分割或者因分割会减损价值的，应当对折价或者拍卖、变卖取得的价款予以分割。共有人分割所得的不动产或者动产有瑕疵的，其他共有人应当分担损失。

因共有的不动产或者动产产生的债权债务，在对外关系上，共有人享有连带债权、承担连带债务，但法律另有规定或者第三人知道共有人不具有连带债权债务关系的除外；在共有人内部关系上，除共有人另有约定外，按份共有人按照份额享有债权、承担债务，共同共有人共同享有债权、承担债务。偿还债务超过自己应当承担份额的按份共有人，有权向其他共有人追偿。

§4.5　财产所有权的保护

§4.5.1　财产所有权的保护概述

财产所有权的保护，是指国家通过法定的程序和方法保障所有人依法对其财产行使占有、使用、收益和处分的制度。我国法律对各个民事主体依法享有的所有权实行平等的保护。

我国《物权法》第三十二条规定："物权受到侵害的，权利人可以通过和解、调解、仲裁、诉讼等途径解决。"所有人在其所有权受到侵害以后，可以依据民法请求侵害人为一定的行为或不为一定的行为。所有权人也可以依法向人民法院提起民事诉讼，请求人民法院责令侵害人承担责任，或者请求人民法院确认所有人的权利。所有人的财产因他人的犯罪行为而遭受侵害时，所有人则有权在刑事诉讼中提起附带民事诉讼，以维护自己的财产所有权。

§4.5.2　财产所有权的保护方法

根据所有人在其所有权受到侵害以后提起的诉讼或请求的不同内容，保护所有权的民法方法主要有以下几种：

1. 确认所有权

确认所有权，是指所有权因归属不清而发生争执时，当事人可以请求有关行政机关、人民法院等部门确认该物的归属或内容。我国《物权法》第三十三条规定："因物权的归属、内容发生争议的，利害关系人可以请求确认权利。"确认所有权是保护所有权的一种独立方法，是其他保护方法实施的前提。

2．请求返还原物

无权占有不动产或者动产的，权利人可以请求返还原物。请求返还原物，是指所有人在其财产在被他人非法占有时，可依法请求不法占有人返还原物，或请求人民法院责令不法占有人返还原物。占有的不动产或者动产被侵占的，占有人有权请求返还原物；对妨害占有的行为，占有人有权请求排除妨害或者消除危险；因侵占或者妨害造成损害的，占有人有权请求损害赔偿。占有人返还原物的请求权，自侵占发生之日起一年内未行使的，该请求权消灭。

3．请求消除危险、排除妨害

妨害物权或者可能妨害物权的，权利人可以请求排除妨害或者消除危险。

4．请求修理、重做、更换或恢复原状

造成不动产或者动产毁损的，权利人可以请求修理、重做、更换或者恢复原状。

5．请求赔偿损害和其他民事责任

侵害物权，造成权利人损害的，权利人可以请求损害赔偿，也可以请求承担其他民事责任。

以上五种所有权的保护方法，其中前四种是物权保护方法，其特点是运用这些保护方法，使所有人能够充分实现占有、使用、收益和处分的权能。第五种是债权保护方法，其特点在于补偿所有人的损失，以保护所有人的合法权益。在具体运用中可以单独采用一种，也可以同时采用多种。侵害财产所有权，除承担民事责任外，违反行政管理规定的，依法承担行政责任；构成犯罪的，依法追究刑事责任。

【思考题】

1．财产所有权的概念和特征。

2．财产所有权法律关系包括哪些要素？其特点是什么的？

3．财产所有权取得的方式有哪些？

4．我国法律关于无主财产的处理方式是如何规定的？

5．财产所有权的保护方法有哪些？

第 5 章 代理和时效

§5. 1 代理

§5. 1. 1 概述

1. 代理的概念

代理是指代理人在代理权限范围内，以被代理人的名义与第三人实施法律行为，其法律后果直接归属于被代理人的法律制度。随着市场经济的快速发展，大量民事主体虽具有完全的民事行为能力，但由于其在时间上、空间上及精力上受到诸多限制，不可能凡事亲力亲为。代理制度能够有效弥补民事主体的行为能力，扩大民事主体的活动范围，充分实现民事主体的利益。

在代理法律制度中，存在三方主体：一是基于代理权代他人实施法律行为的人，称为代理人；二是由他人代为实施法律行为并承受法律后果的人，称为被代理人，也称本人；三是与代理人共同实施法律行为的人，称为第三人，也称相对人。

相应地，在三方当事人中存在三种法律关系：一是被代理人与代理人之间的法律关系。它决定着代理权的产生、消灭和权限，是三种法律关系中的基础和核心。二是被代理人与第三人之间的法律关系。它决定着代理行为产生的法律后果。三是代理人与第三人之间的法律关系。由于代理人所实施的法律行为均基于被代理人的名义，且法律后果由被代理人承担。因此，通常情况下，代理人与第三人之间并不产生法律关系，但不排除无权代理行为中，被代理人不予追认的情形，此时，代理人须向第三人承担因无权代理所带来的法律后果。

2. 代理的特征

根据我国法律规定，代理具有如下四个特征：

（1）代理行为是具有法律意义的行为。代理行为须具有法律上的意义，即代理行为能够产生某种法律后果，使被代理人与第三人之间设立、变更或终止某种民事法律关系。例如，通过代签合同这一代理行为形成了买卖关系，通过代为履行债务这一代理行为消灭了债权债务关系等。如果不产生法律后果，而只是在形式上是受人委托实施某一行为，则不是代理，例如代友请客，代为整理资料、计算统计等行为，因其不能在被代理人和第三人之间产生权利义务关系，是一般的代办行为，而非代理行为。

（2）代理人在代理权限范围内独立进行意思表示。一方面，代理人必须严格限定在代理权限范围内实施代理行为，不得擅自变更代理权限范围。代理权是代理关系存续的前提和基础，是被代理人的真实意思表示。只有在代理权限范围内所实施的法律行为，才能真实、充分体现被代理人的意志，切实保障被代理人的利益。

另一方面，代理人在被代理人授权范围内有权进行自主判断，独立作出意思表示。

为了更好地完成代理事务，代理人在代理权限范围内权衡利弊得失，根据代理活动的具体情况进行相应的意思表示，争取以对被代理人最有利的方式与第三人实施法律行为，维护被代理人的利益。

代理的这一特征将代理与传达、居间等行为区别开来。传达是指传达人将一方当事人的意思表示原封不动地传达给对方当事人的法律行为。居间是指居间人在双方当事人之间进行介绍，促使双方当事人缔约或交易的法律行为。两种行为中，传达人、居间人均不独立作出意思表示。

（3）代理人须以被代理人的名义实施法律行为。根据我国《民法通则》第六十三条第二款的规定："代理人在代理权限内，以被代理人的名义实施民事法律行为。"如果代理人以自己的名义实施法律行为，则不是代理行为而是行纪行为。行纪是指行纪人受委托人的委托，以实现委托人的利益为目的，由委托人负担费用、付给报酬，以自己的名义与对方当事人实施的法律行为，例如，从事拍卖业务的拍卖行所实施的拍卖行为即为行纪。在行纪行为中，由于行纪人以自己的名义而非委托人的名义与对方当事人实施法律行为，因此委托人与对方当事人之间并不直接产生权利义务关系；而在代理行为中，虽然代理人同行纪行为中的委托人一样，都没有亲自与对方当事人实施法律行为，但由于代理人须以被代理人的名义进行，意味着该代理行为的法律后果最终应由被代理人承担，这就在被代理人与对方当事人之间建立其直接的权利义务关系。

（4）代理行为的法律后果直接归属于被代理人。我国《民法通则》第六十三条规定："被代理人对代理人的代理行为，承担民事责任。"代理人并不因其所实施的代理行为而获取任何个人私利，而是在整个代理过程中通过为被代理人取得权利、设定义务，从而实现被代理人追求的法律后果。代理人在代理权限内实施的代理行为，在法律上视为被代理人自己的法律行为，由此而产生的权利和义务直接由被代理人承担。这充分体现了代理制度的本质，该特征也是代理最为重要的特征。

3. 代理的种类及其产生依据

根据我国《民法通则》，代理权按其产生的依据不同，可分为委托代理、法定代理和指定代理。

（1）委托代理。委托代理是指根据被代理人的委托授权而进行的代理。在委托代理中，代理权仅基于被代理人向代理人作出委托授权的真实意思表示即产生，故委托代理又称"意定代理"或"任意代理"。它是目前适用最为广泛的代理形式。此外，委托授权往往与特定的基础法律关系相结合，例如委托合同关系、劳动合同关系、合伙关系等，其中委托合同关系居多。从这个意义上讲，委托授权行为与委托合同皆为委托代理权产生的依据。

根据我国《民法通则》第六十五条的规定，委托代理的形式主要有两种，即口头形式和书面形式。口头形式简便易行，但实际发生纠纷时难于取证，相对而言，书面形式因具备准确可靠、易于取证等优势而被广泛采用。通常情况下当事人之间可以自由选择采用何种方式，但法律规定须采用书面形式的，应当严格采用书面形式，例如诉讼代理、代签经济合同等，均应采用书面形式，向代理人开具授权委托书，作为代理人享有代理权的法律证明文件。我国《民法通则》第六十五条第二款规定："书面委托代理的授权委托书应当载明代理人的姓名或者名称、代理事项、权限和期间，并由委托人签名或者盖章。"授权委托书授权不明的，被代理人应当向第三人承担民事责任，代理人负连带责任。

（2）法定代理。法定代理是指根据法律的直接规定而进行的代理。在法定代理中，代理权通常基于代理人与被代理人之间的亲属关系或特定的行政隶属关系而产生，且被代理人为无民事行为能力人和限制民事行为能力人。例如，我国《民法通则》第十四条和第十六条第一款分别规定："无民事行为能力人、限制民事行为能力人的监护人是他的法定代理人"；"未成年人的父母是未成年人的监护人"。此外，当无民事行为能力人、限制民事行为能力人处于一定社会组织的监护之下时，如育幼机构、精神病院等，这些组织负有监护责任，同为法定代理人。上述监护人和负有监护责任的组织所取得的代理权正是基于法律的直接规定。

法定代理是为了弥补无民事行为能力人和限制民事行为能力人的行为能力欠缺，弥补其合法权益，从而保障交易安全而设定的。这就要求代理人须以保护被代理人的人身、财产和其他合法权益为宗旨，不得损害被代理人的利益。法定代理以书面形式作出的，代理人的身份证、护照等身份证明文件是代理人享有代理权的法律证明文件。

（3）指定代理。指定代理是指根据人民法院或者指定单位的指定而进行的代理。在指定代理中，代理权基于人民法院或指定单位的指定而产生。它主要适用于在社会生活或民事诉讼过程中需要代理人代为实施法律行为，而没有代理人或无法确认代理人的特殊情形。在这种情况下，人民法院或指定单位根据法律的授权指定相关公民或法人作为代理人。例如，根据我国《民法通则》第十六条第三款的规定，人民法院、未成年人住所地的居（村）民委员会等有权为未成年人指定监护人。在指定代理中，依法被指定为代理人的，如无特殊原因不得拒绝担任。指定代理以书面形式作出的，人民法院或指定单位的指定书是代理人享有代理权的法律证明文件。

4. 代理的适用范围

根据我国《民法通则》第六十三条第一款的规定，通常情况下，公民、法人实施的民事法律行为均可通过代理人完成，例如代理买卖、代理履行债务、代理受赠、代理缴纳税款、代理民事诉讼等。

此外，我国《民法通则》第六十三条第三款进一步规定了不得适用代理的例外情形，即"依照法律规定或者按照双方当事人约定，应当由本人实施的民事法律行为，不得代理"。具体表现在：

（1）具有人身性质的民事法律行为，例如婚姻登记、收养子女、订立遗嘱等不得适用代理，因其具有严格的人身属性而必须由本人亲自实施。

（2）具有特殊性质的民事法律行为，例如预约撰稿、授课、演出，再如，约定由某画家为他人画像，则不能由任何其他人代其画像等。这类民事法律行为基于双方当事人的约定或法律规定，应当由特定人亲自为之，不得适用代理。如果通过代理人实施该行为，则可能会侵害当事人的合法权益。

§5.1.2　代理权

1. 代理权的概念

代理权是指代理人得以被代理人的名义与第三人实施法律行为，其法律后果由被代理人承担的一种法律资格。代理权是代理制度的核心，代理人进行代理必须有代理权。

一方面，代理权是代理关系存续的前提和基础，代理关系自代理权产生之时确立，至代理权消灭之时终止。另一方面，代理人基于被代理人的委托授权、法律规定或特定机关指定所取得的代理权，对代理人而言并不享有任何实际利益，而民事权利是以利益为内容的，因此代理权并不是民事权利，而是一种法律资格或地位。

2. 代理权的取得

根据我国《民法通则》及相关法律规定，代理人取得代理权的方式主要有如下几种：

（1）依被代理人的委托授权而取得。这是委托代理权的取得方式。被代理人的委托授权属于单方法律行为，即仅凭被代理人一方授权的意思表示，代理人取得代理权。

（2）依法律规定而取得。这是法定代理权的取得方式。根据我国《民法通则》第十四条和第十七条的规定，配偶、父母、成年子女、其他近亲属及关系密切的其他亲属、朋友等因具有监护人身份而成为无民事行为能力或限制民事行为能力的精神病人的代理人，监护人所取得的代理权正是基于法律的直接规定。

（3）依人民法院或者指定单位的指定而取得。这是指定代理权的取得方式。我国《民法通则》第二十一条规定："失踪人的财产由他的配偶、父母、成年子女或者关系密切的其他亲属、朋友代管。代管有争议的，没有以上规定的人或者以上规定的人无能力代管的，由人民法院指定的人代管。"这里，失踪人作为被代理人，代管人作为代理人所取得的代理权基于人民法院的指定而取得。

此外，某些民事主体虽然实际没有代理权，但因某种表面现象，使善意第三人坚信代理人享有代理权，而与之实施法律行为，由此产生的法律后果直接归属于被代理人，从而产生与有权代理相同的法律后果。此处的"表面授权"同样属于代理权取得的一种方式。这部分内容将在本章"§5.1.4表见代理"详细阐述。

3. 代理权的行使规则

为了实现代理制度的宗旨，民事立法对于代理人行使代理权的行为提出了相应的法律规则，具体表现在：

（1）代理人应当在代理权限范围内行使代理权。代理人不得逾越代理权限行事，在代理权限之外实施的行为所导致的法律后果，不得要求被代理人承担，除非被代理人知晓此事并且没有表示反对。

（2）代理人应当亲自行使代理权。代理关系的产生和存续往往伴随着信任关系或者亲属关系，这些关系都具有人身专属性，因此代理人不得随意转托他人代为完成代理事务。

（3）代理人应当秉承勤勉、谨慎的原则行使代理权。代理人只有积极行使代理权，尽相当的注意义务、报告和保密义务，严格根据被代理人的指示进行代理，才能充分实现和保护被代理人的利益。

（4）代理人行使代理权应当维护被代理人的利益。代理人应从维护被代理人的利益出发，争取在对被代理人最为有利的情况下完成代理行为，而不应计较个人得失。

4. 代理权的滥用

（1）概念及表现形式。代理权的滥用是指代理人不认真履行代理责任而给被代理人利益造成损失的行为。代理权的实质是实现被代理人的利益，但如果代理人在行使代理权时，违背代理权的设立宗旨和代理行为的基本准则，损害被代理人的利益，则该代理行为将受到法律的禁止。具体而言，滥用代理权的表现形式主要有如下三种：①代理人在代理权限内以被代理人的名义与自己实施法律行为。在交易中，因各方当事人均追求自己利益的最大化，代理人可能会为了自己的私立而损害被代理人的利益，这与代理制度的宗旨背道而驰。②代理人以被代理人的名义与自己代理的另一被代理人实施法律行为。在交易中，由于代理人同时代表两方被代理人的利益，难免会顾此失彼，损害其中一方被代理人的利益。③代理人与第三人恶意串通损害被代理人利益的法律行为。依代理制度的宗旨，代理人在从事代理活动时应维护被代理人的利益，若其与第三人恶意串通，例如，代理人与第三人相互勾结，在订立合同时给第三人以种种优惠，往往会损害被代理人的利益，这违背了代理关系中被代理人对代理人最基本的信任，是滥用代理权的极端表现形式。

（2）法律责任。①代理人承担法律责任。根据我国《民法通则》第六十六条第二款的规定，代理人不履行职责而给被代理人造成损害的，包括自己代理和双方代理行为，均应当承担民事责任。②代理人与第三人承担连带责任。我国《民法通则》第六十六条第三款规定："代理人和第三人串通，损害被代理人的利益的，由代理人和第三人负连带责任。"代理人与第三人恶意串通，双方都以获得不正当利益而相互勾结，致使被代理人蒙受损失，基于双方的过错，应负连带责任。

5. 代理权的终止

代理权的终止，是指代理人与被代理人之间的代理关系消灭，代理人不再具有以被代理人名义实施法律行为的资格。引起各类代理权终止的共同事由有二：一是被代理人死亡；二是代理人死亡或者丧失民事行为能力。除此之外，各类代理权基于权利产生原因的不同，各自还存在着导致代理权终止的法定事由，具体如下：

（1）委托代理终止的法定事由。根据我国《民法通则》第六十九条的规定，有下列情形之一的，委托代理终止：①代理期间届满或者代理事务完成。②被代理人取消委托或者代理人辞去委托。③作为被代理人或者代理人的法人终止。

（2）法定代理、指定代理终止的法定事由。根据我国《民法通则》第七十条的规定，有下列情形之一的，法定代理、指定代理终止：①被代理人取得或者恢复民事行为能力。②指定代理的人民法院或者指定单位取消指定。③由其他原因引起的被代理人和代理人之间的监护关系消灭。例如，收养关系解除，监护人不履行监护义务而被撤销监护权，夫妻离婚等。

§5.1.3　无权代理

1. 概念

无权代理是指代理人不具有代理权而以被代理人的名义与第三人实施的法律行为。无权代理有广义和狭义之分。广义的无权代理包括狭义无权代理和表见代理。如前所述，我国《民法通则》并未对"表见代理"作出明确、完整的规定，而仅在第六十六条第一款和第四款规定了狭义无权代理的法定情形、法律效力及相关主体应承担的法律责任。因此，本书后文所指"无权代理"，不涉及"表见代理"，仅指"狭义无权代理"。

狭义无权代理是指代理人不具有代理权，也没有足以使第三人相信其具有代理权的外表授权事由，而以被代理人的名义与第三人实施的法律行为。

2．法定情形

根据我国《民法通则》第六十六条第一款的规定，无权代理主要有下列三种情形：

（1）自始没有代理权的代理。代理人既未基于被代理人的委托授权取得委托代理权，也未基于法律的直接规定取得法定代理权，或基于人民法院或指定单位的指定取得指定代理权，而与第三人实施的行为。

（2）超越代理权的代理。代理人虽然获得了被代理人的授权，但其实施的行为不在被代理人的授权范围之内，超越代理权限所实施的代理行为，即为无权代理。

（3）代理权终止后的代理。代理人虽然获得了被代理人的授权，但在代理权期限届满后，代理人仍然继续实施"代理"行为，超过代理权存续期限所实施的代理行为，即为无权代理。

3．法律后果

根据我国《合同法》第四十八条的规定，在无权代理情形下订立的合同，属于效力待定的合同，其法律后果应区别为以下两种情况：

（1）无权代理行为自始有效。无权代理行为自始有效是指通过被代理人实施某种法律行为，从而使无权代理确定地转化为有权代理行为。

①被代理人明知无权代理人以本人名义实施民事行为而不作否认表示的。根据我国《民法通则》第六十六条第一款的规定，此视为被代理人同意无权代理人以本人名义实施法律行为，是一种默示授权，发生与有权代理相同的法律效力，即被代理人对无权代理人的行为后果承担法律责任。之所以这样规定，旨在促使被代理人对无权代理人以其名义实施的法律行为及时、明确地作出认可或否认的意思表示，以稳定经济法律关系，防止利益受损，保障交易安全。

②无权代理行为经过被代理人事后追认的。无权代理行为一经被代理人事后予以追认，即视为愿意承担因无权代理所带来的一切法律后果，从而转化为有权代理。被代理人的追认具有溯及力，一经追认，该无权代理行为自始有效，无权代理人自始享有代理权，被代理人自始承受无权代理行为法律后果的约束。

被代理人追认权的行使有明示和默示两种方式。所谓明示，指被代理人以明确的意思表示对无权代理行为予以承认；所谓默示，是指被代理人虽没有明确表示承认无权代理行为对自己的效力，但以特定的行为，如以履行义务的行为对无权代理行为予以承认，或是被代理人明知无权代理人以自己名义实施法律行为，但不做否认表示。

被代理人追认权的行使，可以向第三人作出，也可以向无权代理人作出。同时，第三人也享有催告权和撤销权。根据我国《合同法》第四十八条第二款的规定，第三人可以催告被代理人在一个月之内予以追认。此外，善意第三人还可撤销合同，但是必须在被代理人追认之前行使撤销权。

（2）无权代理行为自始无效。①无权代理人承担法律责任。根据我国《民法通则》第六十六条、《合同法》第四十八条第一款的规定，对于自始没有代理权、超越代理权或者代理权终止后的无权代理行为，如未经被代理人追认，则由无权代理人自己承担民事法律责任。②无权代理人和第三人负连带责任。根据我国《民法通则》第六十六条第四款的规定，第三人明知无权代理人没有代理权、超越代理权或者代理权已终止，仍与无权代理人实施法律行为，致使被代理人受损的，基于第三人和无权代理人双方的过错，由第三人和无权代理人承担连带责任。

§5.1.4 表见代理

1. 概念

表见代理是指被代理人的行为足以使善意第三人相信无权代理人具有代理权，善意第三人基于此项信赖而与无权代理人实施法律行为，由此造成的法律后果直接归属于被代理人的法律制度。

表见代理实质上是无权代理，属于广义的无权代理。与狭义的无权代理不同，表见代理人虽然也无代理权，但基于被代理人的过失（例如，代理关系终止后未收回代理人持有的有效授权委托书）或被代理人与无权代理人之间存在的某种特殊关系（例如血缘关系、婚姻关系等），使善意第三人完全有理由相信无权代理人享有代理权而与之实施法律行为，这一行为如产生与狭义无权代理相同的法律后果，即通过被代理人行使追认权决定效力，会给善意第三人造成损害，故法律强制表见代理发生与有权代理相同的法律效果。

我国《民法通则》并没有明文规定表见代理，但是，《合同法》第四十九条对表见代理做了完整、明确的规定："行为人没有代理权、超越代理权或者代理权终止后以被代理人名义订立合同，相对人有理由相信行为人有代理权的，该代理行为有效。"代理制度的核心价值在于保护被代理人的利益，但如果仅尊重被代理人的意志，而不考虑善意第三人的利益，代理制度的价值将无法实现。表见代理的制度价值在于维护人们对代理制度的信赖，保护善意第三人的合法权益，维护交易安全，协调个人安全与社会安全之间的冲突。

从这个意义上说，"外表授权"也是代理权取得的方式之一。

2. 构成要件

（1）无权代理人没有代理权。这是表见代理成立的第一要件。代理人如果拥有代理权，则属有权代理，不发生表见代理的问题。

（2）第三人主观上是善意的且无过错。这是表见代理成立的主观要件，即第三人不知道无权代理人所实施的行为属于无权代理行为。如果第三人明知无权代理人不具有代理权仍与之实施法律行为的，则无法向被代理人主张表见代理，如给被代理人造成损害的，还应根据我国《民法通则》第六十六条第四款的规定，由第三人与无权代理人承担连带责任。

（3）客观上存在着使善意第三人相信无权代理人具有代理权的事由。这是表见代理的核心内容，也是表见代理成立的客观要件。此时，第三人应就其善意负担举证责任。通常情况下，无权代理人持有被代理人盖有公章的空白合同或者介绍信等，都足以成为第三人相信无权代理人具有代理权的事由。

（4）无权代理人与善意第三人实施的法律行为须具备民事法律行为的有效要件。表见代理发生与有权代理相同的法律效力，因此，表见代理应具备民事法律行为成立的有效要件，即不得违反法律或者社会公德等。如果无权代理人与善意第三人实施的法律行为不具备民事法律行为的生效要件，则表见代理不成立。

3. 表现形式

（1）被代理人以书面或口头形式直接或间接地向善意第三人表示已经授权无权代理

人代理，而实际上并未对无权代理人进行授权，善意第三人信赖被代理人的意思表示而与无权代理人实施的法律行为。

（2）被代理人与无权代理人之间的委托合同不成立、无效或被撤销，但尚未收回代理证书，善意第三人基于对代理证书的信赖，与无权代理人实施法律行为。例如，被代理人将其具有专用性的印章、合同章、盖章的空白证明信、空白委托书、空白合同文书等交与无权代理人，无权代理人凭此以被代理人的名义与善意第三人实施法律行为。

（3）代理关系终止后，被代理人未采取必要措施公示代理关系终止并收回原代理人持有的代理证书，造成善意第三人不知代理关系已终止而仍与原代理人实施法律行为。

4．法律效力

（1）发生与有权代理相同的法律效果。无权代理人与善意第三人之间实施的法律行为对于被代理人具有法律约束力，被代理人不得以无权代理作为抗辩事由，主张代理行为无效。

（2）善意第三人享有撤销权。表见代理制度旨在保护善意第三人的利益，善意第三人对于表见代理享有选择权。根据自身利益，善意第三人既可以主张狭义无权代理，行使撤销权，由无权代理人承担法律后果；也可以主张表见代理，认可其与被代理人的法律行为，视同有权代理，从而由被代理人承担法律后果。

（3）被代理人的追偿权。被代理人因表见代理而造成的损失，有权向无权代理人追偿。尽管法律规定表见代理对被代理人产生有权代理的效力，但毕竟被代理人未对无权代理人授权，所以，在被代理人因承担表见代理的法律后果而遭受损失时，被代理人有权向无权代理人请求追偿。

§5.2　时效

§5.2.1　时效概述

1．概念

时效，是指一定事实状态在法定期间持续存在，从而产生与该事实状态相适应的法律效果的法律制度。

时效应具备两个条件：一是一定事实状态的存在，例如占有财产或不行使权利等；二是这种事实状态持续了一定的时间，具体的期间长度应根据不同的事实状态由法律加以规定。只有这两个条件即一定的事实状态与一定的持续时间相结合，方构成时效并产生一定的法律效果。

时效是导致民事法律关系发生、变更和消灭的法律事实。时效具有法定强制性，不得由当事人的自由意志协议延长或缩短。

2．种类

根据时效适用的权利类别和产生的法律效果，可将时效分为取得时效和消灭时效。

（1）取得时效。取得时效是指占有他人财产的事实持续经过法定期间，即可依法取得该项财产所有权的时效制度。因取得时效须以占有他人财产为事实状态，所以取得时效也称占有时效。取得时效是适用于物权的时效制度，目前我国法律并未规定取得时效。

（2）消灭时效。消灭时效是指权利人不行使权利的法定事实持续经过一定期间，其请求权消灭的时效制度。消灭时效制度源于罗马法，并为法、德等国的民法典所继承。

§5. 2. 2　诉讼时效

1. 概念及法律特征

（1）概念。诉讼时效是指不行使权利的事实持续经过法定期间，即依法产生该项权利不再受法律强制保护的时效制度。①

（2）法律特征。①诉讼时效具有严格的法律强制性。诉讼时效的期间长度、适用条件等内容一经法律规定，当事人必须严格遵守执行，不得以个人的意思表示变更诉讼时效制度的内容。②诉讼时效属于民事法律事实中的事件而非行为。诉讼时效以权利人不行使权利持续经过法定期间为事实状态，这一事实不以当事人的主观意志为转移，不同于民事法律事实中体现当事人主观意志的行为。③诉讼时效的法律后果是权利人的胜诉权归于消灭，既区别于以当事人持续经过法定期间占有财产而取得财产所有权的取得时效，也区别于以消灭权利人实体权利为法律后果的除斥期间。

2. 诉讼时效与除斥期间

除斥期间，又称预定期间，是指法律规定某种民事实体权利的持续存在期间。权利人如果在此期间内不行使其相应的民事实体权利，则在该法定期间届满后，该项实体权利归于消灭的法律制度。

诉讼时效与除斥期间的共同之处在于，两者均因权利人持续经过法定期间不行使其权利而产生权利消灭的法律后果。其区别主要体现在如下几点：

（1）期间性质不同。两者均以一定的事实状态持续经过法定期间为前提，但诉讼时效期间是可变期间，期间可因中止、中断或延长得以延展，而除斥期间为不变期间，不因任何事由致使期间中止、中断或延长。

（2）起算时间不同。诉讼时效期间自权利人知道或者应当知道其权利受到侵害时起算，而除斥期间则是自相应的民事实体权利成立之时起算。

（3）法律后果不同。如前所述，虽然两者的法律后果均表现为一定的事实状态持续经过法定期间后，某种权利归于消灭，但诉讼时效消灭的是权利人享有的胜诉权，而除斥期间消灭的是权利人享有的民事实体权利，例如撤销权、追认权、解除权等。

3. 种类

（1）普通诉讼时效。普通诉讼时效是指普遍适用于一般民事法律关系的诉讼时效。除法律另有规定外，所有的民事法律关系皆适用普通诉讼时效。根据我国《民法通则》第一百三十五条的规定，普通诉讼时效期间为二年，法律另有规定的除外。

（2）特别诉讼时效。特别诉讼时效是指法律就某些特殊的民事法律关系所规定的短于或长于普通诉讼时效期间的诉讼时效。特别诉讼时效不具有普遍性，只适用于某些特殊的民事法律关系。

情形一：特别诉讼时效短于普通诉讼时效。我国《民法通则》第一百三十六条规定，下列民事法律关系的特别诉讼时效期间为一年：①身体受到伤害要求赔偿的；②出

---

①　诉讼时效最早见于 1922 年《苏俄民法典》。该法典第十一条规定："超过法律规定的期限，不能提起诉讼。"这一概念后被包括波兰、捷克斯洛伐克、匈牙利、蒙古及中国等社会主义国家沿用。关于时效制度，我国《民法通则》仅对诉讼时效做了规定。

售质量不合格的商品未声明的；③延付或者拒付租金的；④寄存财物被丢失或者损毁的。

情形二：特别诉讼时效长于普通诉讼时效。根据我国《合同法》第一百二十九条的规定，基于国际货物买卖合同和技术进出口合同发生争议，权利人请求权利保护的诉讼时效期间为四年。

（3）最长诉讼时效。最长诉讼时效是指法律对各类民事权利给予保护的最长时效期间。根据我国《民法通则》第一百三十七条的规定，诉讼时效期间从知道或者应当知道权利被侵害时起计算。但是，从权利被侵害之日起超过二十年的，人民法院不予保护。

注意：普通诉讼时效和特别诉讼时效均自权利人知道或应当知道其权利受到侵害之日起算；而最长诉讼时效则是从权利实际被侵害时起算，期间为二十年。也就意味着，自权利实际受到侵害之日起满二十年，不论当事人是否知道或应当知道其权利已经遭受侵害，胜诉权均归于消灭，实体权利丧失法律的强制性保护。此外，如果有特殊情况的，人民法院可以延长最长诉讼时效期间。

4. 适用范围

诉讼时效适用于请求权，但并非一切请求权均适用诉讼时效。一般认为，债权请求权、权权请求中的返还财产请求权、恢复原状请求权适用诉讼时效。但是，根据《最高人民法院关于审理民事案件适用诉讼时效制度若干问题的规定》第一条的规定，对于权利人提出的支付存款本金及利息请求权、兑付国债、金融债券以及向不特定对象发行的企业债券本息请求权、基于投资关系产生的缴付出资请求权等，人民法院不予支持。另根据最高人民法院《关于贯彻执行〈中华人民共和国民法通则〉若干问题的意见》第一百七十条的规定，未授权给公民、法人经营、管理的国家财产受到侵害的，不受诉讼时效期间的限制。此规定为诉讼时效适用债权请求权、返还财产请求权的例外。

基于身份关系的请求权以及基于相邻关系的请求权等，一般不适用诉讼时效制度。例如，公民、法人请求人民法院保护其姓名权、荣誉权、著作权中的署名权；采光、通风、噪声妨害消除请求权等均不受诉讼时效的限制。

5. 法律效力

（1）胜诉权归于消灭。根据我国《民法通则》第一百三十五条的规定，对于普通民事法律关系，自权利人知道或应当知道其权利受到侵害之日起满二年仍未行使其权利的，即丧失法律的强制保护。这意味着该权利丧失了国家的强制力保护，转而成为一种自然权利。因此，诉讼时效的法律后果不在于消灭民事实体权利本身，而在于消灭得到国家强制力保护的权利，即胜诉权。

（2）民事实体权利依然存在。我国《民法通则》第一百三十八条规定："超过诉讼时效期间，义务人自愿履行的，不受诉讼时效限制。"例如，对于一般的民事法律关系，超过2年的诉讼时效期间后，义务人主动履行义务的，权利人依然可以接受。这表明权利人享有的民事实体权利并未丧失。并且，如果义务人在向权利人履行义务后，以自己不知道2年的诉讼时效期间规定为由，向人民法院起诉要求返还的，人民法院不予支持。

§5. 2. 3 诉讼时效的起算、中止、中断和延长

1. 诉讼时效的起算

诉讼时效的起算是指从何时开始计算诉讼时效。我国《民法通则》第一百三十七条规定："诉讼时效期间从知道或者应当知道权利被侵害时起计算。"此处，权利人"知道"其权利受到侵害是在主观上获知的，而"应当知道"并非来自于权利人的主观判断，而是一种法律上的推定，即不论权利人实际是否知道其权利受到侵害，只要在客观上存在着令权利人知道其权利受到侵害的条件和可能，即使权利人实际不知道其权利遭受侵害的事实，仍然开始计算诉讼时效。这一条规定旨在防止权利人以实际不知道其权利受到侵害为由规避诉讼时效，从而变相延长诉讼时效期间。

此外，为防止侵权行为的实际发生时间与权利人知道其权利受到侵害的时间间隔过长，影响诉讼时效制度价值的发挥，我国《民法通则》第一百三十七条作出限制性规定："从权利被侵害之日起超过二十年的，人民法院不予保护。"这样，权利人的权利实际受到侵害之日就成为最长诉讼时效的起算依据。

2. 诉讼时效的中止

诉讼时效的中止是指在诉讼时效进行期间，因发生一定的法定事由使权利人不能行使请求权，暂时停止计算诉讼时效期间，待阻碍时效期间进行的法定事由消除后，诉讼时效继续进行的制度。

（1）诉讼时效中止的时间。我国《民法通则》第一百三十九条规定："在诉讼时效期间的最后六个月内，因不可抗力或者其他障碍不能行使请求权的，诉讼时效中止。"如果在诉讼时效期间的最后六个月以前，权利人行使权利存在不可抗力或其他障碍，但是至最后六个月时障碍已消除，则不发生诉讼时效的中止；如该障碍至最后六个月时仍未消除，则应从最后六个月起中止诉讼时效，直至该障碍消除。

（2）诉讼时效中止的法定事由。根据我国《民法通则》第一百三十九条的规定，诉讼时效中止的法定事由有二：一是不可抗力，二是其他障碍。所谓不可抗力，是指不能预见、不能避免和不能克服的客观情况，例如战争、地震、洪水等天灾人祸。所谓其他障碍是指不可抗力以外主观无法预见和无法避免的客观事实，例如，最高人民法院《关于贯彻执行〈中华人民共和国民法通则〉若干问题的意见》第一百七十二条规定："在诉讼时效期间的最后六个月内，权利被侵害的无民事行为能力人、限制民事行为能力人没有法定代理人，或者法定代理人死亡、丧失代理权，或者法定代理人本人丧失行为能力的，可以认定为因其他障碍不能行使请求权，适用诉讼时效中止。"

（3）诉讼时效中止的法律效果。诉讼时效中止前，已经过的时效期间有效；诉讼时效中止后，中止的期间不计入时效期间内；诉讼时效中止事由消除后，时效期间继续进行，与中止前已经过的时效期间合并记入总的时效期间。

3. 诉讼时效的中断

诉讼时效的中断是指在诉讼时效进行期间，因发生一定的法定事由，使已经过的时效期间归于无效，待时效期间中断的事由消除后，诉讼时效期间重新计算的制度。

根据我国《民法通则》第一百四十条的规定，引起诉讼时效中断的法定事由有：权利人提起诉讼；权利人向义务人提出履行义务的主张；义务人同意履行义务等。上述法定事由区别于引起诉讼时效中止的法定事由，都是以权利人的主观意志实施的法律行

为。诉讼时效的价值在于促使权利人及时行使权利，明确权利义务关系，从而稳定法律秩序。以权利人的主观意志提起诉讼、请求及义务人认诺等法律行为，客观上明晰了权利义务关系，稳定了法律秩序，若此时仍继续计算诉讼时效期间已无意义，自然应予以中断。

诉讼时效中断的法定事由无论发生在诉讼时效期间的任何阶段，均产生中断的法律效力，这一点与诉讼时效中止的时间要求区别开来。此外，诉讼时效因法定事由一旦中断，在法定事由发生之前已经过的时效期间归于无效，与诉讼时效中断事由消除后重新计算的时效期间没有任何关联。

注意：诉讼时效的中断仅适用于普通诉讼时效和特别诉讼时效，而不适用于最长诉讼时效。

4. 诉讼时效的延长

诉讼时效的延长是指权利人基于某种正当原因未在法定的诉讼时效期间行使权利，在诉讼时效期间届满后，权利人向法院提起诉讼时，由法院决定对诉讼时效予以延长的制度。根据我国《民法通则》第一百三十七条的规定，若存在特殊情况，人民法院可以延长诉讼时效期间。其目的在于保护权利人因特殊情况未能及时行使的权利，以充分保护权利人利益的实现。

此处的"正当原因"是指除诉讼时效中止及中断事由以外，阻碍权利人在诉讼时效期间内行使权利的客观障碍，其并非法定障碍，而须由人民法院依职权进行审查、裁量。

与诉讼时效中止及中断的适用范围不同，诉讼时效的延长仅适用于诉讼时效期间已届满的情形。

【思考题】

1. 简述代理权及其产生原因。
2. 滥用代理权的表现形式有哪些？
3. 简述表见代理的构成要件。
4. 简述诉讼时效的法律效力。
5. 诉讼时效中止与中断的区别有哪些？

第 6 章　经济法律责任

§6. 1　经济法律责任的概念和特征

§6. 1. 1　经济法律责任的概念

责任是社会科学领域经常应用的概念，与社会学、管理学等相关学科相比较而言，法学意义上的责任包含两层含义：一是指分内应做的事情；二是指没有做好分内的事情，应当承担的不利后果。

经济法律责任本质属于法律责任，是法律责任的一种表现形式。经济法律责任有时与法律责任的第一层含义相对应，例如《消费者权益保护法》第十八条规定："经营者应当保证其提供的商品或者服务符合保障人身、财产安全的要求。对可能危及人身、财产安全的商品和服务，应当向消费者作出真实的说明和明确的警示，并说明和标明正确使用商品或者接受服务的方法以及防止危害发生的方法。"但在更多的情形之下，经济法律责任与法律责任的第二层含义相对应，指经济法律主体违反经济法律规范的规定，而应承担的某种对己不利的后果。经济法律的单行法律中，一般都有专门的章节对经济法律主体违反经济法律规范而应承担法律责任的规定，如《中华人民共和国专利法》《中华人民共和国商标法》等。本书所说的经济法律责任是建立在法律责任的第二层含义基础之上的，是指经济法律关系主体违反经济法律的强行性规定、违反当事人之间的约定或者基于经济法的规定，而应当承担的某种对己不利的法律后果或强制性义务。

需要说明的是，经济法律责任不同于经济责任。经济责任是指行为人承担的以经济利益减损为内容的法律责任，例如支付违约金、赔偿损失、支付定金、罚款、没收违法所得、交纳滞纳金、查封财产、冻结银行账户等，可以看出经济责任是经济法律责任常用的措施，经济法律责任外延远远大于经济责任。

§6. 1. 2　经济法律责任的特征

经济法律责任属于法律责任一种，因此经济法律责任与其他法律责任一样，都具有法律责任诸如承担责任的法律依据性、国家强制性等特征。但与其他法律责任相比较而言，经济法律责任还具有如下特征：

1. 经济法律责任的适用主体是经济法主体

只有参与社会经济管理的组织或经济组织活动的单位和个人，违反了经济法律的规定，才有可能承担经济法律责任，而从事一般的民事活动和其他的行政管理活动不可能产生经济法律责任问题。

2. 经济法律责任是基于经济法律规范而产生的

经济活动中，经济法主体应当按照法律的规定履行自己的职责和义务，以维护社会正常的经济秩序。一旦经济法主体不履行或者不适当履行自己应当履行的经济法职责与义务，就要承担基于经济法的规定而对己不利的法律后果，也就是经济法律责任是以经济法的存在为前提，经济法律责任的构成与承担方式是由经济法律加以规定的，没有经济法律，就没有经济法律责任。

3. 经济法律责任承担方式具有多样性

（1）经济法律责任承担方式总体来讲包括三种：接受某种制裁，例如因不正当竞争行为受到行政处罚；或者履行一定的义务，例如违约责任中的赔偿损失；或者既接受制裁又要履行一定的义务，例如未经商标注册人同意，在相同的商品上使用与注册商标人相同商标的，除赔偿被侵权人损失外，还应依法追究刑事责任。

（2）经济法律责任承担方式的多样性还表现在它的设定的主观目的既有补偿性又带有惩罚性。经济法律责任补偿性是指通过国家强制力要求经济法主体以作为或者不作为的方式弥补或补偿对方所造成的损失，多表现为财产责任，例如产品质量法中规定因缺陷产品造成他人人身伤害以及缺陷财产以外的财产损失，产品的生产者承担的赔偿责任就属于补偿责任；经济法律责任的惩罚性是指经济法对经济法律主体施以惩罚与制裁，它既可以表现为财产责任，例如违约责任中的双倍支付定金；也可以表现为非财产责任，例如责令关闭、吊销营业执照的资格性惩罚措施。

（3）经济法主体承担经济法律责任在表现形式上具有多样性，它既可以是民事责任、行政责任、刑事责任的一种，也可以同时承担上述几种责任，例如《产品质量法》规定："因产品存在缺陷造成人身、缺陷产品以外的其他财产损害的，生产者应当承担赔偿责任"；"生产、销售不符合保障人体健康和人身、财产安全的国家标准、行业标准的产品的，构成犯罪的，依法承担刑事责任"等。

§6. 2 经济法律责任的归责原则和构成要件

§6. 2. 1 经济法律责任的归责原则

经济法律责任的归责原则是指经济法律主体承担经济法律责任所依据的法律原则，对经济法律的适用具有指导作用。经济法律的归责原则种类很多，包括责任法定原则、公正原则、效益原则等，但是在实践中主要遵循下列原则：过错责任原则、无过错责任原则、公平责任原则。

1. 过错责任原则

过错责任原则是指以行为人主观上的过错有错作为其承担法律责任的基本条件的一项归责原则，行为人有过错承担经济法律责任，行为人无过错即不承担经济法律责任，过错责任原则是经济法主体承担经济法律责任一项重要原则。

（1）过错。过错是指行为人违法实施行为时应受到责备的心理状态，过错包括故意与过失两种表现形式。

故意指行为人预见到自己的行为必然或者可能产生损害后果，仍然希望其发生或者放任其发生的主观心理状态。现实中经营者明知产品存在缺陷仍然生产、销售的，经营者的心理状态即为故意。故意具体又分为直接故意与间接故意。

过失是指行为人应该预见到自己的行为会发生危害社会或者侵犯他人权益的法律后果，但是由于疏忽大意而没有预见到；或者已经预见到但是轻信能够避免，致使危害后果发生的心理状态。例如现实中行为人因为遗忘等原因致使合同违约的，行为人的心理状态即为过失。过失具体又分为疏忽大意的过失与过于自信的过失。

故意与过失在构成上均由认识要素与意志要素两方面构成。认识要素是指行为人对自己行为性质的理解，即是否认识到危害结果必然发生、可能发生或者不发生；而意志要素则是指行为人对于危害结果主观上持希望、放任、反对等态度。希望是指行为人通过一定的行为努力追求损害后果的发生；放任是指行为人虽不积极追求损害后果的发生，但对损害后果的发生持无所谓的态度；反对是指行为人对于危害结果的发生持否定态度。

（2）过错责任原则在经济法律责任中具体包括的以下几种含义：①以过错作为经济法律责任归责的构成要件，若行为人主观上没有过错，即使行为人的行为与危害结果在客观上存在因果关系，也不得以此要求行为人承担经济法律责任；反之，行为人一旦主观上具有过错，即应承担经济法律责任。②以过错作为经济法律责任归责的最终要件。即在认定经济法律责任时，应把行为人主观上有无过错作为基本的因素加以考虑，其他因素不可以与过错置于同等的地位。③以过错作为经济法律责任范围的依据，主要适用于混合过错与共同过错。混合过错是指当事人双方对于危害结果的发生主观上均具有过错，对于混合过错，各个当事人应按各自过错的大小承担相应的责任；共同过错是指两个以上的经济法主体存在共同的不法行为，以致造成危害结果的发生，主观上多表现为行为人串通或虽无串通但客观上造成了损害结果的发生，对于共同过错，各共同过错人应按其过错的大小承担相应的经济法律责任。

（3）过错责任在经济法律责任的表现。经济法律责任表现形式包括民事责任、行政责任和刑事责任，过错责任在这三种责任中都有具体表现：

第一，过错责任在民事责任归责上的表现。民事责任主要包括两种：一种是违反法律的规定侵犯了他人的合法权益，称为侵权责任；另一种是因不履行合同义务或者不适当履行合同义务而引起的违约责任。侵权责任一般适用过错责任，《侵权责任法》第六条第一款规定："行为人因过错侵害他人民事权益，应当承担侵权责任。"该条规定是侵权责任的一般性规定，意味着只要行为人的行为主观上具有过错，即可要求其承担过错责任的侵权责任。

第二，过错责任在行政责任归责上的表现。追究经济法主体的行政责任，原则上适用过错责任原则，即经济法主体有过错方承担行政责任，无过错不承担行政责任，但是法律另有规定的除外。

第三，过错责任在刑事责任归责上的表现。刑法理论认为，追究行为人的刑事责任必须坚持主客观相统一原则，除了行为人的行为造成了危害社会的法律后果等客观构成要件，还要求行为人主观上必须具有过错，无过错的不承担刑事责任。因此追究经济法律主体的刑事责任，也必须适用过错责任原则，经济法律主体主观上无过错的，不承担刑事责任。但是对于故意犯罪与过失犯罪，根据刑法规定，也存在不同之处，即故意犯罪应当负刑事责任；而过失犯罪则只有在法律明文规定的情形下才负刑事责任。

2. 无过错责任原则

无过错责任原则是指行为人不论主观上有无过错，只要客观上造成了损害结果的发生，便可依据法律的直接规定，承担经济法律责任的归责原则。无过错责任追究行为人的法律责任不要求行为人的主观上存在过错，而是基于客观损害结果的发生与法律的直接规定。无过错责任原则无疑加重了经济法律主体的责任，对督促经济法律主体在经济活动中规范自己的行为，具有重要的作用。无过错责任原则具有以下特点：

（1）行为人没有过错。与过错责任原则追究行为人责任要求主观上具有过错不同，无过错责任原则中，只要有损害事实与结果的发生，即使行为人证明自己主观上没有过错，也要承担相应的责任。

（2）无过错责任原则以受害人受损程度作为确认责任人大小的依据。过错责任原则中，行为人承担的责任由于自身主观上存在过错，可能会大于受害人的受损程度，以求达到惩戒、警告等目的。但是在无过错责任中，行为人承担的责任范围只能以受损害的程度来确认，不得随意加以减轻或者加重，也就是说法律规定无过错责任原则的目的在于合理地补偿受害人受到的损失。

（3）无过错责任原则适用于法律特别规定的情形。主要表现在：①《合同法》第一百零七条规定："当事人一方不履行合同义务或者履行合同义务不符合约定的，应当承担继续履行、采取补救措施或者赔偿损失等违约责任。"从该条法律规定可知，违约责任适用无过错责任原则，即只要存在违约行为，不论违约方主观上是否具有过错，只要有违约行为存在，即应承担违约责任。但是法律另有规定的除外。②《侵权责任法》特别规定的情形，例如因产品存在缺陷造成他人损害的，生产者和销售者承担的责任；饲养的动物致人损害的，动物饲养人或者管理人承担的责任；建筑物倒塌致人损害的，建设单位与施工单位承担的责任等，根据《侵权责任法》的规定，均为无过错责任。

3. 公平责任原则

公平责任原则是指当事人对于造成的损害结果主观上均无过错且不能依据无过错责任原则追究当事人的法律责任，但是不赔偿受害人的损失又显失公平，此时即可考虑综合情况，由当事人各方公平合理地分担损失的归责原则。公平责任原则在适用上要注意以下几点：第一，公平责任原则适应范围限制在当事人双方均无过错，且不属于过错责任、无过错责任适用的范围，超出此范围，不得适用公平责任原则；第二，公平责任原则应考虑综合性因素，这些综合因素主要包括被侵害人的损害程度、当事人的经济状况等；第三，由双方合理地分担损失。

§6.2.2 经济法律责任的一般构成要件

经济法律责任的构成要件是指据以追究经济法主体承担经济法律责任所需的条件。经济法主体承担经济法律责任一般要符合以下条件：

1. 行为人的行为违反了经济法律规范

行为人行为违反经济法律规范是行为人承担经济法律责任的基本前提，若行为人的行为不存在违反法律行为，就不可能有法律责任的存在。行为主体违反法律规范，既可以是法律的直接规定，也可以是当事人的约定。

经济法主体违法行为既包括违反法定经济义务的行为，如生产者生产伪劣产品、纳税人逃税抗税等；也包括不正确行使经济权利的行为，如滥用职权行政垄断等。违法行为可以表现为作为，也可以表现为不作为。作为是指经济法主体通过积极的活动，实施了经济法律规范所禁止的行为，例如私设金融机构、非法集资等。不作为是指经济法主体能够实施但是却消极地不实施法律规定义务的行为，如偷税漏税、玩忽职守等。

2. 客观上存在损害事实

损害事实是指经济法主体的违法行为对国家、社会以及他人造成的财产损害与非财产损害的客观情况。财产损害具体又分为直接损害与间接损害两种。直接损害是指经济法主体的行为导致受害人现有财产减少或损失，例如缔约过失责任中一方为订立合同而支付的合理的金钱损失等；间接损害是指经济法主体的行为导致的受害方未来可期待利益的损失与减少，例如一方违约导致对方可预期收入的减少等。非财产损害是指经济法主体的行为导致受害人财产损失以外的其他损失，例如对他人商誉的毁损、经济秩序的破坏等。

一般而言，追究经济法主体的法律责任必须有一定损害事实的发生，但是由于经济法侧重保护社会公共利益，这使得有些行为尽管没有造成危害结果或者危害结果尚未发生，但是这种行为存在危害社会与他人的危险，如果任其发展必然会影响到社会经济秩序，损害国家、社会与他人的合法权益，因而有追究行为人责任的必要。所以，在特殊情形下损害事实并不是经济法律责任的必要构成要件，例如不正当的竞争行为、许诺销售专利侵权产品等。

3. 违法行为与损害结果之间存在因果关系

因果关系是指某一现象的出现，是由另一现象引起，则前一种现象称为结果，后一种现象称为原因。因果关系是客观存在的，它不以行为人的主观意志为转移。法律上的因果关系是指法律行为与损害结果之间的引起与被引起的关系。违法行为与损害结果存在因果关系强调损害结果的发生必须是由违法行为引起的，行为人才承担经济法律责任。如果经济法主体的违法行为与损害结果之间不存在这种引起与被引起的因果关系，行为人对损害结果不承担法律责任。也就说，经济法主体实施的行为对于受害人的损害结果的发生，起着直接或者决定性的作用。

当然，在社会经济活动中，原因与结果之间的联系，往往是十分复杂的，既可能存在一一对应的因果关系，也存在一果多因、多果一因或多果多因的情况。需要说明的是在多因一果等特殊情形下，一定要区分主要原因与次要原因，以便确定行为人相应承担的法律责任。总之，确认违法行为与损害事实之间的因果关系，应以唯物辩证法为理论基础，结合经济法律规范与实际情形来综合考量，不可随意加以主观臆断。

4. 行为人主观上具有过错

经济法律规范规定，适用过错责任原则追究经济法主体的法律责任，经济法主体必须具有过错。对于无过错责任原则与公平责任原则而言，经济法主体承担经济法律责任，则需要经济法主体主观上具有过错。

另外，还需要指出的是，经济法律责任表现形式包括民事责任、行政责任、刑事责任，因此在实际中，在判断责任构成上，还要结合具体的责任承担方式综合考虑，不能千篇一律。例如要求经济法主体定金责任，不需要上述条件完全满足；但是要求经济法主体承担刑事责任，除了上述条件以外，还对经济法主体的刑事责任能力提出要求，即经济法主体达到法定刑事责任年龄且精神正常等。

§6.2.3 经济法律责任的免责事由

经济法律责任的免责事由是指对经济违法行为或者违约行为的一方对其违法行为或违约行为免于承担经济法律责任的条件，免责事由对经济法律责任承担具有对抗性，法律效力表现为它阻止了权利主体依法要求责任主体承担责任的可能性。经济法律责任免责事由具体又分为正当理由与外来原因两大类。

1. 正当理由

正当理由是指损害客观上是由行为人引起的，但是行为人的行为具有合法的根据与正当性，因而可以免除行为人的法律责任的理由。具体包括：

（1）诉讼时效。诉讼时效是指经济权利主体在一定期限内没有主张权利的，该期限经过后权利人即丧失要求人民法院强制保护其权益的权利，即权利人丧失胜诉权，对于经济责任的承担者而言，即为免除其经济法律责任。

（2）依法执行职务。根据法律的授权和相关规定，经济法主体行使合法权利或者履行法定职责给他人造成损害的，经济法主体免予承担责任，但是法律另有规定的除外。

（3）正当防卫。正当防卫是指为了使国家、公共利益、本人或者他人的人身、财产或者其他权利免受正在进行的不法侵害，而采取制止不法侵害并对不法侵害人造成损害的行为。对于因正当防卫行为给侵害人造成的损害，正当防卫人免予承担法律责任。由于正当防卫行为免除了行为人的法律责任，因此法律对于正当防卫规定了严格的构成要件：①侵害现实发生并正在进行；②只能针对不法侵害人实施；③行为人主观上具有防卫意识；④没有超过必要的限度。若行为人的行为不符合以上构成要件，就不属于正当防卫或者属于防卫过当，行为人仍然要承担经济法律责任。

（4）紧急避险。紧急避险是指为了使国家、公共利益、本人或者他人的人身、财产或者其他权利免受正在发生的危险，而采取不得以损害另一较小法律权益的行为。对于紧急避险行为造成的损害，紧急避险人免予承担法律责任。与正当防卫相同，由于法律免除了行为人的法律责任，法律对于紧急避险也规定了严格的构成要件：①危险正在发生；②行为人主观上具有避险意图；③只能出于迫不得已而为之；④对象条件是为了较大利益将危险转移给另一较小利益；⑤避险行为造成的损害小于所避免的损害。

（5）协议免责。这主要是指经济法律关系各方在法律允许的范围内通过协议免除了有关经济法主体的法律责任。该免除事由将免除责任的决定权给予相关当事人，是当事人意识自治的重要表现。

（6）其他免责事由。在某些特殊情形下，如发生了履行不能、权利人自助等情形，法律规定也可免除行为人的全部或者部分经济法律责任；再例如，若行为人存在自首、立功等情形，也可以减轻或者免予承担经济法律责任。

2. 外来原因

外来原因是指行为人主张免除自己经济法律责任的事由来自于某种外部事件或者他人行为。具体又包括：

（1）不可抗力。不可抗力是指当事人无法预见、无法避免、无法控制、无法克服的事件，这些事件具体又分为自然事件与社会事件。发生不可抗力，经济法律规定当事人可以主张免责，例如《合同法》第一百一十七条就规定发生不可抗力致使合同违约的，违约方可根据不可抗力的影响，部分或者全部免责。

（2）意外事件。意外事件是指行为客观上造成了损害，但是造成这种损害的原因不是处于行为人的故意与过失，而是由于无法预见的原因引起的，该无法预见的原因即为意外事件，根据法律规定，发生意外事件，行为人可以免责。

（3）受害人过错。受害人若因为故意或者过失而未能尽到保护自己，而与行为人行为合力造成自身损害的，行为人可以免除或者部分免除经济法律责任。

（4）第三人的行为。如果第三人的行为是构成被害人损害的唯一直接原因，则行为人不承担经济法律责任。但是法律另有规定的除外，如《合同法》第一百二十一条规定的合同当事人因第三人原因致使违约的，当事人仍然承担违约责任就属于此例。

§6.3　经济法律责任承担方式的种类

经济法律责任在承担方式上具有多样性，根据承担责任性质的不同，将经济法律责任分为民事责任、行政责任和刑事责任。

§6.3.1　经济法中的民事责任

经济法中的民事责任，是指经济法主体违反经济法律规范，不履行或者不适当履行经济义务所承担的具有民事责任性质的责任。具体来讲包括责令停止侵害、消除影响、返还财产、赔偿损失、支付违约金、继续履行、双倍返还定金等措施。

§6.3.2　经济法中的行政责任

经济法中的行政责任是指经济法主体违反经济法律规范，不履行或者不适当履行其经济义务与经济职责所承担的具有行政制裁性质的责任。具体分为行政处罚和行政处分两种。行政处罚是指国家行政机关依照法定职权对实施违反经济法律规范的个人和单位给予的行政制裁，主要措施包括罚款、责令停业、加收滞纳金、没收违法所得、吊销或者暂扣营业执照等。行政处分是指国家行政机关按照行政隶属关系依法对违反经济法律规范或内部规章制度的个人所进行的一种纪律处分，主要包括警告、记过、记大过、降级、降职、撤职、留用察看、开除等措施。

§6.3.3　经济法中的刑事责任

经济法中的刑事责任是指经济法主体因严重违反经济法律规范，触犯刑法，构成犯罪所必须接受的刑事制裁。刑事责任从性质与制裁措施来看，在经济法律责任中属于最重的责任。刑事责任具体又可以分为主刑和附加刑两种。主刑是指只能独立适用不能附加适用的刑罚，包括管制、拘役、有期徒刑、无期徒刑和死刑；附加刑是指既可以独立适用又可以附加适用的刑罚，包括罚金、剥夺政治权利、没收财产。从适用的内容上看，刑事责任也可以分为生命刑即死刑；自由刑，包括管制、拘役、有期徒刑、无期徒刑；财产刑，包括罚金、没收财产；资格刑，包括剥夺政治权利和驱逐出境。对于单位触犯经济法律规范严重以致构成犯罪的，对单位犯罪一般判处罚金或没收财产，同时追究直接责任人相应的刑事责任。

【思考题】

1. 经济法律责任的概念与特征。

2. 经济法律归责原则包括哪些？

3. 承担经济法律责任的需要哪些构成要件？

4. 经济法律责任的免责事由有哪些？

5. 经济法律责任承担方式有哪些？

第二编　经济组织法

第7章　公司法律制度

§7.1　公司和公司法

§7.1.1　公司的概念和特征

1. 公司的概念

公司通常是指依照公司法规定的条件和程序设立的营利性组织。《中华人民共和国公司法》（以下简称《公司法》）第三条规定："公司是企业法人，有独立的法人财产，享有法人财产权。公司以其全部财产对公司的债务承担责任。"据此，我国公司是指依照公司法设立的企业法人，包括依法在中国境内设立的有限责任公司和股份有限公司。①

2. 公司的特征

公司具有的营利性和法人性决定了公司具有下述特征：

（1）公司须依照公司法设立。依照我国法律，社会组织的设立必须符合相关法律规定，公司不同于其他社会组织的基本法律依据就是公司的设立须符合公司法规定的条件和程序，其他社会组织则依照相关法律、法规设立。

（2）公司是企业法人。企业是以营利为目的的组织，法人是依法具有独立人格的组织。因此，企业法人是以营利为目的组织，包括各种具备法人资格的组织。企业法人与非企业法人的区别在于，非企业法人不以营利为目的，包括具备法人资格的机关、事业单位和社会团体。公司作为商事组织必然要以营利为目的，从事经济活动，因此，公司是企业法人。

（3）公司通常是社团法人。社团法人是由两个以上的社员为了共同的目的投资设立的法人，其基本特征是以人的集合为基础而组成的法人，即人的集合体。各国公司法传统上都规定公司是社团法人。也就是说，公司一般须有两个以上的股东投资设立。近年来，随着公司制度的发展，许多国家在立法上也承认"一人公司"的存在，我国公

---

① 参见2013年12月28日第十二届全国人民代表大会常务委员会第六次会议通过的《关于修改＜中华人民共和国海洋环境保护法＞等七部法律的决定》、《中华人民共和国公司法》（第三次修正，2013）第二条、第三条。

司法对"一人公司"也做了规定，但总的来看，公司仍具有社团法人的特征。①

（4）公司具有独立的财产，实行有限责任。公司的财产来自于股东的出资，公司成立后，股东的出资就成为公司的独立财产。公司对其财产依法享有法人财产权，有权独立支配。股东以出资对公司承担责任，公司以其独立财产对公司债务承担责任。因此，公司的财产和责任不同于合伙企业、个人独资企业：合伙企业的财产由全体合伙人共有，即共同管理和使用，合伙人对合伙企业债务负连带无限责任；个人独资企业财产为投资人个人所有，投资人以其个人财产对企业债务承担无限责任。

§7.1.2 公司的种类

由于各国立法对公司的理解有所不同，所以公司的分类标准也有所不同。因此，可以根据不同的标准，对公司作下述分类：

1. 按照公司股东的责任分类

（1）无限责任公司。是指全体股东对公司债务负无限连带责任的公司。

（2）两合公司。是指一部分股东对公司负有限责任，另一部分股东对公司负无限责任的公司。

（3）股份两合公司。是指由一个以上的无限责任股东和一个以上的有限责任股东投资设立的公司。

（4）有限责任公司。是指股东以出资额为限对公司承担责任，公司以其全部财产对公司债务承担责任的公司。

（5）股份有限公司。是指公司的全部资本划分为等额股份，股东以其认购的股份对公司承担责任，公司以其全部财产对公司债务承担责任的公司。

2. 按照公司的信用基础分类

（1）人合公司。是指公司的设立和经营建立在股东的个人信用基础之上的公司，一般认为无限责任公司是典型的人合公司。

（2）资合公司。是指公司的设立和经营建立在公司资本信用基础上的公司。公司的营业主要取决于公司资本和经营业绩，与股东的个人信用关系不大。通常认为股份有限公司是典型的资合公司。

3. 按照公司股份的募集和转让方式分类

（1）封闭式公司。是指公司股份由发起人认购，股东人数、股份转让均受到严格限制，且股票不能在证券交易所挂牌交易的公司。包括有限责任公司和股份有限公司中的不上市公司。

（2）开放式公司。是指公司公开募集股份，股东人数不受限制，且股票在证券交易所公开挂牌交易的公司。即股份有限公司中的上市公司。

4. 按照公司的管辖系统分类

（1）本公司。也叫总公司，是指依照公司法规定首先设立的，对其分支机构具有

---

① 此前，我国《公司法》（1993 年）规定了国有独资公司、我国《外资企业法》也允许外国投资者独资设立有限公司。我国《公司法》（2005 年修订、2013 年修订）虽然规定了"一人公司"，但从公司法总体来看，社团法人仍可以作为公司区别于个人独资企业的一个特征。参见我国《公司法》（2013 年修订）第二十三条、第二十四条、第五十七条、第七十八条。

管辖权的总机构。

（2）分公司。是指受本公司或总机构管辖的分支机构。我国《公司法》第十四条第一款规定："公司可以设立分公司。设立分公司，应当向公司登记机关申请登记，领取营业执照。分公司不具有法人资格，其民事责任由公司承担。"

5. 按照公司对另一个公司的控制关系分类

（1）母公司。是指持有另一公司股份达到一定程度，并足以据此控制该公司业务的公司。[①]

（2）子公司。是指公司一定数额的股份为另一公司所持有，其业务受该持股公司控制的公司。我国《公司法》第十四条第二款规定："公司可以设立子公司，子公司具有法人资格，依法独立承担民事责任。"

6. 按照公司的国籍分类

（1）本国公司。是指依照本国法律设立登记，其本公司位于本国境内的公司。

（2）外国公司。是指依照外国法律设立登记，其本公司位于本国境外的公司。

7. 按照公司是否受专项法律调整分类

（1）普通公司。是指依照公司法设立的，从事工商业经营活动的公司。这类公司受公司法调整。

（2）特殊公司。是指由国家专项立法调整的公司。例如，商业银行、证券公司、保险公司、外商投资的有限责任公司等。对于这类公司，相关的专项法律有规定的，适用该专项法律；专项法律没有规定的，适用公司法。

8. 按照公司股东人数分类

（1）多股东公司。是指由两个以上股东出资设立的公司。公司法传统上认为公司应由多个股东出资设立，是社团法人，所以公司通常是多股东公司。

（2）一人公司。是指由一个股东出资设立的公司。一人公司由于存在某些固有缺陷，如股东财产与公司财产难于界定、无法广泛筹资、易于滥用有限责任等，在公司法上受到较多限制。

§7.1.3 公司法的概念和调整对象

1. 公司法的概念

公司法是指调整公司的设立、组织、活动、终止和公司其他内外部关系的法律规范的总称。公司法有下述基本属性：

（1）公司法是组织法。公司法作为调整公司关系的法律，必然要对公司的组织形式、组织机构，公司的设立、变更、终止，公司的章程、法律地位等作出具体规定，从而在组织上规范公司这种类型的企业法人。

（2）公司法是行为法。公司的行为十分广泛，但并不是公司所有的行为都由公司法调整，公司法调整的公司行为只是那些与公司的组织特征密切相关的行为，即公司特

---

① 理论上通常认为一个公司持有另一公司 50%以上的股份便可控制该公司。但股份制实践中，持有其他公司股份往往无需达到 50%以上就可控制该公司，成为母公司。母公司与控股公司的主要区别在于：母公司往往通过其控股地位，控制子公司的业务活动；控股公司一般不直接干预被控股公司的业务。

有的行为，如公司的登记、公司股份或债券的发行和转让、公司上市等行为。公司的其他行为，如买卖、信贷等行为则由其他相关的法律调整。

（3）公司法主要是制定法。世界各国大都以制定法为公司法的主要渊源，即使在英、美、法等国家，公司法也以制定法为主。其原因是公司作为一种营利性组织，其组织形式、设立条件、法律地位、组织机构以及因公司组织而产生的行为，都须通过法律作出严格、准确、系统的规定。同时随着经济生活的不断变化，公司法还必须适应形势变化的要求，因此，公司法必然采取以制定法为主的形式。

（4）公司法具有较多的强制性规范。公司法传统上属民商法范畴，民商法多为任意性规范。随着市场经济的发展，公司在经济生活中的地位日趋重要，为保证交易安全，维护有关各方当事人利益，国家对公司的干预也日益增加，公法规范逐步渗入公司法领域。各国公司法对公司尤其是股份公司的设立、类型、机构、股票的发行和转让等大都作出强制性规定。故此，公司法与其他民商法律相比，具有较多的强制性规范。

（5）公司法具有国际趋同性。进入20世纪，特别是第二次世界大战结束后，随着国际市场的建立和国际经济一体化进程的加快，国际经济贸易和投融资活动日益频繁。为了便于本国公司参与国际市场竞争，吸引外国投资，各国在制定公司法时都不断吸收和借鉴外国公司立法的成功经验，使公司法彼此融合，日益趋同。

1992年党的十四大以后，随着我国社会主义市场经济体制的确立，建立现代企业制度已成为我国企业制度改革的必然趋势。公司法作为重要的市场主体制度，为适应市场经济体制对建立商事组织制度的客观要求，1993年12月第八届全国人大常委会第五次会议通过了《中华人民共和国公司法》，共11章230条，包括有限责任公司和股份有限公司两种基本的公司类型，规定投资者对公司债务均负有限责任。此后，第九届、第十届全国人大常委会分别于1999年12月、2004年8月对我国《公司法》进行了两次修正，2005年10月27日第十届全国人大常委会第十八次会议对《公司法》做了修订。我国现行《公司法》是2013年12月28日经第十二届全国人民代表大会常务委员会第六次会议第三次修正的《中华人民共和国公司法》（以下简称《公司法》），共13章218条。该法的立法宗旨是：规范公司的组织和行为，保护公司、股东和债权人的合法权益，维护社会经济秩序，促进社会主义市场经济的发展。

2. 公司法的调整对象

公司法的调整对象是公司在设立、组织、活动、终止过程中发生的内部和外部关系。具体来说，包括下述几个方面：①公司在设立、变更、终止过程中与有关国家机关之间发生的经济行政关系。②公司内部关系，包括公司股东之间的权利义务关系和公司组织机构，如股东会、董事会、监事会和经理之间的相互关系。③公司因其特定行为而与有关各方发生的关系，如因股票、债券的发行和转让以及开展特殊业务与国家主管机关之间发生的行政审批关系，与其他企业、社会公众之间发生的经济关系。④国家在对公司监督管理过程中，与公司之间发生的关系。包括国家财政、税务机关在监督管理公司执行财务、会计制度、利润分配和税收过程中发生的经济行政关系；国家行政机关、司法机关在查处公司违法行为、追究其法律责任的过程中，与公司之间发生的关系。

§7. 2 有限责任公司法律制度

§7. 2. 1 有限责任公司的概念和特征

1. 有限责任公司的概念

有限责任公司，又称有限公司，是指股东以其认缴的出资额为限对公司承担责任，公司以其全部财产对公司的债务承担责任的企业法人。根据我国《公司法》规定，我国有限责任公司包括一般有限责任公司和特殊有限责任公司，特殊有限责任公司是指一人有限责任公司和国有独资公司。

2. 有限责任公司的特征

（1）股东人数受到限制。这是由有限责任公司自身性质决定的，公司股东共同投资、共同经营，须相互信任，因此股东人数不宜过多。各国公司法对有限责任公司股东人数通常都作出限制，所不同的只是有的国家规定了股东人数的上限和下限，有的国家则只规定股东人数上限。① 股东人数受到限制使得有限责任公司既不同于股份公司，也不同于无限责任的经营组织，成为有限责任公司的一个重要特征。②

（2）股东负有限责任。有限责任公司以其全部财产对公司的债务承担责任，股东不直接对公司债务承担责任，而是以其认缴的出资额为限对公司承担责任，即股东只承担有限责任。这是有限责任公司不同于合伙企业、个人独资企业以及无限公司、两合公司、股份两合公司等无限责任经营组织的主要区别。

（3）具有人合性质。有限责任公司虽然是通过资本联合设立的公司，但其经营却离不开股东之间的相互信任和个人的社会信用。因此，有限责任公司是具有人合性质的资合公司。有限责任公司的人合性质使得有限责任公司既有股份公司的资合优点，又有无限公司的人合优点，这也是有限责任公司不同于股份公司和无限责任经营组织的重要特征。

（4）封闭性。有限责任公司不能向社会发行股票募集资金，其股权转让受到较多限制，不能上市交易，也不向社会公开财务报告。因此，有限责任公司不同于开放式的股份有限公司，是封闭性公司。

（5）设立程序简单。有限责任公司的人合性和封闭性使得有限责任公司资本的筹集和转让都受到较多限制，公司设立和经营通常较少涉及社会公众利益，政府也较少干预。因此，有限责任公司的设立程序通常较为简单，除法律另有规定的外，采取准则主义方式设立。

§7. 2. 2 有限责任公司的设立

1. 有限责任公司设立的条件

根据我国《公司法》第二十三条规定，设立有限责任公司，应当具备下列条件：

（1）股东符合法定人数。有限责任公司是具有人合性质的资合公司，股东之间须

---

① 一般来说不允许设立一人公司的国家，对有限责任公司股东人数的下限和上限都做了规定；允许设立一人公司的国家则只对有限责任公司股东的上限作规定。

② 公司法通常只对股份公司的发起人人数作规定，股东人数则没有上限规定；无限责任的经营组织，如合伙企业、无限公司因其固有的人合性质，法律没有必要规定其股东（出资人）的上限。

相互信任，这就决定了股东人数不宜过多，公司法须对股东人数作出限制。我国《公司法》第二十四条规定"有限责任公司由五十个以下股东出资设立"。

（2）有符合公司章程规定的全体股东认缴的出资额。我国《公司法》第二十六条规定："有限责任公司的注册资本为在公司登记机关登记的全体股东认缴的出资额。""法律、行政法规以及国务院决定对有限责任公司注册资本实缴、注册资本最低限额另有规定的，从其规定。"即除法律、行政法规及国务院另有规定的外，我国《公司法》对有限责任公司法定资本未作规定。但是，有限责任公司从事经营活动需有与其经营性质、经营范围和经营规模相适应的资本。因此，有限责任公司的注册资本为全体股东根据经营需要在公司登记机关登记的出资额。

（3）股东共同制定公司章程。有限责任公司章程作为公司组织和行为的基本文件由公司股东共同制定。依照我国《公司法》第二十五条规定，有限责任公司章程应当载明下列事项：①公司名称和住所；②公司经营范围；③公司注册资本；④股东的姓名或者名称；⑤股东的出资方式、出资额和出资时间；⑥公司的机构及其产生办法、职权、议事规则；⑦公司法定代表人；⑧股东会会议认为需要规定的其他事项。股东应当在公司章程上签名、盖章。

（4）有公司名称，建立符合有限责任公司要求的组织机构。公司名称是公司的特定称谓，依照我国《公司法》规定，有限责任公司必须在公司名称中标明有限责任公司或者有限公司字样。公司名称依法经公司登记机关核准登记后，受国家法律保护。有限责任公司须依照公司法规定设立股东会、董事会、监事会等与其公司性质和经营活动相适应的组织机构。

（5）有公司住所。有限责任公司的住所是指公司主要办事机构所在地。经公司登记机关登记的公司住所只能有一个。① 公司住所对于诉讼管辖、登记管辖和履行权利义务等都具有重要意义。

2. 有限责任公司的股东和出资

（1）股东。即出资人。我国公司法对有限责任公司股东资格未作特殊规定，因此有限责任公司股东可以是自然人，也可以是法人。有限责任公司股东依法享有参与公司重大决策；了解公司财务、经营管理状况，查阅、复制相关资料；分取红利；新增资本，优先认缴出资等权利。股东的主要义务是按章程规定缴纳出资；依其出资额对公司负责，承担风险；不滥用股东权利；公司成立后，不抽逃出资。

（2）出资方式。依照我国《公司法》规定，股东可以采取货币和非货币财产两种出资方式：①货币出资。股东以货币出资的，应当依照公司章程规定将出资货币存入准备设立的有限责任公司在银行开设的临时账户。②非货币财产出资。即以实物、工业产权、非专利技术或土地使用权等可以用货币估价并可以依法转让的非货币财产作价出资。但是，法律、行政法规规定不得作为出资的财产除外。对作为出资的非货币财产应

---

① 国务院 2014 年 2 月 19 日发布的《中华人民共和国公司登记管理条例》第十二条规定："公司的住所是公司主要办事机构所在地。经公司登记机关登记的公司的住所只能有一个。公司的住所应当在其公司登记机关辖区内。"

当如实评估作价，法律、行政法规对评估作价有规定的，按规定评估作价。① 股东以非货币财产出资的，应当依法办理其财产权的转移手续。

（3）出资数额和期限。依我国《公司法》规定，除法律、行政法规以及国务院另有规定的外：①股东出资须符合公司章程规定；②注册资本是在公司登记机关登记的全体股东认缴的出资额。因此，股东应当按照有限责任公司章程规定期限和方式足额缴纳各自所认缴的出资额。股东未按规定缴纳出资的，除应当向公司足额缴纳外，还应当向已按期足额缴纳出资的股东承担违约责任。

（4）出资证明书、股东名册和股东登记。①出资证明书。是有限责任公司向股东签发的证明其已按公司章程缴纳出资的书面证明。公司成立后，应当向股东签发出资证明书。出资证明书应当载明：公司名称；公司成立日期；公司注册资本；股东的姓名或者名称、缴纳的出资额和出资日期；出资证明书的编号和核发日期。出资证明书由公司盖章后生效。②股东名册。是有限责任公司置备并保存的，用以证明股东基本情况的文件。股东名册记载下列事项：股东的姓名或者名称及住所；股东的出资额；出资证明书编号。股东可以依股东名册主张行使股东权利。③股东登记。是指有限责任公司将股东的姓名或者名称等事宜向公司登记机关登记的行为。依照我国《公司法》，公司应当将股东的姓名或者名称向公司登记机关登记；登记事项发生变更的，应当办理变更登记。未经登记或者变更登记的，不得对抗第三人。

3. 有限责任公司的设立程序

（1）共同制定公司章程。有限责任公司的设立人在制定公司章程之前，应就公司设立的有关事宜订立发起人协议，明确相互权利义务，并在此基础上依照公司法规定共同制定公司章程，公司章程经股东签名、盖章后生效，取代发起人协议，成为公司最重要的法律文件。

（2）缴纳出资。股东应当按期足额缴纳公司章程中规定的各自所认缴的出资额。股东未按公司章程规定缴纳出资的，除应当向公司足额缴纳外，还应当向已按期足额缴纳出资的股东承担违约责任。股东缴纳出资后，必须经依法设立的验资机构验资并出具证明。

（3）设立登记。股东认足公司章程规定的出资后，由全体股东指定的代表或者共同委托的代理人向公司登记机关报送公司登记申请书、公司章程等文件，申请设立登记。公司登记机关对有限责任公司的设立登记申请依法进行审查，② 经审查符合法律、行政法规规定的，由公司登记机关发给企业法人营业执照，公司即告成立，并取得法人资格。公司营业执照签发日期为公司成立日期。

---

① 公司成立后，发现非货币财产的实际价额显著低于公司章程所定价额的，交付财产的股东及公司设立时的其他股东须就补齐差额承担责任。参见我国《公司法》第三十条。

② 公司设立登记，应申请公司名称预先核准。设立有限责任公司，应当由全体股东指定的代表或者共同委托的代理人向公司登记机关申请名称预先核准，预先核准的公司名称保留期为 6 个月。参见《中华人民共和国公司登记管理条例》（国务院 2014）第十一条、第十七条、第十八条、第十九条。

§7. 2. 3 有限责任公司的组织机构

1. 股东会

（1）股东会的概念及其职权。有限责任公司的股东会，是指依照公司法由全体股东组成的公司权力机构。股东会依照公司法行使下列职权：①决定公司的经营方针和投资计划；②选举和更换非由职工代表担任的董事、监事，决定有关董事、监事的报酬事项；③审议批准董事会的报告；④审议批准监事会或者监事的报告；⑤审议批准公司的年度财务预算方案、决算方案；⑥审议批准公司的利润分配方案和弥补亏损方案；⑦对公司增加或者减少注册资本作出决议；⑧对发行公司债券作出决议；⑨对公司合并、分立、解散、清算或者变更公司形式作出决议；⑩修改公司章程；⑪公司章程规定的其他职权。

（2）股东会的召开和议事规则。①股东会的召开。股东会通过召开股东会会议行使职权。首次股东会会议由出资最多的股东召集和主持。此后，设立董事会的有限责任公司股东会会议由董事会召集，董事长主持，董事长不能履行职务或者不履行职务的，由副董事长主持；副董事长不能履行职务或者不履行职务的，由半数以上董事共同推举一名董事主持；有限责任公司不设董事会的，股东会会议由执行董事召集和主持。董事会或者执行董事不能履行或者不履行召集股东会会议职责的，由监事会或者不设监事会的公司的监事召集和主持；监事会或者监事不召集和主持的，代表 1/10 以上表决权的股东可以自行召集和主持。股东会会议分为定期会议和临时会议。定期会议，应当依照公司章程的规定按时召开；临时会议，代表 1/10 以上表决权的股东，1/3 以上的董事，监事会或者不设监事会的公司的监事提议召开临时会议的，应当召开临时会议。召开股东会会议，除公司章程另有规定或者全体股东另有约定的外，应当于会议召开 15 日前通知全体股东。②议事规则。除公司章程另有规定的外，股东会会议由股东按照出资比例行使表决权。股东会的议事方式和表决程序，除公司法有规定的外，由公司章程规定。股东会应当对所议事项的决定做成会议记录，出席会议的股东应当在会议记录上签名。股东会职权内的事项，股东以书面形式一致表示同意的，可以不召开股东会会议，直接作出决定，并由全体股东在决定文件上签名、盖章。股东会会议作出的下述决议，必须经代表 2/3 以上表决权的股东通过：修改公司章程；增加或者减少注册资本；公司的合并、分立、解散；变更公司形式。

2. 董事会和执行董事

（1）董事会的概念和组成人员。有限责任公司董事会，是指股东依照公司法和公司章程推选的董事组成的，公司的日常经营决策和业务执行机构。董事会由全体董事组成。依照我国《公司法》规定，两个以上的国有企业或者其他国有投资主体设立的有限责任公司，其董事会成员中应当有公司职工代表；其他有限责任公司董事会成员中可以有公司职工代表。依照我国《公司法》规定，有限责任公司设董事会，其成员为 3~13 人。

（2）董事和董事长。①董事。依照我国《公司法》规定，有限责任公司的非由职工代表担任的董事由股东会选举和更换；职工代表担任的董事由公司职工民主选举产生。[①] 董事任期由公司章程规定，但每届任期不得超过 3 年。董事任期届满，连选可以

[①] 董事会中的职工代表由公司职工通过职工代表大会、职工大会或者其他形式民主选举产生。参见我国《公司法》第四十四条第二款。

连任。董事任期届满未及时改选，或者董事在任期内辞职导致董事会成员低于法定人数的，在改选出的董事就任前，原董事仍应当依照法律、行政法规和公司章程的规定，履行董事职务。②董事长。董事会设董事长1人，可以设副董事长。董事长、副董事长的产生办法由公司章程规定。

（3）董事会的召开和职权。董事会会议由董事长召集和主持；董事长不能履行职务或者不履行职务的，由副董事长召集和主持；副董事长不能履行职务或者不履行职务的，由半数以上董事共同推举1名董事召集和主持。董事会的议事规则，除公司法有规定的外，由公司章程规定。董事会应当对所议事项的决定做成会议记录，出席会议的董事应当在会议记录上签名。董事会决议的表决，实行1人1票。董事会对股东会负责，行使下列职权：①召集股东会会议，并向股东会报告工作；②执行股东会的决议；③决定公司的经营计划和投资方案；④制订公司的年度财务预算方案、决算方案；⑤制订公司的利润分配方案和弥补亏损方案；⑥制订公司增加或者减少注册资本以及发行公司债券的方案；⑦制订公司合并、分立、解散或者变更公司形式的方案；⑧决定公司内部管理机构的设置；⑨决定聘任或者解聘公司经理及其报酬事项，并根据经理的提名决定聘任或者解聘公司副经理、财务负责人及其报酬事项；⑩制定公司的基本管理制度；⑪公司章程规定的其他职权。

（4）执行董事。股东人数较少或者规模较小的有限责任公司，可以设1名执行董事，不设董事会。执行董事可以兼任公司经理。执行董事的职权由公司章程规定。

3. 经理

经理是指由公司董事会聘任的、负责公司的日常经营管理工作的高级管理人员。依照我国《公司法》规定，有限责任公司可以设经理，经理由董事会决定聘任或者解聘。经理列席董事会会议，对董事会负责，行使下列职权：①主持公司的生产经营管理工作，组织实施董事会决议；②组织实施公司年度经营计划和投资方案；③拟订公司内部管理机构设置方案；④拟订公司的基本管理制度；⑤制定公司的具体规章；⑥提请聘任或者解聘公司副经理、财务负责人；⑦决定聘任或者解聘除应由董事会决定聘任或者解聘以外的负责管理人员；⑧董事会授予的其他职权。此外，公司章程对经理职权另有规定的，从其规定。

4. 监事会

（1）监事会的设置和组成人员。监事会是公司设置的内部监督机构。依照我国《公司法》规定，监事会的设置有两种情况：一是有限责任公司设监事会，其成员不得少于3人；监事会设主席1人，由全体监事过半数选举产生。二是股东人数较少或者规模较小的有限责任公司，可以设1~2名监事，不设监事会。监事会由股东代表和职工代表组成，股东代表由股东会选举产生；职工代表由公司职工通过职工代表大会、职工大会或者其他形式民主选举产生。监事会中职工代表的具体比例由公司章程规定，但不得低于1/3。监事的任期每届为3年。监事任期届满，连选可以连任。监事任期届满未及时改选，或者监事在任期内辞职导致监事会成员低于法定人数的，在改选出的监事就任前，原监事仍应当依照法律、行政法规和公司章程的规定，履行监事职务。董事、高级管理人员不得兼任监事。

（2）监事会的召开和职权。监事会主席召集和主持监事会会议；监事会主席不能履行职务或者不履行职务的，由半数以上监事共同推举一名监事召集和主持监事会会议。监事会每年度至少召开1次会议，监事可以提议召开临时监事会会议。监事会的议事规则，除公司法有规定的外，由公司章程规定。监事会决议应当经半数以上监事通过。监事会应当对所议事项的决定作成会议记录，出席会议的监事应当在会议记录上签名。监事会、不设监事会的公司的监事行使下列职权：①检查公司财务；②对董事、高级管理人员执行公司职务的行为进行监督，对违反法律、行政法规、公司章程或者股东会决议的董事、高级管理人员提出罢免的建议；③当董事、高级管理人员的行为损害公司的利益时，要求董事、高级管理人员予以纠正；④提议召开临时股东会会议，在董事会不履行本法规定的召集和主持股东会会议职责时召集和主持股东会会议；⑤向股东会会议提出提案；⑥依照公司法规定，对董事、高级管理人员提起诉讼；①⑦公司章程规定的其他职权。监事可以列席董事会会议，享有质询、建议权，即监事可以对董事会决议事项提出质询或者建议；调查权，即监事会、不设监事会的公司的监事发现公司经营情况异常，可以进行调查；必要时，可以聘请会计师事务所等协助其工作，费用由公司承担。监事会、不设监事会的公司的监事行使职权所必需的费用，由公司承担。

§7. 2. 4　一人有限责任公司和国有独资公司的特别规定

1. 一人有限责任公司

（1）概念和特征。我国公司法所称一人有限责任公司，即一人公司，是指只有一个自然人股东或者一个法人股东的有限责任公司。一人公司是股东个人独资设立的有限责任公司，既不同于一般有限责任公司，也不同于个人独资企业，其主要特征是：①由一个股东出资设立。与普通有限责任公司的社团性质不同，一人公司的股东是一个自然人或法人。②股东对公司负有限责任。与个人独资企业不同，一人公司财产应当独立于股东个人财产，股东以出资为限对公司承担责任。但是，一人公司的股东不能证明公司财产独立于股东自己的财产的，则应对公司债务承担连带责任。

（2）设立。一个自然人只能投资设立一个一人有限责任公司。该一人有限责任公司不能投资设立新的一人有限责任公司。一人有限责任公司应当在公司登记中注明自然人独资或者法人独资，并在公司营业执照中载明。

（3）章程和股东职权行使。一人有限责任公司的章程由股东制定。由于一人公司只有一个股东，所以一人有限责任公司不设股东会。股东行使公司法规定的有限责任公司股东会职权作出决定时，应当采用书面形式，并由股东签名后置备于公司。

（4）财务会计。一人有限责任公司应当在每一会计年度终了时编制财务会计报告，并经会计师事务所审计。

我国《公司法》第五十七条第一款规定："一人有限责任公司的设立和组织机构，适用本节规定；本节没有规定的，适用本章第一节、第二节的规定。"即我国公司法对一人有限责任公司的设立和组织机构未作特别规定的，适用我国公司法关于有限责任公司的一般规定。

---

① 有限责任公司的董事、高级管理人员执行公司职务时违反法律、行政法规或者公司章程的规定，给公司造成损失的，股东可以书面请求监事会或者不设监事会的有限责任公司的监事向人民法院提起诉讼。参见我国《公司法》第一百五十一条、第一百五十二条。

2. 国有独资公司的特别规定

（1）概念和特征。我国公司法所称国有独资公司，是指国家单独出资、由国务院或者地方人民政府授权本级人民政府国有资产监督管理机构履行出资人职责的有限责任公司。国有独资公司作为有限责任公司的一种特殊形式，有下述主要特征：①国家单独出资设立。国有独资公司既不同于具有社团性质的有限责任公司，也不同于由一个自然人或法人设立的一人公司，国有独资公司的投资主体是国家，公司的资本全部来自于国家出资。②国有独资公司是有限责任公司。国有独资公司在法律适用、产权归属、治理结构和经营机制等方面都不同于传统意义上的国有企业，是现代企业制度下的国有独资企业模式。③国有资产监督管理机构履行出资人职责。国有独资公司由国务院或者地方人民政府授权本级人民政府国有资产监督管理机构履行出资人职责。

（2）章程。国有独资公司章程的制定可以采取两种方式：①由国有资产监督管理机构制定；②由董事会制定报国有资产监督管理机构批准。

（3）组织机构。国有独资公司是国家单独出资设立的有限责任公司，国家是唯一股东，没有必要设立股东会。因此，国有独资公司不设股东会，股东会职权由履行出资人职责的国有资产监督管理机构行使。国有资产监督管理机构可以授权公司董事会行使股东会的部分职权，决定公司的重大事项，但公司的合并、分立、解散、增加或者减少注册资本和发行公司债券，必须由国有资产监督管理机构决定。其中，重要的国有独资公司合并、分立、解散、申请破产的，应当由国有资产监督管理机构审核后，报本级人民政府批准。①

国有独资公司设立董事会，依照公司法规定行使有限责任公司董事会职权；根据国有资产监督管理机构的授权范围行使有限责任公司股东会的部分职权。国有独资公司董事会成员中应当有公司职工代表。董事会成员由国有资产监督管理机构委派；但是，董事会成员中的职工代表由公司职工代表大会选举产生。国有独资公司董事每届任期不得超过3年。董事会设董事长1人，可以设副董事长。董事长、副董事长由国有资产监督管理机构从董事会成员中指定。

国有独资公司设经理，由董事会聘任或者解聘，经国有资产监督管理机构同意，董事会成员可以兼任经理。经理依照公司法规定行使有限责任公司经理职权。

国有独资公司的董事长、副董事长、董事、高级管理人员，未经国有资产监督管理机构同意，不得在其他公司或者经济组织兼职。

国有独资公司设监事会，监事会成员不得少于5人，由国有资产监督管理机构委派的人员和公司职工代表大会选举的职工代表组成。监事会中职工代表的具体比例由公司章程规定，但不得低于1/3。监事会主席由国有资产监督管理机构从监事会成员中指定。监事会依照公司法规定行使下列职权：①检查公司财务；②对董事、高级管理人员执行公司职务的行为进行监督，对违反法律、行政法规、公司章程或者股东会决议的董事、高级管理人员提出罢免的建议；③当董事、高级管理人员的行为损害公司的利益

---

① 这里所说的"重要的国有独资公司"，按照国务院的规定确定。参见我国《公司法》第六十六条第二款。

时，要求董事、高级管理人员予以纠正；④国务院规定的其他职权。①

我国《公司法》第六十四条第一款规定："国有独资公司的设立和组织机构，适用本节规定；本节没有规定的，适用本章第一节、第二节的规定。"即我国公司法对国有独资公司的设立和组织机构未作特别规定的，适用我国公司法关于有限责任公司的一般规定。

§7. 2. 5 有限责任公司的股权转让

1. 股权转让的概念

股权是指有限责任公司出资人基于出资而享有的权利，包括资产收益、参与重大决策和选择管理者等权利。股权转让，是指有限责任公司股东将其在公司的股权全部或者部分让与公司其他股东或者公司股东以外的人的行为。有限责任公司的股权是股东因出资而享有的权利，其财产权属性决定了股权的可交换性，即股东可以根据自己的意愿持有或转让股权。同时有限责任公司具有人合性质，公司经营以股东之间相互信任为基础，在转让时要充分顾及公司其他股东的利益，使股权转让后公司股东能够和谐经营。因此，有限责任公司的股权转让既要保障（尊重）股权出让人利益（意愿），又要维护股权转让后其他股东的正当利益和公司人合性质的经营活动。

2. 股权的自愿转让

自愿转让，是指有限责任公司股东根据自己意愿，转让股权的行为。依照我国《公司法》规定，股权可以在公司股东之间转让，也可以向公司以外的人转让。

（1）股东之间转让股权。有限责任公司的股东之间可以相互转让其全部或者部分股权。

（2）股东向股东以外的人转让股权。应当经其他股东过半数同意。①书面通知。股东应就其股权转让事项书面通知其他股东征求同意。②答复。其他股东应自接到该书面通知之日起满30日未答复的，视为同意转让。③不同意转让。其他股东半数以上不同意转让的，不同意的股东应当购买该转让的股权；不购买的，视为同意转让。④同意转让。经股东同意转让的股权，在同等条件下，其他股东有优先购买权。两个以上股东主张行使优先购买权的，协商确定各自的购买比例；协商不成，按照转让时各自的出资比例行使优先购买权。

公司章程对股权转让另有规定的，按规定转让。

3. 股权的强制转让

股权的强制转让，是指人民法院依照法律规定的强制执行程序转让股东的股权。人民法院依法对股东的股权强制转让时，应当通知公司及全体股东，其他股东在同等条件下有优先购买权。其他股东自人民法院通知之日起满20日不行使优先购买权的，视为放弃优先购买权。

---

① 国务院 2000 年 3 月 15 日发布的《国有企业监事会暂行条例》第五条规定："监事会履行下列职责：（一）检查企业贯彻执行有关法律、行政法规和规章制度的情况；（二）检查企业财务，查阅企业的财务会计资料及与企业经营管理活动有关的其他资料，验证企业财务会计报告的真实性、合法性；（三）检查企业的经营效益、利润分配、国有资产保值增值、资产运营等情况；（四）检查企业负责人的经营行为，并对其经营管理业绩进行评价，提出奖惩、任免建议。"

4. 股权转让后的手续

股权无论自愿转让还是强制转让，股权转让后，公司应当注销原股东的出资证明书，向新股东签发出资证明书，并相应修改公司章程和股东名册中有关股东及其出资额的记载。对公司章程的该项修改不需再由股东会表决。

5. 股权回购

股权回购，是指公司收购股权。股权回购从形式上看是股东将股权转让给公司，但由于是公司收购股权，因此，股权回购实质上就是股东撤回投资或退股。

公司成立后，股东通常不得抽回出资，但为了防止"股权多数"的表决方式损害中小股东或少数股东权益，公司法规定在特殊情形下，股东在法定期限内，可以请求公司收购其股权。按照我国《公司法》第七十四条规定，有下列情形之一的，对股东会该项决议投反对票的股东可以请求公司按照合理的价格收购其股权：①公司连续5年不向股东分配利润，而公司该5年连续盈利，并且符合本法规定的分配利润条件的；②公司合并、分立、转让主要财产的；③公司章程规定的营业期限届满或者章程规定的其他解散事由出现，股东会会议通过决议修改章程使公司存续的。

股权回购须由股东与公司签订股权收购协议；股东与公司不能达成股权收购协议的，自股东会会议决议通过之日起60日内，股东可以自股东会会议决议通过之日起90日内向人民法院提起诉讼。

6. 股权继承

我国《公司法》第七十五条规定，自然人股东死亡后，其合法继承人可以继承股东资格；但是，公司章程另有规定的除外。

§7.3 股份有限公司法律制度

§7.3.1 股份有限公司的概念和特征

1. 股份有限公司的概念

股份有限公司，又称股份公司，是指股东以其认购的股份为限对公司承担责任，公司以其全部财产对公司的债务承担责任的企业法人。根据我国《公司法》规定，我国股份有限公司包括一般股份有限公司和上市公司。

2. 股份有限公司的特征

（1）全部资本划分为等额股份。与有限责任公司和其他经济组织不同，股份公司的全部资本划分为等额股份，股份是公司资本的最小构成单位，是股东享有权利、承担义务的基础。公司资本划分为等额股份既有利于公司筹资募股和股份流通，也有利于股东按股份行使权利、承担责任。

（2）股东负有限责任。与无限责任的经济组织不同，股份公司股东以其认购的股份为限对公司承担责任，公司以其全部资产对公司的债务承担责任，减少了出资人风险，有利于公司筹集资金。

（3）是典型的资合公司。与有限责任公司不同，股份公司经营以资本信用为基础，与股东的个人信用关系不大，股东转让股份无需其他股东同意。因此，股份公司是典型的资合公司。

（4）设立条件和程序较为严格。与有限责任公司和其他经济组织不同，公司法对股份公司的设立条件，如最低资本限额、发起人数有上限和下限、组织机构等都有较为严格的规定。公司的设立程序也较为严格，公司法对股份的募集和认购、创立大会的召开、章程的制定、发起人责任等都有严格规定。

§7.3.2　股份有限公司的设立

1. 设立条件

依照我国《公司法》第七十六条规定，设立股份有限公司，应当具备下列条件：

（1）发起人符合法定人数。由于股份公司的股东没有上限限制，所以各国公司法都只规定股份公司发起人的法定人数。我国《公司法》第七十八条规定："设立股份有限公司，应当有二人以上二百人以下为发起人，其中须有半数以上的发起人在中国境内有住所。"

（2）有符合公司章程规定的全体发起人认购的股本总额或者募集的实收股本总额。股份公司是典型的资合公司，为维持公司的正常经营活动，保护债权人利益，公司须有与其经营规模、经营范围、经营性质相适应的股本。由于股份公司有发起设立和募集设立两种形式，我国《公司法》第八十条规定：①采取发起设立方式设立的，注册资本为在公司登记机关登记的全体发起人认购的股本总额。在发起人认购的股份缴足前，不得向他人募集股份。②采取募集方式设立的，注册资本为在公司登记机关登记的实收股本总额。③法律、行政法规以及国务院决定对股份有限公司注册资本实缴、注册资本最低限额另有规定的，从其规定。

（3）股份发行、筹办事项符合法律规定。我国《公司法》第七十九规定，股份有限公司发起人承担公司筹办事务。发起人应当签订发起人协议，明确各自在公司设立过程中的权利和义务。股份公司的股份发行、筹办事项，包括订立发起人协议、制定公司章程、股份的认购、出资及股款的缴纳等；向社会公开募股的，还应公告招股说明书、制作认股书、与证券公司签订承销协议、与银行签订股款代收协议等。上述股份发行、筹办的所有事项，都必须符合法律的规定。

（4）发起人制定公司章程，采用募集方式设立的经创立大会通过。股份公司章程是规范公司组织和行为的基本准则，也是公司的经营管理活动的基本依据。股份公司章程由发起人共同制定；采取募集方式设立股份公司经创立大会通过后生效。我国《公司法》第八十一条规定，股份有限公司章程应当载明下列事项：①公司名称和住所；②公司经营范围；③公司设立方式；④公司股份总数、每股金额和注册资本；⑤发起人的姓名或者名称、认购的股份数、出资方式和出资时间；⑥董事会的组成、职权和议事规则；⑦公司法定代表人；⑧监事会的组成、职权和议事规则；⑨公司利润分配办法；⑩公司的解散事由与清算办法；⑪公司的通知和公告办法；⑫股东大会会议认为需要规定的其他事项。

（5）有公司名称，建立符合股份有限公司要求的组织机构。股份公司的名称应当符合法律的规定，依照我国《公司法》规定，股份有限公司必须在公司名称中标明股份有限公司或者股份公司字样。公司名称依法经公司登记机关核准登记后，受国家法律保护。同时，股份公司必须建立符合公司法要求的股东大会、董事会、经理、监事会等组织机构。

（6）有公司住所。股份公司以其主要办事机构为公司住所。

2. 设立方式

股份有限公司的设立，可以采取发起设立和募集设立两种方式。

（1）发起设立。是指由发起人认购公司应发行的全部股份而设立公司。即由发起人认购公司全部股份，不向发起人以外的组织或个人募集股份。发起设立的程序较简单，筹资成本较低，设立风险较小，公司也较容易成立。

（2）募集设立。是指由发起人认购公司应发行股份的一部分，其余股份向社会公开募集或者向特定对象募集而设立公司。即公司应发行股份由发起人按法定比例认购一部分，其余部分可以向不特定的社会公众募集，也可以向特定的发行对象募集，如机构投资者。募集设立由于拓宽了筹资范围，既可以大量筹集资金，又为中小投资者提供了投资渠道。

3. 发起人协议、出资方式和注册资本

（1）发起人协议。股份有限公司发起人承担公司筹办事务。发起人应当签订发起人协议，明确各自在公司设立过程中的权利和义务。

（2）发起人出资方式。股份有限公司的发起人出资方式与有限责任公司股东的出资方式相同。①货币出资。②依法可以作为出资的非货币财产，包括实物、知识产权、土地使用权等可以用货币估价并可以依法转让的非货币财产作价出资。③对作为出资的非货币财产应当依法如实评估作价。①

（3）注册资本。注册资本是在公司登记机关登记的全体发起人认购的股本总额：①发起设立方式设立的股份有限公司，发起人应当书面认足公司章程规定其认购的股份，并按照公司章程规定缴纳出资，以非货币财产出资的，应当依法办理其财产权的转移手续。②募集方式设立的股份有限公司，发起人认购的股份不得少于公司股份总数的35%。但是，法律、行政法规另有规定的，从其规定。

4. 发起设立的程序

股份有限公司以发起设立方式设立的，须经下列程序：

（1）签订协议、制定章程。发起人签订发起人协议，明确各自在公司设立过程中的权利和义务；根据协议制定公司章程。

（2）认购股份。发起人应当书面认足公司章程规定其认购的股份；一次缴纳的，应即缴纳全部出资；分期缴纳的，应即缴纳首期出资。以非货币财产出资的，应当依法办理其财产权的转移手续。发起人不依照章程规定缴纳出资的，应当按照发起人协议承担违约责任。

（3）选举董事会和监事会。发起人首次缴纳出资后，应当选举董事会和监事会。

（4）申请登记。董事会向公司登记机关报送公司章程、由依法设定的验资机构出具的验资证明以及法律、行政法规规定的其他文件，申请设立登记。

（5）核准登记。经公司登记机关核准登记后，由公司登记机关发给企业法人营业执照，公司营业执照签发日期为公司成立日期。

5. 募集设立的程序

---

① 我国《公司法》第八十二条规定："发起人的出资方式，适用本法第二十七条的规定。"即股份有限公司发起人的出资方式适用我国《公司法》关于有限责任公司股东出资方式的规定。

股份有限公司募集设立要向社会公众募集股份，涉及众多投资者利益，所以设立程序较为严格和复杂：

（1）签订协议和起草章程。发起人应签订发起人协议，起草公司章程。

（2）发起人认购股份。股份有限公司以募集设立方式设立的，除法律、行政法规另有规定的外，发起人认购的股份不得少于公司股份总数的 35%。

（3）报经国务院证券监督管理机构核准。设立股份有限公司公开发行股票，依照我国《证券法》（2014 年 8 月 31 日第三次修正）规定向国务院证券监督管理机构报送募股申请和有关文件，并按规定预先披露有关申请文件。

（4）公告招募说明并制作认股书。发起人向社会公开募集股份，必须公告招股说明书，并制作认股书。①招股说明书。应当附有发起人制定的公司章程，并载明下列事项：发起人认购的股份数；每股的票面金额和发行价格；无记名股票的发行总数；募集资金的用途；认股人的权利、义务；本次募股的起止期限及逾期未募足时认股人可以撤回所认股份的说明。②认股书。应当载明招股说明书所列事项和公司章程。

（5）缴纳股款。认股人应当在认股书上填写认购股数、金额、住所，并签名、盖章，按照所认购股数缴纳股款。发起人、认股人缴纳股款或者交付抵作股款的出资后，除有下列情形外，不得抽回其股本：①未按期募足股份、发起人未按期召开创立大会；②创立大会决议不设立公司。

（6）发起人与证券公司、银行签订协议。发起人向社会公开募集股份，应当同依法设立的证券公司签订承销协议，由证券公司承销；应当同银行签订代收股款协议。代收股款的银行应当按照协议代收和保存股款，向缴纳股款的认股人出具收款单据，并负有向有关部门出具收款证明的义务。

（7）验资。发行股份的股款缴足后，必须经依法设立的验资机构验资并出具证明。

（8）召开创立大会。发起人应当自股款缴足之日起 30 日内主持召开由发起人、认股人组成的公司创立大会。发起人应当在创立大会召开 15 日前将会议日期通知各认股人或者予以公告。创立大会应有代表股份总数过半数的发起人、认股人出席，方可举行。创立大会行使下列职权：①审议发起人关于公司筹办情况的报告；②通过公司章程；③选举董事会成员；④选举监事会成员；⑤对公司的设立费用进行审核；⑥对发起人用于抵作股款的财产的作价进行审核；⑦发生不可抗力或者经营条件发生重大变化直接影响公司设立的，可以作出不设立公司的决议。创立大会对上述事项作出决议，必须经出席会议的认股人所持表决权过半数通过。

发行的股份超过招股说明书规定的截止期限尚未募足的，或者发行股份的股款缴足后，发起人在 30 日内未召开创立大会的，认股人可以按照所缴股款并加算银行同期存款利息，要求发起人返还。

（9）申请设立登记。股份公司董事会应于创立大会结束后 30 日内，向公司登记机关报送下列文件，申请设立登记：①公司登记申请书；②创立大会的会议记录；③公司章程；④验资证明；⑤法定代表人、董事、监事的任职文件及其身份证明；⑥发起人的法人资格证明或者自然人身份证明；⑦公司住所证明。股份有限公司公开发行股票的，还应当向公司登记机关报送国务院证券监督管理机构的核准文件。

（10）核准登记。公司登记机关对股份公司董事会报送的公司登记申请书、创立大会记录、章程等文件依法进行审查，登记事项应当符合法律、行政法规的规定；不符合法律、行政法规规定的，不予登记。公司经核准登记后，由公司登记机关发给企业法人营业执照。公司营业执照签发日期为公司成立日期。

6. 公司性质的变更

公司性质的变更，是指有限责任公司依照公司法规定的条件和程序转变为股份有限公司的行为。有限责任公司变更为股份有限公司的，须对公司资产进行评估，将公司资产折合的实收股本总额不得高于公司净资产额；为增加资本公开发行股份时，应当依照我国公司法和证券法有关规定办理。

7. 发起人责任

（1）足额出资责任。股份有限公司成立后，有下列情形的，发起人应当补缴出资或补足差额，其他发起人承担连带责任。①发起人未按照公司章程的规定缴足出资的，应当补缴；②发现作为设立公司出资的非货币财产的实际价额显著低于公司章程所定价额的，应当由交付该出资的发起人补足其差额。

（2）公司不能成立和损害公司利益责任。股份有限公司的发起人应当承担下列责任：①连带债务责任。公司不能成立时，对设立行为所产生的债务和费用负连带责任；②返还股款及利息责任。公司不能成立时，对认股人已缴纳的股款，负返还股款并加算银行同期存款利息的连带责任；③损害赔偿责任。在公司设立过程中，由于发起人的过失致使公司利益受到损害的，应当对公司承担赔偿责任。

§7. 3. 3 股份有限公司的组织机构

1. 股东大会

股份有限公司股东大会，是由全体股东组成的，决定公司重大事项的公司权力机构。股份有限公司股东大会的职权，适用我国《公司法》关于有限责任公司股东会职权的规定。[①]

股份有限公司股东大会分为年会和临时会议。年会，即每年召开 1 次的股东大会。临时会议是因法定事由的出现而不定期召开的股东大会。依照我国《公司法》第一百零一条规定，有下列情形之一的，应当在 2 个月内召开临时股东大会：①董事人数不足本法规定人数或者公司章程所定人数的 2/3 时；②公司未弥补的亏损达实收股本总额的 1/3；③单独或者合计持有公司 10% 以上股份的股东请求时；④董事会认为必要时；⑤监事会提议召开时；⑥公司章程规定的其他情形。

股东大会会议的召集和主持。①董事会。股东大会会议由董事会召集，董事长主持；董事长不能履行职务或者不履行职务的，由副董事长主持；副董事长不能履行职务或者不履行职务的，由半数以上董事共同推举一名董事主持。②监事会。董事会不能履行或者不履行召集股东大会会议职责的，监事会应当及时召集和主持。③符合法定条件的股东。监事会不召集和主持的，连续 90 日以上单独或者合计持有公司 10% 以上股份的股东可以自行召集和主持。

会议通知。召开股东大会会议，应当将会议召开的时间、地点和审议的事项于会议召开 20 日前通知各股东；临时股东大会应当于会议召开 15 日前通知各股东；发行无记

---

① 参见本章第二节和我国《公司法》第三十七条第一款、第九十九条。

名股票的，应当于会议召开 30 日前公告会议召开的时间、地点和审议事项。

临时提案。单独或者合计持有公司 3% 以上股份的股东，可以在股东大会召开 10 日前提出临时提案并书面提交董事会；董事会应当在收到提案后 2 日内通知其他股东，并将该临时提案提交股东大会审议。临时提案的内容应当属于股东大会职权范围，并有明确议题和具体决议事项。

股东大会不得对会议通知和临时提案中未列明的事项作出决议。无记名股票持有人出席股东大会会议的，应当于会议召开 5 日前至股东大会闭会时将股票交存于公司。

议事规则。股东出席股东大会会议，所持每一股份有一表决权。股东可以委托代理人出席股东大会会议，代理人应当向公司提交股东授权委托书，并在授权范围内行使表决权。但是，公司持有的本公司股份没有表决权。股东大会作出决议，必须经出席会议的股东所持表决权过半数通过。股东大会就下列事项作出决议的，必须经出席会议的股东所持表决权的 2/3 以上通过：①股东大会修改公司章程；②增加或者减少注册资本；③公司合并、分立、解散；④变更公司形式。

股东大会选举董事、监事，可以依照公司章程的规定或者股东大会的决议，实行累积投票制。累积投票制是指股东大会选举董事或者监事时，每一股份拥有与应选董事或者监事人数相同的表决权，股东拥有的表决权可以集中使用。

此外，公司法和公司章程规定公司转让、受让重大资产或者对外提供担保等事项必须经股东大会作出决议的，董事会应当及时召集股东大会会议，由股东大会就上述事项进行表决。①

股东大会应当对所议事项的决定做成会议记录，主持人、出席会议的董事应当在会议记录上签名。会议记录应当与出席股东的签名册及代理出席的委托书一并保存。

2. 董事会、经理

股份有限公司董事会是指由股东依照公司法和公司章程选举的董事组成的，公司的日常经营决策和业务执行机构。股份公司董事会成员为 5～19 人，可以有公司职工代表。董事会中的职工代表由公司职工通过职工代表大会、职工大会或者其他形式民主选举产生。股份公司董事的任期和职权，适用我国公司法关于有限责任公司董事的任期和职权的规定。②

董事长及其职责。董事会设董事长 1 人，可以设副董事长。董事长和副董事长由董事会以全体董事的过半数选举产生。董事长召集和主持董事会会议，检查董事会决议的实施情况。副董事长协助董事长工作，董事长不能履行职务或者不履行职务的，由副董事长履行职务；副董事长不能履行职务或者不履行职务的，由半数以上董事共同推举一名董事履行职务。

董事会会议的召开和议事规则。董事会每年度至少召开 2 次会议，每次会议应当于会议召开 10 日前通知全体董事和监事。董事会临时会议可由代表 1/10 以上表决权的股东、1/3 以上董事或者监事会提议召开。董事长应当自接到提议后 10 日内，召集和主持董事会会议。董事会召开临时会议的通知方式和时限，可由公司章程、股东大会决议

---

① 参见我国《公司法》第十六条、第一百二十一条。
② 参见本章第二节和我国《公司法》第四十五条、第四十六条、第一百零八条。

或董事会决议等方式另定。

董事会会议应有过半数的董事出席方可举行。董事会作出决议，必须经全体董事的过半数通过。董事会决议的表决，实行 1 人 1 票。董事会会议，应由董事本人出席；董事因故不能出席，可以书面委托其他董事代为出席，委托书中应载明授权范围。董事会应当对会议所议事项的决定做成会议记录，出席会议的董事应当在会议记录上签名。

董事应当对董事会的决议承担责任。董事会的决议违反法律、行政法规或者公司章程、股东大会决议，致使公司遭受严重损失的，参与决议的董事对公司负赔偿责任。但经证明在表决时曾表明异议并记载于会议记录的，该董事可以免除责任。

经理。股份公司设经理，由董事会决定聘任或者解聘；公司董事会可以决定由董事会成员兼任经理。股份公司经理的职权，适用我国公司法关于有限责任公司经理职权的规定。[①]

公司不得直接或者通过子公司向董事、监事、高级管理人员提供借款。公司应当定期向股东披露董事、监事、高级管理人员从公司获得报酬的情况。

3. 监事会

股份公司监事会，是公司的内部监督机构，由股东代表和职工代表组成，对董事会及其成员和经理等公司管理人员执行公司业务的活动实行监督和检查。依照我国《公司法》规定，股份公司监事会成员不得少于 3 人，其中职工代表的比例不得低于1/3，[②]由公司职工通过职工代表大会、职工大会或者其他形式民主选举产生。监事会设主席 1人，可以设副主席。监事会主席和副主席由全体监事过半数选举产生。公司董事、高级管理人员不得兼任监事。

监事会的召开和议事规则。监事会每 6 个月至少召开 1 次会议，监事可以提议召开临时监事会会议。监事会会议由主席召集和主持；监事会主席不能履行职务或者不履行职务的，由监事会副主席召集和主持；监事会副主席不能履行职务或者不履行职务的，由半数以上监事共同推举一名监事召集和主持。监事会的议事方式和表决程序，除公司法有规定的外，由公司章程规定。监事会决议应当经半数以上监事通过。监事会应当对所议事项的决定做成会议记录，出席会议的监事应当在会议记录上签名。监事会行使职权所必需的费用，由公司承担。

股份公司监事的任期、监事会职权，适用我国公司法关于有限责任公司监事任期、监事会职权的规定。[③]

§7. 3. 4 上市公司组织机构的特别规定

1. 上市公司的概念

上市公司，是指股票在证券交易所上市交易的股份有限公司。

2. 股东大会特别决议

上市公司买卖重大资产或者对外提供大额担保的，须召开股东大会作出决议。依照

---

① 参见本章第二节和我国《公司法》第四十九条、第一百一十三条。

② 股份有限公司监事会中的职工代表的具体比例由公司章程规定。参见我国《公司法》第一百一十七条。

③ 参见本章第二节和我国《公司法》第五十二条、第五十三条、第五十四条、第一百一十七条、第一百一十八条和第一百一十九条。

我国《公司法》第一百二十一条规定，上市公司在 1 年内购买、出售重大资产或者担保金额超过公司资产总额 30%，应当由股东大会作出决议，并经出席会议的股东所持表决权的 2/3 以上通过。

3. 独立董事

上市公司独立董事，是指不在公司担任除董事外的其他职务，并与其所受聘的上市公司及其主要股东不存在可能妨碍其进行独立客观判断的关系的董事。董事会成员中应当至少包括 1/3 独立董事。独立董事候选人由上市公司董事会、监事会、单独或者合并持有上市公司已发行股份 1% 以上的股东提名，经股东大会选举决定。上市公司董事会、监事会、单独或者合并持有上市公司已发行股份 1% 以上的股东可以提出独立董事候选人，经中国证券监督管理委员会审核无异议，由股东大会选举决定。[1] 独立董事每届任期与其他董事任期相同，连选可以连任，但最长不得超过 6 年。

独立董事对上市公司及全体股东负有诚信与勤勉义务，依法独立履行职责，不受上市公司主要股东、实际控制人或者其他与上市公司存在利害关系的单位或个人的影响；维护公司整体利益和中小股东的合法权益。为建立和规范独立董事制度，我国《公司法》第一百二十二条规定："上市公司设立独立董事，具体办法由国务院规定。"中国证券监督管理委员会发布的《关于在上市公司建立独立董事制度的指导意见》（2001）对独立董事制度的建立、任职条件、独立性、产生办法及其作用做了具体规定。

4. 董事会秘书

上市公司董事会秘书，是指负责公司股东大会和董事会会议的筹备、文件保管以及公司股东资料的管理，办理信息披露事务等事宜的公司高级管理人员。[2] 董事会秘书应当具有必备的专业知识和经验，由董事长提名，经董事会聘任或者解聘。公司董事或者其他高级管理人员可以兼任公司董事会秘书。董事兼任董事会秘书的，但不得以双重身份作出需由董事、董事会秘书分别作出的行为。董事会秘书对董事会负责。

董事会秘书的主要职责是：①准备和递交国家有关部门要求的董事会和股东大会出具的报告和文件；②筹备董事会会议和股东大会，并负责会议的记录和会议文件、记录的保管；③负责公司信息披露事务，保证公司信息披露的及时、准确、合法、真实和完整；④保证有权得到公司有关记录和文件的人及时得到有关文件和记录；⑤公司章程和公司股票上市的证券交易所上市规则所规定的其他职责。此外，公司还应当按照股票上市的证券交易所上市规则中关于董事会秘书的规定，在章程中对董事会秘书的任职资格、职责等作出具体规定。[3]

5. 关联关系及其决议

关联关系，是指公司控股股东、实际控制人、董事、监事、高级管理人员与其直接

---

[1]　中国证券监督管理委员会 2001 年 8 月 16 日发布的《关于在上市公司建立独立董事制度的指导意见》第四条第三项规定，在选举独立董事的股东大会召开前，上市公司应将所有被提名人的有关材料同时报送中国证监会、公司所在地中国证监会派出机构和公司股票挂牌交易的证券交易所。中国证监会在 15 个工作日内对独立董事的任职资格和独立性进行审核。在召开股东大会选举独立董事时，上市公司董事会应对独立董事候选人是否被中国证监会提出异议的情况进行说明。

[2]　参见我国《公司法》第一百二十三条、第二百一十六条。

[3]　参见中国证券监督管理委员会发布的《上市公司章程指引》（2014 年修订）。

或者间接控制的企业之间的关系，以及可能导致公司利益转移的其他关系。但是，国家控股的企业之间不仅因为同受国家控股而具有关联关系。

我国《公司法》第一百二十四条规定，上市公司董事与董事会会议决议事项所涉及的企业有关联关系的，不得对该项决议行使表决权，也不得代理其他董事行使表决权。该董事会会议由过半数的无关联关系董事出席即可举行，董事会会议所作决议须经无关联关系董事过半数通过。出席董事会的无关联关系董事人数不足 3 人的，应将该事项提交上市公司股东大会审议。

§7.3.5 股份有限公司股份的发行、转让和回购

1. 股份发行

（1）股份发行的概念和原则。股份的发行，是指股份有限公司以募集资本为目的，以股票形式出售或分配股份的行为。股票是公司签发的证明股东所持股份的凭证。股份公司的资本划分为股份，每 1 股的金额相等。股份的发行按照公平、公正的原则，实行同股同权、同股同价。① 股票发行价格可以按票面金额，也可以超过票面金额，但不得低于票面金额。

（2）股票应记载事项及交付。股票采用纸面形式或者国务院证券监督管理机构规定的其他形式。股票应当载明下列主要事项：①公司名称；②公司成立日期；③股票种类、票面金额及代表的股份数；④股票的编号。股票由法定代表人签名，公司盖章。发起人的股票，应当标明发起人股票字样。股份有限公司成立后，即向股东正式交付股票。公司成立前不得向股东交付股票。

（3）股票的种类。我国公司法按股票票面上是否记载股东的姓名，将股票分为记名股票和无记名股票。公司向发起人、法人发行的股票，应当为记名股票，并应当记载该发起人、法人的名称或者姓名，不得另立户名或者以代表人姓名记名。公司发行记名股票的，应当置备股东名册，记载下列事项：①股东的姓名或者名称及住所；②各股东所持股份数；③各股东所持股票的编号；④各股东取得股份的日期。发行无记名股票的，公司应当记载其股票数量、编号及发行日期。股票依股份的不同，还可以从其他角度分类。② 我国《公司法》第一百三十一条规定，"国务院可以对公司发行本法规定以外的其他种类的股份，另行作出规定"。

（4）新股发行。股份公司设立时为设立公司发行股份称为设立发行；公司成立后为增加资本而发行股份称为新股发行。公司发行新股，可以根据其经营情况和财务状况，确定其作价方案。股份公司发行新股的程序与公司设立时发行基本相同：①股东大会作出决议。股东大会为发行新股应对新股种类及数额、新股发行价格、新股发行的起止日期、向原有股东发行新股的种类及数额等事项作出决议。②公司

---

① 同股同权是指同种类的每一股份应当具有同等权利。同股同价是指同次发行的同种类股票，每股的发行条件和价格应当相同；任何单位或者个人所认购的股份，每股应当支付相同价额。参见我国《公司法》第一百二十六条。

② 股票除分为记名股票和无记名股票外，还可以从下述角度分类：（1）按股东享有权利不同，分为普通股和特别股（优先股和后配股）；（2）按股票是否记载金额，分为额面股和无额面股；（3）按投资主体不同，分为国有股、法人股、个人股和外资股；（4）按股票是否可以在证券交易所上市交易，分为流通股和非流通股；（5）按股票是否以人民币认购或交易，分为 A 股、B 股、H 股、N 股等。

公开发行新股，报经国务院证券监督管理机构核准时，须公告新股招股说明书和财务会计报告，并制作认股书。③公司公开发行新股的，须与证券公司签订承销协议、与银行签订代收股款协议。④公司发行新股募足股款后，必须向公司登记机关办理变更登记，并公告。

（5）失票补救。失票，在这里是指记名股票非因法律规定或股东意愿而脱离股东的实际控制，即记名股票的丧失，包括被盗、遗失、灭失等情形。我国《公司法》第一百四十三条规定了记名股票的失票补救措施，即股东失票后，可以依照我国《民事诉讼法》规定的公示催告程序，请求人民法院宣告该股票失效。人民法院宣告该股票失效后，股东可以向公司申请补发股票。

2. 股份转让

股份转让，是指股东将其持有的股份让与他人的行为。依照我国公司法规定，股东持有的股份可以依法转让，股东转让其股份，应当在依法设立的证券交易场所进行或者按照国务院规定的其他方式进行。

（1）股份转让方式。①记名股票。由股东以背书方式或者法律、行政法规规定的其他方式转让。记名股票转让后，由公司将受让人的姓名或者名称及住所记载于股东名册。但是，股东大会召开前 20 日内或者公司决定分配股利的基准日前 5 日内，除法律另有规定的外，不得进行股东名册的变更登记。②无记名股票。股东将该股票交付给受让人后即发生转让的效力。

（2）上市公司股票交易和信息公开。上市公司的股票，依照有关法律、行政法规及证券交易所交易规则上市交易。上市公司必须依照法律、行政法规的规定，公开其财务状况、经营情况及重大诉讼，在每会计年度内半年公布一次财务会计报告。

（3）股份转让限制。①发起人持有的本公司股份，自公司成立之日起 1 年内不得转让。②公司公开发行股份前已发行的股份，自公司股票在证券交易所上市交易之日起 1 年内不得转让。③公司董事、监事、高级管理人员应当向公司申报所持有的本公司的股份及其变动情况，在任职期间每年转让的股份不得超过其所持有本公司股份总数的 25%；所持本公司股份自公司股票上市交易之日起 1 年内不得转让。上述人员离职后半年内，不得转让其所持有的本公司股份。此外，公司章程可以对公司董事、监事、高级管理人员转让其所持有的本公司股份作出其他限制性规定。

3. 股份回购

股份回购是指股份公司以公司资金向股东收购本公司股份的行为。我国公司法明确规定，公司不得收购本公司股份。但是，有下列情形之一的除外：①减少公司注册资本；②与持有本公司股份的其他公司合并；③将股份奖励给本公司职工；④股东因对股东大会作出的公司合并、分立决议持异议，要求公司收购其股份的。公司因第①项至第③项的原因收购本公司股份的，应当经股东大会决议同意。

公司依照前款规定收购本公司股份后，属于第①种情形的，应当自收购之日起 10 日内注销；属于第②种、第④种情形的，应当在 6 个月内转让或者注销。公司依照第③种情形收购的本公司股份，不得超过本公司已发行股份总额的 5%；用于收购的资金应当从公司的税后利润中支出；所收购的股份应当在 1 年内转让给职工。此外，公司不得接受本公司的股票作为质押权的标的。

§7.4 公司董事、监事、高级管理人员的资格和义务

§7.4.1 公司董事、监事、高级管理人员的概念和资格

1. 概念

公司董事是公司日常经营决策和业务执行机构（董事会）的组成人员。公司监事是公司内部监督检查机构（监事会）的组成人员。高级管理人员，是指公司的经理、副经理、财务负责人、上市公司董事会秘书和公司章程规定的其他人员。

2. 资格

公司董事、监事和高级管理人员是公司的管理者和经营决策者，其个人品德、工作能力和自身经历等，直接关系到公司的经营管理活动和业绩。因此，公司法有必要对其任职的基本资格作出规定。依照我国《公司法》第一百四十六条规定，有下列情形之一的，不得担任公司的董事、监事及高级管理人员：①无民事行为能力或者限制民事行为能力；②因贪污、贿赂、侵占财产、挪用财产或者破坏社会主义市场经济秩序，被判处刑罚，执行期满未逾5年，或者因犯罪被剥夺政治权利，执行期满未逾5年；③担任破产清算的公司、企业的董事或者厂长、经理，对该公司、企业的破产负有个人责任的，自该公司、企业破产清算完结之日起未逾3年；④担任因违法被吊销营业执照、责令关闭的公司、企业的法定代表人，并负有个人责任的，自该公司、企业被吊销营业执照之日起未逾3年；⑤个人所负数额较大的债务到期未清偿。

公司违反上述规定选举、委派董事、监事或者聘任高级管理人员的，该选举、委派或者聘任无效。董事、监事、高级管理人员在任职期间出现上述情形的，公司应当解除其职务。

§7.4.2 公司董事、监事、高级管理人员的义务

1. 遵守法律、行政法规和公司章程

公司董事、监事、高级管理人员是公司经营决策、执行业务、监督管理和主持日常经营活动的人员，他们所进行的职务活动必须严格遵守国家法律、行政法规和公司章程。董事、监事、高级管理人员执行公司职务时违反法律、行政法规或者公司章程的规定，给公司造成损失的，应当承担赔偿责任。

2. 忠实、勤勉

忠实、勤勉是公司董事、监事、高级管理人员的一项基本义务，我国公司法对公司董事、监事和高级管理人员的忠实、勤勉义务做了较具体的规定。董事、监事及高级管理人员不得利用职权收受贿赂或者其他非法收入，不得侵占公司的财产。董事、高级管理人员不得有下列行为：①挪用公司资金；②将公司资金以个人名义或者以其他个人名义开立账户存储；③违反公司章程的规定，未经股东会、股东大会或者董事会同意，将公司资金借贷给他人或者以公司财产为他人提供担保；④违反公司章程的规定或者未经股东会、股东大会同意，与本公司订立合同或者进行交易；⑤未经股东会或者股东大会同意，利用职务便利为自己或者他人谋取属于公司的商业机会，自营或者为他人经营与所任职公司同类的业务；⑥接受他人与公司交易的佣金归为己有；⑦擅自披露公司秘密；⑧违反对公司忠实义务的其他行为。董事、高级管理人员违反上述规定所得收入应当归公司所有。

3. 列席股东（大）会，接受质询

董事作为董事会成员，参与公司日常经营决策，熟悉公司经营状况；高级管理人员主持或协助公司日常生产经营工作，或负责公司重要部门工作，熟悉公司经营活动的具体情况；监事负责公司监督检查工作，熟悉公司财务状况和董事、高级管理人员执行职务和履行义务的情况。因此，股东（大）会召开会议要求董事、监事、高级管理人员列席会议的，董事、监事、高级管理人员应当列席并接受股东的质询。

4. 协助监事会行使职权

监事会是股东（大）会选举产生的公司监督检查机构，在其行使监督检查职权，了解情况、查阅有关资料时，董事、高级管理人员应当积极配合，如实向监事会或者不设监事会的有限责任公司的监事提供有关情况和资料，不得妨碍监事会或者监事行使职权。

§7. 4. 3 股东的司法救济

1. 股东代表诉讼

股东代表诉讼是指股东为了公司的利益而依法提起损害赔偿的诉讼。董事、监事、高级管理人员执行公司职务时违反法律、行政法规或者公司章程的规定，给公司造成损失的，股东为维护公司利益可以代表公司提起诉讼。

（1）原告资格。原告，即提起代表诉讼的股东。我国《公司法》规定，代表诉讼的原告须是有限责任公司的股东、股份有限公司连续 180 日以上单独或者合计持有公司 1% 以上股份的股东。对股份有限公司股东的原告资格作出限制是为了防止个别股东滥诉。

（2）被告范围。公司董事、监事、高级管理人员，或其他侵犯公司合法权益给公司造成损失的人。

（3）诉讼事由。董事、监事、高级管理人员执行公司职务时违反法律、行政法规或者公司章程的规定，给公司造成损失；他人侵犯公司合法权益，给公司造成损失。

（4）前置程序。具备原告资格的股东一般不能直接向人民法院提起诉讼：对董事、高级管理人员的诉讼，可以书面请求监事会或者不设监事会的有限责任公司的监事向人民法院提起诉讼；对监事的诉讼，股东可以书面请求董事会或者不设董事会的有限责任公司的执行董事向人民法院提起诉讼。

（5）提起诉讼。监事会、不设监事会的有限责任公司的监事，或者董事会、执行董事应于收到股东书面请求之日起 30 日内提起诉讼。有下述情形的，具备代表诉讼资格的股东，有权为了公司的利益以自己的名义直接向人民法院提起诉讼：①监事会、不设监事会的有限责任公司的监事，或者董事会、执行董事收到股东书面请求后拒绝提起诉讼；②监事会、不设监事会的有限责任公司的监事，或者董事会、执行董事自收到请求之日起 30 日内未提起诉讼；③情况紧急、不立即提起诉讼将会使公司利益受到难以弥补的损害的。

2. 股东诉讼

股东诉讼与股东代表诉讼不同，股东代表诉讼是具备法定资格的股东为维护公司利益，对公司董事、监事、高级管理人员以及损害公司利益的其他人，依法定程序提起的诉讼；股东诉讼是股东为维护自身利益，对公司董事、高级管理人员提起的诉讼。我国

《公司法》第一百五十二条规定："董事、高级管理人员违反法律、行政法规或者公司章程的规定，损害股东利益的，股东可以向人民法院提起诉讼。"即股东自身利益受到侵害，可以向人民法院提起诉讼。

§7.5 公司债券和财务会计

§7.5.1 公司债券

1. 公司债券的概念

公司债券是指公司依照法定程序发行，约定在一定期限还本付息的有价证券。公司债券作为债权凭证，其主要特征是：①发行人是公司；②依法定程序发行；③具有流通性，可以依法转让、质押、继承。公司债券可以从不同的角度分类，我国公司法将公司债券分为记名债券和无记名债券。

2. 公司债券的发行

我国《公司法》第一百五十三条规定，公司发行公司债券应当符合《中华人民共和国证券法》规定的发行条件。[①]

发行公司债券的申请经国务院授权的部门核准后，应当公告公司债券募集办法。公司债券募集办法中应当载明下列主要事项：①公司名称；②债券募集资金的用途；③债券总额和债券的票面金额；④债券利率的确定方式；⑤还本付息的期限和方式；⑥债券担保情况；⑦债券的发行价格、发行的起止日期；⑧公司净资产额；⑨已发行的尚未到期的公司债券总额；⑩公司债券的承销机构。公司发行公司债券应当置备公司债券存根簿。

公司以实物券方式发行公司债券的，必须在债券上载明公司名称、债券票面金额、利率、偿还期限等事项，并由法定代表人签名，公司盖章。

（1）记名债券的发行。记名债券是指债券上记载持券人姓名或名称的债券。发行记名公司债券的，应当在公司债券存根簿上载明下列事项：①债券持有人的姓名或者名称及住所；②债券持有人取得债券的日期及债券的编号；③债券总额、债券的票面金额、利率、还本付息的期限和方式；④债券的发行日期。记名公司债券的登记结算机构应当建立债券登记、存管、付息、兑付等相关制度。[②]

（2）无记名债券的发行。无记名债券是指债券上不记载持券人姓名或名称的债券。发行无记名公司债券的，应当在公司债券存根簿上载明债券总额、利率、偿还期限和方式、发行日期及债券的编号。

3. 公司债券的转让

公司债券的转让，是指债券持有人将其债券让与他人的行为。依照我国公司法规定，公司债券的转让有两种方式：一是由转让人与受让人约定转让价格；二是在证券交易所上市交易，按照证券交易所的交易规则采用公开的集中交易方式或者国务院证券监

---

① 参见《中华人民共和国证券法》（2014年第三次修正）第十六条。
② 证券登记结算机构是经国务院证券监督管理机构批准设立的为证券交易提供集中登记、存管与结算服务，不以营利为目的的法人。《中华人民共和国证券法》（2005年修订）第一百五十九条规定："证券持有人持有的证券，在上市交易时，应当全部存管在证券登记结算机构。"

督管理机构批准的其他方式转让。①

（1）记名公司债券的转让。由债券持有人以背书方式或者法律、行政法规规定的其他方式转让；转让后由公司将受让人的姓名或者名称及住所记载于公司债券存根簿。

（2）无记名公司债券的转让。由债券持有人将该债券交付给受让人后即发生转让的效力。

（3）可转换为股票的公司债券。即债券持有人在持有公司债券一定时期后，可以按公司在债券募集时规定的办法将其所持公司债券转换为股票。我国《公司法》第一百六十一条规定："上市公司经股东大会决议可以发行可转换为股票的公司债券，并在公司债券募集办法中规定具体的转换办法。"上市公司发行可转换公司债券，应当报国务院证券监督管理机构核准，在债券上标明"可转换公司债券"字样，并在公司债券存根簿上载明可转换公司债券的数额。公司应当按照其转换办法向债券持有人换发股票，但债券持有人对转换股票或者不转换股票有选择权。

§7. 5. 2　公司财务、会计

1. 公司财务、会计的概念

公司财务是指公司在生产经营过程中客观存在的资金运动及其所体现的经济利益关系。公司会计是指以货币为主要计量单位，对公司生产经营活动真实、准确、全面地进行记录、计算、分析、检查和监督的一种管理活动。因此，公司财务、会计制度就是规范公司财务会计的制度。我国《公司法》第一百六十三条规定："公司应当依照法律、行政法规和国务院财政部门的规定建立本公司的财务、会计制度。"②

2. 财务会计报告及其审计

公司财务会计报告，是指企业对外提供的反映企业某一特定日期的财务状况和某一会计期间的经营成果、现金流量等会计信息的文件。财务会计报告应当依照法律、行政法规和国务院财政部门的规定制作，包括会计报表及其附注和其他应当在财务会计报告中披露的相关信息和资料。会计报表至少应当包括资产负债表、利润表、现金流量表等报表。公司应当在每一会计年度终了时编制财务会计报告。

公司编制的财务会计报告依法经会计师事务所审计。公司应当向聘用的会计师事务所提供真实、完整的会计凭证、会计账簿、财务会计报告及其他会计资料，不得拒绝、隐匿、谎报。公司除法定的会计账簿外，不得另立会计账簿；公司资产，不得以任何个人名义开立账户存储。公司聘用、解聘承办公司审计业务的会计师事务所，依照公司章程的规定，由股东（大）会或者董事会决定。公司股东（大）会或者董事会就解聘会计师事务所进行表决时，应当允许会计师事务所陈述意见。

有限责任公司应当依照公司章程规定的期限将财务会计报告送交各股东。股份有限公司的财务会计报告应当在召开股东大会年会的 20 日前置备于本公司，供股东查阅；

---

① 参见《中华人民共和国证券法》（2005 年修订）第三十九条、第四十条。

② 我国现行财务、会计法律、行政法规、规章主要有《中华人民共和国会计法》（1999 年修订）；国务院批准、财政部发布的《企业财务通则》（2006 年）、《企业会计准则》（2006 年修订）；国务院《企业财务会计报告条例》（2000 年 6 月 21 日）、财政部《企业会计制度》（2000 年 12 月 29 日）等。

公开发行股票的股份有限公司必须公告其财务会计报告。

3. 公积金

公司公积金是指公司从税后利润中提取的积累基金，主要用于扩大再生产和弥补亏损。公积金按来源不同，可以分为资本公积金和盈余公积金：

（1）资本公积金。资本公积金是公司从非营业收入中提取的公积金、资本（或股本）溢价、接受捐赠资产、拨款转入、外币资本折算差额等项目。股份有限公司以超过股票票面金额的发行价格发行股份所得的溢价款以及国务院财政部门规定列入资本公积金的其他收入，应当列为公司资本公积金。资本公积金不得用于弥补公司的亏损。

（2）盈余公积金。盈余公积金是公司按照一定比例从税后净利润中提取的公积金，包括法定公积金和任意公积金。盈余公积金可以用于弥补亏损、转增资本（或股本）等。①法定公积金是按照国家法律规定从税后利润中提取的公积金。公司分配当年税后利润时，应当提取利润的10%列入公司法定公积金。公司法定公积金累计额为公司注册资本的50%以上的，可以不再提取；法定公积金转为资本时，所留存的该项公积金不得少于转增前公司注册资本的25%。公司的法定公积金不足以弥补以前年度亏损的，在提取法定公积金之前，应当先用当年利润弥补亏损。②任意公积金是根据公司章程，经股东会或者股东大会决议，从税后利润中提取的公积金。公司提取法定公积金后，还可以提取任意公积金。

4. 利润分配

公司在弥补亏损和提取公积金后，方可分配所余税后利润：①有限责任公司股东按照实缴的出资比例分配利润，但全体股东约定不按照出资比例分取红利或者不按照出资比例优先认缴出资的除外。②股份有限公司股东按照股东持有的股份比例分取利润，但公司章程规定不按持股比例分配的除外。股东会、股东大会或者董事会违反规定，在公司弥补亏损和提取法定公积金之前向股东分配利润的，股东必须将违反规定分配的利润退还公司。此外，公司持有的本公司股份不得分配利润。

§7. 6 公司的合并、分立、资本增减和解散、清算

§7. 6. 1 公司的合并和分立

1. 公司合并

公司合并，是指两个或两个以上的公司，通过签订协议，依照公司法规定，合并为一个公司的法律行为。公司合并有两种方式：①吸收合并。即一个公司吸收其他公司，被吸收的公司解散。合并后的公司是吸收其他公司的公司。②新设合并。即两个以上公司合并设立一个新的公司为新设合并，合并各方解散。合并后的公司是新设立的公司。

公司合并须依法定程序进行：①董事会制订合并方案。②股东（大）会对公司合并作出决议。① ③合并各方签订合并协议，并编制资产负债表及财产清单。④公司应自

---

① 股东（大）会会议作出修改公司章程、增加或者减少注册资本的决议，以及公司合并、分立、解散或者变更公司形式的决议，有限责任公司须经代表2/3以上表决权的股东通过；股份有限公司须经出席会议的股东所持表决权的2/3以上通过。参见我国《公司法》第四十三条、第一百零三条。

作出合并决议之日起 10 日内通知债权人，并于 30 日内在报纸上公告。债权人自接到通知书之日起 30 日内，未接到通知书的自公告之日起 45 日内，可以要求公司清偿债务或者提供相应的担保。⑤办理注册登记。公司合并后，登记事项发生变更的应向公司登记机关办理相应的设立、变更和注销登记。公司合并时，合并各方的债权、债务，应当由合并后存续的公司或者新设的公司承继。

2. 公司分立

公司分立，是指一个公司依照公司法规定，分为两个或两个以上公司的法律行为。公司分立有两种方式：①派生分立，即存续分立，是指公司将其一部分财产分割出去，成立一个或几个新公司的法律行为。新公司取得法人资格，原公司也继续保留法人资格。②新设分立，即解散分立，是指公司将其全部财产分割后，依法成立两个或两个以上公司，并解散原公司的法律行为。

公司分立的程序：①董事会制订分立方案。②股东（大）会作出分立决议。③签订分立协议，并编制资产负债表及财产清单。④通知债权人，公司应当自作出分立决议之日起 10 日内通知债权人，并于 30 日内在报纸上公告。⑤对原公司财产作相应分割。⑥办理注册登记。派生分立的，原公司办理变更登记，新公司办理设立登记；新设分立的，原公司办理注销登记，新公司办理设立登记。公司分立前的债务由分立后的公司承担连带责任。但是，公司在分立前与债权人就债务清偿达成的书面协议另有约定的除外。

§7. 6. 2　公司增资和减资

1. 公司增资

公司增资，是指公司增加注册资本。公司增加注册资本有两种方式：一是将公积金或利润转增为注册资本；二是新增资本，包括吸收新股东出资和原有股东追加出资。

有限责任公司增加注册资本时，股东认缴新增资本的出资，依照公司法设立有限责任公司缴纳出资的规定执行。股份有限公司为增加注册资本发行新股时，股东认购新股，依照公司法设立股份有限公司缴纳股款的规定执行。

2. 公司减资

公司减资，是指公司减少注册资本。公司需要减少注册资本时，必须编制资产负债表及财产清单。公司应当自作出减少注册资本决议之日起 10 日内通知债权人，并于 30 日内在报纸上公告。债权人自接到通知书之日起 30 日内，未接到通知书的自公告之日起 45 日内，有权要求公司清偿债务或者提供相应的担保。

公司增加或者减少注册资本，应当依法向公司登记机关办理变更登记。

§7. 6. 3　公司解散和清算

1. 公司解散

公司解散，是指由于某种法定事由的出现，而使公司的法人资格归于消灭的状态或法律程序。依照我国《公司法》第一百八十条规定，公司因下列原因解散：①公司章程规定的营业期限届满或者公司章程规定的其他解散事由出现；②股东会或者股东大会决议解散；③因公司合并或者分立需要解散；④依法被吊销营业执照、责令关闭或者被撤销；⑤人民法院依照公司法规定予以解散。公司经营管理发生严重困难，继续存续会使股东利益受到重大损失，通过其他途径不能解决的，持有公司全部股东表决权 10%以上的股东，可以请求人民法院解散公司。

公司有上述第①种情形的，可以通过修改章程而存续。①

2. 公司清算

公司清算，是指公司解散的法定事由出现后（合并、分立除外），依法定程序清理公司债权债务、处理公司财产、了结公司事务、终止公司法人资格的行为。公司清算包括：普通清算，即公司依法自行组织清算组织进行清算；特别清算，即由政府有关部门或人民法院介入进行清算。清算期间，公司存续，但不得开展与清算无关的经营活动。公司清算应依照公司法规定程序进行：

（1）组成清算组。公司解散，应当在解散事由出现之日起15日内成立清算组，开始清算。有限责任公司的清算组由股东组成；股份有限公司的清算组由董事或者股东大会确定的人员组成。逾期不成立清算组进行清算的，债权人可以申请人民法院指定有关人员组成清算组进行清算。人民法院应当受理该申请，并及时组织清算组进行清算。清算组在清算期间行使下列职权：①清理公司财产，分别编制资产负债表和财产清单；②通知、公告债权人；③处理与清算有关的公司未了结的业务；④清缴所欠税款以及清算过程中产生的税款；⑤清理债权、债务；⑥处理公司清偿债务后的剩余财产；⑦代表公司参与民事诉讼活动。

清算组成员应当忠于职守，依法履行清算义务。清算组成员不得利用职权收受贿赂或者其他非法收入，不得侵占公司财产。清算组成员因故意或者重大过失给公司或者债权人造成损失的，应当承担赔偿责任。

（2）通知债权人申报债权。清算组应当自成立之日起10日内通知债权人，并于60日内在报纸上公告。债权人应当自接到通知书之日起30日内，未接到通知书的自公告之日起45日内，向清算组申报其债权。债权人申报债权，应当说明债权的有关事项，并提供证明材料。清算组应当对债权进行登记。在申报债权期间，清算组不得对债权人进行清偿。

（3）制订清算方案。清算组在清理公司财产、编制资产负债表和财产清单后，应当制订清算方案，并报股东会、股东大会或者人民法院确认。清算组发现公司财产不足清偿债务的，应当依法向人民法院申请宣告破产。公司经人民法院裁定宣告破产后，清算组应当将清算事务移交给人民法院。公司被依法宣告破产的，依照《中华人民共和国企业破产法》实施破产清算。②

（4）分配财产。公司财产在分别支付清算费用、职工的工资、社会保险费用和法定补偿金，缴纳所欠税款，清偿公司债务后的剩余财产，有限责任公司按照股东的出资比例分配，股份有限公司按照股东持有的股份比例分配。公司财产在未依照公司法规定清偿前，不得分配给股东。

---

① 有限责任公司须经持有2/3以上表决权的股东通过，股份有限公司须经出席股东大会会议的股东所持表决权的2/3以上通过。参见我国《公司法》第一百八十一条。

② 商业银行、证券公司、保险公司等金融机构不能清偿到期债务，并且资产不足以清偿全部债务或者明显缺乏清偿能力、丧失清偿能力可能的，国务院金融监督管理机构可以向人民法院提出对该金融机构进行重整或者破产清算的申请。参见《中华人民共和国企业破产法》第二条、第一百三十四条。

（5）注销登记。公司清算结束后，清算组应当制作清算报告，报股东会、股东大会或者人民法院确认，并报送公司登记机关，申请注销公司登记，公告公司终止。

§7. 7　外国公司的分支机构

§7. 7. 1　外国公司分支机构的概念和法律地位

1. 外国公司分支机构的概念和特征

外国公司，是指依照外国法律在中国境外设立的公司。外国公司的分支机构，是指外国公司依照中国公司法规定，在中国境内设立的从事业务活动的机构。外国公司分支机构不具有中国法人资格。外国公司分支机构主要有下述特征：

（1）外国公司分支机构隶属于外国公司。外国公司分支机构是外国公司设立的机构，隶属于设立该分支机构的外国公司。

（2）外国公司分支机构受中国法律管辖。外国公司分支机构虽然隶属于外国公司，但因其设立于中国境内，须依中国法律审批、登记，受中国法律管辖。

（3）外国公司分支机构没有独立的财产。其经营活动所需资金由分支机构的上属外国公司拨付。

2. 外国公司分支机构的法律地位

外国公司分支机构不具有中国法人资格。外国公司分支机构作为外国公司在中国境内设立的分支机构，是外国公司的一部分，分支机构没有独立的财产，从事业务活动所需资金由外国公司拨付，负责该分支机构的代表人或代理人也由外国公司在中国境内指定。因此，外国公司对其分支机构在中国境内进行业务活动承担民事责任。

外国公司分支机构虽然不具备中国法人资格，但具有民事诉讼主体资格。依照我国法律和司法解释，外国公司分支机构可以参加民事诉讼活动。[①]

§7. 7. 2　外国公司分支机构的设立

1. 设立条件

外国公司分支机构的设立须具备下述条件：

（1）设立人须是外国公司。外国公司分支机构由外国公司设立，其设立人须是依其本国法律设立的公司。

（2）指定代表人或代理人。外国公司在中国境内设立的分支机构的业务活动，须符合该公司意志。因此，外国公司为使其分支机构顺利开展业务，必须在中国境内指定负责该分支机构的代表人或代理人。

（3）具有与经营活动相适应的资金。外国公司分支机构虽然没有独立的财产，但为了正常开展业务活动，保障交易安全，外国公司应向该分支机构拨付与其所从事的经营活动相适应的资金。对外国公司分支机构的经营资金需要规定最低限额的，由国务院

---

① 参见《中华人民共和国民事诉讼法》（第二次修订，2012）第四十八条、《最高人民法院关于适用〈中华人民共和国民事诉讼法〉的解释》（2015 年 2 月 4 日起施行）第五十二条、第五十三条。

另行规定。①

（4）标明外国公司的国籍、责任形式和置备章程。外国公司分支机构由外国公司设立，隶属于该外国公司，不具备法人资格。为了便于分支机构的经营活动和有关部门管理，外国公司分支机构名称中应标明该外国公司的国籍及责任形式，并在本机构中置备该外国公司章程。

2. 设立程序

（1）申请。外国公司在中国境内设立分支机构，必须向中国主管机关提出申请，并提交其公司章程、所属国的登记证书等有关文件。①申请书。包括常驻代表机构名称、负责人员、业务范围、驻在期限、驻在地点等，由该公司董事长或者总经理签署。②其他有关文件。包括该外国公司章程、所属国家或地区的有关当局出具的开业合法证书、有关金融机构出具的资信证明、分支机构常驻人员的授权书和各该人员的简历等。

（2）审批。外国公司在我国设立分支机构须经中国主管机关审批，审批办法由国务院另行规定。目前，我国对外国公司分支机构的审批机关是国务院或省级外资主管机关和行业主管机关。②

（3）登记。外国公司分支机构经中国主管机关批准后，应当自批准之日起30日内向公司登记机关申请登记。外国公司设立分支机构应当向公司登记机关提交下列文件：①中国主管机关的批准证件及其申请审批时提交的证件和材料；②外国公司法定代表人签署的登记申请书；③营业场所使用证明；④分公司负责人任职文件和身份证明；⑤公司登记机关规定要求提交的其他文件。公司登记机关对外国公司所提交的申请文件经审查，符合我国法律、法规规定条件的，予以登记，发给营业执照。

经批准设立的外国公司分支机构，在中国境内从事业务活动，必须遵守中国的法律，不得损害中国的社会公共利益，其合法权益受中国法律保护。

3. 撤销

外国公司分支机构的撤销，是指已经设立的外国公司分支机构，终止其业务活动的行为。外国公司分支机构因下列原因而撤销：①经营（驻在）期限届满；②设立该分支机构的外国公司决定撤销；③设立该分支机构的外国公司破产或解散；④因违法行为被撤销，如被依法责令关闭、吊销营业执照等。

外国公司撤销其在中国境内的分支机构时，必须依法清偿债务，依照公司法有关公司清算程序的规定进行清算。未清偿债务之前，不得将其分支机构的财产移至中国境外。

外国公司分支机构撤销的，应当依法通知或报请原批准机关，并于债务、税务和其

---

① 例如，中国银行业监督管理委员会《外资金融机构行政许可事项实施办法》（2015. 6. 5）第三十一条第二款规定："设立外国银行分行，申请人应当无偿拨给拟设分行不少于2亿元人民币或者等值自由兑换货币的营运资金。"

② 按我国现行审批制度，贸易商、制造厂商、货运代理商，由商务部批准；金融业、保险业，分别由中国银行业监督管理委员会、中国保险监督管理委员会批准；海运业、海运代理商，由交通部批准；航空运输业由民用航空总局批准；其他行业，按照业务性质，报请中国政府的主管委、部、局批准。

他有关事宜清理完毕后，向原发登记证机关办理注销登记，缴销登记证。外国企业对其分支机构的未了事宜，应当继续承担责任。[①]

【思考题】

1. 公司的概念和种类。
2. 有限责任公司、股份有限公司的概念和特征。
3.《公司法》对股份有限公司的设立程序和股票上市有何规定？
4.《公司法》对公司的组织机构有哪些规定？
5. 公司债券与股票有何区别？发行公司债券必须符合哪些条件？

---

① 参见国务院《关于管理外国企业常驻代表机构的暂行规定》（1980. 10. 30）、《中华人民共和国外资银行管理条例》（第二次修订，2014. 11. 27）；中国银行业监督管理委员会《外资金融机构行政许可事项实施办法》（2015. 6. 5）。

第8章 全民所有制工业企业法律制度

§8.1 全民所有制工业企业法概述

§8.1.1 企业及企业法概述

企业是指依法设立的以营利为目的的从事生产经营活动的经济组织。企业的特征有：①企业是一种社会经济组织；②企业是从事生产经营活动的社会经济组织；③企业是以营利为目的的社会经济组织；④企业是实行独立核算的社会经济组织；⑤企业是依法设立的社会经济组织。

企业根据不同的标准可以有不同的分类。根据企业的所有制的不同可将企业分为全民所有制企业、集体所有制企业、私营企业、混合所有制企业等；根据企业的组织形式不同可将企业分为独资企业、合伙企业、公司企业等；根据企业的法律地位不同，可将企业分为法人企业和非法人企业。

企业法是规范企业的设立、变更、终止、组织机构，明确企业权利义务关系的法律规范的总称。我国的企业法律制度主要有：《中华人民共和国全民所有制工业企业法》《中华人民共和国公司法》《中华人民共和国个人独资企业法》《中华人民共和国合伙企业法》《中华人民共和国乡镇企业法》《中华人民共和国中外合资企业法》《中华人民共和国中外合作企业法》《中华人民共和国外资企业法》《中华人民共和国城镇集体所有制企业条例》《中华人民共和国私营企业暂行条例》等法律、法规，以及与企业相关的规章和规范性文件。这些法律、法规详细规范企业的组织和行为，也构成我国企业法律制度体系。

§8.1.2 全民所有制工业企业的概念

全民所有制工业企业又称国有工业企业，是以生产资料的全民所有制为基础的，从事工业生产活动的企业。它具有以下特征：一是以生产资料全民所有制为基础的企业，这是全民所有制工业企业与集体企业、私营企业等的主要区别；二是从事工业品生产经营活动的企业，这是工业企业与非工业企业的区别。

§8.1.3 全民所有制工业企业法的概念及其立法宗旨

全民所有制工业企业法这一概念，有广义和狭义两种理解。

从广义上理解，全民所有制工业企业法是规范全民所有制工业企业的设立、变更、终止、组织机构，明确企业的权利义务关系的法律规范的总称。这些法律规范的形式既有1988年8月1日实施的《中华人民共和国全民所有制工业企业法》（以下简称《企业法》），还有1992年7月23日国务院发布并实施的《全民所有制工业企业转换经营机制条例》（以下简称《转换经营机制条例》）以及大量的其他关于全民所有制工业企业的法规、规章和规范性文件。

从狭义上理解，我国全民所有制工业企业法，是指第七届全国人民代表大会第一次会议通过的《企业法》，该法于1988年4月13日通过，同年8月1日起实施。它分为8章，共69条。其原则除了适用于全民所有制工业企业以外，也适用于全民所有制交通运输、邮电、地质勘探、建筑安装、商业、外贸、物资、农林、水利企业。这是一部重要的企业基本法律，对于其他所有现行的关于全民所有制工业企业的法律、法规起着统帅的作用，具有更高的法律效力；同时，它又是以后制定关于全民所有制工业企业法规的依据。

《企业法》第一条明确规定："为保障全民所有制经济的巩固和发展，明确全民所有制工业企业的权利和义务，保障其合法权益，增强其活力，促进社会主义现代化建设，根据《中华人民共和国宪法》制定本法。"此条明确了《企业法》的立法宗旨是促进全民所有制经济的巩固和发展，明确其权利和义务，保护其合法权益，增强全民所有制工业企业活力，促进社会主义现代化建设的发展。

党的十四届三中全会《关于建立社会主义市场经济体制若干问题的决定》指出："建立现代企业制度，是发展社会化大生产和市场经济的必然要求，是我国国有企业改革的方向。"建立现代企业制度是一项艰巨复杂的任务，必须积累经验，创造条件，逐步推进。当前，要继续贯彻《全民所有制工业企业法》和《全民所有制工业企业转换经营机制条例》。这些更加明确地说明，在大力发展社会主义市场经济条件下，必须继续贯彻《企业法》的立法宗旨，创造条件逐步建立并完善社会主义市场主体体系，推进国有企业改革，促进社会主义现代化的发展。

§8.1.4　全民所有制工业企业的法律地位

1. 国家所有权、企业经营权及其两权分离

在全民所有制工业企业中，国家所有权是指法律所确认和保护的、国家对全民所有制工业企业财产享有占有、使用、收益和处分的权利，这就保证了全民所有制工业企业的全民性质。

全民所有制企业经营权是指企业对国家授予其经营管理的财产享有占有、使用和依法处分的权利。企业按照法律规定的国家与企业的责、权、利分配关系及企业经营管理国有资产的责任形式，依法行使经营权。企业经营权是一种新型的与所有权密切相关的财产权。

企业的两权分离是指国家财产所有权和企业经营权相分离，即国家作为企业的所有权人，通过法定形式将特定财产授予企业进行独立的经营管理，国家不再直接行使占有、使用和处分的权利，这样既体现了全民所有制企业的社会主义性质，又适应了社会主义市场经济的要求，搞活了企业。两权分离是《企业法》的根本所在，是制定实施《企业法》的重要原则之一。

2. 全民所有制工业企业的法律地位

全民所有制工业企业的法律地位是指企业在法律上的权利主体资格。根据《企业法》两权分离的原则，《企业法》第二条第三款规定："企业依法取得法人资格，以国家授予其经营管理的财产承担民事责任。"因此，我国的全民所有制工业企业都是法人，都必须符合法律关于法人的设立条件。

建立企业法人制度，确立企业在法律上的独立地位，使企业依法取得作为法人的权利能力和行为能力，可以使企业在法律核定的经营范围内享有自主进行生产经营管理活

动的权利。正因为企业具有独立的法律主体资格，从而成为社会主义市场经济活动中最广泛、最主要的参与者。全民所有制工业企业法人地位的确定，为推动社会主义改革、建立新的经济运行模式、确立和发展市场经济体制奠定了重要的法律基础。

§8.1.5 全民所有制工业企业的设立、变更和终止

1. 企业的设立

企业的设立是指企业设立人以法律规定的条件和程序创立企业并使其取得法人资格的法律行为。

根据《企业法》第十七条规定，申请设立全民所有制工业企业，必须具备以下各项条件：一是产品为社会所需；二是有能源、原材料、交通运输的必要条件；三是有自己的名称和生产经营场所；四是有符合国家规定的资金；五是有自己的组织机构；六是有明确的经营范围；七是有法律、法规规定的其他条件。

设立企业，除具备上述条件外，还必须依照法律和国务院规定，报请政府或政府主管部门审批，经工商行政管理部门核准登记注册，领取企业法人营业执照，取得法人资格，企业即告成立。

国务院1988年6月3日发布，同年7月1日起实施的《中华人民共和国企业法人登记管理条例》规定，企业登记主管机关是国家工商行政管理局和地方各级工商行政管理局。企业登记注册的内容主要有以下事项：企业法人名称、住所、经营场所、法定代表人、经济性质、经营范围、经营方式、注册资金、从业人数、经营期限、分支机构等。企业应当在核准登记的经营范围内从事生产经营活动。企业经主管机关核准登记注册后，领取企业法人营业执照，取得法人资格，企业即告成立。企业法人据其营业执照可以刻公章、开立银行账户、签订合同，其合法权益受法律保护。

2. 企业的变更

企业的变更是企业注册成立以后企业的合并、分立或其他重要事项的变动。

（1）企业变更的主要形式。①企业合并。企业合并是指两个或两个以上的企业组成一个企业或一个企业兼并一个或一个以上的企业的行为，政府可以决定或批准企业的合并。企业也可以自主决定兼并其他企业，这是一种有偿合并方式。企业被兼并须经政府主管部门批准。②企业的分立。企业的分立是指一个企业分成两个或两个以上的企业。经政府批准，企业可以分立。企业分立应当由分立各方签订分立协议，明确各方的财产和债权、债务等。③企业其他重要事项的变更。根据《企业法人登记管理条例》第十七条的规定，其他重要事项是指企业法人改变名称、住所、经营期限，以及增设或撤销分支机构。《转换经营机制条例》第三十二条规定："企业主导产品不符合国家产业政策，或者没有销路、造成严重积压的，应当实行转产。企业为获取更大的经济利益，根据市场预测和自身条件，可以主动转产。"

（2）企业变更过程中财产的保护和有关权利、义务的处理。国家授予全民所有制工业企业经营管理的财产受法律保护。在企业变更过程中，企业主管部门、领导人和职工群众，依据法律、法规规定坚决保护国家财产，防止损失和浪费。企业的权利、义务不能因为企业的变更而消失。在企业变更的情况下，原企业的权利义务由变更后的企业享有和承担。企业合并、分立时，必须依法清理债权、债务。合并、分立前的企业债权、债务，由合并、分立后的企业享有和承担。

（3）企业变更的审批和登记。根据《企业法》第十八条规定，企业合并和分立，要依照法律、法规的规定，由政府或政府主管部门批准。企业合并、分立，应当在审批机关批准后 30 日内，向登记主管机关申请办理变更登记、开业登记或注册登记。企业其他重要事项的变更应当在审批机关批准后 30 日内，向登记主管机关申请办理变更登记。

3．企业的终止

企业的终止是指从法律上取消企业的法人资格，终止其生产经营活动，清理财产，处理债权债务，办理注销登记的行为。

（1）企业终止的原因。根据《企业法》第十九条的规定，企业由于下列原因之一终止：一是违反法律、法规被责令撤销；二是政府主管部门依照法律、法规的规定决定解散；三是依法被宣告破产；四是其他原因。

（2）企业终止时的清算。企业终止时的清算是指企业终止时，清理企业现存的法律关系，清理、处分企业债权债务的行为。企业解散由政府主管部门指定成立的清算组进行清算；企业被宣告破产的，应当由人民法院组织有关机关和有关人员成立清算组，进行清算。清算的内容有：查清企业财产，核实债权、债务，并登记造册；受偿债权，依法处分剩余财产。在债务清偿过程中，企业财产不足以偿还企业的全部债务时，一般在支付必要的清算费用后，按照下列顺序清偿：一是所欠职工工资和劳动保险费用；二是所欠国家税收；三是其他债权。

（3）企业终止的登记。企业终止，应当向登记主管机关办理注销登记。企业办理注销登记，应提交法定代表人签署的申请注销登记报告、批准文件、清理债权债务完结的证明等法定文件。经登记主管机关核准后，收缴企业法人营业执照及其副本，收缴公章，并将注销登记情况告知企业的开户银行，企业终止。

§8. 2　全民所有制工业企业的权利和义务

§8. 2. 1　全民所有制工业企业权利的主要内容

全民所有制企业的权利是指依照法律规定企业为或不为一定行为或要求他人为或不为一定行为的资格，企业权利包括产、供、销和人、财、物两个方面，主要内容体现在《企业法》和《转换经营机制条例》的规定中，具体有：

（1）生产经营决策权。企业有权自主作出生产经营决策和调整生产经营范围；有权要求与需方签订合同；有权要求调整指令性计划或不执行非国家规定的部门下达的指令性计划；有权接受或者拒绝指令性计划以外的生产任务。

（2）物资选购权。企业有权要求与供方签订合同；有权自主采购和调剂物资，选择适合自己的供货单位、形式、品种和数量；有权拒绝执行任何单位和部门为企业指定的供货单位和渠道。

（3）产品销售权。企业有权自主销售指令性计划外产品和指令性计划外超产的产品；有权要求与指定的收购单位签订合同，收购单位不按合同收购，应依法追究其责任；以往按照合同生产的产品，收购单位按照合同收购，企业也可以自行销售。

（4）进出口权。企业有权选择外贸代理企业，参与同外商谈判；有权自主使用留成外汇和进行外汇调剂；有权在境外提供劳务；有权依据规定进口自用的设备和其他物资和享有进出口权。

（5）产品、劳务定价权。企业有权对日用工业消费品和国家规定外的生产资料以及劳务定价。

（6）联营、兼并权。企业有权按规定与其他企业、事业单位联营；有权按自愿、有偿的原则，兼并其他企业，报政府主管部门备案。

（7）人事劳动管理权。企业有权决定企业内部机构设置和人员编制，进行自主人事管理；有权录用、辞退职工，决定用工形式，进行工资、奖金分配。

（8）投资决策权。企业有权从事生产性建设，依法向国内外投资；有权增提新产品开发基金和选择折旧方法。

（9）留用资金支配权。企业有权支配使用生产发展基金，自主确定有关基金的比例和用途；有权拒绝任何部门和单位无偿调拨企业留用资金或强令企业以折旧费、大修理费上缴利润，国务院有规定的从其规定。

（10）债券发行权。企业有权根据《企业法》和国务院发布的《企业债券管理条例》的规定，在境内发行债券。

（11）资产处置权。企业根据生产经营需要，对一般固定资产，可自主决定出租、抵押或有偿转让；对关键设备、成套设备或重要建筑物可以出租，经政府主管部门批准也可以抵押、有偿转让。法律、法规另有规定的除外。企业所得收入，必须全部用于设备更新和技术改造。企业处置财产，应当依规定进行评估。

（12）拒绝摊派权。企业有权拒绝任何部门和单位向企业摊派人力、物力和财力，有权向有关部门控告、检举、揭发，并要求处理。除法律和国务院另有规定外，企业有权抵制任何部门和单位对企业进行检查、评比、评优、达标、升级、考试、考核等。

§8. 2. 2 全民所有制工业企业义务的主要内容

企业的义务是依照法律规定企业必须为或不为一定行为的责任。依照《企业法》和其他法律、法规规定，企业义务主要有：

（1）完成指令性计划的义务。指令性计划带有强制性，随着社会主义市场经济体制的建立，要进一步缩小指令性计划。承担指令性计划任务的企业必须完成指令性计划。

（2）必须遵守国家关于财务、劳动工资和物价管理等方面的规定，接受财政、审计、劳动、物价等机关的监督。依法缴纳税金、费用、利润的义务。

（3）降低产品成本、提高劳动生产率、保证产品质量和服务质量的义务。企业必须改进更新设备，节约能源和原材料，合理使用劳动力，提高劳动生产率，保证产品质量和服务质量，对用户和消费者负责，禁止生产国家明令淘汰的产品，禁止生产、销售以假充真、以次充好的产品等。

（4）维护生产秩序、保护国家财产的义务。企业必须切实做好安全保卫工作，维护正常的生产秩序，严禁任何人哄抢、私分、破坏国家财产行为的出现，使其经营管理的国家财产不受侵犯。

（5）履行依法订立的合同和协议的义务。严格履行合同和协议是企业的一项重要义务。企业必须履行合同，由于企业的过错，造成合同和协议不能履行或不能完全履行，要由企业承担相应的责任。

（6）搞好职工教育、提高职工队伍素质的义务。企业应对职工加强思想政治教育、法制教育、国防教育、科学文化教育和技术培养，支持职工开展技术、劳动竞赛活动，提高职工队伍的素质。

（7）实行安全生产的义务。企业必须贯彻安全生产制度，改善劳动条件，做好劳动保护和环境保护工作，安全生产和文明生产。

§8.3　全民所有制工业企业的内部领导制度

§8.3.1　全民所有制工业企业厂长（经理）负责制

1. 厂长负责制的概念

《企业法》规定的厂长（经理）负责制，不同于党委领导下的厂长（经理）负责制，它也不是厂长（经理）一个人对企业的所有工作实行全权领导，承担全部责任。企业厂长（经理）负责制是全民所有制工业企业的生产经营管理工作由厂长（经理）统一领导和全面负责的一种企业内部领导制度。

厂长负责制同委员会负责制不同，它突出了厂长在企业生产经营管理中的领导地位，以及相适应的职责，它是一种个人责任制；厂长负责制也不同于一般的工人、干部的岗位负责制，它是一种厂长对企业工作统一领导和全面负责的制度，因而它是一种首长负责制。

在我国，实行厂长负责制是社会主义改革的产物，它既吸收了首长负责制的长处，也吸收了委员会负责制的长处，这样在企业中，有利于健全责任制和吸收集体智慧，避免独断专行和无人负责现象，有利于提高企业活力，适应社会化大生产的需要，使厂长有权、有职、有责。同时，有利于企业中党政分开，相互配合，共同把企业办好。

2. 厂长的产生和厂长应当具备的条件

（1）厂长的产生。《企业法》第四十四条规定，厂长的产生，除了国务院另有规定外，由政府主管部门根据企业的情况决定采取下列一种方式：一是政府主管部门委任或者招聘；二是企业职工代表大会选举。政府主管部门委任或者招聘的厂长人选，须征求职工代表大会的意见；企业职工代表大会选举的厂长，须报政府主管部门批准。上述厂长产生的两种方式，使政府主管部门与职工代表大会相结合，能够发挥各方面的积极性，采取任命、招聘、选举符合企业的任一种方式，使产生的厂长更符合厂长应当具备的条件。

（2）厂长应当具备的条件。厂长素质如何是搞好国有企业的重大问题。为此《全民所有制工业企业厂长工作条例》第八条规定，厂长应当具备以下条件：①有从事社会主义建设事业的革命精神，能坚持企业的社会主义经营方向。②熟悉本行业生产业务，懂得有关的经济政策和法律、法规，善于经营管理，有组织领导能力。③廉洁奉公，联系群众，有民主作风。④大中型企业的厂长一般应当具有大专以上文化水平，小型企业的厂长一般不应低于中等文化水平，或通过国家规定的厂长考试，成绩合格。⑤身体健康，能适应工作需要。

§8.3.2　全民所有制工业企业的民主管理制度

1. 企业实行民主管理的重要性

（1）企业实行民主管理是由企业的社会主义性质决定的。生产资料公有制是社会主义与资本主义的主要区别。在以生产资料公有制为主体的社会主义企业中，职工既是劳动者，同时也是企业的主人。企业实行民主管理，是实现劳动者当家做主的权利的具体体现，是职工主人翁地位的具体体现，是社会主义制度优越于资本主义制度的具体体现。

（2）实行民主管理是增强企业活力的需要。增强企业活力是经济体制改革的中心环节，解决这一问题的关键是处理好国家、企业和职工三者之间的关系问题。过去，在计划体制下，国家对企业统得过多，管得太死，企业本身没有多少自主权。《企业法》颁布以后，国家对企业实行所有权、经营权分离的原则，扩大了企业自主权。同时，企业实行了多种形式的经营责任制，使企业经营好坏不仅同企业利益挂钩，也同职工个人利益有了直接联系。企业的命运与职工的切身利益息息相关，激发了职工关心企业、管理企业的积极性，树立了企业高度的责任感。因而，进行经济体制改革，必须增强企业活力；增强企业活力，必须实行民主管理。

（3）实行民主管理是正确实行厂长（经理）负责制的保证。《企业法》规定企业实行厂长负责制，指企业内部领导制度的重大改革。但这并不意味着职工主人翁地位的改变，也不意味着厂长可以为所欲为，独断专行，因而企业的民主管理不能削弱。市场经济条件下，企业的工作很多，决策是关系到企业生死存亡的大事，实行民主管理，充分发扬民主，集中大家的智慧，才能作出正确的决策，从而为决策的科学化打下良好的基础。同时，正确决策只有通过切实的实施才能实现，否则，只能是一纸空文。因而，民主管理有助于发挥职工群众当家做主的积极性，才能使企业的经营目标落实到每个职工，使正确的决策变为广大职工的自觉行为，从而推动企业的发展。

2. 职工代表大会的性质和职权

（1）职工代表大会的性质。《企业法》第五十一条规定："职工代表大会是企业实行民主管理的基本形式，是职工行使民主管理权利的机构。"这一规定从以下两个方面明确了职工代表大会的性质：①职工代表大会是企业实行民主管理的基本形式。在我国，企业实行民主管理的形式有职工代表大会（职工大会）、管理委员会、民主评议会、民主答问会、合理化建议委员会、质量管理小组、班组民主管理等。其中，职工代表大会是我国企业实行民主管理的基本形式。②职工代表大会是职工行使民主管理权利的机构。职工行使民主权利的主要机构是职工代表大会。根据《企业法》的有关规定，可以看出职工代表大会不是一般解答咨询、提出意见和建议的机构，也不是企业的权力机构或最高权力机构。

（2）职工代表大会的职权。根据《企业法》第五十二条的规定，职工代表大会行使下列职权：一是企业重大经营决策审议权；二是企业重要规章制度审查同意或否决权；三是重大生活福利事项审议决定权；四是评议、监督企业行政领导干部权；五是选举厂长权。

（3）职工代表大会的组织制度。职工代表大会的组织制度包括以下内容：①职工代表大会的会议制度。职工代表大会至少每半年召开一次，必要时，可以召开临时会议。职工代表大会选举主席团主持会议。职工代表大会进行选举和作出决议，必须经全体职工代表大会半数通过。职工代表大会在其职权范围内决定的事项，非经职工代表大会不得修改。②职工代表大会的专门小组（或专门委员会）。职工代表大会可根据需要，设立若干临时的或经常性的专门小组（或专门委员会）。专门小组要完成职工代表大会交办的有关事项，对职工代表大会负责。③职工代表大会闭会期间重要问题的处理。职工代表大会闭会期间，需要临时解决的重要问题，由企业工会委员会召集代表团（组）长和专门小组负责人联席会议，协商处理，并向下一次职工代表大会予以确认。

可根据会议内容，邀请有关人员参加。

（4）职工代表大会的工作机构。《企业法》第五十一条规定，职工代表大会的工作机构是企业的工会委员会，简称工会。根据有关法律规定，工会承担下列工作：一是组织职工选举职工代表；二是提出议题和建议，主持筹备工作、会议的组织工作，代表团（组）长、专门小组联席会议；三是组织专门小组调查研究；四是进行宣传教育，提高职工素质；五是接受和处理代表的申诉和建议，维护职工代表的合法权益；六是《企业法》规定的其他工作。

§8.3.3 全民所有制工业企业党委的地位和作用

1. 企业党委是企业的政治核心

《转换经营机制条例》第二条规定，必须发挥中国共产党的基层组织在企业中的政治核心作用。企业党委政治核心地位，是由党的性质和任务决定的，中国共产党是工人阶级的先锋队，是社会主义事业的领导核心，因而，企业党委就成为企业的政治核心组织。企业改革，不能否认党委的政治领导，也不能由党委决定企业的一切重大问题。党委的领导包括多方面的内容，但主要是党的政治路线的领导和企业社会主义方向的把握。

2. 党委对企业思想政治工作的领导

思想政治工作是我们党的优良传统，也是企业经济工作和其他一切工作的生命线。加强党委对思想政治工作的领导，是企业贯彻党的基本路线、完成企业各项任务的可靠保证。

企业党委的保证、监督是企业贯彻党的路线、方针、政策以及法律、法规的基本保证。在改革过程中，有些人认为，保证就是跟着干，监督就是对着干，甚至有些厂长和其他行政干部只希望党委的保证，不欢迎监督，一听到"监督"就反感，认为这是"不信任，不放心"，是"束缚自己的手脚"。这些认识和态度不符合《企业法》的精神，不利于党和国家的方针、政策以及法律、法规在企业的贯彻执行。

企业党委行使保证、监督职能，对于搞好社会主义的企业具有很大的重要性，主要表现在以下两方面：首先是有助于加强党对企业的领导。一个企业的生产管理工作，是否体现党的领导，不能以该企业是否由党委直接的行政领导作为衡量标准，而是看企业是否贯彻执行了党和国家的路线、方针、政策以及国家的法律、法规，是，就是体现了党的领导；反之，就不是。其次是有助于厂长依法行使职权，充分发挥厂长的行政领导作用。这样，企业党委的保证、监督职能可以使厂长行使职权在党和国家的大政方针的条件下行使，从而充分发挥其行政领导作用。

§8.4 全民所有制工业企业的监事会

§8.4.1 监事会的组成

监事会是政府监督机构根据需要派出的对国有企业财产保值增值状况实施监督的组织。监事会成员由监督机构从下列人员中委派和聘任：①监督机构委派的代表；②财政部等政府有关部门以及有关银行派出的代表；③经济、金融、法律等方面的专家；④被监督企业的领导人和企业职工代表；⑤监督机构聘请的其他人员。监事会由 5~15 人的奇数组成。监督机构委派和政府其他部门派出的监事人数不得超过监事会成员总数的2/3，监事会主席由政府或监督机构在监事会成员中指定。监事每届任期 3 年，监事连任不得超过两届。

§8. 4. 2 监事会的职责和工作程序

监事会的主要职责有：①审查经注册会计师或经厂长（经理）签署的企业财务报告，监督、评价企业经济效益；②对厂长（经理）的经营业绩进行监督、评价和记录，向派出监事会的监督机构提出对厂长（经理）任免以及奖惩建议；③根据厂长（经理）的要求，提供咨询意见。监事会会议每年召开 1～2 次，经监事会主席或1/3以上监事提议，或者应厂长（经理）的请求，可以召开临时监事会会议。监事会会议由监事会主席主持，会议决议由监事记名表决，过半数同意方能生效。监事会对派出的监督机构负责，并定期向其汇报工作。监事会及其监事不得干预企业的经营权，不得泄露被监督企业的商业秘密。监事会履行职责所必需的开支，由派出的监督机构支付，不得接受被监督企业的任何报酬。除被聘任担任监事的企业领导人和职工代表以外，监事不得兼任被监督企业的任何职务。

§8. 5　全民所有制工业企业和政府的关系

§8. 5. 1　正确处理政府和企业关系的意义

新中国成立以来，我国的政府机构在领导和组织经济建设方面做了许多工作，但是，由于长期政企职责不分，国家对企业管得太多，统得太死，造成严重的弊端：企业缺乏应有的自主权和活力；政府管了许多不应该由它管的事，而该管的又未管好；造成企业相互割裂，难以展开专业化协作等。因而，必须改革企业与政府的关系。

党的十四大报告指出，加强政府职能的转变，指明了处理政府与企业关系的方向。在改革开放的今天，处理好政府与企业的关系十分重要：一方面能够加强政府对企业的宏观管理，使企业符合国民经济发展的要求，保证企业沿着正确的轨道发展；另一方面，有利于企业真正做到自主经营、自负盈亏，以适应市场需要，增强企业活力，搞好整个国民经济。

§8. 5. 2　政府机构对企业的职责

根据《企业法》和《转换经营机制条例》的有关规定，政府机构对企业的职责有：

（1）政府或主管部门依照国家规定对企业下达指令性计划，并保证企业完成指令性计划所需物资；审查企业提出的基本建设、重大技改计划；依法任免、奖惩、考核、培训厂长及其他企业领导干部。

（2）政府有关部门按照国家调节市场、市场引导企业的目标，为企业提供服务，并行使下列职责：制定、调整产业政策，指导企业制订发展规划；为企业的经营决策提供咨询、信息；协调企业与其他单位之间的关系；维护企业正常的生产秩序，保护企业经营管理的国家财产不受侵犯；逐步完善与企业有关的公共设施。

（3）任何机关和单位不得侵犯企业依法享有的经营管理自主权；不得向企业摊派人力、物力、财力；不得要求企业设置机构或者规定机构的编制人数，从而保障企业的生产经营活动不受干预，协助企业解决实际困难。

§8. 6　违反全民所有制工业企业法的法律责任

§8. 6. 1　政府和政府有关部门违法的法律责任

《企业法》第六十一条规定，政府和政府有关部门违反《企业法》第五十八条的规定，企业有权向作出决定的机关申请撤销；不予撤销的，企业有权向上一级机关或政府监督部门申诉，接受申诉的机关应于接到申诉之日起 30 日内作出裁决并通知企业。

《转换经营机制条例》规定，政府有关部门有违反该条例第四十七条规定行为之一的，上级机关应当责令其改正；情节严重的，由同级机关或有关上级机关对主管人员和直接责任人员给予行政处分；构成犯罪的，由司法机关追究刑事责任。

§8.6.2　全民所有制工业企业违法的法律责任

《企业法》第五十九条第二款规定，企业向登记机关弄虚作假、隐瞒真实情况的，给予警告或处以罚款；情节严重的，吊销营业执照。该法第六十条规定，企业因生产、销售不合格的产品，给用户和消费者造成财产、人身损害的，应当承担赔偿责任；构成犯罪的，对直接责任人依法追究刑事责任。产品质量不符合经济合同约定条款的，企业应承担违约责任。

《转换经营机制条例》规定企业有违反该条例第四十八条规定行为之一的，政府或者政府有关部门应当责令其改正；情节严重的，对厂长、其他直接责任领导和直接责任人员，分别追究行政责任，并依照有关法律、法规，对企业给予相应的行政处罚；构成犯罪的，由司法机关依法追究刑事责任。

§8.6.3　企业和政府有关部门的领导干部违法的法律责任

企业领导干部滥用职权，侵犯职工合法权益，情节严重的，由政府主管部门给予行政处分。企业领导干部滥用职权、假公济私，对职工进行报复陷害，处两年以下有期徒刑或拘役，情节严重的，处 2 年以上 7 年以下有期徒刑。

企业和政府有关部门的领导干部，因工作过失给企业和国家造成较大损失，由政府主管部门或者有关上级机关给予行政处分。企业和政府有关部门的领导干部玩忽职守，致使企业财产、国家和人民利益遭受重大损失的，处 5 年以下有期徒刑或者拘役。

§8.6.4　有关单位和个人违法的法律责任

违反《企业法》的有关规定，未经政府或者政府主管部门审核批准和工商行政管理部门核准登记，以企业名义进行生产经营活动的，责令停业，没收违法所得。阻碍企业领导干部依法执行职务，未使用暴力、威胁方法的，由公安机关处以 15 日以下拘留、200 元以下罚款或者警告；使用暴力、威胁方法的，处 3 年以下有期徒刑、拘役、罚金或者剥夺政治权利。

扰乱企业秩序的，致使企业生产经营工作不能正常进行的，尚未造成严重损失的，由公安机关处以 15 日以下拘留、200 元以下罚款或警告；情节严重的，造成严重损失的，对首要分子处 5 年以下有期徒刑、拘役、管制或剥夺政治权利。

【思考题】

1. 全民所有制工业企业和全民所有制工业企业法的概念。

2. 全民所有制工业企业的法律地位和我国《全民所有制工业企业法》的适用范围。

3. 全民所有制工业企业的主要权利和义务。

4. 我国法律对全民所有制工业企业的内部领导制度有何规定？

5. 政府对全民所有制工业企业应履行哪些职责？

第9章　外商投资企业法律制度

§9.1　外商投资企业法概述

§9.1.1　外商投资企业的概念

外商投资企业，是指依照中华人民共和国的法律，在中国境内设立的，由中国投资者和外国投资者共同投资或者外国投资者单方面投资的企业。外商投资企业包括中外合资经营企业（以下简称合营企业）、中外合作经营企业（以下简称合作企业）、外商独资企业（以下简称外资企业），即"三资企业"。与内资企业相比，外商投资企业具有以下特征：企业资本构成中包含有外资；企业的中方投资者不包括个人；企业具有中国法人资格。目前世界上对法人资格的判断通常依注册地法，依此标准，外商投资企业在我国注册、在我国经营，当然是中国的法人，遵守中国的法律，服从中国的司法管辖；企业有较大的经营自主权。根据相关规定，外商投资企业按照合同规定的经营范围和生产规模所指定的生产经营计划（包括购买物资计划、产品销售计划、外汇收支计划、劳动工资计划等），由董事会批准执行，企业主管部门和各级计划管理部门，不对合营企业下达指令性生产计划，对于外资企业制订的生产经营计划，各级政府应当给予支持和帮助。

§9.1.2　外商投资企业法的概念

外商投资企业法，是调整在国家协调我国经济运行过程中形成的关于外商投资企业经济关系的法律规范的总称。这种外商投资企业的经济关系包括：在外商投资企业设立、变更、终止过程中和外商投资企业内部管理过程中发生的经济关系；在市场管理和宏观经济调控过程中发生的关于外商投资企业的经济关系；在社会保障过程中发生的关于外商投资企业、企业职工的经济关系。

我国的外商投资企业立法是伴随着我国的改革和开放政策而逐步建立并不断完善的，至今已经形成较为完备的外商投资企业法律体系，其中重要的法律法规有：《中华人民共和国中外合资经营企业法》（1979年7月1日通过，1990年4月4日、2001年3月15日修改）、《中华人民共和国外资企业法》（1986年4月12日通过，2000年10月31日修改）、《中华人民共和国中外合作经营企业法》（1988年4月13日通过，2000年10月31日修改）、《中华人民共和国中外合资经营企业法实施条例》（1983年9月20日通过，1986年1月15日、1987年12月12日、2001年7月22日、2014年2月19日修改）、《关于鼓励外商投资的规定》（1986年10月11日通过）、《中华人民共和国外资企业法实施条例》（1990年12月12日通过，2001年4月12日、2014年2月19日修改）、《中华人民共和国中外合作经营企业法实施细则》（1995年8月7日发布，2001年4月12日、2014年2月19日修改）。

§9.1.3　外商投资企业的投资项目

　　根据《指导外商投资方向的规定》，外商投资企业的投资项目分为鼓励、允许、限制和禁止四类。

　　1. 鼓励类外商投资项目

　　重点关注项目：属于农业新技术、农业综合开发和能源、交通、重要原材料工业的；属于高新技术、先进适用技术，能够改进产品性能、提高企业技术经济效益或者生产国内生产能力不足的新设备、新材料的；属于综合利用资源和再生资源及防治环境污染的。

　　2. 限制类外商投资项目

　　限制类外商投资项目包括：技术水平落后的；不利于节约资源和改善生态环境的；从事国家规定实行保护性开采的特定矿种勘探、开采的；属于国家逐步开放的产业的；法律、行政法规规定的其他情形的。

　　3. 禁止类外商投资项目

　　禁止类外商投资项目包括：危害国家安全或者损害社会公共利益的；对环境造成污染损害，破坏自然资源或者损害人体健康的；占用大量耕地，不利于保护、开发土地资源的；损害军事设施安全和使用效能的；运用我国特有工艺或者技术生产产品的；法律、行政法规规定的其他情形的。

　　4. 允许类外商投资项目

　　不属于鼓励类、限制类和禁止类外商投资项目，为允许类外商投资项目。

§9. 2　中外合资经营企业法

§9. 2. 1　中外合资经营企业的概念

　　中外合资经营企业，简称合营企业，是指中国合营者与外国合营者依照中华人民共和国的法律，在中国境内设立的，共同投资、共同经营，按照出资比例分享利润、分担风险及亏损的企业。根据我国宪法的规定，中国合营者包括中国的企业和其他经济组织，外国合营者包括外国的企业和其他经济组织及个人。

　　合营企业具有以下特征：

　　(1) 由中外合营者双方共同投资组成一个独立的公司实体，依法取得中国法人资格。

　　(2) 中外合营者认缴合营企业注册资本，按出资比例分享利润，分担风险及亏损。

　　(3) 中外合营者共同参加经营管理，建立企业同意的决策管理机构，其组织形式为有限责任公司。

§9. 2. 2　中外合资经营企业法的概念

　　中外合资经营企业法狭义是指 1979 年 7 月 1 日由第五届全国人民代表大会会议通过，1990 年 4 月 4 日、2001 年 3 月 15 日分别予以修改的《中外合资经营企业法》；广义是指调整国家在管理、协调市场经济活动过程中发生的关于中外合资经营企业的经济关系的法律规范的总称。

§9. 2. 3　中外合资经营企业的设立

　　1. 中外合资经营企业的设立条件

　　根据《中华人民共和国合资经营企业法》及其实施条例的规定，申请设立合营企业应当能够促进中国经济的发展和科学技术水平的提高，有利于社会主义现代化建设，符合以下一项或数项条件：

（1）采用先进的技术设备和科学管理方法，能增加产品品种，提高产品质量和产量，节约能源和材料；

（2）有利于技术改造，能做到投资少、见效快、收益大；

（3）能扩大产品出口，增加外汇收入；

（4）能培训技术人员和经营管理人员。

此外，根据《中华人民共和国合资经营企业法实施条例》第四条的规定：申请设立合营企业有以下情况之一的，将不予批准：①有损国家主权的；②违反中国法律的；③不符合中国国民经济发展要求的；④造成环境污染的；⑤签订的协议、合同、章程显属不公平，损害合营一方利益的。

2．中外合资经营企业的设立程序

（1）申请。要在我国境内设立合营企业，必须由我国的合营者出具企业主管部门呈报拟与合营者设立合营企业的项目建议书和初步可行性研究报告。该文件具体包括：①设立合营企业的申请书；②合营各方共同编制的可行性研究报告；③由合营各方授权代表签署的合营企业协议、合同和章程；④由合营各方委派的合营企业董事长、副董事长及董事人选名单；⑤审批机构规定的其他文件。对上述文件，经企业主管部门审查同意后转报审批机构批准，经批准后，合营各方方可进行以可行性研究为中心的各项工作，并在此基础上进行谈判，商签合营企业的协议、合同、章程。

（2）审批。合营各方正式签订的合营企业的协议、合同、章程必须报中华人民共和国商务部审批。投资总额在国务院规定的投资审批权限内，中国合营者的资金已经落实；不需要国家增拨原材料，不影响燃料、动力、交通运输、外贸出口配额等方面的全国平衡的，国务院授权省、自治区、直辖市人民政府或国务院有关部门审批，但应报商务部备案。

依照有关法律规定，审批机构对中国合营者提交的设立合营企业的全部文件经审查，应在接到该文件之日起3个月内作出是否批准的决定。如发现文件中有不当之处，审批机构有权要求合营各方限期修改，否则不予批准。

（3）登记。举办合营企业的申请被批准后，申请者应在收到批准证书后一个月内，按照《中华人民共和国中外合资经营企业登记管理办法》的规定，凭批准证书到合营企业所在地的省、自治区、直辖市工商行政管理局办理登记手续，领取营业执照。合营企业领取营业执照后，企业即告成立，取得中国法人资格，其合法权益受我国法律的保护。

§9.2.4 中外合资经营企业的资本制度

1．中外合资经营企业的注册资本

合营企业的注册资本是指由合营各方为设立合营企业向登记管理机构登记的资本总和，即合营各方认缴的资本总和。合营企业的注册资本一般应以人民币表示，经合营各方同意也可以外币表示。注册资本不是实缴的资本，在取得营业执照时，实收资本可以为零。合营企业的投资总额，是指按照合营企业合同、章程规定的生产规模需要投入的基本建设资金和生产流动资金的总和，由注册资本和借款构成。

　　由于注册资本是合营企业对外承担民事责任的基础，因此合营各方认缴的注册资本不允许是借贷资本。合营企业在设立后需要追加投资的，可以有借贷资本，这意味着注册资本与投资总额是两个概念。

　　为防范合资企业经营风险和维护债权人的利益，我国从实际情况出发，参照国际惯例规定了《关于中外合资经营企业注册资本与投资总额比例的暂行规定》。该条例的主要规定如下：

　　（1）合营企业的投资总额在 300 万美元以下（含 300 万美元）的，其注册资本至少应占投资总额的 7/10。

　　（2）合营企业的投资总额在 300 万美元以上到 1000 万美元的，其注册资本至少应占投资总额的 1/2；但投资总额在 420 万美元以下的，注册资本不得少于 210 万美元。

　　（3）合营企业的投资总额在 1000 万美元以上到 3000 万美元的，其注册资本至少应占投资总额的 2/5；但投资总额在 1250 万美元以下的，注册资本不得少于 500 万美元。

　　（4）合营企业的投资总额在 3000 万美元以上的，其注册资本至少应占投资总额的 1/3；但投资总额在 3600 万美元以下的，注册资本不得少于 1200 万美元。

　　2. 中外合资经营企业合营各方的出资方式

　　依据《中华人民共和国合资经营企业法实施条例》第二十二条的规定："合营者可以用货币出资，也可以用建筑物、厂房、机器设备或者其他物料、工业产权、专有技术、场地使用权等作价出资。"外国合营者的投资比例一般不得低于合营企业注册资本的 25%。不同的出资方式法律的具体要求不同，下面分述之：

　　（1）货币。货币是投资的基本形式，也是注册资本的重要组成部分。合营各方以货币出资的，必须是自有货币，任何一方不得以合营企业取得的贷款作为出资。如果合营企业的注册资本以人民币表示，外国合营者以外币出资的，应按缴款当日国家外汇管理局公布的外汇牌价折算成人民币；如果合营企业的注册资本以外币表示，中方合营者以人民币出资的，按缴款当日国家外汇管理局公布的外汇牌价折算。

　　（2）实物。实物主要包括建筑物、厂房、机器设备或其他物料。以实物出资的必须是合营各方自己所有的并且未设立任何担保物权的实物，不允许是以企业名义租赁或借入的财产，即合营者以实物出资时，必须出具该实物的所有权证明或处置权的有效证明。实物出资的作价由合营各方按照公平合理的原则协商确定，或聘请合营各方同意的第三方评定。外国合营者以机器设备或其他物料出资的，必须符合以下条件：①为合营企业生产所必不可少的；②作价不能高于同类机器设备或其他物料当时的国际市场价格。为防止外方用作出资的实物在价格、质量等方面弄虚作假，法律规定，其实物出资要经中方合营者的企业主管部门审查同意，报审批机构批准。

　　（3）技术。技术出资主要包括工业产权和专有技术。根据《中华人民共和国合资经营企业法实施条例》第二十五条的规定，外国合营者以技术出资的，应符合以下条件：能显著改进现有产品的性能、质量，提高生产效率；能显著节约原材料、燃料、动力的。外国合营者以工业产权或专有技术出资的，应提交该工业产权或专有技术的有关资料（如专利证书、商标注册证书的复印件，有效状况及其技术特性、实用价值等）。技术的作价由合营各方按照公平合理的原则协商确定，或聘请合营各方同意的第三方评定。此外，外国合营者以技术出资的，应经中方合营者的企业主管部门审查同意，报审批机构批准。

（4）土地使用权。中方合营者可以土地使用权作价出资，其作价金额应与合营企业取得该同类土地使用权应缴纳的使用费相同。中方合营者以土地使用权作价出资的，合营企业取得的仅是土地使用权而非所有权。如果中国合营者未将场地使用权作为投资的一部分，合营企业应向中国政府缴纳使用费。

3．中外合资经营企业合营各方的出资期限

合营企业法实施条例及相关法律规定："合营各方应当按照合同规定的期限缴清各方的出资额。逾期未缴纳或者未缴清的，应当按合同规定支付迟延利息或赔偿损失。"合营各方缴付出资后，应由中国的会计师验证，出具验资报告后，由合营企业据以发给出资证明。

合营各方在合营合同中应订明出资期限，若合同规定一次缴清出资的，合营各方应自营业执照签发之日起6个月内缴清；若合同规定分期缴清出资的，合营各方第一期缴付的出资不得低于其认缴出资额的15％，并应自营业执照签发之日起3个月内缴清。合营各方未在规定的期限内缴清出资的，合营企业视为自动解散，企业批准证书自动失效；企业应向工商局办理注销登记，不去办理的，由工商局吊销其营业执照。

§9．2．5　中外合资经营企业的组织机构

1．中外合资经营企业的权力机构

《中华人民共和国合资经营企业法实施条例》第三十条规定："董事会是合营企业的最高权力机构，决定合营企业的一切重大问题。"

董事会由董事组成，董事是合营各方委派的代表。董事会成员不得少于3人，其名额分配由合营各方参照出资比例协商确定。董事的任期为4年，经合营各方继续委派可以连任。董事会设董事长一人。董事长是合营企业的法定代表人。董事长不能履行职责时，应授权副董事长或其他董事代表合营企业。董事长和副董事长由合营各方协商确定或由董事会选举产生。董事长的人选既可以是中国公民，也可以是外国公民。但合营一方担任董事长的，他方担任副董事长。

董事会的职权由合营企业章程规定，主要包括：企业发展规划，生产经营活动方案，收支预算，利润分配，劳动工资计划，停业以及总经理、副总经理、总工程师、总会计师、审计师的任命或聘请及其职权和待遇等。

董事会每年至少召开一次，经1/3以上董事提议，可以由董事长召开临时董事会会议；董事会会议应当由2/3以上董事出席方能举行，董事不能出席的，可以出具委托书委托他人代表其出席和表决；董事会会议的议事规则是出席董事会的2/3以上董事同意即可作出决议，但对以下问题应由出席董事会会议的董事一致通过方可作出决议：

（1）合营企业章程的修改；

（2）合营企业的中止、解散；

（3）合营企业注册资本的增加、减少；

（4）合营企业的合并、分立。

2．中外合资经营企业的经营管理机构

《中华人民共和国合资经营企业法实施条例》第三十五条规定："合营企业设经营管理机构，负责企业的日程经营管理工作。"合营企业的经营管理机构设总经理一人，

副总经理若干；其人选可以是中国公民，也可以是外国公民；总经理、副总经理由董事会聘请；经董事会聘请，董事长、副董事长可以兼任合营企业的总经理或副总经理。总经理、副总经理不得兼任其他经济组织的总经理、副总经理；不得参与其他经济组织对本企业的商业竞争。

§9.2.6　中外合资经营企业的合营期限、解散和清算

1. 中外合资经营企业的合营期限

《中华人民共和国中外合资经营企业法》第十三条规定："合营企业的合营期限，按不同行业、不同情况，作不同的约定。"约定合营期限的合营企业，合营各方同意延长合营期的，应在距合营期满 6 个月前向审批机关提出申请。

合营期限的长短由合营各方根据合营的行业和项目的具体情况协商确定。一般项目的合营期限为 10～20 年。投资大、建设周期长、资金利润率低的项目，由外国合营者提供先进技术或关键性技术生产尖端产品的项目，合营期限可以延长到 50 年，经国务院特别批准的可在 50 年以上。

2. 中外合资经营企业的解散与清算

合营企业的解散即合营企业的终止。《中华人民共和国中外合资经营企业法实施条例》第九十条规定，合营企业在下列情况下解散：

（1）合营期限届满；

（2）企业发生严重亏损，无力继续经营；

（3）合营一方不履行合营协议、合同、章程规定的义务，致使企业无法继续经营；

（4）因自然灾害、战争等不可抗力遭受严重损失，无法继续经营；

（5）合营企业为达到经营目的，同时又无发展前途；

（6）合营企业合同、章程所规定的其他解散原因已经出现。

合营企业宣告解散时，应当进行清算，清算办法执行《外商投资企业清算办法》。依该办法的规定，清算委员会负责合营企业的清算事宜。清算委员会的成员一般应当在企业的董事中选任。董事不能担任或者不适合担任清算委员会成员时，可以聘请中国的注册会计师、律师担任。

清算期间，清算委员会代表该合营企业起诉和应诉。

合营企业以其全部资产对其债务承担责任，其清偿债务后的剩余财产按照合营各方的出资比例进行分配。但合营企业协议、合同、章程另有规定除外。

合营企业解散时，其资产净额或剩余财产减除企业未分配利润、各项基金和清算费用后的余额超过实缴资本的部分为清算所得，应依法缴纳所得税。

合营企业的清算工作结束后，由清算委员会提出清算结束报告，提请董事会会议通过后，报告审批机构。并向登记机关办理注销登记手续，缴销营业执照。合营企业解散后，各项账册及文件应有中方合营者保存。

§9.3　中外合作经营企业法

§9.3.1　中外合作经营企业的概念及其特征

中外合作经营企业，是指中国合作者与外国合作者依中华人民共和国的法律，在中国境内举办的，按合作企业合同的约定分配收益或产品、分担风险和亏损的企业。与中

外合资经营企业相比，其具有以下特征：

（1）中外合作经营企业合作各方的权利和义务都在合同中确定，包括投资或者提供合作条件、利润或者产品的分配、风险和亏损的分担、经营管理的方式和合作企业解散时财产的归属等事项，都在合作各方签订的合同中确定。

（2）中外合作经营企业的法人资格有可选择性。可以是取得中国法人资格的企业，一般为有限责任公司；可以是不具有法人资格的企业，如双方约定的合作条件为合伙式，则成立后的企业不具有中国法人资格。

（3）中外合作经营企业中的外国合作者可提前回收其投资。依照《中华人民共和国中外合作经营企业法》的规定，中外合作经营企业合同若规定合作期限满后合作企业的全部固定资产归中方合作者所有的，外方合作者可以在合作期限届满前先行回收其投资。具体回收办法由合作经营企业合同规定。

§9.3.2　中外合作经营企业法的概念及其立法概况

中外合作经营企业法在广义上是指调整在国家管理、协调经济市场活动的过程中发生的关于中外合作经营企业经济关系的法律规范总称。

自1978年以来，随着我国引进外资数量的增加和形式的多样化，对合作企业的法律调整日益为管理机关所重视，因此，相关立法也越来越多。其主要有：1988年4月13日第七届全国人民代表大会常务委员会第一次会议通过的《中华人民共和国中外合作经营企业法》（2000年10月31日修改）、1980年10月11日国务院发布的《关于鼓励外商投资的规定》、1995年8月7日由对外经济贸易部发布的《中华人民共和国中外合作经营企业法实施细则》（2001年4月21日、2014年2月19日修改，以下简称《实施细则》）等。

§9.3.3　中外合作经营企业的设立条件

《中华人民共和国中外合作经营企业法》第四条规定："国家鼓励举办产品出口或者技术先进的生产型合作企业。"由此可知，国家对设立合作企业未作严格的、明确的规定。但《实施细则》第九条明文规定，申请设立合作企业，有下列情况之一的，不予批准：

（1）损害国家主权或者公共利益的；

（2）危害国家安全的；

（3）对环境造成污染损害的；

（4）有违反法律、法规或者国家产业政策的其他情形的。

§9.3.4　中外合作经营企业的组织形式及组织机构

1. 中外合作经营企业的组织形式

由于中外合作经营企业是契约式合营企业，因此，其组织形式既可是法人式的有限责任公司，也可是非法人式的合伙企业。《中华人民共和国中外合作经营企业法》第二条第二款规定："合作企业符合中国法律关于法人条件的规定的，依法取得中国法人资格。"取得法人资格的合作企业，其组织形式为有限责任公司，合作各方以其投资或提供的合作条件为限对合作企业承担有限责任；合作企业以其全部资产对外部债务承担有限责任。未取得法人资格的合作企业，其组织形式为合伙企业，合作各方及企业的责任依我国合伙法的有关规定执行。当然，合作企业无论是否具备法人资格，都不影响其属于中国企业这一法律属性。

2. 中外合作经营企业的组织机构

（1）权力机构。合作企业的权力机构是董事会或联合管理机构。合作企业依法取得中国法人资格的，董事会为企业的最高权力机构。董事会不得少于3人，其职责由合作企业合同或章程规定。董事长为企业法人代表。董事长既可由中方合作者担任，也可由外方合作者担任。其中一方担任董事长的，他方担任副董事长。合作企业组建成不具有法人资格的合伙型联营企业的，联合管理机构为最高管理机构，决定企业的重大问题。联合管理机构的主任为企业的法人代表，联合管理机构的主任可由合作者中的任何一方担任。其中一方担任正职，另一方担任副职。

依法律规定，董事会或联合管理机构的职责主要有：决定企业发展规划，生产经营活动方案，收支预算，利润分配，劳动工资计划，工资福利制度，企业章程及各项重要规章制度的修改，总经理和其他高级职员的任命，企业的中止、解散和清算等重大问题。

（2）经营管理机构。中外合作经营企业无论采取哪种组织形式都要由董事会或联合管理机构聘请总经理负责企业的日常经营管理工作。总经理既可由中国公民担任，也可由外国公民担任，其中职权是行使董事会或联合管理机构职权之外的一切权力，如对企业日常生产经营活动的统一指挥权，企业中高级人员的任免权（副总经理、总工程师、总会计师除外），奖惩、调动、辞退职工权等。合作企业还可以委托中外合作者以外的第三方负责经营管理。采取此方式时，应由董事会或者联合管理机构代表合作企业与受委托管理者签订委托管理合同，具体程序为：①董事会或联合管理机构一致同意；②审批机关批准；③向工商行政管理机关办理变更登记手续。

§9.3.5 中外合作经营企业的其他规定

1. 中外合作经营企业合作双方的出资形式

《中华人民共和国中外合作经营企业法》第八条规定："中外合作者的投资或提供的合作条件可以是现金、实物、土地使用权、工业产权、非专利技术和其他财产权。"依此规定，中外合作者的出资形式是多种多样的，但这些出资并不作价入股，合作双方完全依照合作合同规定的比例分享利益、承担风险。在实践中，合作企业所需的现金、设备、材料多为外商投资，我方则以场地使用权或现有设备、劳务等作为合作条件。在依法取得中国法人资格的合作企业中，外国合作者的投资一般不低于合作企业注册资本的25%。

2. 中外合作经营企业的收益分配

如前所述中外合作者的收益分配方式可采用利润分配、产品分配，也可以采用合作各方商定的其他方式。分配比例由合作各方在合同中视具体情况而定。

3. 外国合作者投资的回收

《中华人民共和国中外合作经营企业法》第二十一条第二款规定："中外合作者在合作企业合同中约定合作期满时合作企业的全部固定资产归中国合作者所有的，可以在合作企业合同中约定外国合作者在合作期限内先行回收投资的办法。"

外国合作者提前回收投资应具备以下条件：

（1）中外合作者必须在合作企业合同中约定合作期满时合作企业的全部固定资产

归中国合作者所有。

（2）合作企业合同约定外国合作者不缴纳所得税前回收投资的，必须向财政税务机关提出申请，由财政税务机关依国家有关税收的规定审查批准。

（3）外国合作者在合作期满前先行回收投资的，不得影响企业正常经营，同时，中外合作者应依照有关法律的规定和合作企业合同的约定对企业的债务承担责任。否则，合作企业未弥补亏损前外国合作者不得先行回收投资。

合作企业的亏损未弥补前，外国合作者不得先行回收资本。

§9.3.6 中外合作经营企业的合作期限、解散与清算

1. 中外合作经营企业的合作期限

《中华人民共和国中外合作经营企业法实施细则》第四十七条规定："合作企业的期限由中外合作者协商确定，并在合作企业合同中订明。合作企业期限届满，合作各方协商同意要求延长合作期限的，应在期限届满前的 180 天内向审查机关提出申请，同时报送合作各方就延长的期限内各方的权利、义务等事项所达成的协议，由审批机关决定是否给予延长。"

合作企业合同约定外国合营者先行回收投资，并且已经回收完毕的，合作企业期限届满的不再延长。但是，外国合作者增加投资的，经合作各方协商同意的除外。

2. 中外合作经营企业的解散和清算

《中华人民共和国中外合作经营企业法实施细则》第四十八条规定，合作企业有下列情形之一出现时解散：

（1）合作期限届满；

（2）合作企业发生严重亏损，或者因不可抗力遭受严重损失，无力继续经营；

（3）中外合作者一方或数方不履行合作企业合同、章程规定的义务，致使合作企业无法继续经营；

（4）合作企业合同、章程中规定的其他解散原因已经出现；

（5）合作企业违反法律、法规被依法责令关闭。

合作企业解散后应依法进行清算，清算结束后，由清算委员会提出清算报告，提请董事会或联合管理机构通过后，报原审批机构，并向原登记管理机构和税务办理注销登记手续，缴销营业执照。

§9.4 外资企业法

§9.4.1 外资企业及外资企业法概述

外资企业，是依照中国有关法律在中国境内设立的全部资本由外国投资者投资的企业，不包括外国的企业和其他经济组织在中国境内的分支机构。与合营企业相比，外资企业最大的特点是企业由外商出资兴办，同时由外商经营。值得注意的是，外资企业依中国法律在中国境内设立，是中国的企业。

外资企业法，是指调整在国家协调我国经济运行过程中发生的关于外资企业的经济关系的法律规范的总称。为了扩大对外经济合作和技术交流，促进我国国民经济的发展，保护外资企业的合法权益，自改革开放以来，我国颁布了一系列相关的法律、法规，主要有：1986 年 4 月 12 日第六届全国人民代表大会常务委员会第四次会议通过的

《中华人民共和国外资企业法》、1990 年 12 月 12 日对外经济贸易部发布的《中华人民共和国外资企业法实施条例》(2001 年 4 月 12 日、2014 年 2 月 19 日修改)。

§9. 4. 2　外资企业的设立与程序

1. 外资企业的设立条件

依照《中华人民共和国外资企业法实施细则》第二条、第三条和第四条规定，设立外资企业必须符合下列条件：

(1) 外资企业在我国境内从事的经营活动，必须遵守我国的法律、法规，不得损害我国的社会公共利益；

(2) 必须有利于我国国民经济的发展，能够取得显著的经济效益。国家鼓励外资企业采用先进技术和设备，从事新产品开发，实现产品升级换代，节约能源和原材料，并鼓励举办产品出口的外资企业；

(3) 外资企业经营的行为，必须符合国家指导外商投资方向的规定及外商投资产业指导目录的规定。

申请设立外资企业，有下列情况之一的，不予批准：①有损中国主权或社会公共利益的；②危及中国国家安全的；③有违反中国法律、法规的；④不符合中国国民经济发展要求的；⑤可能造成环境污染的。

2. 外资企业的设立程序

(1) 申请。外国投资者在提出申请外资企业前，应就外资企业的宗旨，经营范围、规模、生产产品，使用的技术设备，用地面积及要求，需要水、电、煤、气或其他能源的条件及数量，对公共设施的要求等事项向拟设立外资企业所在地的县级或县级以上的地方人民政府提交报告。县级或县级以上地方人民政府（以下简称地方人民政府）在收到报告之日起 30 日内以书面形式答复。地方人民政府同意后将此报告连同外国投资者提交的下列文件报送审批机关批准：设立外资企业申请书；可行性研究报告；外资企业章程；外资企业法定代表人或董事会人选名单；外国投资者的法律证明文件和资信证明文件；地方人民政府的书面答复；需要进口的物资清单；其他需要报送的文件。

(2) 审批。审批机关在收到申请设立外资企业的全部文件之日起 90 天内作出批准与否的决定。审批机关发现上述文件不齐备或有不当之处，可以要求期限补报或修改。

(3) 登记。设立外资企业的申请经审批机关批准后，外国投资者应在收到批准证书之日 30 天内向工商管理机关申请登记，领取营业执照。外资企业未在规定期限内办理登记者，其批准证书自动失效。外资企业还应在成立之日起 30 日内向税务机关办理税务登记。

外资企业成立后因分立、合并或由于其他原因导致资本发生重大变动而需要变更的，必须经审批机关批准，并应聘请中国的会计师验证和出具验资报告；经审批机关批准后，向原登记机关办理变更登记手续。

§9. 4. 3　外资企业的组织形式与注册资本

1. 外资企业的组织形式

《中华人民共和国外资企业法实施条例》第十八条规定："外资企业的组织形式为有限责任公司。经批准也可为其他责任形式。"

外资企业为有限责任公司的，外国投资者对企业的责任以其认缴的出资额为限；外资企业为其他责任形式的，外国投资者对企业的责任适用中国法律、法规的规定。

2. 外资企业的注册资本

外资企业的注册资本，是指为设立外资企业在工商行政管理机关登记的资本总额，即外国投资者认缴的全部出资额。外资企业的注册资本要与其经营规模相适应，注册资本与投资总额的比例应符合中国法律、法规的有关规定。

外资企业在经营期内不得减少其注册资本，但因投资总额和生产规模等发生变化，确需减少的，需经审批机关批准；外资企业增加、转让其注册资本的，需经审批机关批准，并向工商行政管理机关办理变更登记手续。

§9.4.4 外国投资者的出资方式与期限

1. 外国投资者的出资方式

《中华人民共和国外资企业法实施条例》第二十五条规定："外国投资者可以用可自由兑换的外币出资，也可用机器设备、工业产权、专有技术等作价出资。经审批机关批准，外国投资者也可以从中国境内举办地其他外商投资企业获得的人民币利润出资。"

外国投资者以机器设备作价出资的，该机器设备应是外资企业生产所必需的，且价格不得高于同类机器设备当时的国际市场正常价格。为防止欺诈，法律要求外国投资者对作价出资的机器设备的名称、种类、数量、作价等，作为设立外资企业申请书的附件报审批机关批准。

外国投资者以工业产权、专有技术作价出资的，必须对该工业产权、专有技术拥有所有权，其作价应与国际上通常的作价原则一致，并且作价金额不得超过外资企业注册资本的20%。作价出资的工业产权、专有技术实施后，审批机关有权进行检查。

2. 外国投资者的出资期限

外国投资者可以一次缴清出资，也可以分期缴付出资。分期缴付出资的，第一期应在外资企业营业执照签发之日起90天内缴清，数额不少于外国投资者认缴出资额的15%；最后一期出资应在营业执照签发之日起3年内缴清。外国投资者有正当理由要求延期出资的，应经审批机关同意，并报工商行政管理机关备案。

外国投资者未能在规定期限内缴付第一期出资的，外资企业批准证书自动失效；第一期出资后的其他各期出资，外国投资者若无正当理由逾期30天不出资的，外资企业批准证书也自动失效。

§9.4.5 外资企业的期限、终止与清算

1. 外资企业的期限

外资企业的经营期限，根据不同行业和企业的具体情况，由外国投资者在设立外资企业的申请书中拟定，经审批机关批准。

外资企业经营期限届满需要延长的，应当在经营期满前180天内向审批机关申请。审批机关批准后，外资企业应向登记机关办理变更登记。

2. 外资企业的终止与清算

外资企业有下列情形之一的，应予终止：

（1）经营期限届满；

（2）经营不善，严重亏损，外国投资者决定解散；

（3）因自然灾害、战争等不可抗力而遭受严重损失，无法继续经营；

（4）破产；

（5）违反中国法律、法规，危害社会公共利益被依法撤销；

（6）外资企业章程中规定的其他解散事由已经出现。

外资企业在清算结束之前，外国投资者不得将该企业的资金汇出或者携出中国境外，不得自行处理财产。外资企业清算结束后，其资产净额和剩余财产超过注册资本的部分视同利润，应依中国税法缴纳所得税。

外资企业在清算处理财产时，在同等条件下，中国的企业或其他经济组织有优先购买权。

外资企业在清算结束后，应向工商行政管理机关办理注销登记手续，吊销营业执照。

【思考题】

1. 简述外资企业的法律特征。

2. 我国法律对中外合资企业中外方的出资方式有何要求。

3. 我国法律对中外合作企业中外方投资的回收有何规定。

4. 中外合资企业与中外合作企业的区别。

5. 我国对外商投资企业实行审批制度的意义。

第 10 章 合伙企业法律制度

§10. 1 合伙企业法概述

§10. 1. 1 合伙企业的概念和分类

根据《中华人民共和国合伙企业法》（以下简称《合伙企业法》），合伙企业是指依法在中国境内设立的，由自然人、法人和其他组织依照《合伙企业法》设立的普通合伙企业和有限合伙企业。其中合伙人订立合伙协议，共同出资、合伙经营、共享收益、共担风险，普通合伙人对其债务承担无限连带责任，有限合伙人以其出资为限承担有限责任的营利性组织。

1. 普通合伙企业

普通合伙企业是指全体合伙人均为普通合伙人，合伙人对合伙债务承担无限连带责任的营利性组织。这是最普遍的合伙企业形式。普通的合伙企业中又包含了一种特殊的普通合伙企业。

2. 有限合伙企业

有限合伙企业是指普通合伙人与有限合伙人共同组成合伙，普通合伙人对合伙债务承担无限连带责任，有限合伙人以其出资为限对合伙债务承担责任的营利性组织。

这种组织形式主要适用于风险投资，由具有良好投资意识的专业管理机构或个人作为普通合伙人，承担无限连带责任，对外代表合伙企业，行使合伙事务执行权，负责企业的经营管理；作为资金投入者的有限合伙人依据合伙协议享受合伙收益，对企业只承担有限责任，不对外代表合伙，也不直接参与企业经营。

§10. 1. 2 合伙企业法的概念及立法宗旨

合伙企业法，是指调整在合伙企业的设立、组织、活动和解散的过程中发生的经济关系的法律规范的总称。在我国，很长一段时间规范合伙企业的主要法律依据为《私营企业暂行条例》和对个体工商户进行管理的有关法律法规。这些法律规定为保障和维护合伙人和合伙企业的正当权益，规范合伙企业的行为，引导和监督私营经济的发展，起到了积极的作用。在认真总结合伙企业立法和实践经验的基础上，1997 年 2 月 23 日第八届全国人民代表大会常务委员会第二十四次会议通过了《中华人民共和国合伙企业法》（简称《合伙企业法》）。该法自 1997 年 8 月 1 日起施行。这是一部旨在调整以合伙方式设立的企业的法律，将法人合伙排斥在外，只调整自然人设立的合伙企业。其立法宗旨是规范合伙企业的行为，保护合伙企业及其合伙人的合法权益，维护社会经济秩序，促进社会主义市场经济的发展。2006 年 8 月 27 日第十届全国人民代表大会常务委员会第二十三次会议修订了该法，增加了有限合伙这一新的合伙类型，并对普通合伙企业的内容做了一定的调整，确立了合伙企业在经营中应遵循的公平、自愿、守法、诚信等基本原则。

§10. 2　普通合伙企业的设立及其财产管理

§10. 2. 1　普通合伙企业的特征

1. 与其他市场主体相比，普通合伙企业具有以下法律特征

（1）有合伙人协商一致的合伙协议。合伙协议是合伙企业成立前合伙人之间就合伙有关事项协商一致订立的，用以调整合伙人之间关系，规范合伙企业及合伙人行为规则的基本文件。由于合伙企业是人合性企业，人的结合重于资的结合，许多重要问题的确立和决定都要采取协议的方式。在不违背立法的基本原则的情况下，合伙协议有约定的依协议，协议无约定的依法律规定。因此，合伙协议不仅是合伙企业重要的内部法律文件，也是确定合伙人之权利义务关系的基本依据。它的内容完备公平与否，直接影响到各合伙人的利益。因此，我国《合伙企业法》要求设立合伙企业必须有书面合伙协议。

（2）合伙人共同出资，合伙经营，共享收益，共担风险。尽管合伙企业属于人合企业，但它仍然需要足够数额的资本作为生产经营的物质基础，所以出资是每个合伙人的义务。合伙人通常会在合伙协议中约定出资的比例及利益分享和亏损承担的比例，但这仅是对合伙人内部关系的一种约束。在对外关系上，每个合伙人均承担无限连带责任，合伙人实际承担的风险可能会远远大于协议中约定的亏损承担比例。因此，合伙人既是利益共同体，又是责任共同体。这一特点决定了合伙人原则上享有平等参与执行合伙企业事务的权利，合伙人可以共同经营，也必须共享收益，共担风险。

（3）合伙人对合伙企业的债务承担无限连带清偿责任。尽管《合伙企业法》对合伙企业的财产范围做了界定，即在合伙企业的存续期间，合伙人的出资和所有以合伙企业名义取得的收益均为合伙企业的财产，但是，针对合伙企业的人合性、灵活性等特点，《合伙企业法》并没有对合伙企业要求最低资本数额，而且合伙人还可以既非财产又非财产权利的劳务出资，企业的资本数量处于一种不确定的状态，合伙人可以通过盈余分配的形式最大限度地分配合伙企业在经营中积累的企业财产。因此，合伙企业的债权人并没有数量足够而且较为稳定、可靠的财产保障。一旦合伙企业的债务超过合伙企业的财产，其债权人的合法权益很可能受到损害而得不到救济。所以，《合伙企业法》规定合伙人对合伙企业的债务承担无限连带清偿责任，从而使合伙人能够谨慎、勤勉地执行合伙企业的事务，使合伙企业的债权人的合法权益能够得到保障和实现。

（4）合伙企业具有营利性。在我国社会经济中，从事经营活动的合伙组织有两大类，一类是合伙性的工商企业，一类是合伙性的社会服务组织，如律师事务所、会计师事务所等，两类组织都从事经营活动，都有经营收益。然而由于两者的属性不同，收益的性质也有区别。前者是以营利为目的，它所进行的生产经营活动就是要获取利润，利润越高收益越大，因而普遍认为它具有营利性；而后者首先是提供社会服务，在服务的基础上收取报酬，虽然其服务质量与收益也具有因果性，但它的出发点不是为收益而是为服务，一般认为它不具有营利性。因此被纳入我国《合伙企业法》调整的只是合伙性的工商企业，不包括合伙性的中介服务组织。

（5）合伙企业具有组织性。根据我国《合伙企业法》的规定，合伙企业是一种有固定经营场所，并实行长期经营的合伙形式。在合伙经营中，不仅需要合伙人共同出资，共担风险，还需要他们长期合作，共同经营。为此，需要有稳定的经营方向、固定的经营场所、健全的经营体系及严格的管理制度，从而形成一种独立的经营实体。这种独立的经营主体可以自己名义与其他的市场主体从事经济活动，有自己的名称、财产及管理机构，且不会因某一合伙人的退出或死亡而解体，能够持续经营。因此，合伙企业的这种独立性和主体性使它具有一定的组织形式。

2. 特殊的普通合伙企业

（1）特殊的普通合伙企业的概念。特殊的普通合伙企业是指以专业知识和专门技能为客户提供有偿服务的普通合伙企业，若一个合伙人或者数个合伙人在执业活动中因故意或者重大过失造成合伙企业债务的，应当承担无限责任或者无限连带责任，其他合伙人以其在合伙企业中的财产份额为限承担责任。对合伙人在执业活动中非因故意或者重大过失造成的合伙企业债务以及合伙企业的其他债务，由全体合伙人承担无限连带责任。

（2）责任承担形式。①有限责任与无限责任相结合。即若一个合伙人或者数个合伙人在执业活动中因故意或者重大过失造成合伙企业债务的，应当承担无限责任或者无限连带责任，其他合伙人以其在合伙企业中的财产份额为限承担责任。一个合伙人或者数个合伙人在执业活动中因故意或者重大过失造成合伙企业债务的，应当承担无限责任或者无限连带责任，其他合伙人以其在合伙企业中的财产份额为限承担责任。对合伙人在执业活动中非因故意或者重大过失造成的合伙企业债务以及合伙企业的其他债务，由全体合伙人承担无限连带责任。特殊普通合伙的这一特殊规定，将合伙人的无限连带责任仅局限于本人业务范围及过错，使其他合伙人避免承担过度风险，有利于其自身业务的发展和规模的扩大，也有利于行业的发展，使其与国外的专业服务机构展开竞争。目前，普华、德勤、安永、毕马威等 4 家国际最大的专业会计师事务所，都采用了这种合伙责任形式。②责任追偿。由于特殊的普通合伙企业的特殊性，合伙人执业活动中因故意或者重大过失造成的合伙企业债务，以合伙企业财产对外承担责任后，该合伙人应当按照合伙协议的约定对给合伙企业造成的损失承担赔偿责任。③特殊的普通合伙企业的执业风险防范。执业风险基金是特殊的普通合伙企业从其经营的收入中提取相应比例的资金提留或根据相关规定上缴至指定机构所形成的资金。执业风险基金用于偿付合伙人执业活动造成的债务。特殊的普通合伙企业应当建立执业风险基金、办理职业保险，并应当对执业风险基金单独立户管理。

§10. 2. 2 普通合伙企业的设立

1. 设立条件

根据《合伙企业法》的规定，设立普通合伙企业应当具备下列条件：

（1）须有符合要求的合伙人。设立合伙企业必须有合格的合伙人，合伙人数应不少于 2 人。《合伙企业法》没有规定合伙人人数的上限，但由于合伙的人合性质合伙人人数不会太多，一般不超过 20 人。合伙人可以是自然人、法人和其他经济组织。因为合伙人具有相应的民事行为能力是合伙人承担无限责任的前提，合伙人必须是完全民事行为能力人。此外，法律、行政法规禁止从事营利性活动的人，不得成为合伙企业的合伙人，如公务员、警察。如果允许这些特殊身份的人参与营利活动，必然影响到营利性组织在市场中的公平竞争。国有独资公司、国有企业、上市公司以及公益性的事业单位、社会团体不得成为普通合伙人。此外，根据 2009 年国务院颁布的《外国企业或者个人在中国境内设立合伙企业管理办法》，所谓"外国企业或者个人在中国境内设立合伙企业"，是指 2 个以上外国企业或者个人在中国境内设立合伙企业，以及外国企业或者个人与中国的自然人、法人和其他组织在中国境内设立合伙企业。可见合伙人也可以是具备外国国籍的自然人或法人。

（2）须有书面合伙协议。无论对于合伙人还是对于合伙企业，合伙协议都是非常重要的法律文件。合伙协议应当依法由全体合伙人协商一致，以书面形式订立。合伙协议经全体合伙人签名、盖章后生效。合伙人依照合伙协议享有权利，承担责任。订立合伙协议，设立合伙企业，应当遵循自愿、平等、公平、诚实信用原则。合伙协议应当载明下列事项：合伙企业的名称和主要经营场所的地点；合伙目的和合伙企业的经营范围；合伙人的姓名及其住所；合伙人出资的方式、数额和缴付出资的期限；利润分配和亏损分担办法；合伙企业事务的执行；入伙与退伙；合伙企业的解散与清算；违约责任。合伙协议中也可以载明合伙企业的经营期限和合伙人争议的解决方式。经全体合伙人的协商一致，可以修改或补充合伙协议。合伙人违反合伙协议的，应当依法承担违约责任。

合伙人履行合伙协议发生争议的，合伙人可以通过协商或者调解解决。合伙人不愿通过协商、调解解决或者协商、调解不成的，可以依据合伙协议中的仲裁条款或者事后达成的书面仲裁协议，向仲裁机构申请仲裁。当事人没有在合伙协议中订立仲裁条款，事后又没有达成书面仲裁协议的，可以向人民法院起诉。

（3）须有合伙人实际缴付的出资。合伙人的出资是设立合伙企业的基本物质条件，也是合伙人资格取得的必备条件。因此，合伙人必须向合伙企业出资。合伙人出资的形式可以是货币、实物、土地使用权、知识产权或者其他财产权利。经全体合伙人协商一致，合伙人也可以用劳务、技术等出资。上述出资，应当是合伙人的合法财产或财产权利。一般应进行评估作价，即折价入伙。评估工作由合伙人协商确定，也可由全体合伙人委托法定评估机构进行评估，评估报告作为折价的依据。若以劳务出资，则只能由全体合伙人协商确定出资的价值。合伙人应当按照合伙协议约定的出资方式，数额和缴付出资的期限履行出资义务，否则其他合伙人可追究其违约责任。与公司不同，合伙企业属人合企业，合伙人对合伙企业承担无限连带责任，因此，《合伙企业法》没有规定合伙企业的最低注册资本。

（4）须有合伙企业的名称。合伙企业作为市场主体之一，应有自己的名称。合伙企业只有拥有自己的名称，才能以自己的名义参与民事法律关系，享有民事权利，承担民事义务，并参与诉讼，成为诉讼当事人。合伙企业对自己的名称享有名称权，未经合伙企业许可，任何人不得使用合伙企业的名称，否则即构成民事侵权行为，合伙企业有权要求行为停止侵害，消除影响，赔礼道歉，并可以要求赔偿损失。

因为合伙人对外承担的是无限连带责任，且我国法律未承认有限合伙，在合伙企业的名称中不能有"有限责任"的字样。除此之外，合伙企业的名称应当符合《企业名称登记管理规定》的要求。

（5）有经营场所和从事合伙经营的必要条件。经营场所是合伙企业从事生产经营活动的所在地。必要的生产经营条件是指根据合伙企业的业务性质、规模等因素而需具备的设备、设施、人员等方面的条件。固定的生产经营场所和必要的生产经营条件是合伙企业开展经营活动的物质基础。作为独立的、持续经营的营业组织，合伙企业应当具备这些企业正常经营所需的基本物质条件。

2．合伙企业的设立程序

（1）申请人与登记机关。设立合伙企业，应由全体合伙人指定的代表或者共同委托的代理人向企业登记机关申请设立登记。企业登记机关为工商行政管理部门。

（2）申请时提交的材料。申请设立合伙企业，应向企业登记机关提交下列文件：全体合伙人签署的设立登记申请书；全体合伙人的身份证明；全体合伙人指定的代表或者共同委托的代理人的委托书；合伙协议；出资权属证明；经营场所证明；其他证明材料，如依法应提交的有关行政审批文件。

（3）登记。企业登记机关应当自收到申请登记文件之日起 30 日内，作出是否登记的决定。对符合《合伙企业法》规定条件的，予以登记，并应当给予书面答复，说明理由。合伙企业营业执照的签发日期，为合伙企业成立日期。合伙企业领取营业执照前，合伙人不得以合伙企业名义从事经营活动。合伙企业设立分支机构，应当向分支机构所在地的企业登记机关申请登记，领取营业执照。违反规定，未依法领取营业执照，而以合伙企业名义从事经营活动的，责令停止经营活动，可以处以 5000 元以下的罚款。

§10.2.3　合伙企业的财产管理

1．合伙企业财产的构成

合伙企业的财产是为经营合伙事务所集合的各种财产的总称，包括合伙人的出资和合伙企业在经营过程中以合伙企业名义取得的各种收益。

（1）合伙企业的出资。合伙人的出资，是合伙人按照合伙协议实际缴付的出资。向合伙企业出资是合伙人的基本义务，也是合伙企业得以成立的基础性条件。同时，合伙人的出资也是合伙财产的原始构成部分。合伙人可用货币、实物、土地使用权和其他财产性权利出资，也可用劳务和技术出资。在合伙企业存续期间，合伙人并无再行出资的义务。但如果合伙人在合伙协议中约定或经全体合伙人决定，合伙人也可增加对合伙企业的出资，用于扩大经营规模或者弥补亏损。

（2）合伙企业的收益。合伙企业在存续过程中对外开展营业活动，并且可以自己的名义获得营业收入和其他收益。这些收益在未按合伙协议的约定分配给合伙人之前，与合伙人的出资一样，属于合伙企业的财产。合伙企业的收益一般包括以下几项内容：①合伙企业的营业收入，即合伙企业通过与他人的交易而取得的利润；②合伙企业以自己的名义购买的各种财产，包括动产与不动产；③合伙企业获得的受赠财产；④合伙财产获得的赔偿，即当他人侵犯合伙企业的合法权益时，向合伙企业支付的赔偿金等；⑤合伙企业在经营过程中形成的无形资产，如商誉等；⑥以合伙企业名义取得的各种知识产权。如果合伙人在合伙协议中约定定期分配合伙企业的收益（或称为利润），则分配后的剩余收益转化为合伙企业的财产。

2．合伙企业财产的管理和使用

合伙企业财产依法由全体合伙人共同管理和使用。具体表现为：

（1）在合伙企业存续期间，合伙人向合伙人以外的人转让其在合伙企业中的全部或部分财产份额时，须经其他合伙人一致同意，且在同等条件下其他合伙人有优先受让的权利。作为合伙人以外的人依法受让合伙财产份额后，经修改合伙协议即成为合伙企业的合伙人，新的合伙人依照修改后的合伙协议享有权利，承担责任。

（2）在合伙存续期间，合伙人之间可以转让在合伙企业中的全部或部分财产份额，但应当通知其他合伙人。

（3）在合伙企业存续期间，合伙人以其在合伙企业中的财产份额出质的，须经其他合伙人一致同意。否则，出质行为无效，或者作为退伙处理；因此给其他合伙人造成损失的，还应依法承担赔偿责任。

（4）在合伙企业存续期间，除依法退伙等法律有特别规定的外，合伙人不得请求分割合伙企业财产；也不得私自转移或者处分合伙企业财产。但是，为了保护第三人的利益，如果合伙人私自转移或者处分合伙企业财产的，合伙企业不得以此对抗不知情的善意第三人。

§10.3　合伙企业的内外部关系

§10.3.1　合伙企业的事务执行

1. 合伙企业的事务执行方式

合伙企业的事务执行是指合伙人的内部管理和外部经营的组织指挥和运作活动。合伙企业的合作是基于人的合作，它的组织管理比较简单，无需设立专门的意思表示机关来统一各合伙人的意志，因此，无论合伙人投入企业的资本是多少，每个合伙人对执行合伙企业事务享有同等的权利。尽管法律规定各合伙人对合伙企业的事务执行享有平等的权利，但在实际生活中，却不是所有的合伙人都参加事务执行的。由于不同企业具体情况的差异，执行事务方式也不尽相同。有鉴于此，《合伙企业法》明确规定合伙企业的合伙人可以在合伙协议约定或经全体合伙人同意的情况下采取以下几种事务执行方式：

（1）由全体合伙人共同执行。这种方式适合于合伙人人数较少的合伙。

（2）由各合伙人分别单独执行合伙事务。

（3）由一名合伙人执行合伙事务。即一名合伙人受托代表全体合伙人执行合伙事务。这种方式适合于人数较多的合伙。

（4）由数名合伙人共同执行合伙事务。即由全体合伙人委托数名合伙人执行合伙事务。这种方式同样适合于人数较多的合伙。

合伙人有权将其对合伙事务的执行权委托其他合伙人代理，而自己不参与合伙事务的执行。执行合伙事务的合伙人，对外代表合伙组织，其执行合伙事务所产生的收益归全体合伙人，所产生的亏损或者民事责任，由全体合伙人承担。

2. 合伙事务的决议和执行

合伙人依法或者按照合伙协议对合伙企业有关事项作出决议时，除合伙企业法另有规定或者合伙协议另有约定外，经全体合伙人决定可以实行一人一票的表决办法。

合伙事务的决议直接关系到全体合伙人利益。因此，合伙企业的下述事务须经全体合伙人同意：①处分合伙企业的不动产；②改变合伙企业名称；③转让或者处分合伙企业的知识产权和其他财产权利；④向企业登记机关申请办理变更登记手续；⑤以合伙企业名义为他人提供担保；⑥聘任合伙人以外的人担任合伙企业的经营管理人员；⑦依照合伙协议约定的其他有关事项，如增加对合伙企业的出资，延长合伙企业的经营期限等事项。

除上述事项外，其他的合伙事务的决定或者由全体合伙人决定，或者依合伙协议约定决定，而且合伙协议的约定优先。

合伙事务的执行人应当按照法律规定和协议的约定执行合伙人作出的决议。同时要依照约定向其他不参加执行事务的合伙人报告事务执行情况以及合伙企业的经营状况和财务状况。合伙人为了了解合伙企业的经营状况和财务状况，有权查阅账簿。若合伙协议约定或经全体合伙人决定，合伙人分别执行合伙事务时，合伙人可以对其他合伙人执行的事务提出异议。提出异议时，应暂停该事务的执行。如果发生争议，可由全体合伙人共同决定。被委托执行合伙企业事务的合伙人不按照合伙协议或全体合伙人的决定执行事务的，其他合伙人可以决定撤销该委托。

3. 合伙企业的利润分配及亏损分担

合伙企业的利润和亏损，由合伙人依照合伙协议约定的比例分配和分担；合伙协议未约定利润分配和亏损分担比例的，由各合伙人平均分配和分担。合伙协议不得约定将全部利润分配给部分合伙人或者由部分合伙人承担全部亏损。合伙企业存续期间，合伙人依照合伙协议的约定或者经全体合伙人决定，可以增加对合伙企业的出资，用于扩大经营规模或者弥补亏损。合伙企业年度的或者一定时期的利润分配或者分担的个体方案，由全体合伙协商决定或者按照合伙协议约定的办法决定。

4. 合伙人及其他经营管理人员的义务

合伙人不得自营或者同他人合作经营与本合伙企业相竞争的业务。合伙人违反法律规定，从事与本合伙企业相竞争的业务或者与本合伙企业进行交易，给合伙企业或者其他合伙人造成损失的，依法承担赔偿责任。除合伙协议另有约定或者经全体合伙人同意外，合伙人不得同本合伙企业进行交易。合伙人不得从事损害合伙企业利益的活动。

合伙人执行合伙企业事务中，将应当归合伙企业的利益据为己有的，或者采取其他手段侵占合伙企业财产的，责令将该利益和财产退还合伙企业；给合伙企业或者其他合伙人造成损失的，依法承担赔偿责任；构成犯罪的，依法追究刑事责任。

被聘任的合伙企业的经营管理人员应当在合伙企业授权范围内履行职务。被聘任的合伙企业的经营管理人员，超越合伙企业授权范围从事经营活动，或者因故意或者重大过失，给合伙企业造成损失的，依法承担赔偿责任。合伙企业招用的职工利用职务上的便利，将合伙企业财物非法占为己有或者挪用合伙企业资金归个人使用的，依法承担民事责任；构成犯罪的，依法追究刑事责任。

§10.3.2 合伙企业与第三人关系

1. 合伙企业与善意第三人的关系

善意第三人是指善意与合伙企业进行民事行为的人，包括善意取得合伙财产和善意与合伙企业设定其他法律关系的人。合伙企业的经营活动不是封闭的，必须通过市场与第三人进行相应的经济业务活动，达到经营目的。合伙事务的执行人对外代表合伙企业，因此，合伙企业的对外业务活动是由合伙事务的执行人代表合伙企业与第三人进行的。合伙人在执行事务时，合伙协议可能限定某一个或几个合伙人执行事务，或者对某事务执行人的权限作出限制。这些限制从性质上看只是合伙企业的内部约定，只对合伙人有效，对第三人并无约束。如果合伙人或合伙事务执行人与第三人的活动突破了合伙企业的限制，而第三人并不知情，在这种情况下要求第三人承担无效法律行为的后果是不公平的。因此，《合伙企业法》第三十八条规定：合伙企业对合伙人执行合伙企业事务以及对外代表合伙企业的限制，不得对抗不知情的善意第三人。

2. 合伙企业及合伙人的债务清偿

（1）合伙企业的债务清偿。合伙企业对其债务，应先以其全部财产进行清偿；合伙企业财产不足清偿到期债务的，各合伙人应当承担无限连带清偿责任。合伙人对合伙企业债务承担无限责任是指各合伙人对于合伙财产不足以清偿的债务，负无限清偿责任，而不以出资额为限。合伙人对合伙企业债务的连带责任意味着每个合伙人均须对全部合伙债务负责，债权人可以依其选择，请求全体、部分或者个别合伙人代为清偿，被请求的合伙人即须清偿全部的合伙债务，不得以自己承担的份额为由拒绝；每个合伙人对合伙债务的清偿，均对其他合伙人发生清偿的效力；合伙人由于承担连带责任所清偿债务数额超过其应当承担的数额时，有权向其他合伙人追偿。

从上述规定看，合伙人对于合伙企业债务的清偿责任的性质属于补充性责任，即只有当合伙财产不足以清偿合伙债务时方由合伙人承担债务，也就是说，合伙债务的债权人应当先向合伙财产求偿；只有该合伙财产不足清偿时，才应向各合伙人求偿。

（2）合伙人的债务清偿。合伙人应当先用自己的个人财产清偿个人债务，合伙人个人财产不足清偿其个人所负债务的，该合伙人只能以其从合伙企业中分取的收益用于清偿；债权人也可依法请求人民法院强制执行该合伙人在合伙企业中的财产份额用于清偿。其他合伙人对该合伙人的财产份额有优先受让权。

合伙人的债权人在行使其债权时，不得以该债权抵销其对合伙企业的债务，也不得代位行使该合伙人在合伙企业中的权利。

§10.4　入伙与退伙

§10.4.1　入伙

入伙是指在合伙企业存续期间，合伙人以外的第三人加入合伙企业并取得合伙人资格的行为。

1. 入伙的条件与程序

入伙是一种民事法律行为，这种行为不仅涉及入伙人的利益，而且涉及全体合伙人的利益。因此，入伙应具备一定的条件。

（1）全体合伙人的同意。入伙使入伙人取得合伙人的资格，与其他合伙人共同成为合伙组织的成员，并享有对合伙财产的管理使用权，与其他合伙人共享收益、共担风险。因此入伙必须经其他合伙人的一致同意。

（2）入伙人与原合伙人订立书面合伙协议。入伙协议的签订表明原合伙人对入伙人的接受，也表明了入伙人的入伙意愿。原合伙人与入伙人签订入伙协议时，应履行其告知的义务，即告知入伙人原合伙企业的经营状况和财务状况。因为，入伙人入伙后，对入伙前的合伙企业债务要与原合伙人承担连带责任。原合伙人履行告知义务，目的是有利于第三人决定是否入伙。

2．入伙的后果

入伙的后果是入伙人取得合伙人的资格；入伙人对入伙前合伙企业的债务承担无限连带责任；除入伙协议另有约定外，入伙人与其他合伙人享有同等权利，承担同等责任。

§10．4．2 退伙

退伙是在合伙存续期间，合伙人的资格消灭的法律行为。

1．退伙的形式

（1）自愿退伙。又称声明退伙，是指合伙人基于自愿的意思表示而退伙。自愿退伙又可分为协议退伙和通知退伙。当合伙协议约定了合伙的经营期限的，则有下列情形之一时，合伙人可以退伙：①合伙协议约定的退伙事由出现；②经全体合伙人同意退伙；③发生合伙人难于继续参加合伙企业的事由；④其他合伙人严重违反合伙协议约定的义务。当合伙协议约定了合伙期限时，合伙人欲退伙须经其他合伙人同意，不得单方通知退伙。合伙协议未约定合伙期限的，在不给合伙事务执行造成影响的前提下，合伙人可以不经其他合伙人同意而退伙，但应当提前30日通知其他合伙人。

（2）法定退伙。又称当然退伙。根据《合伙企业法》的规定，合伙人发生下列客观情况之一的，合伙人退出合伙组织：①公民死亡或者被依法宣告死亡；②公民被依法宣告为无民事行为能力人；③个人丧失偿债能力；④被人民法院强制执行在合伙企业中的全部财产份额。法定退伙以引起退伙的客观事实的实际发生之日为退伙生效日。

（3）除名退伙。也称开除退伙。合伙人出现下列情形之一的，经其他合伙人一致同意可将该合伙人除名：①未履行出资义务；②因故意或者重大过失给合伙企业造成损失；③执行合伙企业事务时有不正当竞争行为；④合伙协议约定的其他事项。对合伙人的除名决议应当书面通知被除名人。被除名人自接到除名通知之日起，除名生效，被除名人退伙。

2．退伙的效力

就退伙的效力而言，几种退伙的效力基本是一致的。

（1）合伙人的退伙不必然导致合伙的解散，只有在合伙人为二人的情况下，其中一个退伙导致合伙的解散。

（2）合伙人退伙的，其他合伙人应当与该退伙人按照退伙时的合伙企业的财产状况进行结算，退还退伙人的财产份额。

（3）退伙人对其退伙前已发生的合伙企业债务，与其他合伙人承担连带责任。

（4）合伙人退伙时，合伙企业财产少于合伙企业债务的，退伙人应当依照合伙协议约定的比例分担亏损；合伙协议未约定亏损分担比例的，由各合伙人平均分担。

（5）合伙人死亡或者被依法宣告死亡的，对该合伙人在合伙企业中的财产份额享有合法继承权的继承人，依照合伙协议的约定或者经全体合伙人同意，从继承开始之日起，即取得该合伙企业的合伙人资格。合法继承人不愿意成为该合伙企业的合伙人的，合伙企业应退还其依法继承的财产份额。

§10．5 合伙企业的解散与清算

§10．5．1 合伙企业的解散

合伙企业的解散是指合伙企业因某些法律事实的发生而使合伙组织归于消灭的行为。根据《合伙企业法》的规定，合伙企业解散的事由包括：

（1）合伙协议约定的经营期限届满，合伙人不愿继续经营的。合伙协议约定有经营期限，期限届满时合伙人不愿意继续经营，合伙企业当然终止。这意味着合伙协议约定的经营期限届满并不必然引起合伙企业的解散，只有在与合伙人不愿继续经营的条件同时具备时才会引起合伙企业解散的后果。如果合伙协议约定的经营期限届满后合伙人对继续经营合伙事业均无异议，则可认为合伙人一致同意延长合伙经营期限，延长后的期限则为不定期限。但此时应在原约定的经营期限届满之日起 15 日内向原登记机关办理有关变更登记手续。

（2）合伙协议约定的解散事由出现。合伙协议如约定当某一事由出现时合伙便解散，则设立合伙的行为实为附解除条件的法律行为，条件成熟时协议解除，合伙企业解散。

（3）全体合伙人决定解散。合伙企业可由合伙人基于合意而设立，自然也可基于合伙人的合意而解散。无论合伙协议是否约定有合伙经营期限，合伙人均可通过合意而终止合伙协议，解散合伙。如果一部分合伙人同意解散合伙，而另一部分合伙人不同意，则合伙企业不解散，由同意解散的合伙人退伙，合伙企业继续存在。当然，在不同意解散合伙的合伙人只有一人时，合伙关系自当消灭，合伙企业解散。

（4）合伙人已不具备法定人数。根据我国《合伙企业法》的规定，合伙企业的合伙人必须是两人以上，若合伙成立后不断发生退伙而只剩下一人时，便出现了合伙人不足法定人数的现象，合伙解散。

（5）合伙协议约定的合伙目的已经实现或者无法实现。

（6）被依法吊销营业执照。

（7）出现法律、行政法规规定的合伙企业解散的其他原因。

§10.5.2　合伙企业的清算

合伙企业解散的结果是合伙企业的终止，但合伙企业从宣布解散到最后终止有一个过程，这个中间过程就是要对合伙企业的债权、债务进行清算，解决合伙企业与其债权人、债务人的关系及合伙人内部的关系。

（1）清算人的确定。合伙解散，应确定清算人，由清算人依法进行清算工作。清算人由全体合伙人担任；如果未能由全体合伙人担任清算人的，经全体合伙人过半数同意，可以自合伙企业解散后 15 日内指定一名或者数名合伙人，或者委托第三人担任清算人。15 日内未确定清算人的，合伙人或者其他利害关系人可以申请人民法院指定清算人。

（2）清算人的职责。清算人在清算期间执行的事务包括：清算合伙企业财产，分别编制资产负债表和财产清单；处理与清算有关的合伙企业未了结的事务；清缴所欠税款；清理债权、债务；处理合伙企业清偿债务后的剩余财产；代表合伙企业参与民事诉讼活动。

（3）清偿的顺序。合伙企业财产在支付清算费用后，应按下列顺序清偿：合伙企业所欠职工工资和劳动保险费；合伙企业所欠税款；合伙企业财产按上述顺序清偿后仍有剩余的，则按约定或法定的比例在合伙人间分配。

合伙企业的财产不足清偿其债务的，由合伙人承担无限连带责任。债权人应在法定的期限内向合伙人提出偿债请求。《合伙企业法》规定：合伙企业解散后，原合伙人对合伙企业存续期间的债务仍应承担连带责任，但债权人在5年内未向债务人提出偿债请求的，该责任消灭。

合伙企业注销登记是合伙企业解散、消灭其主体资格的法定程序。清算结束，应当编制清算报告，经全体合伙人签名、盖章后，在15日内向企业登记机关报送清算报告，办理合伙企业注销登记。清算人未依照规定向企业登记机关报送清算报告，或者报送清算报告隐瞒重要事实，或者有重大遗漏的，责令改正。

§10.6 有限合伙企业

§10.6.1 有限合伙企业的概念及设立

有限合伙企业由普通合伙人和有限合伙人组成，有限合伙人以其认缴的出资额为限对合伙债务承担有限责任。

有限合伙企业的设立有如下特殊规定：

（1）有限合伙企业由2个以上50个以下合伙人设立，法律另有规定的除外。合伙人中至少应当有一个普通合伙人。

由于财产份额的转让、入伙和退伙等原因，有限合伙企业仅剩有限合伙人的，应当解散；有限合伙企业仅剩普通合伙人的，转为普通合伙企业。

（2）有限合伙企业名称中应当标明"有限合伙"字样。

（3）有限合伙企业的合伙协议除符合《合伙企业法》的一般规定，还应当载明下列事项：①普通合伙人和有限合伙人的姓名或者名称、住所；②执行事务合伙人应具备的条件和选择程序；③执行事务合伙人权限与违约处理办法；④执行事务合伙人的除名条件和更换程序；⑤有限合伙人入伙和退伙的条件、程序以及相关责任；⑥有限合伙人和普通合伙人相互转变程序。

（4）有限合伙人的出资方式规定有限合伙人不得以劳务出资。出资责任要求有限合伙人应当按期足额缴纳合伙协议约定的出资额。未按期足额缴纳的，应当承担补缴义务，并对其他合伙人承担违约责任。

（5）有限合伙企业的设立登记要求有限合伙企业登记事项中应当载明有限合伙人的姓名或者名称及认缴的出资数额。

§10.6.2 有限合伙企业事务执行的特殊规定

（1）有限合伙企业由普通合伙人执行合伙事务。执行事务合伙人可以要求在合伙协议中确定执行事务的报酬及报酬提取方式。

（2）有限合伙人不执行合伙事务，不得对外代表有限合伙企业。

有限合伙人未经授权以有限合伙企业名义与他人进行交易，给有限合伙企业或者其他合伙人造成损失的，该有限合伙人应当承担赔偿责任。第三人有理由相信有限合伙人为普通合伙人并与其交易的，该有限合伙人对该笔交易承担与普通合伙人同样的责任。

有限合伙人的下列行为，不视为执行合伙事务：①参与决定普通合伙人入伙、退伙；②对企业的经营管理提出建议；③参与选择承办有限合伙企业审计业务的会计师事务所；④获取经审计的有限合伙企业财务会计报告；⑤对涉及自身利益的情况，查阅有限合伙企业财务会计账簿等财务资料；⑥在有限合伙企业中的利益受到侵害时，向有责任的合伙人主张权利或者提起诉讼；⑦执行事务合伙人怠于行使权利时，督促其行使权利或为了本企业的利益以自己的名义提起诉讼；⑧依法为本企业提供担保。

§10. 6. 3　有限合伙企业财产的特殊规定

（1）有限合伙人可以同本有限合伙企业进行交易，可以自营或者同他人合作。

经营与本有限合伙企业相竞争的业务，可以将其在有限合伙企业中的财产份额出质。但是，合伙协议中另有约定的除外。

（2）有限合伙人可以按照合伙协议的约定向合伙人以外的人转让其在有限合伙企业中的财产份额，但应当提前 30 日通知其他合伙人。由于有限合伙人不参与事务管理，不论是向其他合伙人或是向合伙人以外的人转让财产份额对有限合伙的稳定都不会产生影响，所以，转让财产份额只需尽到通知义务。

（3）有限合伙企业不得将全部利润分配给部分合伙人，但是合伙协议中另有约定的除外。

（4）有限合伙人的自有财产不足以清偿其与合伙企业无关的债务的，该合伙人可以用其从有限合伙企业中分取的收益清偿债务；债权人也可以依法请求人民法院强制执行将该合伙人在有限合伙企业中的财产份额用于清偿债务的决定。人民法院强制执行时，应当通知全体合伙人。在同等条件下，其他合伙人有优先购买权。

§10. 6. 4　有限合伙企业入伙与退伙的特殊规定

（1）新入伙的有限合伙人对入伙前有限合伙企业的债务，以其认缴的出资额为限承担责任。

（2）有限合伙人出现下列情形之一，当然退伙：①作为合伙人的自然人死亡或者被依法宣告死亡；②作为合伙人的法人或者其他组织依法被吊销营业执照、责令关闭、撤销，或者被宣告破产；③合伙人在合伙企业中的全部财产份额被人民法院强制执行。

作为有限合伙人的自然人在有限合伙企业存续期间丧失民事行为能力的，其他合伙人不得因此要求其退伙。其相关权利可由其法定代理人代理。

有限合伙人退伙后，对基于其退伙前的原因发生的有限合伙企业债务，以其退伙时从有限合伙企业中取回的财产承担责任。

（3）作为有限合伙人的自然人死亡、被依法宣告死亡或者作为有限合伙人的法人及其他组织终止时，其继承人或者权利承受人可以依法取得该有限合伙人在有限合伙企业中的资格。因为有限合伙人只是基于出资享有一定的财产权利，所以合伙资格的继承没有普通合伙中的限制规定。

（4）除合伙协议另有约定外，普通合伙人转变为有限合伙人应当取得全体合伙人同意，并对其作为普通合伙人期间合伙企业发生的债务承担无限连带责任。

（5）除合伙协议另有约定外，有限合伙人转变为普通合伙人应当取得全体合伙人同意，并依法重新订立书面协议。有限合伙人转变为普通合伙人后，与其他普通合伙人享有同等权利，承担相同义务，对其作为有限合伙人期间有限合伙企业发生的债务承担无限连带责任。

【思考题】

1. 简述普通合伙企业的特征。
2. 简述普通合伙企业与第三人的关系。
3. 简述有限合伙企业与普通合伙企业的区别。

第 11 章　个人独资企业法律制度

§11. 1　个人独资企业法概述

§11. 1. 1　个人独资企业的概念和特征

1. 个人独资企业的概念

个人独资企业，是指依照《中华人民共和国个人独资企业法》（以下简称《个人独资企业法》）在中国境内设立，由一个自然人投资，财产为投资人个人所有，投资人以其个人财产对企业债务承担无限责任的经营实体。

个人独资企业是与简单商品经济相适应的最古老的企业形态，业主通常集所有者与经营者于一身，对企业债务负无限责任。我国在社会主义改造完成之后，个人独资企业也随之而消失。改革开放以来，随着非公有制经济的兴起，个人独资企业发展迅速。个人独资企业因其资本规模小、产权关系简单，具有经营灵活、决策迅速、产权转让较为自由等优点，能够适应生产社会化程度较低、规模较小的市场活动。因而在公司制被大量采用的今天，个人独资企业仍有其广泛的生存空间，作为一种独立的企业形态存在。

2. 个人独资企业的特征

（1）个人独资企业由一个自然人投资设立。个人独资企业的投资者具有单一性，即由一个自然人投资设立。因此，个人独资企业不同于合伙企业，合伙企业由两人以上投资设立，而个人独资企业的投资者只能是一个人。同时，个人独资企业也不同于国有独资企业，个人独资企业的投资者只能是自然人，而国有独资企业的投资者则是国家或国家授权的投资机构。

（2）个人独资企业投资者享有企业财产所有权。个人独资企业是个人单独投资设立的企业，企业财产属于投资者个人所有，不存在企业财产共有、资本联合的问题，在法律上也不对企业财产与投资者个人财产进行严格界定。在实践中企业的投资者可以直接对企业经营管理，也可以委托授权他人行使企业的经营管理权。

（3）个人独资企业不具备法人资格。个人独资企业的财产属于投资者个人所有，企业没有独立的财产，也不具有独立的责任能力。因而，个人独资企业不具备法人资格，是非法人商事组织。

（4）个人独资企业的投资者对企业债务负无限责任。由于个人独资企业的财产属于投资者所有，在法律上也不严格区分企业财产与投资者财产，所以个人独资企业的投资者要以其全部财产对企业债务承担无限责任。这是个人独资企业与全民所有制企业、集体所有制企业和公司制企业在责任形式上的重要区别。

（5）个人独资企业须有一定的组织形式。个人独资企业作为经营实体，其组织形式既不同于实行有限责任的公司企业，也不同于实行连带无限责任的合伙企业。但是，个人独资企业作为"企业"就必须以一定组织形式，从事经营活动。具备一定的组织形式，也是个人独资企业与个体工商户、农村承包经营户的一个重要区别：依照我国《民法通则》规定，个体工商户和农村承包经营户属于公民范畴，无需以一定的组织形式从事经营活动。

§11. 1. 2　个人独资企业法的概念、立法宗旨和适用范围

1. 个人独资企业法的概念和立法概况

个人独资企业法，是指调整国家在监督管理个人独资企业和个人独资企业在经营管理过程中所发生的经济关系的法律规范的总称。

我国个人独资企业法的调整对象具体包括：

（1）个人独资企业在设立、变更和解散过程中与政府主管部门之间发生的经济行政关系；

（2）个人独资企业的投资人及其事务管理过程中与有关各方面发生的关系；

（3）个人独资企业与职工之间的劳动合同关系；

（4）政府主管部门因对企业的财务、税收和利润分配进行监督管理而与个人独资企业发生的经济关系和行政关系；

（5）政府主管部门在对企业的生产经营活动进行指导、帮助和监督管理过程中与个人独资企业发生的各种关系。

党的十一届三中全会以后，随着我国经济体制改革不断深入，人们逐步认识到在社会主义初级阶段，私营经济的存在和发展是由我国生产力发展水平所决定的，也是建立我国以公有制为主体的多种所有制经济所必需的。1988 年 4 月 12 日第七届全国人民代表大会第一次会议通过的《中华人民共和国宪法修正案》第一条规定："国家允许私营经济在法律规定的范围内存在和发展。私营经济是社会主义公有制经济的补充。国家保护私营经济的合法的权利和利益，对私营经济实行引导，监督和管理。"以国家根本大法的形式对私营经济存在的合法性及其作用作出了原则规定。为鼓励、引导私营企业健康发展，保障私营企业合法权益，加强对私营企业的监督管理，国务院于 1988 年 6 月 25 日发布了《中华人民共和国私营企业暂行条例》，1989 年 2 月 1 日国家工商行政管理局发布了《私营企业暂行条例施行办法》（1996 年 12 月 17 日修正发布），1991 年 7 月 20 日国家工商行政管理局又发布了《私营企业登记程序》。近年来，随着我国市场经济体制的建立，以投资方式和责任形式来划分企业已成为我国市场经济发展和企业制度改革的必然要求。在我国相继颁布了《公司法》和《合伙企业法》之后，第九届全国人民代表大会常务委员会第十一次会议于 1999 年 8 月 30 日通过了《中华人民共和国个人独资企业法》，共 6 章 48 条，自 2000 年 1 月 1 日起施行。我国《个人独资企业法》的颁布和实施，对于国家规范个人独资企业经营活动，保障个人独资企业合法权益和健康发展，完善我国市场主体制度，维护社会经济秩序，促进社会主义市场经济的发展都具有十分重要的意义。

2. 个人独资企业法的立法宗旨和适用范围

依照我国《个人独资企业法》第一条的规定，该法的立法宗旨是：规范个人独资企业的行为，保护个人独资企业投资人和债权人的合法权益，维护社会经济秩序，促进社会主义市场经济的发展。

我国《个人独资企业法》设立的地点、投资者人数和性质、责任形式等方面规定了该法的适用范围：

（1）设立的地点，企业须设立在中国境内。依照法律的属地主义原则，我国个人独资企业法只适用于设立在中国境内的个人独资企业。因此，我国个人投资的设立在中国境外的个人独资企业不适用该法。

（2）投资者人数和性质，企业投资者须为一个自然人。我国个人独资企业法只适用于一个自然人投资设立的企业。因此，多个自然人或者非自然人投资设立的企业就不适用该法。

（3）责任形式，投资者负无限责任。我国个人独资企业的投资者对企业债务负无限责任，即投资者负有限责任的企业不适用该法。

此外，根据我国《个人独资企业法》第四十七条规定："外商独资企业不适用本法。"因此，该法只适用于国内投资者单独投资设立的企业。

所以，我国《个人独资企业法》只适用于国内一个自然人在我国境内投资设立的，投资者对企业债务负无限责任的个人独资企业。不适用于其他具有独资特点的企业，例如全民所有制企业、国有独资公司和外商独资企业。

§11.2　个人独资企业的设立和变更

§11.2.1　个人独资企业设立的条件

依照我国《个人独资企业法》第八条的规定，设立个人独资企业应当具备下列条件：

1. 投资人为一个自然人

个人独资企业的投资人只能是一个自然人，即企业的投资人须是自然人，且只能是一个自然人。因此，个人独资企业的投资者与合伙企业、公司企业均有不同：合伙企业的投资人应为两人以上，公司企业的投资人可以是自然人，也可以是法人；个人独资企业的投资人则只能是一个自然人。此外，全民所有制企业、国有独资公司虽然由国家单独投资设立，但投资人须是国家授权的投资机构或投资部门，也不是自然人。

根据我国法律，个人独资企业的投资人须具备下述条件：① 须是一个自然人；② 须具有完全民事行为能力；③ 须具有中国国籍；④ 须是法律、行政法规不禁止其从事营利性活动的人。

2. 有合法的企业名称

企业的名称是一个企业区别于其他企业的标志。根据我国《个人独资企业法》第十一条规定："个人独资企业的名称应当与其责任形式及从事的营业相符合。"因此，个人独资企业的名称一方面要与其他性质企业的责任形式相区别，体现个人独资企业的特点，不能使用"有限""合伙""公司"等字样；另一方面也应具有本企业的营业特点，体现其经营活动和行业特色。

3. 有投资人申报的出资

投资人出资形成的企业资本是企业从事经营活动的物质基础，任何企业的设立都须有与其经营活动和经营规模相适应的资本，个人独资企业当然也不例外，也应有一定的资本金。我国企业立法通常都要规定企业注册资本的最低限额，而我国《个人独资企业法》却未规定个人独资企业注册资本的最低限额。其原因是个人独资企业的投资人以其全部财产对企业债务承担无限责任，规定个人独资企业注册资本的最低限额，严格区分企业财产与投资人财产并无实际意义，而且实行无限责任本身就是对债权人实现其债权的一种保障。但是，为了保障个人独资企业的稳定经营，投资人向企业登记机关申报的出资应与其经营的行业和规模相适应。

4. 有固定的生产经营场所和必要的生产经营条件

固定的生产经营场所，即相对稳定的从事生产经营活动的场所，可以是产权属于投资人的房屋场地，也可以是投资人租用的房屋场地（租期应在一年以上）。必要的设施包括从事经营活动所需要的设备、器具、卫生条件和相应的安全防护设施等。

5. 有必要的从业人员

个人独资企业应当具有与其生产经营规模相适应的从业人员，以保障生产经营活动的正常进行。

§11.2.2 个人独资企业设立的程序

个人独资企业的设立程序，是投资者为成立个人独资企业依法进行的一系列设立行为和应履行的法律程序。我国《个人独资企业法》对个人独资企业的设立实行准则主义，投资人可以直接向企业登记机关，即工商行政管理机关申请设立登记，其具体程序如下：

1. 设立申请

个人独资企业的设立申请，应当由投资人或者其委托的代理人向个人独资企业所在地的登记机关提出，并提交下列文件：

（1）设立申请书。个人独资企业设立申请书通常由工商行政管理机关统一制作，由申请人领取并填写。根据我国《个人独资企业法》第十条的规定，个人独资企业设立申请书应当载明下列事项：①企业的名称和住所；②投资人的姓名和居所；③投资人的出资额和出资方式；④经营范围。

（2）投资人身份证明。是指能够证明投资人身份的证件，包括身份证和其他能够证明身份的证件。

（3）生产经营场所使用证明。个人独资企业须有固定的生产经营场所，因此，投资人申请设立个人独资企业，必须向登记机关提交企业生产经营场所的使用证明，以证明其对生产经营场所的合法使用权。个人独资企业的生产经营场所可以是投资人所有的，也可以是租用他人的场地。

投资人申请经营的业务活动不得违反法律、行政法规的规定。个人独资企业不得从事法律、行政法规禁止经营的业务；从事法律、行政法规规定须报经有关部门审批的业务，应当在申请设立登记时提交有关部门的批准文件。

2. 核准登记

登记机关应当在收到设立申请文件之日起15日内，根据《个人独资企业法》的有关规定进行审查，对符合该法规定条件的，予以登记，发给营业执照。个人独资企业的营业执照的签发日期，为个人独资企业成立日期。

登记机关对于经审查不符合《个人独资企业法》规定条件的，不予登记，并应当给予书面答复，说明理由。

个人独资企业在领取营业执照前，投资人不得以个人独资企业名义从事经营活动。

3. 分支机构的设立及其责任承担

个人独资企业根据经营活动的需要，可以设立分支机构。

个人独资企业设立分支机构，应当由投资人或者其委托的代理人向分支机构所在地的登记机关提出申请，经分支机构所在地登记机关核准登记后，发给营业执照。

个人独资企业分支机构经核准登记后，应将登记情况报该分支机构隶属的个人独资企业的登记机关备案。

分支机构的民事责任由设立该分支机构的个人独资企业承担。

§11.2.3　个人独资企业的变更和登记

个人独资企业的变更包括企业的分立、合并、转让、迁移和主要登记事项等的改变。个人独资企业的变更应办理变更登记或重新登记。

（1）个人独资企业的分立、合并。企业因分立、合并而保留的企业应当办理变更登记；因分立、合并而新办的企业应当办理开业登记；因分立、合并而终止的企业应当办理注销登记。

（2）个人独资企业的转让。是指私营企业业主将企业所有权转移给他人的行为。个人独资企业转让时，转让方应当办理注销登记，受让方应当办理重新登记。

（3）个人独资企业的迁移。是指个人独资企业搬至原登记机关管辖区域之外。个人独资企业迁移应当办理变更登记，由原登记机关收回营业执照及其副本，撤销注册号，开出迁移证明。企业凭迁移证明，向新址所在地登记管理机关重新申请名称和注册号，领取营业执照。

（4）个人独资企业主要登记事项的改变。是指企业的名称、负责人、经营地址、经营范围、经营方式企业种类等登记事项的变更。上述事项变更应当办理变更登记。

个人独资企业存续期间登记事项发生变更的，应当在作出变更决定之日起的 15 日内依法向登记机关申请办理变更登记。

§11.3　个人独资企业的投资人及事务管理

§11.3.1　个人独资企业投资人的权利和责任

1. 个人独资企业投资人及其权利

我国《个人独资企业法》第十六条规定："法律、行政法规禁止从事营利性活动的人，不得作为投资人申请设立个人独资企业。"个人独资企业是从事营利性活动的经营实体，投资人应当是法律、行政法规不禁止其从事营利性经营活动的完全行为能力人。

依照我国《个人独资企业法》第十七条的规定："个人独资企业投资人对本企业的财产依法享有所有权，其有关权利可以依法进行转让或继承。"个人独资企业不具备法人资格，也不是独立的财产所有权主体，企业财产所有权属于投资人。因此，企业财产与投资人其他财产在法律上并无不同，投资人对企业的财产权利可以转让给他人，也可以由其继承人依法继承。

2. 个人独资企业投资人的责任

个人独资企业的投资人对企业债务负无限责任，即个人独资企业财产不足以清偿债务的，投资人应当以其个人的其他财产予以清偿。但是，有相当一部分个人独资企业是以家庭财产出资设立的，企业收入也用于家庭支出，加之我国并未实行个人财产登记制度，在实践中难以区分投资人财产与其家庭财产。因此，个人独资企业的投资人在企业设立登记时，应当明确企业财产是以家庭财产，还是以个人财产作为出资。个人独资企业投资人在申请企业设立登记时明确以其家庭共有财产作为个人出资的，应当依法以家庭共有财产对企业债务承担无限责任。

§11.3.2　个人独资企业的事务管理

1. 个人独资企业的事务管理方式

个人独资企业投资人可以自行管理企业事务，也可以委托或者聘用其他具有民事行为能力的人负责企业的事务管理。

（1）投资人自行管理企业事务。个人独资企业的投资人对企业财产享有所有权，当然有权自行管理企业事务，决定企业的生产经营活动。

（2）投资人委托或聘用他人管理企业事务。委托或者聘用他人管理个人独资企业事务的，投资人应当与受托人或者被聘用的人签订书面合同，明确委托的具体内容和授予的权利范围；受托人或者被聘用人员应当按照委托内容和授权范围管理个人独资企业事务。

投资人对受托人或者被聘用的人员职权的限制，不得对抗善意第三人。

2. 受托人或者被聘用人员的主要义务

（1）诚信、勤勉。诚信，即诚实信用；勤勉，即勤奋、努力。受托人或者被聘用的人员应当履行诚信、勤勉义务，按照与投资人签订的合同负责个人独资企业的事务管理。投资人基于对受托人或被聘用人员的信任而与其签订合同，委托或聘用其管理个人独资企业事务。因此，受委托或被聘用的人员应当认真履行与投资人签订的合同，诚实信用、勤奋努力地为投资人管理个人独资企业的事务，维护企业利益。

（2）受托人或者被聘用人员的禁止性行为。我国《个人独资企业法》第二十条规定，投资人委托或者聘用的管理个人独资企业事务的人员不得有下列行为：①利用职务上的便利，索取或者收受贿赂；②利用职务或者工作上的便利侵占企业财产；③挪用企业的资金归个人使用或者借贷给他人；④擅自将企业资金以个人名义或者以他人名义开立账户储存；⑤擅自以企业财产提供担保；⑥未经投资人同意，从事与本企业相竞争的业务；⑦未经投资人同意，同本企业订立合同或者进行交易；⑧未经投资人同意，擅自将企业商标或者其他知识产权转让给他人使用；⑨泄露本企业的商业秘密；⑩法律、行政法规禁止的其他行为。

§11.3.3　个人独资企业的基本权利和义务

1. 个人独资企业的基本权利

国家依法保护个人独资企业的财产和其他合法权益。为了鼓励和保护个人独资企业的发展，我国《个人独资企业法》第二十四条、第二十五条还专门规定了个人独资企业依法享有申请贷款、取得土地使用权、拒绝摊派等从事经营活动的基本权利。

（1）申请贷款。个人独资企业可以根据国家法律、行政法规的有关规定，在商业银行或其他金融机构开立账户，申请贷款和获得其他金融服务。

（2）土地使用权。依照我国法律，土地使用权属于国家所有或者农民集体所有，土地使用权可以依法转让。国有土地和农民集体所有的土地，可以依法确定给单位或者个人使用。我国《个人独资企业法》第二十四条规定，个人独资企业可以依法取得土地使用权。

（3）拒绝摊派权。所谓"摊派"，是指违反法律法规，强制单位或者个人提供人力、财力、物力的行为。我国《个人独资企业法》第二十五条规定，任何单位和个人不得违反法律、行政法规的规定，以任何方式强制个人独资企业提供财力、物力、人力；对于违法强制提供财力、物力、人力的行为，个人独资企业有权拒绝。

（4）法律、行政法规规定的其他权利。个人独资企业依法享有广泛的民事权利，这些权利主要有：①对经核准登记的企业名称在规定的范围内享有专用权；②在经核准登记的范围内依法享有自主经营权；③根据生产经营活动设置企业机构权；④决定招用或辞退职工权；⑤决定企业工资制度和利润分配形式的权利；⑥按照国家价格管理规定，制定企业的商品价格和收费标准的权利；⑦与其他企业、事业单位订立合同的权利；⑧对企业注册商标、专利和作品等依法享有知识产权；⑨按照国家法律、法规的规定，可以同外国公司、企业和其他经济组织个人兴办中外合资、合作经营企业，可以承揽来料加工、来件装配、从事补偿贸易的权利。

2. 个人独资企业的基本义务

我国《个人独资企业法》针对个人独资企业的具体情况，对个人独资企业在设置会计账簿、签订用工合同、保障职工安全、工资发放、缴纳社会保险费等方面应承担的义务做了具体规定。

（1）设置会计账簿。我国《个人独资企业法》第二十一条规定："个人独资企业应当依法设置会计账簿，进行会计核算。"会计是以货币为主要计量单位，对经济活动真实地、准确地、全面地进行记录、计算、分析、检查和监督的一种管理活动。个人独资企业必须按照国家规定建立健全企业财务会计制度，严格执行财务管理规定。会计核算应当坚持真实性、完整性、合法性的原则，根据实际发生的经济业务事项进行会计核算，填制会计凭证，登记会计账簿，编制财务会计报告，不得隐瞒收入、乱摊成本，以虚假的经济业务事项或者资料进行会计核算。

（2）签订用工合同。个人独资企业招用职工须按照平等自愿、协商一致的原则以书面形式与职工签订劳动合同，并向当地劳动行政管理机关备案。个人独资企业劳动合同应包括下述内容：①对职工劳动的质量和数量要求；②合同期限；③劳动条件；④劳动报酬、保险和福利待遇；⑤劳动纪律；⑥违反劳动合同应当承担的责任；⑦双方议定的其他事项。

（3）保障职工劳动安全。个人独资企业必须执行国家有关劳动保护的规定，建立必要的规章制度，提供劳动安全、卫生设施，保障职工劳动安全和身体健康。实行8小时工作制，不得招用未满16岁的童工。

（4）按时、足额发放职工工资。个人独资企业的工资应当遵循按劳分配原则，实行男女平等、同工同酬。职工工资不得低于当地的最低工资水平，以货币形式按月支付，法定节假日应当依法支付工资。

（5）为职工缴纳社会保险。个人独资企业应当按照国家规定参加社会保险，为职工缴纳社会保险费。

（6）法律、行政法规规定的其他义务。个人独资企业除应履行上述义务外，在其生产经营活动中还应履行下列义务：①遵守国家法律、法规和政策；②依法缴纳税费；③支持工会工作，为工会提供必要的办工设施；④认真履行合同，及时清偿债务；⑤服从工商、税务、物价、技术监督、卫生、环保等部门的监督管理，依法从事生产经营活动。

§11.4 个人独资企业的解散、清算和法律责任

§11.4.1 个人独资企业的解散和清算

1. 私营企业的解散

个人独资企业的解散，是指由于某些法定事由的发生，致使个人独资企业的主体资格归于消灭的行为。

依照我国《个人独资企业法》第二十六条的规定，个人独资企业有下列情形之一时，应当解散：

（1）投资人决定解散；

（2）投资人死亡或者被宣告死亡，无继承人或者继承人决定放弃继承；

（3）被依法吊销营业执照；

（4）法律、行政法规规定的其他情形。

2. 个人独资企业的清算

个人独资企业清算的目的在于维护债权人和投资人的合法权益。我国《个人独资企业法》规定，个人独资企业解散，应当组织清算，清理债权债务。

依照《个人独资企业法》的规定，个人独资企业解散，由投资人自行清算或者由债权人申请人民法院指定清算人进行清算。

投资人自行清算的，应当在清算前15日内书面通知债权人，无法通知的，应当予以公告。债权人应当在接到通知之日起30日内，未接到通知的应当在公告之日起60日内，向投资人申报其债权。

个人独资企业解散后，原投资人对个人独资企业存续期间的债务仍应承担偿还责任，但债权人在5年内未向债务人提出偿债请求的，该责任消灭。

个人独资企业解散的，财产应当按照下列顺序清偿：①所欠职工工资和社会保险费用；②所欠税款；③其他债务。

清算期间，个人独资企业不得开展与清算目的无关的经营活动。在按前条规定清偿债务前，投资人不得转移、隐匿财产。

个人独资企业财产不足以清偿债务的，投资人应当以其个人的其他财产予以清偿。依照我国《个人独资企业法》第十八条的规定，个人独资企业投资人在申请企业设立登记时明确以其家庭共有财产作为个人出资的，应当依法以家庭共有财产对企业债务承担无限责任。

个人独资企业清算结束后，投资人或者人民法院指定的清算人应当编制清算报告，并于15日内到登记机关办理注销登记。

§11.4.2 违反个人独资企业法的法律责任

1. 投资人和个人独资企业责任

（1）骗取登记。违反《个人独资企业法》规定，提交虚假文件或采取其他欺骗手

段，取得企业登记的，责令改正，处以 5000 元以下的罚款；情节严重的，并处吊销营业执照。

（2）未按规定使用登记名称。违反《个人独资企业法》规定，个人独资企业使用的名称与其在登记机关登记的名称不相符合的，责令限期改正，处以 2000 元以下的罚款。

（3）未按规定使用或者伪造营业执照。①涂改、出租、转让营业执照的，责令改正，没收违法所得，处以 3000 元以下的罚款；情节严重的，吊销营业执照。②伪造营业执照的，责令停业，没收违法所得，处以 5000 元以下的罚款。构成犯罪的，依法追究刑事责任。

（4）超过法定期限未开业或者自行停业。个人独资企业成立后无正当理由超过 6 个月未开业的，或者开业后自行停业连续 6 个月以上的，吊销营业执照。

（5）无照经营。违反《个人独资企业法》规定，未领取营业执照，以个人独资企业名义从事经营活动的，责令停止经营活动，处以 3000 元以下的罚款。

（6）未按规定办理变更登记。个人独资企业登记事项发生变更时，未按《个人独资企业法》规定办理有关变更登记的，责令限期办理变更登记；逾期不办理的，处以 2000 元以下的罚款。

（7）给第三人造成损失。投资人委托或者聘用的人员管理个人独资企业事务时违反双方订立的合同，给投资人造成损害的，承担民事赔偿责任。

（8）侵犯职工合法权益。个人独资企业侵犯职工合法权益，未保障职工劳动安全，不缴纳社会保险费用的，按照有关法律、行政法规予以处罚，并追究有关责任人员的责任。

（9）隐匿或转移财产，逃避债务。个人独资企业及其投资人在清算前或清算期间隐匿或转移财产，逃避债务的，依法追回其财产，并按照有关规定予以处罚；构成犯罪的，依法追究刑事责任。

投资人违反《个人独资企业法》，应当承担民事赔偿责任和缴纳罚款、罚金，其财产不足以支付的，或者被判处没收财产的，应当先承担民事赔偿责任。

2. 投资人委托或者聘用的人员责任

投资人委托或者聘用的人员违反《个人独资企业法》第二十条规定，侵犯个人独资企业财产权益的，责令退还侵占的财产；给企业造成损失的，依法承担赔偿责任；有违法所得的，没收违法所得；构成犯罪的，依法追究刑事责任。

3. 违法摊派责任

单位和个人违反法律、行政法规的规定强制个人独资企业提供财力、物力、人力的，按照有关法律、行政法规予以处罚，并追究有关责任人员的责任。

4. 登记机关工作人员和有关主管人员责任

（1）登记机关对不符合本法规定条件的个人独资企业予以登记，或者对符合本法规定条件的企业不予登记的，对直接责任人员依法给予行政处分；构成犯罪的，依法追究刑事责任。

（2）登记机关的上级部门的有关主管人员强令登记机关对不符合本法规定条件的企业予以登记，或者对符合本法规定条件的企业不予登记的，或者对登记机关的违法登记行为进行包庇的，对直接责任人员依法给予行政处分；构成犯罪的，依法追究刑事责任。

登记机关对符合法定条件的申请不予登记或者超过法定时限不予答复的，当事人可依法申请行政复议或提起行政诉讼。

【思考题】

1. 个人独资企业与其他企业相比有哪些特征？

2. 个人独资企业的事务管理的受托人或者被聘用人有哪些义务？

3. 个人独资企业应如何承担财产责任？

第12章　企业破产法律制度

§12.1　企业破产法概述

§12.1.1　企业破产的概念和法律特征

1. 企业破产的概念

法律上的企业破产，是指企业作为债务人不能清偿到期债务时，将债务人所有财产公平清偿给所有债权人，从而免除未能清偿的债务、消灭债务人主体资格的偿债程序。

2. 企业破产的法律特征

企业破产作为一种法律现象，具有以下法律特征：

（1）企业破产是一种特殊的偿债程序。与一般偿债不同，破产是以债务人主体资格的消灭作为偿债的最终结局。也就是说，通过破产偿债一方面使债务得到全部或部分清偿，另一方面债务人法律上的主体资格也会消灭。同时，破产偿债必须按照破产法规定的特定程序进行。

（2）企业破产是一种以公平偿债为目的的偿债程序。在债务人破产的情况下，债权人通常是两个或两个以上，即债务次序有先后、数额有大小，而债务人的资产又往往不足以满足全部债权人的债权要求。这就需要公平地清偿债务，防止有些债权人先对债务人的财产采取行动，而后到的债权人可能会一无所获。通过破产制度可以将债务人的全部财产集中起来，按照法定顺序和债权比例分配给各债权人，不能清偿的部分由各债权人共同分担损失，从而达到公平清偿。

（3）企业破产是一种由法院主持进行的偿债程序。破产就是公平合理地处理债务人与债权人之间、债权人相互之间关系的过程。在这个过程中，破产本身并非完全出于债务人的自愿，甚至也并不完全符合所有债权人的愿望，因而它必须具有一定的强制性，由法院行使审判权来实现。此外，破产由法院来主持可以有效防止债务人欺诈性破产或隐匿财产等不法行为，从而可以使破产程序顺利进行，保证破产的公平和公正。

§12.1.2　企业破产法的概念和我国的立法概况

1. 企业破产法的概念

企业破产法是调整破产债权人和债务人、法院、破产管理人以及其他破产当事人或参加人之间的权利义务关系的法律规范的总称。狭义的企业破产法仅指破产法典，广义的企业破产法还包括其他法律中有关企业破产的规定，如金融法、证券法、保险法、企业法、民事诉讼法中有关企业破产的规定。

2. 我国企业破产法的立法概况

我国的企业破产立法是伴随着我国经济体制改革和社会主义市场经济的发展而逐步完善起来的。优胜劣汰是市场经济的一个基本规律，企业破产法作为调整市场经济的基本法律，就是一种优胜劣汰的法律机制。在计划经济时代，企业按国家计划设立和经营，企业间缺乏有效的竞争，不存在真正的优胜劣汰和破产问题。在计划经济向社会主义市场经济转变过程中，为了将全民所有制企业改造成为自主经营、自负盈亏的经济实体，保护债权人和债务人的合法权益，全国人民代表大会于1986年12月通过了《中华人民共和国企业破产法（试行）》，并于1988年11月1日起施行。该法规定企业破产法的适用范围是具有法人资格的全民所有制企业，而在实践中非全民所有制企业也存在破产问题。1991年《民事诉讼法》颁布实施，其中第19章规定了"破产还债程序"，将破产还债程序的适用范围扩大到了所有企业法人。这样，在实践中我国有两套破产程序，即企业破产法和民事诉讼法中的破产还债程序。前者适用于全民所有制企业，后者适用于全民所有制企业以外的具有法人资格的其他企业。2002年7月30日，最高人民法院公布了《最高人民法院关于审理企业破产案件若干问题的规定》，该司法解释虽然在完善我国破产法律制度方面进行了一些大胆探索，但在一些重大原则问题上仍没有新的突破。随着社会主义市场经济向纵深发展，2006年8月27日，第十届全国人大常委会第23次会议通过了新的《中华人民共和国企业破产法》（以下简称《企业破产法》），并于2007年6月1日起施行，《中华人民共和国企业破产法（试行）》同时废止，结束了企业破产法长达20年的试行。新的企业破产法有较大的突破与制度创新：如在破产法的适用范围上覆盖了所有的企业法人；引进了管理人制度；强调债权人自治；注意对欺诈性破产的预防与打击；界定了担保债权和职工债权在清算中的清偿顺序问题；规定了金融机构的破产；规定了严格的破产责任；把跨境破产的条文写入法律，为将来与国际跨境破产接轨做了非常好的铺垫；引进了重整制度，使得破产法不仅仅是一个清算法和市场退出法，而且还是一个市场主体的复兴法和再生法。这部破产法的颁布，意味着我国的市场经济进入了一个新的阶段。同时，由于我国当前还没有比较完备的个人财产登记制度和良好的社会信用体系，新的破产法中没有规定自然人破产制度。2011年9月，最高人民法院出台了《最高人民法院关于适用（中华人民共和国企业破产法）若干问题的规定（一）》（以下简称《破产法司法解释（一）》）；2013年9月，最高人民法院出台了《最高人民法院关于适用（中华人民共和国企业破产法）若干问题的规定（二）》（以下简称《破产法司法解释（二）》），这使得我国的破产立法更加趋于完善。

§12.1.3 企业破产的原因

破产原因，也称破产界限，是判断破产申请能否成立、能否受理以及能否作出破产宣告、重整、和解等裁定的法律依据。《企业破产法》第二条规定："企业法人不能清偿到期债务，并且资产不足以清偿全部债务或者明显缺乏清偿能力的，依照本法规定清理债务。企业法人有前款规定情形，或者有明显丧失清偿能力可能的，可以依照本法规定进行重整。"可见，这里规定的破产原因包括破产清算、和解与重整的原因。

根据该条的规定，破产原因包括两种情况：①企业法人不能清偿到期债务，并且资产不足以清偿全部债务。这里"不能清偿到期债务"是指企业法人的债务已届清偿期无力清偿；"资产不足以清偿全部债务"是指企业法人达到资不抵债的状况。这适用于债务人提出破产申请并且其资不抵债易于判断的破产案件。②企业法人债务，并且明显缺乏清偿能力。有时债务人不能清偿到期债务，并且很不抵债或其资产负债表上的资产可能还略大于负债，但实际上已丧失清偿能力，此时并不一定要等其继续亏损到明显的资不抵债时再宣告破产，只要明显缺乏清偿能力就可宣告破产。这种情况主要适用于债权人提出破产申请和债务人提出破产申请但其资不抵债不易判断的破产案件。此外，《破产法司法解释（一）》对破产原因做了进一步具体的界定。主要包括：相关当事人以对债务人的债务负有连带责任的人未丧失清偿能力为由，主张债务人不具备破产原因的，人民法院应不予支持。下列情形同时存在的，人民法院应当认定债务人不能清偿到期债务：①债权债务关系依法成立；②债务履行期限已经届满；③债务人未完全清偿债务。债务人的资产负债表，或者审计报告、资产评估报告等显示其全部资产不足以偿付全部负债的，人民法院应当认定债务人资产不足以清偿全部债务，但有相反证据足以证明债务人资产能够偿付全部负债的除外。债务人账面资产虽大于负债，但存在下列情形之一的，人民法院应当认定其明显缺乏清偿能力：①因资金严重不足或者财产不能变现等原因，无法清偿债务；②法定代表人下落不明且无其他人员负责管理财产，无法清偿债务；③经人民法院强制执行，无法清偿债务；④长期亏损且经营扭亏困难，无法清偿债务；⑤导致债务人丧失清偿能力的其他情形。

同时，有些企业无力清偿债务但又有复苏的希望，为了避免其进入破产清算，经过申请，法院可允许其继续经营，进行重整。重整原因包括两种情况：①企业法人不能清偿到期债务，并且资产不足以清偿全部债务或者明显缺乏清偿能力。这说明企业法人具备破产原因是重整的原因之一。②企业法人有明显丧失清偿能力可能的。这说明有时企业法人虽然尚不具备破产原因，但存在明显丧失清偿能力可能，有可能导致破产，就可以提出重整申请。

§12. 2　破产申请与受理

§12. 2. 1　破产申请

破产申请是指破产申请人依法向法院提出的裁定债务人适用破产程序的请求，是启动破产程序的前提。

1. 破产申请人

（1）债务人。债务人不能清偿到期债务，并且资产不足以清偿全部债务或者明显缺乏清偿能力的，或者有明显丧失清偿能力可能的，债务人可以向人民法院提出重整、和解或者破产清算申请。

（2）债权人。债务人不能清偿到期债务，债权人可以向人民法院提出对债务人进行重整或者破产清算的申请。

（3）依法负有清算责任的人。债务人已解散但未清算或者未清算完毕，资产不足以清偿债务的，依法负有清算责任的人应当向人民法院申请破产清算。

（4）国务院金融监督管理机构。商业银行、证券公司、保险公司等金融机构有《企业破产法》第二条规定情形的，国务院金融监督管理机构可以向人民法院提出对该金融机构进行重整或者破产清算的申请。

2. 破产申请的形式要件

根据《企业破产法》第八条规定，向人民法院提出破产申请，应当提交破产申请书和有关证据。破产申请书应当载明下列事项：①申请人、被申请人的基本情况；②申请目的；③申请的事实和理由；④人民法院认为应当载明的其他事项。如果是债权人提出申请的，应当提交能够证明债权清偿期限已经届满，债权人已经提出过清偿要求，债务人明显缺乏清偿能力或者停止支付呈连续状态的证据。如果是债务人提出申请的，还应当向人民法院提交财产状况说明、债务清册、债权清册、有关财务会计报告、职工安置预案以及职工工资的支付和社会保险费用的缴纳情况。此外，根据《破产法司法解释（一）》的规定，债权人申请债务人破产的，应当提交债务人不能清偿到期债务的有关证据。

3. 破产申请的撤回

人民法院受理破产申请前，申请人可以请求撤回申请。但是，一旦法院受理了破产申请，破产程序就已经开始，为了保障其他破产当事人的合法权益，破产申请则不能再撤回。

§12.2.2 破产受理

1. 破产案件的管辖

（1）地域管辖。破产案件由债务人住所地人民法院管辖。债务人的主要办事机构所在地为其住所地；债务人无办事机构的，由其注册地人民法院管辖。

（2）级别管辖。基层人民法院一般管辖县、县级市或者区的工商行政管理机关核准登记企业的破产案件；中级人民法院一般管辖地区、地级市（含本级）以上工商行政管理机关核准登记企业的破产案件；纳入国家计划调整的企业破产案件，由中级人民法院管辖。

2. 破产申请的受理

（1）破产申请的受理程序。破产申请人提出破产申请，破产程序还未开始，只有在法院受理破产申请以后，破产程序才正式开始。

①债权人提出破产申请的，人民法院应当自收到申请之日起5日内通知债务人。债务人对申请有异议的，应当自收到人民法院的通知之日起7日内向人民法院提出。人民法院应当自异议期满之日起10日内裁定是否受理。

②债务人、负有清算责任人等其他破产申请人提出破产申请的，人民法院应当自收到破产申请之日起15日内裁定是否受理。

③有特殊情况需要延长上述裁定受理期限的，经上一级人民法院批准，可以延长15日。

④人民法院受理破产申请的，应当自裁定作出之日起5日内送达申请人。债权人提出申请的，人民法院应当自裁定作出之日起5日内送达债务人。债务人应当自裁定送达之日起15日内，向人民法院提交财产状况说明、债务清册、债权清册、有关财务会计报告以及职工工资的支付和社会保险费用的缴纳情况。

⑤人民法院裁定不受理破产申请的，应当自裁定作出之日起5日内送达申请人并说明理由。申请人对不受理裁定不服的，可以自裁定送达之日起10日内向上一级人民法院提起上诉。人民法院受理破产申请后至破产宣告前，经审查发现债务人未发生破产原因的，可以裁定驳回申请。申请人对驳回裁定不服的，可以自裁定送达之日起10日内向上一级人民法院提起上诉。

⑥人民法院裁定受理破产申请的，应当同时指定管理人，并在裁定受理破产申请之

日起 25 日内通知已知债权人，并予以公告。通知和公告应当载明下列事项：申请人、被申请人的名称或者姓名；人民法院受理破产申请的时间；申报债权的期限、地点和注意事项；管理人的名称或者姓名及其处理事务的地址；债务人的债务人或者财产持有人应当向管理人清偿债务或者交付财产的要求；第一次债权人会议召开的时间和地点；人民法院认为应当通知和公告的其他事项。

（2）破产申请受理的法律效力。

①债务人的有关人员应当承担的法定义务。自人民法院受理破产申请的裁定送达债务人之日起至破产程序终结之日，债务人的有关人员承担下列义务：妥善保管其占有和管理的财产、印章和账簿、文书等资料；根据人民法院、管理人的要求进行工作，并如实回答询问；列席债权人会议并如实回答债权人的询问；未经人民法院许可，不得离开住所地；不得新任其他企业的董事、监事、高级管理人员。这里所称的"债务人的有关人员"，是指企业的法定代表人；经人民法院决定，可以包括企业的财务管理人员和其他经营管理人员，如董事、监事等。

②债务人对个别债权人的债务清偿无效。为了保障宣告破产后，所有的破产债权人都能够得到平等的清偿，就必须在法院受理破产申请后，禁止债务人对个别债权人的清偿，这样规定可防止债务人以个别清偿为名转移或转让企业财产。

③债务人的债务人或者财产持有人应当向管理人清偿债务或者交付财产。如果债务人的债务人或者财产持有人故意违反规定不向管理人而向债务人清偿债务或者交付财产，使债权人受到损失的，不免除其清偿债务或者交付财产的义务。

④管理人对破产申请受理前成立而债务人和对方当事人均未履行完毕的合同有权决定解除或者继续履行，并通知对方当事人。管理人自破产申请受理之日起 2 个月内未通知对方当事人，或者自收到对方当事人催告之日起 30 日内未答复的，视为解除合同。管理人决定继续履行合同的，对方当事人应当履行；但是，对方当事人有权要求管理人提供担保。管理人不提供担保的，视为解除合同。

⑤有关债务人财产的保全措施应当解除，执行程序应当中止。已经开始而尚未终结的有关债务人的民事诉讼或者仲裁应当中止；在管理人接管债务人的财产后，该诉讼或者仲裁继续进行。有关债务人的民事诉讼，只能向受理破产申请的人民法院提起。如果有关债务人财产的执行程序未依法中止的，采取执行措施的相关单位应当依法予以纠正。依法执行回转的财产，人民法院应当认定为债务人财产。

§12. 2. 3　管理人

1. 管理人的概念

管理人是指破产程序开始后依法成立的，全面接管破产企业并在破产重整、和解和清算中负责破产企业财产管理和其他事务的专门机构。

破产程序开始以后，为了防止债务人财产无人管理或债务人随意处置财产，从而对债务人和债权人造成损失，有必要确立管理人对债务人财产进行有效的管理，维护债务人和债权人的利益。管理人制度是我国新破产法建立的一项新的重要制度，新破产法在更广义上用管理人制度取代了旧破产法中的清算组制度，使管理人不但负责破产清算中的工作，而且负责破产和解和重整中的管理、监督工作。

2. 管理人的确定

管理人由人民法院在裁定受理破产申请时指定。债权人会议认为管理人不能依法、公正执行职务或者有其他不能胜任职务情形的，可以申请人民法院予以更换。

3. 管理人的组成及任职资格

（1）管理人可以由有关部门、机构的人员组成的清算组或者依法设立的律师事务所、会计师事务所、破产清算事务所等社会中介机构担任。

（2）人民法院根据债务人的实际情况，可以在征询有关社会中介机构的意见后，指定该机构具备相关专业知识并取得执业资格的人员担任管理人。但个人担任管理人的，应当参加执业责任保险。

（3）有下列情形之一的，不得担任管理人：①因故意犯罪受过刑事处罚；②曾被吊销相关专业执业证书；③与本案有利害关系；④人民法院认为不宜担任管理人的其他情形。

4. 管理人的职责

管理人依法执行职务，向人民法院报告工作，并接受债权人会议和债权人委员会的监督。管理人应当列席债权人会议，向债权人会议报告职务执行情况，并回答询问。管理人的法定职责主要包括：①接管债务人的财产、印章和账簿、文书等资料；②调查债务人财产状况，制作财产状况报告；③决定债务人的内部管理事务；④决定债务人的日常开支和其他必要开支；⑤在第一次债权人会议召开之前，决定继续或者停止债务人的营业；⑥管理和处分债务人的财产；⑦代表债务人参加诉讼、仲裁或者其他法律程序；⑧提议召开债权人会议；⑨人民法院认为管理人应当履行的其他职责。

同时，管理人应当勤勉尽责，忠实执行职务。管理人没有正当理由不得辞去职务，管理人辞去职务应当经人民法院许可。

§12. 3 债务人财产、破产费用和共益债务

§12. 3. 1 债务人财产

债务人财产是指破产申请受理时属于债务人的全部财产，以及破产申请受理后至破产程序终结前债务人取得的财产。债务人财产在破产宣告后被称为破产财产，两者范围是一致的，只是称谓不同。

1. 债务人财产的范围

根据《企业破产法》第三十条和《破产法司法解释（二）》的规定，债务人财产包括两部分：①破产申请受理时属于债务人的全部财产，具体包括属于债务人所有的厂房、机器设备、原材料、流动资金等实物和货币，以及属于债务人依法享有的可以用货币估价并可以依法转让的债权、股权、知识产权、用益物权等财产和财产权益。债务人的财产即使依法设定了担保或在境外，也应认定为债务人财产。债务人对按份享有所有权的共有财产的相关份额，或者共同享有所有权的共有财产的相应财产权利，以及依法分割共有财产所得部分，均应认定为债务人财产。②破产申请受理后至破产程序终结前债务人取得的财产，具体包括：债务人的投资收益；破产财产的孳息；债务人继续营业所取得的收益；债务人接受捐赠等其他合法原因所取得的财产；破产申请受理后，有关债务人财产的执行程序未依照规定中止的，采取执行措施的相关单位依法予以纠正后执行回转的财产等。此外，根据《破产法司法解释（二）》的规定，下列财产不属于债务

人财产：债务人基于仓储、保管、承揽、代销、借用、寄存、租赁等合同或者其他法律关系占有、使用的他人财产；债务人在所有权保留买卖中尚未取得所有权的财产；所有权专属于国家且不得转让的财产；其他依照法律、行政法规不属于债务人的财产。

2. 否认权

否认权是指对于债务人实施的有害于破产债权人利益的行为，管理人予以否认的权利。对于否认权，我国《企业破产法》具体规定了可撤销行为和无效行为。

（1）可撤销行为。可撤销行为具体包括两种情形：①人民法院受理破产申请前一年内，涉及债务人财产的下列行为，管理人有权请求人民法院予以撤销：无偿转让财产的；以明显不合理的价格进行交易的；对没有财产担保的债务提供财产担保的；对未到期的债务提前清偿的；放弃债权的。②人民法院受理破产申请前 6 个月内，债务人不能清偿到期债务，并且资产不足以清偿全部债务或者明显缺乏清偿能力，仍对个别债权人进行清偿的，管理人有权请求人民法院予以撤销。但是，债务人对债权人进行的以下个别清偿，管理人不能请求撤销：债务人为维系基本生产需要而支付水费、电费等的；债务人支付劳动报酬、人身损害赔偿金的；使债务人财产受益的其他个别清偿。

（2）无效行为。涉及债务人财产的下列行为无效：①为逃避债务而隐匿、转移财产的；②虚构债务或者承认不真实的债务的。

3. 追回权

追回权是指在破产程序中，管理人对于债务人及其有关人员不法减少的债务人的财产予以追回的权利。追回权存在于以下情形：

（1）因可撤销行为和无效行为而取得的债务人的财产，管理人有权追回。

（2）人民法院受理破产申请后，债务人的出资人尚未完全履行出资义务的，管理人应当要求该出资人缴纳所认缴的出资，而不受出资期限的限制。

（3）债务人的董事、监事和高级管理人员利用职权从企业获取的非正常收入和侵占的企业财产，管理人应当追回。其中非正常收入主要包括：绩效奖金；普遍拖欠职工工资情况下获取的工资性收入；其他非正常收入。

4. 取回权

取回权是指在破产程序中，对于不属于债务人的财产，其所有权人或其他权利人不依照破产程序，通过管理人将该财产予以取回的权利。管理人接管债务人占有的财产后，其中有些财产可能不属于债务人所有，如债务人基于保管、仓储、加工承揽、租赁、代销等原因而占有的他人财产。对于这些财产，我国《企业破产法》规定了取回权。取回权分为一般取回权和出卖人取回权两种。

（1）一般取回权。人民法院受理破产申请后，债务人占有的不属于债务人的财产，该财产的权利人可以通过管理人取回。但是，破产法另有规定的除外。此时行使取回权，应当在破产财产变价方案或者和解协议、重整计划草案提交债权人会议表决前向管理人提出。权利人在上述期限后主张取回相关财产的，应当承担延迟行使取回权增加的相关费用。此外，权利人向管理人主张取回相关财产，管理人不予认可，权利人以债务人为被告向人民法院提起诉讼请求行使取回权的，人民法院应予受理。取回标的一般限于取回原物，但存在两个例外：对债务人占有的权属不清的鲜活易腐等不易保管的财产或者不及时变现价值将严重贬损的财产，管理人及时变价并提存变价款后，有关权利人有权就该变价款行使取回权；债务人占有的他人财产毁损、灭失，因此获得的保险金、赔偿金、代偿物尚未交付给债务人，或者代偿物虽已交付给债务人但能与债务人财产予以区分的，权利人有权主张取回该保险金、赔偿金、代偿物。这就是一般取回权，主要适用于债务人实际占有他人财产的情形。

（2）出卖人取回权。人民法院受理破产申请时，出卖人已将买卖标的物向作为买受人的债务人发运，债务人尚未收到且未付清全部价款的，出卖人可以取回在运途中的标的物。但是，管理人可以支付全部价款，请求出卖人交付标的物。出卖人通过通知承运人或者实际占有人中止运输、返还货物、变更到达地，或者将货物交给其他收货人等方式，对在运途中标的物主张了取回权但未能实现，或者在货物未达管理人前已向管理人主张取回在运途中标的物，在买卖标的物到达管理人后，出卖人向管理人主张取回的，管理人应予准许。这就是出卖人取回权，主要适用于债务人即将占有、但尚未实际占有他人财产的情形。

5. 抵销权

抵销权是指债权人在破产申请受理前对债务人负有债务的，可用其债权抵销对债务人所负债务的权利。

只要用于抵销的债权、债务均发生在破产申请受理前，并且行使抵销权在破产清算分配前，债权人就可以向管理人主张抵销。债权人的债权与其所负债务种类、该债权债务负有的期限或条件均不影响抵销权的行使。债权人依法行使破产抵销权，应当向管理人提出抵销主张。管理人不得主动抵销债务人与债权人的互负债务，但抵销使债务人财产受益的除外。管理人收到债权人提出的主张债务抵销的通知后，经审查无异议的，抵销自管理人收到通知之日起生效。管理人对抵销主张有异议的，应当在约定的异议期限内或者自收到主张债务抵销的通知之日起 3 个月内向人民法院提起诉讼。人民法院判决驳回管理人提起的抵销无效诉讼请求的，该抵销自管理人收到主张债务抵销的通知之日起生效。

同时，我国《企业破产法》对抵销权也做了限制。有下列情形之一的，不得抵销：①债务人的债务人在破产申请受理后取得他人对债务人的债权的；②债权人已知债务人有不能清偿到期债务或者破产申请的事实，对债务人负担债务的；但是，债权人因为法律规定或者有破产申请一年前所发生的原因而负担债务的除外；③债务人的债务人已知债务人有不能清偿到期债务或者破产申请的事实，对债务人取得债权的；但是，债务人的债务人因为法律规定或者有破产申请一年前所发生的原因而取得债权的除外。此外，《破产法司法解释（二）》对此做了细化规定：破产申请受理前 6 个月内，债务人有破产原因，债务人与个别债权人以抵销方式对个别债权人的清偿，原则上有效，但其抵销的债权债务属于法定不得抵销情形之一，管理人有权主张该抵销无效。如果存在不得抵销情形的债权人，主张以其对债务人特定财产享有优先受偿权的债权，与债务人对其不享有优先受偿权的债权抵销，债务人管理人以抵销存在不得抵销情形提出异议的，人民法院不予支持；但用以抵销的债权大于债权人享有优先受偿权财产价值的除外。

6. 别除权

别除权是指在破产程序中，对于破产企业的特定财产享有担保物权的权利人不依破产程序，而就该特定财产优先受偿的权利。

《企业破产法》第一百零九条规定："对破产人的特定财产享有担保权的权利人，对该特定财产享有优先受偿的权利。"别除权将破产企业的特定财产从其他财产中区别出来，授予别除权人就该财产优先于其他债权人受偿的权利，这种权利的基础是担保物权，即抵押权、质权和留置权。当然，别除权人行使优先受偿权利未能完全受偿的，其未受偿的债权只能作为普通债权；放弃优先受偿权利的，其债权也只能作为普通债权而不能优先受偿。

§12.3.2　破产费用和共益债务

1. 破产费用

破产费用是在人民法院受理破产申请后，为了全体债权人的共同利益而支出的各项程序性费用的总称。破产程序本身也需要耗费成本，这种成本就体现为破产费用形式。破产费用必须是为了保障破产程序顺利进行并且为全体债权人的共同利益而支出。

破产费用的法定范围包括：①破产案件的诉讼费用；②管理、变价和分配债务人财产的费用，如财产保管费、财产保养维修费、财产保险费、财产评估费、财产拍卖费、不动产变更登记手续费等；③管理人执行职务的费用、报酬和聘用工作人员的费用。

2. 共益债务

共益债务是在人民法院受理破产申请后，为了全体债权人的共同利益而负担的非程序性债务。共益债务与破产费用都是在破产程序开始后产生，两者的主要区别在于：破产费用是在破产程序中支出的程序性费用，如破产案件的诉讼费用，一般的破产案件都需要支出破产费用；而共益债务是非程序性债务，不同破产案件产生的共益债务往往不同。

共益债务的法定范围包括：①因管理人或者债务人请求对方当事人履行双方均未履行完毕的合同所产生的债务；②债务人财产受无因管理所产生的债务；③因债务人不当得利所产生的债务；④为债务人继续营业而应支付的劳动报酬和社会保险费用以及由此产生的其他债务；⑤管理人或者相关人员执行职务致人损害所产生的债务；⑥债务人财产致人损害所产生的债务。

3. 破产费用和共益债务的清偿规则

破产费用与共益债务均是由债务人财产清偿的，在清偿中要遵循以下规则：

（1）随时清偿规则。破产费用和共益债务由债务人财产随时清偿，不论破产程序进行到哪个阶段，均应随时清偿破产费用和共益债务。

（2）破产费用优先规则。债务人财产不足以清偿所有破产费用和共益债务的，先行清偿破产费用。

（3）比例清偿规则。债务人财产不足以清偿所有破产费用或者共益债务的，按照比例清偿。也就是说，债务人财产不足以清偿破产费用或者共益债务二者之一时，若债务人财产不足以清偿破产费用，按照可分配财产的金额占未清偿费用总额的比例对各项破产费用予以清偿；若债务人财产足以清偿破产费用，但不足以清偿共益债务，按照可分配财产的金额占未清偿共益债务总额的比例对各项共益债务予以清偿。

此外，如果债务人财产不足以清偿破产费用，管理人应当提请人民法院终结破产程序。人民法院应当自收到请求之日起 15 日内裁定终结破产程序，并予以公告。

§12.4 债权申报与债权人会议

§12.4.1 债权申报

破产案件受理后，债权人只有在依法申报债权并得到确认后，才能参加破产程序、从破产财产中受到清偿。债权人必须依照破产法规定的程序行使权利。

1. 申报期限

只有通过债权申报，才能确定可以依照破产法规定行使权利的人员范围。因此，人民法院受理破产申请后，应当及时确定债权申报的期限，债权人也应当在人民法院确定的债权申报期限内向管理人申报债权。

《企业破产法》第四十五条规定，人民法院受理破产申请后，应当确定债权人申报债权的期限。债权申报期限自人民法院发布受理破产申请公告之日起计算，最短不得少于30日，最长不得超过3个月。

2. 申报要求

根据《企业破产法》第四十九条规定，债权人申报债权时应当符合以下要求：

（1）债权人申报债权必须以书面形式提出。

（2）债权人应当说明债权的数额和有无财产担保情况。有财产担保的债权与普通债权在清算程序中的清偿顺序不同，因此债权人除应当说明债权的数额外，还应说明其债权有无财产担保。

（3）债权人申报债权应当提交有关证据，即能够证明债权存在和债权数额的各种事实，如法院有关债权债务纠纷的判决、仲裁机构的裁决、债权人与债务人之间的合同等。

（4）债权人申报的债权是连带债权的，应当说明，防止多个连带债权人向债务人申报债权而就同一债权获得重复清偿。

3. 申报范围

（1）未到期的债权，在破产申请受理时视为到期。未到期的债权是指债务履行期限尚未届满的债权。一般情况下，债权只有在其清偿期限届满时才予以清偿。但是破产程序终结后债务人的债权债务关系全部归于消灭，如果按一般方式处理，债权人的债权将完全得不到清偿。因此，破产法规定，未到期的债权在破产申请受理时视为到期。

（2）附利息的债权自破产申请受理时起停止计息。

（3）附条件、附期限的债权和诉讼、仲裁未决的债权，债权人可以申报。

（4）劳动债权。债务人所欠职工的工资和医疗、伤残补助、抚恤费用，所欠的应当划入职工个人账户的基本养老保险、基本医疗保险费用，以及法律、行政法规规定应当支付给职工的补偿金，不必申报，由管理人调查后列出清单并予以公示。职工对清单记载有异议的，可以要求管理人更正；管理人不予更正的，职工可以向人民法院提起诉讼。

（5）连带债权人可以由其中一人代表全体连带债权人申报债权，也可以共同申报债权。

（6）债务人的保证人或者其他连带债务人已经代替债务人清偿债务的，以其对债务人的求偿权申报债权。债务人的保证人或者其他连带债务人尚未代替债务人清偿债务的，以其对债务人的将来求偿权申报债权。但是，债权人已经向管理人申报全部债权的除外。

（7）连带债务人数人被裁定适用破产法规定的程序的，其债权人有权就全部债权分别在各破产案件中申报债权。

（8）管理人或者债务人依照破产法规定解除合同的，对方当事人以因合同解除所产生的损害赔偿请求权申报债权。

（9）债务人是委托合同的委托人，被裁定适用破产法规定的程序，受托人不知该事实，继续处理委托事务的，受托人以由此产生的请求权申报债权。

（10）债务人是票据的出票人，被裁定适用破产法规定的程序，该票据的付款人继续付款或者承兑的，付款人以由此产生的请求权申报债权。

4. 补充申报

在人民法院确定的债权申报期限内，债权人未申报债权的，可以在破产财产最后分配前补充申报；但是，此前已进行的分配，不再对其补充分配。为审查和确认补充申报债权的费用，由补充申报人承担。

5. 申报的审核确认

管理人收到债权申报材料后，应当登记造册，对申报的债权进行审查，并编制债权表。债权表和债权申报材料由管理人保存，供利害关系人查阅。

编制的债权表应当提交第一次债权人会议核查。债务人、债权人对债权表记载的债权无异议的，由人民法院裁定确认。债务人、债权人对债权表记载的债权有异议的，可以向受理破产申请的人民法院提起诉讼。

§12.4.2 债权人会议

债权人会议是全体债权人为维护债权人共同利益、参与破产程序而共同组成的表达债权人意志、对有关破产事宜进行决议的破产议事机构。债权人会议是临时性机构，不是常设机构，本身无执行职能，其所作出的决议一般由管理人负责执行。

1. 债权人会议的成员及表决权

（1）依法申报债权的债权人为债权人会议的成员，有权参加债权人会议，享有表决权。也就是说，所有依照破产法规定申报债权的债权人都为债权人会议成员，具体包括无财产担保的债权人、有财产担保的债权人和代替债务人清偿债务后享有求偿权的人。

（2）债权尚未确定的债权人，原则上不得行使表决权；但人民法院能够为其行使表决权而临时确定债权额的，可以行使表决权。

（3）对债务人的特定财产享有担保权的债权人，未放弃优先受偿权利的，对于通过和解协议和通过破产财产分配方案不能行使表决权。这里的担保权具体包括抵押权、质权和留置权。

（4）债权人可以委托代理人出席债权人会议，行使表决权。代理人出席债权人会议，应当向人民法院或者债权人会议主席提交债权人的授权委托书。

（5）债权人会议应当有债务人的职工和工会的代表参加，对有关事项发表意见。

2. 债权人会议的职权

债权人会议的职权具体包括：①核查债权；②申请人民法院更换管理人，审查管理人的费用和报酬;③监督管理人;④选任和更换债权人委员会成员;⑤决定继续或者停止债务人的营业;⑥通过重整计划;⑦通过和解协议;⑧通过债务人财产的管理方案;⑨通过破产财产的变价方案;⑩通过破产财产的分配方案;⑪人民法院认为应当由债权人会议行使的其他职权。

3. 债权人会议的议事规则

(1) 债权人会议主席。债权人会议设主席一人,由人民法院从有表决权的债权人中指定。债权人会议主席主持债权人会议。

(2) 债权人会议的召开。第一次债权人会议由人民法院召集,自债权申报期限届满之日起 15 日内召开。以后的债权人会议,在人民法院认为必要时,或者管理人、债权人委员会、占债权总额 1/4 以上的债权人向债权人会议主席提议时召开。召开债权人会议,管理人应当提前 15 日通知已知的债权人。

(3) 债权人会议的决议规则及决议的效力。债权人会议的决议,由出席会议的有表决权的债权人过半数通过,并且其所代表的债权额占无财产担保债权总额的 1/2 以上。但是,破产法另有规定的除外。债权人认为债权人会议的决议违反法律规定,损害其利益的,可以自债权人会议作出决议之日起 15 日内,请求人民法院裁定撤销该决议,责令债权人会议依法重新作出决议。

债权人会议的决议,对于全体债权人均有约束力。

(4) 人民法院对债权人会议不能决议事项的裁定。债务人财产的管理方案、破产财产的变价方案,经债权人会议表决未通过的,由人民法院裁定。债权人对人民法院作出的裁定不服的,可以自裁定宣布之日或者收到通知之日起 15 日内向该人民法院申请复议。破产财产的分配方案,经债权人会议二次表决仍未通过的,由人民法院裁定。债权额占无财产担保债权总额 1/2 以上的债权人对人民法院作出的裁定不服的,同样可以自裁定宣布之日或者收到通知之日起 15 日内向该人民法院申请复议。

4. 债权人委员会

由于债权人会议是非常设机构、临时机构,很难对破产程序进行日常的参与和监督,因此有必要在债权人会议之外设置常设性的监督机构,这一机构就是债权人委员会。

(1) 债权人委员会的组成。债权人委员会不是必须设立的机构,债权人可以根据需要在债权人会议上以决议确定是否设立。债权人委员会由债权人会议选任的债权人代表和一名债务人的职工代表或者工会代表组成。债权人委员会成员不得超过 9 人。债权人委员会成员应当经人民法院书面决定认可。

(2) 债权人委员会的职权。债权人委员会行使下列职权:①监督债务人财产的管理和处分;②监督破产财产分配;③提议召开债权人会议;④债权人会议委托的其他职权。

债权人委员会执行职务时,有权要求管理人、债务人的有关人员对其职权范围内的事务作出说明或者提供有关文件。管理人、债务人的有关人员违反本法规定拒绝接受监督的,债权人委员会有权就监督事项请求人民法院作出决定;人民法院应当在 5 日内作出决定。

为确保债权人委员会及时了解管理人对债务人财产的处理情况,管理人实施下列行为时，应当及时报告债权人委员会：①涉及土地、房屋等不动产权益的转让；②探矿权、采矿权、知识产权等财产权的转让；③全部库存或者营业的转让；④借款；⑤设定财产担保；⑥债权和有价证券的转让；⑦履行债务人和对方当事人均未履行完毕的合同；⑧放弃权利；⑨担保物的取回；⑩对债权人利益有重大影响的其他财产处分行为。未设立债权人委员会的，管理人实施上述行为应当及时报告人民法院。

§12.5　重整与和解

§12.5.1　重整

1．重整的概念

重整是指对于具备重整原因而又有复苏希望的债务人，经利害关系人申请，在法院主持下对债务人进行生产经营上的整顿和债权债务关系上的清理，以使其摆脱困境、恢复生机的破产预防制度。

重整制度体现了破产法不仅仅是一个清算法和市场退出法，而且还是一个市场主体的复兴法和再生法。旧的《企业破产法（试行）》虽然也规定了破产整顿，但那种整顿由债务人的上级主管部门主持，本质上是行政整顿，已不适应市场经济防范企业破产的需要。新的《企业破产法》取消了整顿制度，创设了更加市场化的重整制度，是破产法的一大突破与制度创新。

2．重整申请

（1）重整申请的提出。根据《企业破产法》第七十条的规定，债务人、债权人和债务人的出资人有权提出重整申请。债务人提出重整申请。债务人在以下两种情况下可提出重整申请：①当债务人不能清偿到期债务并且资产不足以清偿全部债务或者明显缺乏清偿能力，或者有明显丧失清偿能力可能时，可直接向人民法院申请重整；②在债权人申请对债务人进行破产清算时，在人民法院受理破产申请后、宣告债务人破产前，债务人可以向人民法院申请重整。债权人提出重整申请：当债务人不能清偿到期债务时，债权人可以直接向人民法院提出重整申请。债务人的出资人提出重整申请：债务人的出资人提出重整申请须符合以下两个条件：第一，必须在债权人申请对债务人进行破产清算的情况下，人民法院受理破产申请后、宣告债务人破产前提出申请；第二，出资人的出资额必须占债务人注册资本 1/10 以上。

（2）重整申请的受理

人民法院经审查认为重整申请符合破产法规定的，应当裁定债务人重整，并予以公告。

3．重整期间

（1）重整期间的确定。自人民法院裁定债务人重整之日起至重整程序终止，为重整期间。

重整程序因以下情形终止，并宣告债务人破产：①在重整期间，债务人的经营状况和财产状况继续恶化，缺乏挽救的可能性，或者债务人有欺诈、恶意减少债务人财产或者其他显著不利于债权人的行为，或者由于债务人的行为致使管理人无法执行职务；②债务人或者管理人未按期提出重整计划草案；③重整计划草案未获得通过且未依照破产法的规定获得批准，或者已通过的重整计划未获得批准；④债务人不能执行或者不执行重整计划，人民法院经管理人或者利害关系人请求裁定终止重整计划的执行。

（2）重整期间的法律效力。①在重整期间，经债务人申请，人民法院批准，债务人可以在管理人的监督下自行管理财产和营业事务。如有此情形，已接管债务人财产和营业事务的管理人应当向债务人移交财产和营业事务，管理人的职权由债务人行使。②管理人负责管理财产和营业事务的，可以聘任债务人的经营管理人员负责营业事务。③在重整期间，对债务人的特定财产享有的担保权暂停行使。但是，担保物有损坏或者价值明显减少的可能，足以危害担保权人权利的，担保权人可以向人民法院请求恢复行使担保权。在重整期间，债务人或者管理人为继续营业而借款的，可以为该借款设定担保。④债务人合法占有的他人财产，该财产的权利人在重整期间要求取回的，应当符合事先约定的条件。⑤在重整期间，债务人的出资人不得请求投资收益分配。在重整期间，债务人的董事、监事、高级管理人员不得向第三人转让其持有的债务人的股权。但是，经人民法院同意的除外。

4．重整计划的制订、表决和批准

重整计划是指由债务人或管理人制订的，以维持债务人继续营业、谋求债务人复兴为目的，以清理债权债务关系为主要内容的多方协议。

（1）重整计划的制订。①重整计划草案的提交期限。债务人或者管理人应当自人民法院裁定债务人重整之日起6个月内，同时向人民法院和债权人会议提交重整计划草案。期限届满，经债务人或者管理人请求，有正当理由的，人民法院可以裁定延期3个月。②重整计划草案的制订人。债务人自行管理财产和营业事务的，由债务人制订重整计划草案。管理人负责管理财产和营业事务的，由管理人制订重整计划草案。③重整计划草案的内容。重整计划草案应当包括以下内容：债务人的经营方案；债权分类；债权调整方案；债权受偿方案；重整计划的执行期限；重整计划执行的监督期限；有利于债务人重整的其他方案。

（2）重整计划的表决。重整计划采用分组表决制，将不同类别的债权人分为四组进行表决：①对债务人的特定财产享有担保权的债权；②债务人所欠职工的工资和医疗、伤残补助、抚恤费用，所欠的应当划入职工个人账户的基本养老保险、基本医疗保险费用，以及法律、行政法规规定应当支付给职工的补偿金；③债务人所欠税款；④普通债权。人民法院在必要时可以决定在普通债权组中设小额债权组对重整计划草案进行表决。此外，重整计划草案涉及出资人权益调整事项的，应当设出资人组，对该事项进行表决。

人民法院应当自收到重整计划草案之日起30日内召开债权人会议，对重整计划草案进行表决。出席会议的同一表决组的债权人过半数同意重整计划草案，并且其所代表的债权额占该组债权总额的2/3以上的，即为该组通过重整计划草案。各表决组均通过重整计划草案时，重整计划即为通过。

（3）重整计划的批准。自重整计划通过之日起10日内，债务人或者管理人应当向人民法院提出批准重整计划的申请。人民法院经审查认为符合破产法规定的，应当自收到申请之日起30日内裁定批准，终止重整程序，并予以公告。

5．重整计划的执行、监督与效力

（1）重整计划的执行。重整计划由债务人负责执行。人民法院裁定批准重整计划后，已接管财产和营业事务的管理人应当向债务人移交财产和营业事务。

（2）重整计划的监督。自人民法院裁定批准重整计划之日起，在重整计划规定的监督期内，由管理人监督重整计划的执行。在监督期内，债务人应当向管理人报告重整计划执行情况和债务人财务状况。

监督期届满时，管理人应当向人民法院提交监督报告。自监督报告提交之日起，管理人的监督职责终止。经管理人申请，人民法院可以裁定延长重整计划执行的监督期限。管理人向人民法院提交的监督报告，重整计划的利害关系人有权查阅。

（3）重整计划的效力。经人民法院裁定批准的重整计划，对债务人和全体债权人均有约束力。债权人对债务人的保证人和其他连带债务人所享有的权利，不受重整计划的影响。债权人当然可以就其在重整计划未受清偿的债权向债务人的保证人和其他连带债务人要求清偿。

债权人未依照破产法规定申报债权的，在重整计划执行期间不得行使权利；在重整计划执行完毕后，可以按照重整计划规定的同类债权的清偿条件行使权利。

人民法院裁定终止重整计划执行的，债权人在重整计划中作出的债权调整的承诺失去效力，但为重整计划的执行提供的担保继续有效。债权人因执行重整计划所受的清偿仍然有效，债权未受清偿的部分作为破产债权。在重整计划执行中已经接受清偿的债权人，只有在其他同顺位债权人同自己所受的清偿达到同一比例时，才能继续接受分配。

按照重整计划减免的债务，自重整计划执行完毕时起，债务人不再承担清偿责任。

§12. 5. 2　和解

1. 和解的概念

和解是指在破产原因发生后、人民法院宣告债务人破产前，债务人与债权人会议就调整、减轻债务人的债务负担等事项达成协议，以挽救复苏债务人的债务清理与破产预防制度。

和解的目的在于预防债务人破产、通过债务清理恢复债务人的偿债能力。与破产清算相比，和解的成本更低，并且能够给债务人带来再生的希望。如果债务人的经营状况改善，债权人也会得到更多的清偿。这些都有利于社会经济秩序的稳定。

2. 和解申请

（1）和解申请人。和解申请人为存在破产原因的债务人。

（2）和解申请的提出。在两种情况下债务人可提出和解申请：①当债务人不能清偿到期债务，并且资产不足以清偿全部债务或者明显缺乏清偿能力时，债务人可直接向人民法院申请和解；②债务人也可以在人民法院受理破产申请后、宣告债务人破产前，向人民法院申请和解。

（3）和解协议草案。债务人申请和解，应当提出和解协议草案。和解协议草案一般应包括债务人的财产状况说明、债务情况、债务清偿的方式和期限、确保执行和解协议的措施等内容。

3. 和解的裁定

人民法院对和解申请进行审查。人民法院经审查认为和解申请符合破产法规定的，应当裁定和解，予以公告，并召集债权人会议讨论和解协议草案。

和解的裁定不影响有物权担保的债权人行使权利。对债务人的特定财产享有担保权的权利人，自人民法院裁定和解之日起即可行使权利，不受和解程序的约束。

4. 和解协议的表决

人民法院裁定和解后，债务人应将和解协议草案提交债权人会议讨论、表决。债权人会议通过和解协议的决议，由出席会议的有表决权的债权人过半数同意，并且其所代表的债权额占无财产担保债权总额的 2/3 以上。

5. 和解协议的认可

债权人会议通过的和解协议并不当然具有法律效力，还须经法院的认可。和解协议生效与否，取决于法院是否裁定认可。所以，债权人会议通过和解协议的，由人民法院裁定认可，终止和解程序，并予以公告。

同时，和解协议经认可生效后，债务人应按照和解协议规定的条件清偿债务。所以，管理人应当向债务人移交财产和营业事务，并向人民法院提交执行职务的报告。

6. 和解协议的效力

（1）和解协议对债务人的效力。债务人应当无条件地执行和解协议；同时，按照和解协议减免的债务，自和解协议执行完毕时起，债务人不再承担清偿责任。

（2）和解协议对全体和解债权人的效力。和解债权人是指人民法院受理破产申请时对债务人享有无财产担保债权的人。和解债权人未依照破产法规定申报债权的，在和解协议执行期间不得行使权利；在和解协议执行完毕后，可以按照和解协议规定的清偿条件行使权利。

（3）和解协议对债务人的保证人和其他连带债务人的效力。和解债权人对债务人的保证人和其他连带债务人所享有的权利，不受和解协议的影响。也就是说，和解协议对债务人的保证人和其他连带债务人无效，和解债权人对债务人所作的债务减免清偿或延期偿还的让步，效力不及于债务人的保证人和其他连带债务人，他们仍应按原来债的约定或法定责任承担保证或连带责任。

（4）和解协议的无效。因债务人的欺诈或者其他违法行为而成立的和解协议，人民法院应当裁定无效，并宣告债务人破产。

7. 和解协议的否决与终止

（1）和解协议的否决。和解协议草案经债权人会议表决未获得通过，或者已经债权人会议通过的和解协议未获得人民法院认可的，人民法院应当裁定终止和解程序，并宣告债务人破产。

（2）和解协议的终止。债务人不能执行或者不执行和解协议的，人民法院经和解债权人请求，应当裁定终止和解协议的执行，并宣告债务人破产。

§12.6 破产清算与破产责任

§12.6.1 破产宣告

1. 破产宣告的概念

破产宣告是指人民法院对于具备破产原因的债务人的破产事实予以判定，并使债务人进入破产清算程序的一种司法裁定行为。

破产宣告标志着破产案件进入破产清算程序。破产程序自人民法院受理破产申请时开始，但此时并不一定马上就进入破产清算程序，还有可能通过破产重整、破产和解程序避免债务人被宣告破产。因此，破产宣告既可能发生在破产申请受理时，也可能发生在破产程序的进行过程中。

2. 破产宣告的情形

人民法院宣告债务人破产的情形有两种：①债务人申请或被申请破产，并且具备破产原因；②债务人进入重整、和解程序，但重整、和解失败。

3. 破产宣告的程序

人民法院宣告债务人破产，应当自裁定作出之日起 5 日内送达债务人和管理人，自裁定作出之日起 10 日内通知已知债权人，并予以公告。

4. 破产宣告的效力

（1）债务人被宣告破产后，债务人称为破产人，债务人财产称为破产财产。

（2）债务人被宣告破产后，人民法院受理破产申请时对债务人享有的债权称为破产债权。破产债权通过破产程序获得清偿，是普通债权。对破产人的特定财产享有担保权的权利人，对该特定财产享有优先受偿的权利，不通过参加破产程序获得清偿。但是，该债权人行使优先受偿权利未能完全受偿的，其未受偿的债权作为普通债权；放弃优先受偿权利的，其债权作为普通债权。

5. 破产宣告障碍

破产宣告障碍是指阻止人民法院宣告债务人进行破产清算的法定事由。破产宣告前出现破产宣告障碍的，人民法院应当裁定终结破产程序，并予以公告。《企业破产法》规定的破产宣告障碍包括两种情况：①第三人为债务人提供足额担保或者为债务人清偿全部到期债务的；②债务人已清偿全部到期债务的。

§12. 6. 2 破产财产的变价和分配

1. 破产财产的变价

一般情况下，破产财产的分配应当以货币的形式进行，因此破产管理人必须将非货币的破产财产变价为货币形态，以便将破产财产分配给各债权人。

（1）破产财产的变价方案。管理人应当及时拟订破产财产变价方案，提交债权人会议讨论。如果债权人会议未能表决通过破产财产的变价方案，则由人民法院作出裁定。管理人应当按照债权人会议通过的或者人民法院裁定的破产财产变价方案，适时变价出售破产财产。

（2）破产财产的变价方式。除债权人会议另有决议外，变价出售破产财产应当通过拍卖进行。破产企业可以全部或者部分变价出售。企业变价出售时，可以将其中的无形资产和其他财产单独变价出售。按照国家规定不能拍卖或者限制转让的财产，应当按照国家规定的方式处理。

2. 破产财产的分配

（1）破产财产的分配方式

破产财产的分配应当以货币分配方式进行。但是，债权人会议另有决议的除外。

（2）破产财产的分配方案。①破产财产的分配方案由管理人负责及时拟订，提交债权人会议讨论。债权人会议通过后，由管理人将该方案提请人民法院裁定认可。经人民法院裁定认可后，由管理人执行。②破产财产的分配方案应当载明下列事项：参加破产财产分配的债权人名称或者姓名、住所；参加破产财产分配的债权额；可供分配的破产财产数额；破产财产分配的顺序、比例及数额；实施破产财产分配的方法。③破产财产可一次分配，也可多次分配。管理人按照破产财产分配方案实施多次分配的，应当公告本次分配的财产额和债权额。管理人实施最后分配的，应当在公告中指明，并载明相关规定的事项。

（3）破产财产的分配顺序。破产财产在优先清偿破产费用和共益债务后，依照下列顺序清偿：①破产人所欠职工的工资和医疗、伤残补助、抚恤费用，所欠的应当划入职工个人账户的基本养老保险、基本医疗保险费用，以及法律、行政法规规定应当支付给职工的补偿金；②破产人欠缴的除前项规定以外的社会保险费用和破产人所欠税款；③普通破产债权。

破产财产不足以清偿同一顺序的清偿要求的，按照比例分配。

破产企业的董事、监事和高级管理人员的工资按照该企业职工的平均工资计算。

（4）特殊债权的分配。①对于附生效条件或者解除条件的债权，管理人应当将其分配额提存。管理人已经提存的分配额，在最后分配公告日，生效条件未成就或者解除条件成就的，应当分配给其他债权人；在最后分配公告日，生效条件成就或者解除条件未成就的，应当交付给债权人。②债权人未受领的破产财产分配额，管理人应当提存。债权人自最后分配公告之日起满2个月仍不领取的，视为放弃受领分配的权利，管理人或者人民法院应当将提存的分配额分配给其他债权人。③破产财产分配时，对于诉讼或者仲裁未决的债权，管理人应当将其分配额提存。自破产程序终结之日起满2年仍不能受领分配的，人民法院应当将提存的分配额分配给其他债权人。

§12.6.3 破产程序的终结

1. 破产程序终结的原因

破产程序终结的原因就是引起破产程序终结的法律事实。根据《企业破产法》的规定，破产程序终结的原因有：①债务人财产不足以支付破产费用；②债权得到全部清偿；③债务人与全体债权人自行达成和解协议；④债务人无财产可供分配；⑤破产财产分配完毕。

2. 破产终结程序

在破产财产最后分配完毕的情形下，管理人应当及时向人民法院提交破产财产分配报告，并提请人民法院裁定终结破产程序。人民法院应当自收到管理人终结破产程序的请求之日起15日内作出是否终结破产程序的裁定。裁定终结的，应当予以公告。

管理人应当自破产程序终结之日起10日内，持人民法院终结破产程序的裁定，向破产人的原登记机关办理注销登记。

3. 破产程序终结的效力

（1）破产人的法人主体资格归于消灭，其未能清偿的债务得到免除。

（2）破产债权人不能向破产人主张权利。但破产人的保证人和其他连带债务人，在破产程序终结后，对债权人依照破产清算程序未受清偿的债权，依法继续承担清偿责任。

（3）管理人终止执行职务。管理人于办理注销登记完毕的次日终止执行职务。但是，存在诉讼或者仲裁未决情况的除外。

（4）破产财产的追加分配。一般情况下，破产程序终结，破产人对其未能清偿的债务得到免除。但是，因破产人存在无效、可撤销的行为或者发现破产人有应当供分配的其他财产的，自破产程序终结之日起 2 年内，债权人可以请求人民法院按照破产财产分配方案进行追加分配。但财产数量不足以支付分配费用的，不再进行追加分配，由人民法院将其上缴国库。

§12. 6. 4　违反企业破产法的法律责任

1. 企业董事、监事或者高级管理人员的法律责任

企业董事、监事或者高级管理人员违反忠实义务、勤勉义务，致使所在企业破产的，依法承担民事责任，并自破产程序终结之日起 3 年内不得担任任何企业的董事、监事、高级管理人员。企业董事、监事或者高级管理人员违反企业破产法规定，构成犯罪的，依法追究刑事责任。

2. 债务人及其有关人员的法律责任

（1）有义务列席债权人会议的债务人的有关人员，经人民法院传唤，无正当理由拒不列席债权人会议的，人民法院可以拘传，并依法处以罚款。债务人的有关人员违反企业破产法规定，拒不陈述、回答，或者作虚假陈述、回答的，人民法院可以依法处以罚款。

（2）债务人违反企业破产法规定，拒不向人民法院提交或者提交不真实的财产状况说明、债务清册、债权清册、有关财务会计报告以及职工工资的支付情况和社会保险费用的缴纳情况的，人民法院可以对直接责任人员依法处以罚款。债务人违反企业破产法规定，拒不向管理人移交财产、印章和账簿、文书等资料的，或者伪造、销毁有关财产证据材料而使财产状况不明的，人民法院可以对直接责任人员依法处以罚款。

（3）债务人有管理人的否认权所涉及的可撤销行为和无效行为，损害债权人利益的，债务人的法定代表人和其他直接责任人员依法承担赔偿责任。债务人的法定代表人和其他直接责任人员对所涉债务人财产的相关行为存在故意或者重大过失，造成债务人财产损失的，管理人有权代表债务人提出诉讼，要求上述人员承担相应赔偿责任。

（4）债务人的有关人员违反企业破产法规定，擅自离开住所地的，人民法院可以予以训诫、拘留，可以依法并处罚款。

（5）债务人及其有关人员违反企业破产法规定，构成犯罪的，依法追究刑事责任。

3. 管理人的法律责任

管理人未依照企业破产法规定勤勉尽责、忠实执行职务的，人民法院可以依法处以罚款；给债权人、债务人或者第三人造成损失的，依法承担赔偿责任。管理人违反企业破产法规定，构成犯罪的，依法追究刑事责任。

【思考题】

1. 企业破产的概念和法律特征。
2. 企业破产的原因包括哪些情形？
3. 破产申请人包括哪些？
4. 破产费用和共益债务应按什么规则清偿？
5. 简述重整期间的法律效力。
6. 破产财产应按什么顺序分配？

第三编　市场管理和市场行为法

第13章　竞争法律制度

§13.1　竞争法概述

§13.1.1　竞争概述

1. 竞争的概念和特征

竞争是自然界和人类社会的普遍规律，凡是有生命的地方就会有竞争。竞争的含义非常广泛，我们这里所讲的竞争指的是经济竞争。经济竞争也称市场竞争，是指市场上各利益主体为了追求和实现利益最大化而进行的争取交易机会的行为。

竞争的特征表现为以下几个方面：①竞争是市场经济的基本运行机制。市场经济就是商品生产者、经营者之间的竞争经济。没有竞争，市场就没有活力。没有竞争机制，市场对社会生产的调节和对资源的优化配置就无法实现。②市场上利益主体的多元化是形成竞争的关键因素。如果是独家经营而没有竞争对手，就不可能形成竞争；同时，如果市场上的生产、经营主体没有自身的经济利益，也就没有展开竞争的内在动力。③竞争发生在市场上相同或相近行业的生产经营者之间。市场上相同行业的生产经营者所提供的商品或服务具有一定的同质性，而市场上的总需求量一定，他们之间为了争夺市场份额必然会发生竞争。此外，市场上相近行业的生产经营者所提供的商品或服务虽然不完全相同，但也具有一定的可替代性，在他们之间也会发生竞争。④竞争的结果会导致优胜劣汰。经过市场竞争，优胜者的市场份额会逐步扩大，从而在市场上处于优势地位；而失败者的市场份额会逐步缩小，甚至被迫退出市场，遭到淘汰。

2. 竞争的作用

竞争同任何事物一样也具有两面性，它的作用既有积极的一面，也有消极的一面。

（1）竞争的积极作用。竞争的积极作用表现在多个方面：通过竞争机制能够实现资源的优化配置，为发展现代化的规模经济创造条件；由于竞争的优胜劣汰效果，竞争能够促进生产经营者改善经营管理，提高劳动生产率；竞争能够激励生产经营者进行科技创新，从而推动科技发展；竞争能够使消费者从经济发展中受到实惠，最大限度实现对消费者权益的保护。

（2）竞争的消极作用。竞争的消极作用表现在两个方面：一是竞争会诱发生产经营者采用不正当手段谋求竞争优势，这就是不正当竞争；二是竞争会制造出其"副产品"，即垄断和限制竞争行为。因此，为了消除竞争的消极作用，建立一个统一、开放、自由、公平和竞争秩序良好的市场，需要完善的竞争法律制度。

§13. 1. 2 竞争法概述

1. 竞争法的概念和调整对象

竞争法是指以市场竞争关系和市场竞争管理关系为调整对象，以消除竞争的消极作用、维护公平竞争为目的的法律规范的总称。

竞争法的调整对象有两类：①市场竞争关系。这是指市场上的生产经营主体在竞争过程中所形成的社会关系，是一种横向的平等关系。②市场竞争管理关系。这是指国家经济管理机关依法在监督、管理市场竞争过程中所形成的社会关系。这类关系的一方是具有竞争管理职权的国家经济管理机关，另一方是市场上参与竞争的生产经营主体，他们之间是管理与被管理、命令与服从的关系，是一种纵向的不平等关系。

2. 竞争法的基本内容

竞争的消极作用表现为不正当竞争、垄断和限制竞争。相比较而言，垄断和限制竞争的联系更加密切，存在很大程度的交叉，在实践中有时很难明确区分。因此现代竞争法相应地分为反不正当竞争法和反垄断法两大部分，即反垄断法中包含了反限制竞争的规定。

3. 竞争法的立法模式

受历史条件、文化传统、政治制度、基本国情、经济发展程度等因素的影响，世界各国竞争法的立法模式不尽相同。

（1）世界其他国家竞争法的立法模式。①统一立法模式。这种立法模式是将反不正当竞争和反垄断的法律规范统一纳入一部法律之中，制定统一的立法。如匈牙利的《禁止不正当竞争法》、前南斯拉夫的《制止不正当竞争和垄断协议法》、我国台湾地区的《公平交易法》等。②分别立法模式。这种立法模式是将反不正当竞争与反垄断分别独立立法，前者由反不正当法调整，后者由反垄断法调整，侧重于不正当竞争行为与垄断行为在表现形式和性质上的差异。如德国的《反不正当竞争法》和《反限制竞争法》、日本的《不正当竞争防止法》和《关于禁止私人垄断及确保公平交易法》。③分散立法模式。这种立法模式不制定基本法，而是将反不正当竞争和反垄断规范分别纳入若干单行法中进行综合调整。如美国的《谢尔曼法》《克莱顿法》《联邦贸易委员会法》等，英国的《垄断企业和限制性贸易惯例法》《公平贸易法》《限制性贸易法》《竞争法》等。

（2）我国竞争法的立法模式。我国竞争法采用的是分别立法模式，先后制定了反不正当竞争法和反垄断法。在 20 世纪 90 年代初的世界竞争法立法热潮中，许多由计划经济向市场经济过渡的国家采用了统一立法模式，我国最初也计划采用这种模式。但在后来的调研中发现，经济垄断在我国并不是很突出，认为反垄断法出台的时机还不成熟，计划先出台反不正当竞争法。这样，我国竞争法的立法模式就确定为分别立法模式。

1993 年 9 月 2 日，第八届全国人民代表大会常务委员会第三次会议通过了《中华人民共和国反不正当竞争法》（以下简称《反不正当竞争法》），并于 1993 年 12 月 1 日起施行。《反不正当竞争法》包括总则、不正当竞争行为、监督检查、法律责任、附则等5章33条。《反不正当竞争法》的颁布施行标志着国家强制力全面介入了排除市场中的不正当竞争行为，为规范经济生活提供了有力的法律保障。由于当时反垄断法还未颁布，《反不正当竞争法》中也规定了一些本应属于反垄断法规制的限制竞争行为。2007年2月，最高人民法院颁布施行了《最高人民法院关于审理不正当竞争民事案件应用法律若干问题的解释》（以下简称《反不正当竞争法司法解释》），进一步完善了反不正当竞争法。经过13年的酝酿，2007年8月30日，第十届全国人民代表大会常务委员会第二十九次会议通过了《中华人民共和国反垄断法》（以下简称《反垄断法》），并于2008年8月1日起施行。《反垄断法》包括总则、垄断协议、滥用市场支配地位、经营者集中、滥用行政权力排除、限制竞争、对涉嫌垄断行为的调查、法律责任、附则等8章57条。《反垄断法》的颁布施行基本形成了我国的市场竞争规则，更好地适应了我国发展社会主义市场经济和参与国际竞争的需要，标志着我国竞争法基本框架的形成。2012年5月，最高人民法院颁布了《关于审理因垄断行为引发的民事纠纷案件应用法律若干问题的规定》（以下简称《反垄断法司法解释》），进一步完善了反垄断法。

§13.2 反不正当竞争法

§13.2.1 反不正当竞争法概述

1. 不正当竞争行为的概念和特征

不正当竞争行为，是指经营者违反《反不正当竞争法》的规定，损害其他经营者的合法权益，扰乱社会经济秩序的行为。由于不正当竞争行为的复杂性与多变性，在具体的竞争实践中会呈现出各种不同的具体形式，所以《反不正当竞争法》采取了定义加列举的方式，除规定不正当竞争行为的概念外，还列举了11种具体的不正当竞争行为。

不正当竞争行为有以下几个特征：①不正当竞争行为的主体是参与市场活动的经营者，具体包括从事商品经营或者营利性服务（以下所称商品包括服务）的法人、其他经济组织和个人。②不正当竞争行为具有违法性，主要表现在违反了《反不正当竞争法》的规定。③不正当竞争行为具有超出一般民事侵权行为的社会危害性，表现在不但损害了其他经营者的合法权益而且扰乱了社会经济秩序。

2. 反不正当竞争法的概念和立法目的

反不正当竞争法是调整在制止不正当竞争行为过程中所发生的社会关系的法律规范的总称。狭义的反不正当竞争法就是指我国已经颁布施行的《反不正当竞争法》，广义的反不正当竞争法除此之外还包括一系列有关反不正当竞争的配套法规，主要有：国家工商行政管理局1993年12月9日发布的《关于有奖销售中不正当竞争行为的若干规定》、1993年12月24日发布的《关于禁止公用企业限制竞争行为的若干规定》、1995年7月6日发布的《关于禁止仿冒知名商品特有的名称包装装潢的不正当竞争行为的若干规定》、1995年7月23日发布的《关于禁止侵犯商业秘密行为的若干规定》、1996年11月15日发布的《关于禁止商业贿赂行为的暂行规定》、《关于禁止串通招标投标行为的暂行规定》、2001年4月21日发布的《关于禁止在市场经济活动中实行地区封锁的规定》等。此外，其他相关法律中的有关不正当竞争条款也应归入广义的反不正当竞争法，如《产品质量法》《消费者权益保护法》《广告法》《价格法》《对外贸易法》等法律中与不正当竞争有关的法律规定。

我国反不正当竞争法的立法目的分为三个层次：直接目的是鼓励和保护公平竞争，制止不正当竞争行为；间接目的是保护经营者和消费者的合法权益；最终目的是保障社会主义市场经济健康发展。

§13.2.2　不正当竞争行为的种类

《反不正当竞争法》第二章以列举的方式列出了 11 种不正当竞争行为，如果现实中出现新类型的不正当竞争行为，还要结合不正当竞争行为的一般概念来判定。但是，这 11 种不正当竞争行为是现实经济生活中比较典型、非常重要的不正当竞争行为，是判定不正当竞争行为的直接法律依据。

1. 欺骗性市场交易行为

欺骗性市场交易行为是指在市场经营活动中，经营者采用假冒、模仿和其他虚假手段从事市场交易，损害竞争对手和消费者利益的行为，主要表现为：①假冒他人的注册商标；②擅自使用知名商品特有的名称、包装、装潢，或者使用与知名商品近似的名称、包装、装潢，造成和他人的知名商品相混淆，使购买者误认为是该知名商品；③擅自使用他人的企业名称或者姓名，引人误认为是他人的商品；④在商品上伪造或者冒用认证标志、名优标志等质量标志，伪造产地，对商品质量作引人误解的虚假表示。根据《反不正当竞争法司法解释》的规定，上述"知名商品"指在中国境内具有一定的市场知名度，为相关公众所知悉的商品。人民法院认定知名商品，应当考虑该商品的销售时间、销售区域、销售额和销售对象，进行任何宣传的持续时间、程度和地域范围，作为知名商品受保护的情况等因素，进行综合判断。原告应当对其商品的市场知名度负举证责任。上述"特有的名称、包装、装潢"指具有区别商品来源的显著特征的商品的名称、包装、装潢。由经营者营业场所的装饰、营业用具的式样、营业人员的服饰等构成的具有独特风格的整体营业形象，可以认定为上述"装潢"。

2. 公用企业等独占经营者的限制竞争行为

《反不正当竞争法》第六条规定："公用企业或者其他依法具有独占地位的经营者，不得限定他人购买其指定的经营者的商品，以排挤其他经营者的公平竞争。"

这里的公用企业是指涉及公用事业的经营者，如供电、供水、供气、供热、通信、公共交通等行业的经营者；依法具有独占地位的经营者是指公用企业以外的由法律、法规、规章或者其他合法的规范性文件赋予其从事特定商品或服务的独占经营资格的经营者，如国务院作出的规范性文件规定某一特定领域某特定产品只能由某一企业或少数几家企业生产经营时，这些企业就具有独占地位。这些企业的限制竞争行为妨碍了市场的公平竞争和消费者的自由选择权，应加以禁止。这种行为本质上属垄断行为，但受特定国情的限制，先颁布施行的《反不正当竞争法》中也规定了这种行为。需要注意的是，这里并不是对这些企业独占地位的禁止，而是禁止这些企业利用自身优势地位实施限制他人竞争的行为。

3. 政府机关滥用行政权力限制竞争的行为

《反不正当竞争法》第七条规定："政府及其所属部门不得滥用行政权力，限定他人购买其指定的经营者的商品，限制其他经营者正当的经营活动。政府及其所属部门不得滥用行政权力，限制外地商品进入本地市场，或者本地商品流向外地市场。"

可见，这里所禁止的主体是政府机关，包括政府及所属部门；所禁止的行为包括滥用行政权力进行的限定交易行为和地区封锁行为。限定交易行为不仅会限制其他经营者正当的经营活动、损害消费者利益，而且会滋生腐败现象，应加以禁止。地区封锁行为限制地区间的交易，阻碍全国统一市场的形成和资源的优化配置，是严重的不公平竞争，也应禁止。这种行为本质上也属垄断行为，即行政垄断行为，但受特定国情的限制，先颁布施行的《反不正当竞争法》中也规定了这种行为。

4. 商业贿赂行为

商业贿赂行为是指经营者为了销售或者购买商品，采用财物或者其他手段进行贿赂，以获得竞争优势的行为。商业贿赂行为的主体是经营者，目的是排挤竞争对手从而获得竞争优势，实质上是以不正当手段获取交易机会，属典型的不正当竞争行为。《反不正当竞争法》第八条规定："经营者不得采用财物或者其他手段进行贿赂以销售或者购买商品。在账外暗中给予对方单位或者个人回扣的，以行贿论处；对方单位或者个人在账外暗中收受回扣的，以受贿论处。经营者销售或者购买商品，可以以明示方式给对方折扣，可以给中间人佣金。经营者给对方折扣、给中间人佣金的，必须如实入账。接受折扣、佣金的经营者必须如实入账。"

回扣是常见的商业贿赂形式，在确认商业贿赂行为时，要注意回扣与折扣、佣金的不同。首先，回扣与折扣不同。回扣是经营者为了购买或销售商品，在账外暗中给予交易相对方的财物。折扣是交易中的让利，是经营者在销售商品时，以明示并如实入账的方式给予交易对方的优惠。给予回扣是暗中进行、不入账的，往往损害了被代理人的利益，属非法利益；给予折扣是公开进行、入账的，属合法利益。其次，回扣与佣金不同。佣金是经济交往中，一方或双方当事人付给具有独立地位的中间人的劳务报酬。与回扣不同，佣金的性质是劳务报酬，是以明示并如实入账的方式支付的。

5. 虚假宣传行为

虚假宣传行为是指经营者利用广告或其他方法，对商品所作的与实际状况不符的、误导其他经营者和消费者的宣传行为。这种行为通过误导消费者和其他经营者以获取较多的交易机会，违背了诚实信用、公平竞争原则，属不正当竞争行为，具体表现为：

（1）经营者利用广告或者其他方法，对商品的质量、制作成分、性能、用途、生产者、有效期限、产地等作引人误解的虚假宣传。根据《反不正当竞争法司法解释》的规定，经营者具有下列行为之一，足以造成相关公众误解的，可以认定为引人误解的虚假宣传行为：对商品作片面的宣传或者对比的；将科学上未定论的观点、现象等当作定论的事实用于商品宣传的；以歧义性语言或者其他引人误解的方式进行商品宣传的。以明显的夸张方式宣传商品，不足以造成相关公众误解的，不属于引人误解的虚假宣传行为。人民法院应当根据日常生活经验、相关公众一般注意力、发生误解的事实和被宣传对象的实际情况等因素，对引人误解的虚假宣传行为进行认定。

（2）广告的经营者在明知或者应知的情况下，代理、设计、制作、发布虚假广告。

6. 侵犯商业秘密行为

商业秘密，是指不为公众所知悉、能为权利人带来经济利益、具有实用性并经权利人采取保密措施的技术信息和经营信息。商业秘密具有秘密性、价值性、实用性和采取保密措施四个构成要件。对于采取保密措施，人民法院应当根据所涉信息载体的特性、权利人保密的意愿、保密措施的可识别程度、他人通过正当方式获得的难易程度等因素，认定权利人是否采取了保密措施。具有下列情形之一，在正常情况下足以防止涉密信息泄露的，应当认定权利人采取了保密措施：限定涉密信息的知悉范围，只对必须知悉的相关人员告知其内容；对于涉密信息载体采取加锁等防范措施；在涉密信息的载体上标有保密标志；对于涉密信息采用密码或者代码等；签订保密协议；对于涉密的机器、厂房、车间等场所限制来访者或者提出保密要求；确保信息秘密的其他合理措施。侵犯商业秘密行为，就是指不正当地获取、披露或使用权利人商业秘密的行为，具体表现为：

（1）经营者以盗窃、利诱、胁迫或者其他不正当手段获取权利人的商业秘密。

（2）经营者披露、使用或者允许他人使用以盗窃、利诱、胁迫或者其他不正当手段获取的权利人的商业秘密。

（3）经营者违反约定或者违反权利人有关保守商业秘密的要求，披露、使用或者允许他人使用其所掌握的商业秘密。

（4）第三人明知或者应知上述所列违法行为，获取、使用或者披露他人的商业秘密，视为侵犯商业秘密。

此外，根据《反不正当竞争法司法解释》的规定，当事人指称他人侵犯其商业秘密的，应当对其拥有的商业秘密符合法定条件、对方当事人的信息与其商业秘密相同或者实质相同以及对方当事人采取不正当手段的事实负举证责任。其中，商业秘密符合法定条件的证据，包括商业秘密的载体、具体内容、商业价值和对该项商业秘密所采取的具体保密措施等。

7. 不正当倾销行为

不正当倾销行为是指经营者以排挤竞争对手为目的，以低于成本的价格销售商品，扰乱社会正常竞争秩序，损害国家利益或其他经营者合法权益的行为。不正当倾销行为的目的是排挤竞争对手，有些情况下即使经营者进行了以低于成本的价格销售商品的行为，但因为其目的不是为了排挤竞争对手，而是为了符合经济规律解决经营中的困难，则不应将其认定为不正当竞争行为。因此，有下列情形之一的，不属于不正当竞争行为：①销售鲜活商品；②处理有效期限即将到期的商品或者其他积压的商品；③季节性降价；④因清偿债务、转产、歇业降价销售商品。

8. 搭售或附加其他不合理条件行为

搭售或附加其他不合理条件行为是指经营者利用其经济优势，在销售商品时违背购买者的意愿，强行搭配销售其他商品或附加其他不合理条件的行为。

这种不正当竞争行为的特征是：①行为主体是经营者中的卖方，即是卖方对买方的行为。②经营者利用的是其经济优势，采取其他不正当方法，如带有一定暴力性质的胁迫、强制等手段进行的交易行为不属于不正当竞争行为。③必须是在违背购买者意愿的情况下进行的交易行为，即经营者违反了平等、自愿、公平竞争的原则，购买者并不是自愿接受经营者的不合理条件。

9. 不正当有奖销售行为

有奖销售是经营者销售商品时，附带性地提供奖品或奖金的行为，如附赠品、抽奖。正当的有奖销售是经营者促销商品、提高市场占有率的有效手段。但是，下列行为属不正当有奖销售行为，应予以禁止：①采用谎称有奖或者故意让内定人员中奖的欺骗方式进行有奖销售；②利用有奖销售的手段推销质次价高的商品；③抽奖式的有奖销售，最高奖的金额超过 5000 元。

10. 商业诽谤行为

商业诽谤行为是指经营者为了获取竞争优势，捏造、散布虚伪事实，损害竞争对手的商业信誉、商品声誉的行为。

商业信誉是社会公众对经营者的信用、资产、经营能力、经营作风等方面的全面、总体的评价；商品声誉是社会公众对经营者所经营商品的质量、性能、用途等方面的总体评价。商业信誉和商品声誉是经营者的重要无形资产以及经营者参与市场竞争的有力武器。商业诽谤行为通过捏造、散布虚伪事实等违反商业道德的手段，损害竞争对手的商业信誉、商品声誉，削弱竞争对手的市场竞争能力，并以此谋取非法利益，是一种严重危害公平竞争秩序的不正当竞争行为。

11. 招投标中的不正当竞争行为

招投标中的不正当竞争行为是指在招标、投标过程中，招标者与投标者之间或者投标者相互间采用不正当手段，对招标、投标事项进行串通，以排挤竞争对手或损害招标者利益的行为。招标的目的本来是引起投标者之间的充分竞争，从而降低招标项目的成本、保证履行质量、提高经济效益。但招投标中的不正当竞争行为使这一目的无法实现，并损害了招标者或其他投标者的利益，应予以禁止。《反不正当竞争法》将这种不正当竞争行为归为两类：①投标者之间串通投标，抬高标价或压低标价的行为。②招标者与投标者相互勾结，以排挤竞争对手的公平竞争的行为。

§13. 2. 3 对不正当竞争行为的监督检查

《反不正当竞争法》一方面规定了一切组织和个人可以对不正当竞争行为进行社会监督，另一方面也规定了行政监督检查：

1. 监督检查部门

专门的监督检查部门是县级以上的工商行政管理部门，另外，法律、行政法规规定由物价、技术监督、卫生等其他部门监督检查的，则这些部门也可以对不正当竞争行为进行监督检查。

2. 监督检查部门的职权

监督检查部门在监督检查不正当竞争行为时，有权行使下列职权：

（1）按照规定程序询问被检查的经营者、利害关系人、证明人，并要求提供证明材料或者与不正当竞争行为有关的其他资料；

（2）查询、复制与不正当竞争行为有关的协议、账册、单据、文件、记录、业务函电和其他资料；

（3）检查与欺骗性市场交易行为有关的财物，必要时可以责令被检查的经营者说明该商品的来源和数量，暂停销售，听候检查，不得转移、隐匿、销毁该财物。

§13. 2. 4 违反《反不正当竞争法》的法律责任

1. 法律责任的种类

违反《反不正当竞争法》而实施不正当竞争行为或与不正当竞争行为有关的行为，

要承担民事责任、行政责任和刑事责任。

（1）民事责任。承担民事责任的方式主要有停止侵害、赔礼道歉、消除影响、恢复名誉、赔偿损失等，其中以赔偿损失为主。《反不正当竞争法》规定：经营者违反反不正当竞争法规定，给被侵害的经营者造成损害的，应当承担损害赔偿责任，被侵害的经营者的损失难以计算的，赔偿额为侵权人在侵权期间因侵权所获得的利润；并应当承担被侵害的经营者因调查该经营者侵害其合法权益的不正当竞争行为所支付的合理费用。

（2）行政责任。经营者违反反不正当竞争法规定，实施不正当竞争行为，根据其情节要承担相应的行政责任。政府机关滥用行政权力限制竞争，其直接责任人员根据其情节也要承担相应的行政责任。对不正当竞争行为进行监督检查的国家机关工作人员违反反不正当竞争法规定，根据其情节也要承担相应的行政责任。

（3）刑事责任。经营者实施不正当竞争行为，情节严重，构成犯罪的，要依照刑法规定承担刑事责任。国家机关工作人员对不正当竞争行为进行监督检查的过程中，触犯刑法的要承担刑事责任。

2．法律责任的具体规定

（1）欺骗性市场交易行为的法律责任。经营者假冒他人的注册商标，擅自使用他人的企业名称或者姓名，伪造或者冒用认证标志、名优标志等质量标志，伪造产地，对商品质量作引人误解的虚假表示的，依照《中华人民共和国商标法》《中华人民共和国产品质量法》的规定处罚。

经营者擅自使用知名商品特有的名称、包装、装潢，或者使用与知名商品近似的名称、包装、装潢，造成和他人的知名商品相混淆，使购买者误认为是该知名商品的，监督检查部门应当责令停止违法行为，没收违法所得，可以根据情节处以违法所得 1 倍以上 3 倍以下的罚款；情节严重的，可以吊销营业执照；销售伪劣商品，构成犯罪的，依法追究刑事责任。

（2）公用企业等独占经营者的限制竞争行为的法律责任。公用企业或者其他依法具有独占地位的经营者，限定他人购买其指定的经营者的商品，以排挤其他经营者的公平竞争的，省级或者设区的市的监督检查部门应当责令停止违法行为，可以根据情节处以 5 万元以上 20 万元以下的罚款。被指定的经营者借此销售质次价高商品或者滥收费用的，监督检查部门应当没收违法所得，可以根据情节处以违法所得 1 倍以上 3 倍以下的罚款。

（3）政府机关滥用行政权力限制竞争行为的法律责任。政府及其所属部门限定他人购买其指定的经营者的商品、限制其他经营者正当的经营活动，或者限制商品在地区之间正常流通的，由上级机关责令其改正；情节严重的，由同级或者上级机关对直接责任人员给予行政处分。被指定的经营者借此销售质次价高商品或者滥收费用的，监督检查部门应当没收违法所得，可以根据情节处以违法所得 1 倍以上 3 倍以下的罚款。

（4）商业贿赂行为的法律责任。经营者采用财物或者其他手段进行贿赂以销售或者购买商品，构成犯罪的，依法追究刑事责任；不构成犯罪的，监督检查部门可以根据情节处以 1 万元以上 20 万元以下的罚款，有违法所得的，予以没收。

（5）虚假宣传行为的法律责任。经营者利用广告或者其他方法，对商品作引人误解的虚假宣传的，监督检查部门应当责令停止违法行为，消除影响，可以根据情节处以1万元以上20万元以下的罚款。广告的经营者，在明知或者应知的情况下，代理、设计、制作、发布虚假广告的，监督检查部门应当责令停止违法行为，没收违法所得，并依法处以罚款。

（6）侵犯商业秘密行为的法律责任。违反反不正当竞争法规定侵犯商业秘密的，监督检查部门应当责令停止违法行为，可以根据情节处以1万元以上20万元以下的罚款。

（7）不正当有奖销售行为的法律责任。经营者违反反不正当竞争法规定进行有奖销售的，监督检查部门应当责令停止违法行为，可以根据情节处以1万元以上10万元以下的罚款。

（8）招投标中不正当竞争行为的法律责任。投标者串通投标，抬高标价或者压低标价；投标者和招标者相互勾结，以排挤竞争对手的公平竞争的，其中标无效。监督检查部门可以根据情节处以1万元以上20万元以下的罚款。

（9）经营者对抗、逃避检查的法律责任。经营者有违反被责令暂停销售，不得转移、隐匿、销毁与不正当竞争行为有关的财物的行为的，监督检查部门可以根据情节处以被销售、转移、隐匿、销毁财物的价款的1倍以上3倍以下的罚款。

（10）监督检查人员的法律责任。监督检查不正当竞争行为的国家机关工作人员滥用职权、玩忽职守，构成犯罪的，依法追究刑事责任，不构成犯罪的，给予行政处分。监督检查不正当竞争行为的国家机关工作人员徇私舞弊，对明知有违反反不正当竞争法规定构成犯罪的经营者故意包庇不使他受追诉的，依法追究刑事责任。

§13．3　反垄断法

§13．3．1　反垄断法概述

1．垄断行为的概念和特征

垄断行为是指特定主体在经济活动中排除、限制竞争的各种行为。垄断是竞争发展的必然结果，自由竞争引起生产集中，生产高度集中又进一步导致垄断。虽然垄断行为与不正当竞争行为都是竞争法的规制对象，但两者有本质区别。不正当竞争行为并不排除、限制竞争，它是在承认并准许其他竞争对手参与竞争的前提下，采用不正当手段从事经营活动，属竞争范畴内的不当行为；而垄断行为则从根本上排除、限制竞争，与竞争不相容。

垄断行为的特征表现在以下几个方面：①垄断行为是排除、限制正常竞争的行为。垄断行为排除竞争是指垄断者使其他经营者的经营活动难以正常进行，从而把他们从市场上驱逐出去；垄断行为限制竞争是指垄断者凭借自己的某种优势，限制、约束其他经营者的经营活动。②垄断行为的基础是经济优势或行政权力。为了操纵市场，获得高额垄断利润，垄断者往往依靠经济优势或行政权力进行排除、限制竞争。依靠经济优势形成的垄断是经济垄断，依靠行政权力形成的垄断是行政垄断。③垄断行为的方式是独占或有组织的联合。若垄断者在市场上处于独占地位，则就可以直接排除、限制竞争，操纵市场；若垄断者在市场上不处于独占地位，则往往采取某种协议或联合组织的方式与其他垄断者联合，从而排挤弱小经营者，操纵市场，谋取垄断利润。④垄断行为具有社会危害性和违法性。垄断行为通过排除、限制竞争，不仅侵害了市场上其他经营者的利益，而且侵害了自由竞争机制和社会公众利益。同时，这里所指的垄断行为是违反了反垄断法规定的违法行为，一些合法的垄断，如公用企业的自然垄断并不是反垄断法的规制对象。

2. 反垄断法的概念和立法目的

反垄断法是调整在反垄断行为过程中所发生的社会关系的法律规范的总称。反垄断法是国家干预经济的突出表现，是现代经济法的核心组成部分，有"经济宪法"之称。

我国《反垄断法》的立法目的是预防和制止垄断行为，保护市场公平竞争，提高经济运行效率，维护消费者利益和社会公共利益，促进社会主义市场经济健康发展。

3. 反垄断法的适用范围及适用除外

（1）反垄断法的适用范围。根据《反垄断法》第二条的规定，反垄断法的适用范围是：①中华人民共和国境内经济活动中的垄断行为；②中华人民共和国境外的对境内市场竞争产生排除、限制影响的垄断行为。可见，《反垄断法》的效力不仅及于境内，而且具有域外效力。

（2）反垄断法的适用除外。反垄断法的适用除外，是指允许特定市场主体的特定垄断行为不适用反垄断法基本规定的制度。《反垄断法》具体规定了两种适用除外情况：①知识产权除外。经营者依照有关知识产权的法律、行政法规规定行使知识产权的行为，不适用《反垄断法》；但是，经营者滥用知识产权，排除、限制竞争的行为，适用《反垄断法》。②农业产业除外。农业生产者及农村经济组织在农产品生产、加工、销售、运输、储存等经营活动中实施的联合或者协同行为，不适用《反垄断法》。

§13.3.2　垄断行为的种类

《反垄断法》第三条列举了三种基本垄断行为：经营者达成垄断协议；经营者滥用市场支配地位；具有或者可能具有排除、限制竞争效果的经营者集中。同时，考虑到我国的特有国情，《反垄断法》又在第五章规定了滥用行政权力排除、限制竞争行为，这是我国反垄断法与西方其他国家反垄断法的不同之处。因此，《反垄断法》所规制的垄断行为共有四类。

1. 垄断协议

垄断协议是指排除、限制竞争的协议、决定或者其他协同行为。垄断协议的形式可以是经营者之间的书面协议、口头约定，也可以是行业协会的决议，甚至还可以是无明确约定、彼此间心照不宣的协同行为。只要是出于排除、限制竞争目的的共谋就是垄断协议。因此垄断协议的内涵和外延都广于合同法意义上的协议。根据垄断协议主体之间关系的不同，垄断协议可分为横向垄断协议和纵向垄断协议两种。

（1）横向垄断协议。横向垄断协议是具有竞争关系的经营者之间达成的垄断协议。这些经营者通常在生产经营中处于同一环节、相互间具有直接竞争关系，他们往往共同决定产品、产量、技术、交易对象、交易地区等而形成垄断。如洗衣机的生产厂家共同订立的有关限制洗衣机生产数量、抬高洗衣机价格的协议就是横向垄断协议。

《反垄断法》所禁止的横向垄断协议有：①固定或者变更商品价格的垄断协议；②限制商品的生产数量或者销售数量的垄断协议；③分割销售市场或者原材料采购市场的垄断协议；④限制购买新技术、新设备或者限制开发新技术、新产品的垄断协议；⑤联合抵制交易的垄断协议；⑥国务院反垄断执法机构认定的其他横向垄断协议。

（2）纵向垄断协议。纵向垄断协议是经营者与交易相对人达成的垄断协议。经营者与交易相对人在同一产业中处于不同的生产经营阶段，相互间不具有直接竞争关系，往往是上下游企业关系。如洗衣机的生产厂家与洗衣机的销售商之间订立的垄断协议就是纵向垄断协议。相比较而言，纵向垄断协议对市场竞争的危害性要小于横向垄断协议。

《反垄断法》所禁止的纵向垄断协议有：①固定向第三人转售商品价格的垄断协议；②限定向第三人转售商品的最低价格的垄断协议；③国务院反垄断执法机构认定的其他纵向垄断协议。

（3）垄断协议的豁免。垄断协议的豁免是指有些垄断行为虽然在形式上与反垄断法禁止的情形相符，但由于总体上有利于社会利益，因而不适用反垄断法禁止性规定的制度。

《反垄断法》规定，经营者能够证明所达成的协议属于下列情形之一的，不适用《反垄断法》有关横向垄断协议和纵向垄断协议的禁止性规定：①为改进技术、研究开发新产品的；②为提高产品质量、降低成本、增进效率，统一产品规格、标准或者实行专业化分工的；③为提高中小经营者经营效率，增强中小经营者竞争力的；④为实现节约能源、保护环境、救灾救助等社会公共利益的；⑤因经济不景气，为缓解销售量严重下降或者生产明显过剩的；⑥为保障对外贸易和对外经济合作中的正当利益的；⑦法律和国务院规定的其他情形。

对属于上述第1项至第5项情形，不应予以禁止的，经营者还应当证明所达成的协议不会严重限制相关市场的竞争，并且能够使消费者分享由此产生的利益。

反垄断法中的相关市场，是指经营者在一定时期内就特定商品进行竞争的商品范围和地域范围。

2. 滥用市场支配地位

（1）市场支配地位的含义及其认定。市场支配地位，是指经营者在相关市场内具有能够控制商品价格、数量或者其他交易条件，或者能够阻碍、影响其他经营者进入相关市场能力的市场地位。认定经营者具有市场支配地位，应当依据下列因素：①该经营者在相关市场的市场份额，以及相关市场的竞争状况；②该经营者控制销售市场或者原材料采购市场的能力；③该经营者的财力和技术条件；④其他经营者对该经营者在交易上的依赖程度；⑤其他经营者进入相关市场的难易程度；⑥与认定该经营者市场支配地位有关的其他因素。

同时，除了根据上述因素来确定市场支配地位外，还可根据市场占有率直接推定。有下列情形之一的，可以推定经营者具有市场支配地位：①一个经营者在相关市场的市场份额达到1/2的；②两个经营者在相关市场的市场份额合计达到2/3的；③三个经营者在相关市场的市场份额合计达到3/4的。在推定过程中，有上述第2项、第3项规定的情形，其中有的经营者市场份额不足1/10的，不应当推定该经营者具有市场支配地位。被推定具有市场支配地位的经营者，有证据证明不具有市场支配地位的，不应当认定其具有市场支配地位。

（2）滥用市场支配地位的含义及其种类。滥用市场支配地位，是指具有市场支配地位的经营者利用其市场支配地位，排除、限制竞争，损害其他经营者或消费者利益的行为。需要注意的是，反垄断法一般不禁止经营者具有市场支配地位，反垄断法禁止的是经营者滥用市场支配地位的行为。

《反垄断法》所禁止的滥用市场支配地位的行为有：①以不公平的高价销售商品或者以不公平的低价购买商品；②没有正当理由，以低于成本的价格销售商品；③没有正当理由，拒绝与交易相对人进行交易；④没有正当理由，限定交易相对人只能与其进行交易或者只能与其指定的经营者进行交易；⑤没有正当理由搭售商品，或者在交易时附加其他不合理的交易条件；⑥没有正当理由，对条件相同的交易相对人在交易价格等交易条件上实行差别待遇；⑦国务院反垄断执法机构认定的其他滥用市场支配地位的行为。

3. 经营者集中

（1）经营者集中的含义及形式。经营者集中是指一个经营者通过与其他经营者合并、取得其他经营者的股份或订立合同等方式，可以对其他经营者施加支配性影响的行为。经营者集中的后果是一个经营者能够直接或间接控制另一个经营者。

《反垄断法》中的经营者集中是指下列情形：①经营者合并；②经营者通过取得股权或者资产的方式取得对其他经营者的控制权；③经营者通过合同等方式取得对其他经营者的控制权或者能够对其他经营者施加决定性影响。

应当注意，经营者集中并不一定构成反垄断法所禁止的垄断行为，适度的经营者集中可使企业达到规模经济，扩大市场占有份额，提高经济效益，应予以支持。反垄断法所禁止的是具有或者可能具有排除、限制竞争效果的经营者集中。

（2）经营者集中的申报制度。为了防止经营者集中排除、限制竞争，《反垄断法》规定了经营者集中的申报制度，要求经营者集中达到国务院规定的申报标准的，经营者应当事先向国务院反垄断执法机构申报，未申报的不得实施集中。

①申报标准。根据国务院《关于经营者集中申报标准的规定》第三条的规定，经营者集中达到下列标准之一的，经营者应当事先向国务院商务主管部门申报，未申报的不得实施集中：第一，参与集中的所有经营者上一会计年度在全球范围内的营业额合计超过100亿元人民币，并且其中至少两个经营者上一会计年度在中国境内的营业额均超过4亿元人民币；第二，参与集中的所有经营者上一会计年度在中国境内的营业额合计超过20亿元人民币，并且其中至少两个经营者上一会计年度在中国境内的营业额均超过4亿元人民币。营业额的计算，应当考虑银行、保险、证券、期货等特殊行业、领域的实际情况，具体办法由国务院商务主管部门会同国务院有关部门制定。

有些情况下可以免于申报。《反垄断法》规定，经营者集中有下列情形之一的，可以不向国务院反垄断执法机构申报：第一，参与集中的一个经营者拥有其他每个经营者50%以上有表决权的股份或者资产的；第二，参与集中的每个经营者50%以上有表决权的股份或者资产被同一个未参与集中的经营者拥有的。这两种情况下参与集中的经营者在集中前就已形成控制关系，如母子公司关系，集中相当于内部结构的调整，对市场竞争的影响不大，所以免于申报。

②申报材料。经营者向国务院反垄断执法机构申报集中，应当提交下列文件、资料：申报书；集中对相关市场竞争状况影响的说明；集中协议；参与集中的经营者经会

计师事务所审计的上一会计年度财务会计报告；国务院反垄断执法机构规定的其他文件、资料。申报书应当载明参与集中的经营者的名称、住所、经营范围、预定实施集中的日期和国务院反垄断执法机构规定的其他事项。经营者提交的文件、资料不完备的，应当在国务院反垄断执法机构规定的期限内补交文件、资料。经营者逾期未补交文件、资料的，视为未申报。

（3）经营者集中的审查制度。

①审查。国务院反垄断执法机构应当自收到经营者提交的符合反垄断法规定的文件、资料之日起30日内，对申报的经营者集中进行初步审查，作出是否实施进一步审查的决定，并书面通知经营者。国务院反垄断执法机构作出决定前，经营者不得实施集中。国务院反垄断执法机构作出不实施进一步审查的决定或者逾期未作出决定的，经营者可以实施集中。

国务院反垄断执法机构决定实施进一步审查的，应当自决定之日起90日内审查完毕，作出是否禁止经营者集中的决定，并书面通知经营者。作出禁止经营者集中的决定，应当说明理由。审查期间，经营者不得实施集中。有下列情形之一的，国务院反垄断执法机构经书面通知经营者，可以延长规定的审查期限，但最长不得超过60日：第一，经营者同意延长审查期限的；第二，经营者提交的文件、资料不准确，需要进一步核实的；第三，经营者申报后有关情况发生重大变化的。国务院反垄断执法机构逾期未作出决定的，经营者可以实施集中。

国务院反垄断执法机构审查经营者集中，应当考虑下列因素：第一，参与集中的经营者在相关市场的市场份额及其对市场的控制力；第二，相关市场的市场集中度；第三，经营者集中对市场进入、技术进步的影响；第四，经营者集中对消费者和其他有关经营者的影响；第五，经营者集中对国民经济发展的影响；第六，国务院反垄断执法机构认为应当考虑的影响市场竞争的其他因素。

对外资并购境内企业或者以其他方式参与经营者集中，涉及国家安全的，除依照反垄断法规定进行经营者集中审查外，还应当按照国家有关规定进行国家安全审查。

②决定。经营者集中具有或者可能具有排除、限制竞争效果的，国务院反垄断执法机构应当作出禁止经营者集中的决定。但是，经营者能够证明该集中对竞争产生的有利影响明显大于不利影响，或者符合社会公共利益的，国务院反垄断执法机构可以作出对经营者集中不予禁止的决定。对不予禁止的经营者集中，国务院反垄断执法机构可以决定附加减少集中对竞争产生不利影响的限制性条件。

国务院反垄断执法机构应当将禁止经营者集中的决定或者对经营者集中附加限制性条件的决定，及时向社会公布。

4. 滥用行政权力排除、限制竞争

滥用行政权力排除、限制竞争，也称行政垄断，是指国家行政机关和法律、法规授权的具有管理公共事务职能的组织滥用行政权力，排除、限制经营者之间开展自由竞争的行为。这里的行政机关包括中央政府所属的各部门、地方各级政府、地方各级政府所属的各部门。行政权力与垄断结合来排除、限制竞争是我国垄断的一个特点，这种行为阻碍了全国统一、开放、竞争、有序的现代市场体系的建立，侵害了相关经营者的公平竞争权和消费者的合法权益，并成为滋生腐败的温床，是反垄断法所禁止的垄断行为。

《反不正当竞争法》中规定了两种典型的行政垄断行为，即限定交易行为和地区封锁行为，后来制定的《反垄断法》设专章进一步全面、详细地规定了 6 种行政垄断行为：

（1）限定交易行为。即行政机关和法律、法规授权的具有管理公共事务职能的组织滥用行政权力，限定或者变相限定单位或者个人经营、购买、使用其指定的经营者提供的商品。

（2）地区封锁行为。即行政机关和法律、法规授权的具有管理公共事务职能的组织滥用行政权力，实施下列行为，妨碍商品在地区之间的自由流通：①对外地商品设定歧视性收费项目、实行歧视性收费标准，或者规定歧视性价格；②对外地商品规定与本地同类商品不同的技术要求、检验标准，或者对外地商品采取重复检验、重复认证等歧视性技术措施，限制外地商品进入本地市场；③采取专门针对外地商品的行政许可，限制外地商品进入本地市场；④设置关卡或者采取其他手段，阻碍外地商品进入或者本地商品运出；⑤妨碍商品在地区之间自由流通的其他行为。

（3）排斥或限制跨地区招投标行为。即行政机关和法律、法规授权的具有管理公共事务职能的组织滥用行政权力，以设定歧视性资质要求、评审标准或者不依法发布信息等方式，排斥或者限制外地经营者参加本地的招标投标活动。

（4）排斥或限制跨地区投资行为。即行政机关和法律、法规授权的具有管理公共事务职能的组织滥用行政权力，采取与本地经营者不平等待遇等方式，排斥或者限制外地经营者在本地投资或者设立分支机构。

（5）强制经营者从事垄断行为。即行政机关和法律、法规授权的具有管理公共事务职能的组织滥用行政权力，强制经营者从事反垄断法规定的垄断行为。

（6）抽象行政垄断行为。即行政机关滥用行政权力，制定含有排除、限制竞争内容的规定。

§13.3.3　对涉嫌垄断行为的调查

1. 调查机关

反垄断执法机构是对涉嫌垄断行为进行调查的机关。

我国《反垄断法》对于反垄断主管机关规定了双层多机构模式，即国务院设立反垄断委员会，负责组织、协调、指导反垄断工作；国务院规定的反垄断执法机构具体负责反垄断执法工作，国务院反垄断执法机构根据工作需要，可以授权省、自治区、直辖市人民政府相应的机构，依照反垄断法规定负责有关反垄断执法工作。我国当前的反垄断执法机构具体包括商务部、国家发展和改革委员会、国家工商总局等。这里的反垄断调查权由反垄断执法机构行使。

2. 调查的启动

反垄断执法机构可以依职权启动调查，任何单位和个人也可向反垄断执法机构举报而启动调查。举报采用书面形式并提供相关事实和证据的，反垄断执法机构应当进行必要的调查。

3. 调查的开展

反垄断执法机构调查涉嫌垄断行为，可以采取下列措施：①进入被调查的经营者的营业场所或者其他有关场所进行检查；②询问被调查的经营者、利害关系人或者其他有关单位或者个人，要求其说明有关情况；③查阅、复制被调查的经营者、利害关系人或者其他有关单位或者个人的有关单证、协议、会计账簿、业务函电、电子数据等文件、资料；④查封、扣押相关证据；⑤查询经营者的银行账户。

反垄断执法机构调查涉嫌垄断行为，执法人员不得少于两人，并应当出示执法证件。执法人员进行询问和调查，应当制作笔录，并由被询问人或者被调查人签字。被调查的经营者、利害关系人有权陈述意见。反垄断执法机构应当对被调查的经营者、利害关系人提出的事实、理由和证据进行核实。

被调查的经营者、利害关系人或者其他有关单位或者个人应当配合反垄断执法机构依法履行职责，不得拒绝、阻碍反垄断执法机构的调查。反垄断执法机构及其工作人员对执法过程中知悉的商业秘密负有保密义务。

4. 调查的中止、终止与恢复

对反垄断执法机构调查的涉嫌垄断行为，被调查的经营者承诺在反垄断执法机构认可的期限内采取具体措施消除该行为后果的，反垄断执法机构可以决定中止调查。中止调查的决定应当载明被调查的经营者承诺的具体内容。反垄断执法机构决定中止调查的，应当对经营者履行承诺的情况进行监督。经营者履行承诺的，反垄断执法机构可以决定终止调查。

有下列情形之一的，反垄断执法机构应当恢复调查：①经营者未履行承诺的；②作出中止调查决定所依据的事实发生重大变化的；③中止调查的决定是基于经营者提供的不完整或者不真实的信息作出的。

5. 调查的决定

反垄断执法机构对涉嫌垄断行为调查核实后，认为构成垄断行为的，应当依法作出处理决定，并可以向社会公布。

13.3.4 人民法院在民事诉讼中对垄断行为的审查

2012 年 5 月，最高人民法院颁布了《反垄断法司法解释》。《反垄断法司法解释》明确受垄断行为损害的民事主体有权向法院就该垄断行为提起民事诉讼，法院也有权在民事诉讼中对垄断行为进行审查，并明确了因垄断引发的民事纠纷案件的受理条件、管辖、举证责任、民事责任及诉讼时效等问题。这样就与《反垄断法》规定的行政查处以及行政诉讼形成制度配合，大大增强了反垄断效果。

1. 垄断民事纠纷案件的受理条件

因垄断行为受到损失以及因合同内容、行业协会的章程等违反反垄断法而发生争议的自然人、法人或者其他组织，都可向人民法院提起民事诉讼。原告直接向人民法院提起民事诉讼，或者在反垄断执法机构认定构成垄断行为的处理决定发生法律效力后向人民法院提起民事诉讼，并符合法律规定的其他受理条件的，人民法院应当受理。

2. 垄断民事纠纷案件的管辖

（1）级别管辖。第一审垄断民事纠纷案件，由省、自治区、直辖市人民政府所在地的市、计划单列市中级人民法院以及最高人民法院指定的中级人民法院管辖。经最高人民法院批准，基层人民法院可以管辖第一审垄断民事纠纷案件。

（2）地域管辖。垄断民事纠纷案件的地域管辖，根据案件具体情况，依照民事诉讼法及相关司法解释有关侵权纠纷、合同纠纷等的管辖规定确定。

（3）合并审理与移送管辖。两个或者两个以上原告因同一垄断行为向有管辖权的同一法院分别提起诉讼的，人民法院可以合并审理。两个或者两个以上原告因同一垄断行为向有管辖权的不同法院分别提起诉讼的，后立案的法院在得知有关法院先立案的情况后，应当在 7 日内裁定将案件移送先立案的法院；受移送的法院可以合并审理。被告应当在答辩阶段主动向受诉人民法院提供其因同一行为在其他法院涉诉的相关信息。

民事纠纷案件立案时的案由并非垄断纠纷，被告以原告实施了垄断行为为由提出抗辩或者反诉且有证据支持，或者案件需要依据反垄断法作出裁判，但受诉人民法院没有垄断民事纠纷案件管辖权的，应当将案件移送有管辖权的人民法院。

3. 垄断民事纠纷案件的举证

（1）举证责任。被诉垄断行为属于《反垄断法》规定的垄断协议的，被告应对该协议不具有排除、限制竞争的效果承担举证责任。

被诉垄断行为属于《反垄断法》规定的滥用市场支配地位的，原告应当对被告在相关市场内具有支配地位和其滥用市场支配地位承担举证责任。被告以其行为具有正当性为由进行抗辩的，应当承担举证责任。

被诉垄断行为属于公用企业或者其他依法具有独占地位的经营者滥用市场支配地位的，人民法院可以根据市场结构和竞争状况的具体情况，认定被告在相关市场内具有支配地位，但有相反证据足以推翻的除外。

原告可以以被告对外发布的信息作为证明其具有市场支配地位的证据。被告对外发布的信息能够证明其在相关市场内具有支配地位的，人民法院可以据此作出认定，但有相反证据足以推翻的除外。

证据涉及国家秘密、商业秘密、个人隐私或者其他依法应当保密的内容的，人民法院可以依职权或者当事人的申请采取不公开开庭、限制或者禁止复制、仅对代理律师展示、责令签署保密承诺书等保护措施。

（2）专业人员调查及作证。当事人可以向人民法院申请一至二名具有相应专门知识的人员出庭，就案件的专门性问题进行说明。

当事人可以向人民法院申请委托专业机构或者专业人员就案件的专门性问题作出市场调查或者经济分析报告。经人民法院同意，双方当事人可以协商确定专业机构或者专业人员；协商不成的，由人民法院指定。人民法院可以参照民事诉讼法及相关司法解释有关鉴定结论的规定，对前述规定的市场调查或者经济分析报告进行审查判断。

§13.3.5　违反《反垄断法》的法律责任

反垄断法各法律主体违反《反垄断法》，根据其情节要承担民事责任、行政责任和刑事责任。

1. 经营者的法律责任

（1）经营者违反反垄断法规定，达成并实施垄断协议的，由反垄断执法机构责令停止违法行为，没收违法所得，并处上一年度销售额 1% 以上 10% 以下的罚款；尚未实施所达成的垄断协议的，可以处 50 万元以下的罚款。经营者主动向反垄断执法机构报告达成垄断协议的有关情况并提供重要证据的，反垄断执法机构可以酌情减轻或者免除对该经营者的处罚。行业协会违反反垄断法规定，组织本行业的经营者达成垄断协议的，反垄断执法机构可以处 50 万元以下的罚款；情节严重的，社会团体登记管理机关可以依法撤销登记。

（2）经营者违反反垄断法规定，滥用市场支配地位的，由反垄断执法机构责令停止违法行为，没收违法所得，并处上一年度销售额1%以上10%以下的罚款。

（3）经营者违反反垄断法规定实施集中的，由国务院反垄断执法机构责令停止实施集中、限期处分股份或者资产、限期转让营业以及采取其他必要措施恢复到集中前的状态，可以处50万元以下的罚款。

（4）经营者实施垄断行为，给他人造成损失的，依法承担民事责任。

2. 滥用行政权力排除限制竞争的法律责任

行政机关和法律、法规授权的具有管理公共事务职能的组织滥用行政权力，实施排除、限制竞争行为的，由上级机关责令改正；对直接负责的主管人员和其他直接责任人员依法给予处分。反垄断执法机构可以向有关上级机关提出依法处理的建议。

法律、行政法规对行政机关和法律、法规授权的具有管理公共事务职能的组织滥用行政权力实施排除、限制竞争行为的处理另有规定的，依照其规定。

3. 妨害反垄断调查的法律责任

对反垄断执法机构依法实施的审查和调查，拒绝提供有关材料、信息，或者提供虚假材料、信息，或者隐匿、销毁、转移证据，或者有其他拒绝、阻碍调查行为的，由反垄断执法机构责令改正，对个人可以处2万元以下的罚款，对单位可以处20万元以下的罚款；情节严重的，对个人处2万元以上10万元以下的罚款，对单位处20万元以上100万元以下的罚款；构成犯罪的，依法追究刑事责任。

4. 反垄断执法机构工作人员的法律责任

反垄断执法机构工作人员滥用职权、玩忽职守、徇私舞弊或者泄露执法过程中知悉的商业秘密，构成犯罪的，依法追究刑事责任；尚不构成犯罪的，依法给予处分。

【思考题】

1. 简述竞争的概念和特征。
2. 不正当竞争行为包括哪些种类？
3. 简述垄断行为的特征。
4. 简述我国反垄断法的适用范围及适用除外。
5. 我国反垄断法所禁止的垄断协议包括哪些？

第14章　消费者权益保护法律制度

§14.1　消费者权益保护法概述

§14.1.1　消费者的概念与特点

消费者，通常有两种理解：狭义上是指购买、使用各种消费品或服务的个人；广义上是指购买、使用各种产品与服务的个人或组织。依照《中华人民共和国消费者权益保护法》（以下简称《消费者权益保护法》）第二条规定："消费者为生活消费需要购买、使用商品或者接受服务，其权益受本法保护；本法未作规定的，受其他有关法律、法规保护。"据此，我国《消费者权益保护法》所称"消费者"，是指为生活消费需要购买、使用商品或者接受服务的自然人。此外，该法第六十二条规定："农民购买、使用直接用于农业生产的生产资料，参照本法执行。"农民购买、使用直接用于农业生产的生产资料的消费行为，虽然属于生产性消费，但农民在这种个体性的生产性消费中处于弱势的地位，为维护农民对农用生产资料消费过程中的合法权益，"农民购买、使用直接用于农业生产的生产资料"，适用《消费者权益保护法》。

我国《消费者权益保护法》的核心是"消费者"，其调整的就是以消费者为中心所发生的消费经济关系。

根据上述概念，消费者具有以下特征：

（1）消费者的消费性质必须为生活消费。消费是人类通过消费品满足自身欲望的一种经济行为。对于"消费"这个概念本身而言，根据其性质的不同被分为两种，一种是指生产消费，另一种是指生活消费。生产消费是指人们为了进行物资资料和劳务生产，而进行各种消费的过程和行为。例如，为了生产服装，而购买大批布料的行为。对于生产消费，因为已被纳入其他法律中进行调整，因此《消费者权益保护法》将消费者的消费性质限定为生活消费。生活消费是指人们日常的衣、食、住、行、用，也就是指人们通过消耗生活资料或接受服务以满足生活需要的行为和过程。例如，在饭馆吃饭，去理发店理发，去电影院看电影等。如果不是出于生活消费的目的，而是出于任何其他目的去购买或使用商品或者接受服务的，都不属于我国《消费者权益保护法》所认定的"消费者"。

（2）消费者的生活消费客体既包括商品，也包括服务。随着人们物质文化生活的不断丰富，生活消费的客体也不再局限于商品这种单纯的物质资料（如食品、服装、书籍、汽车等），而更多地体现于由经营者提供劳务的服务消费（如照相、健身、餐饮、娱乐、医疗等）。

（3）消费者进行生活消费的方式是多元的，包括购买商品、使用商品和接受服务等。这一特点意味着，消费者无论是在购买商品之时、使用商品之时，还是在接受服务之时，其权益都受到《消费者权益保护法》的保护。

（4）消费者只能为自然人。这一特点说明消费者只能是个体社会成员，即个人。而对于法人和其他任何组织、团体，由于其消费大部分都是生产消费，所以都不属于消费者的范畴，不受《消费者权益保护法》的保护。但在实际生活中，法人和其他组织、团体也存在着生活消费，例如单位购买生活用品供单位员工使用的。但是《消费者权益保护法》的立法目的主要是保护自然人这种单个的消费弱者，因此，对于法人和其他组织、团体在生活消费情况下的权益可以通过合同法等其他法律、法规来加以保护。如果在特殊情况下，将其认定为消费者，必须加以说明。

§14.1.2　消费者权益保护法的概念与立法进程

1.消费者权益保护法的概念

消费者权益保护法是为了保护消费者的合法权益，为了维护社会经济秩序，促进社会主义市场经济健康发展而制定。是经济法的重要部门法，在经济法的市场管理和市场行为法中占有尤为重要的地位。消费者权益保护法的概念有广义与狭义之分。从广义上来讲，消费者权益保护法泛指保护消费者合法权益的法律规范的总称。根据这一定义，它应该包括：消费者权益保护基本法、安全保障法、标准和计量监督法、价格监督法、消费合同法、竞争监督法以及有关质量、商标、广告、化工、食品、药品等方面的法律、法规中有关保护消费者合法权益的规定。而从狭义上来讲，消费者权益保护法仅指于1993年10月31日公布、1994年1月1日起施行的《中华人民共和国消费者权益保护法》。而本书所指的消费者权益保护法是其狭义的概念。

2.消费者权益保护法的调整对象

消费者权益保护法的调整对象是指在整个消费过程中所产生的各种社会关系，主要包括以下三种：

（1）国家和经营者之间的关系。主要是指国家有关的管理部门在对经营者的生产、销售、服务活动进行监督管理，以维护消费者合法权益的过程中产生的关系；以及司法机关在对经营者损害消费者合法权益的制裁过程中产生的关系。

（2）国家与消费者之间的关系。主要是指国家有关管理部门在为消费者提供指导、服务和保护的过程中所产生的关系。

（3）经营者和消费者之间的关系。这是消费者权益保护法调整的核心对象。该关系包括两个方面：一个方面是指经营者因为进行违法经营给消费者造成损害，消费者请求赔偿的过程中产生的关系。也就是说，在一般正常的消费情况下，经营者和消费者之间所产生的关系由合同法来调整，而当经营者给消费者造成损害的异常情况出现时，经营者与消费者之间的关系才由消费者权益保护法来调整；另一个方面是指消费者、消费者组织对经营者进行监督的过程中产生的关系。

3.消费者权益保护法的立法进程

消费者权益保护法是伴随着消费者权益保护运动的兴起而诞生的。而消费者权益保护思想最早产生于欧美国家。而在20世纪之前，消费者的权益保护运动并没有任何法律的支持，直到1906年，美国颁布的《纯净食品和药品法》，开启了政府管理食品安全的时代。随后，美国政府先后又制定了《产品责任法》《联邦商业管理法则》《食品安全法》《消费品安全法》等综合性法律；继美国之后，其他一些资本主义国家也都相继形成了保护消费者权益的法律体系。例如英国，就出台了《食品法》《食品安全法》《食品标准法》《食品卫生法》等一系列法律。不过，在 20 世纪 60 年代之前，各国虽有不少有关消费者权益保护方面的法律规定，但大都是零散的，是从产品责任或者民事侵权的角度出发的，而没有从消费者本位和保护消费者权益的角度来考虑。

20 世纪五六十年代，西方国家爆发了大规模的"消费者权利运动"。如 1960 年由英、美等五国的消费者组织发起成立了国际消费者联盟组织（IOCU），它是一个独立的、非政治性的、有影响力的世界性的消费者组织。1962 年 3 月 15 日，美国总统肯尼迪在《关于保护消费者利益的总统特别国情咨文》中，率先提出消费者享有的 4 项基本权利，即安全的权利、了解的权利、选择的权利和意见被听取的权利。1969 年，美国总统尼克松进而提出消费者的第五项权利：索赔的权利。消费者权利的提出，使消费者运动进入了新的阶段，同时，美国联邦政府和州政府，都设立了消费者保护机构。这些运动对消费者权益保护法的制度起到了巨大的推动作用。各国开始制定针对不同行业的消费者权益保护专门法。例如，美国出台的专门法有《食肉检查法》《正确包装与标志法》《禽产品检查法》《蛋类产品检查法》《交通与机动车安全法》和《膳食补充剂法》等。英国则制定了《甜品规定》《食品标签规定》《肉类制品规定》《饲料卫生规定》和《食品添加剂规定》等专门法。

进入 20 世纪七八十年代，各国对消费者权益保护相关法律的规定更加细化严格。例如，美国在 1972 年制定了《消费者安全法》，英国在 1987 年制定了《消费者保护法》等。同时，有关消费者权益保护的国际合作在这一时期也得到了加强，如 1973 年欧洲理事会制定的《消费者保护宪章》和联合国 1985 年通过的《保护消费者准则》。

我国的消费者权益保护运动一是兴起晚，二是历史短，因此，我国消费者权益保护法的产生也相对较晚。随着社会主义市场经济的深入发展，一方面满足了广大消费者日益增长的物质文化生活需求，另一方面，又不可避免地产生了许多侵害消费者权益的问题。而这些问题也使得消费者权益保护工作越来越受到社会各界的关注，从而推动我国消费者权益保护法的立法进程。1993 年 10 月 31 日第八届全国人民代表大会常务委员会第四次会议审议通过了《中华人民共和国消费者权益保护法》，此后全国人大委员会又相继颁布了涉及消费者权益保护的《产品质量法》《反不正当竞争法》《广告法》《食品卫生法》《食品安全法》等相关法律。2009 年 8 月 27 日第十一届全国人大常委会第十次会议对《消费者权益保护法》进行修正，我国现行《消费者权益保护法》是 2013 年 10 月 25 日第十二届全人大常委会第五次会议第二次修正的《中华人民共和国消费者权益保护法》，该法共 8 章 55 条。

§14.1.3　消费者权益保护法的立法宗旨与基本原则

1. 消费者权益保护法的立法宗旨

消费者权益保护法作为经济法的一个部门法，其立法宗旨从总体上来看，与经济法的立法宗旨是基本一致的，即协调个体经营性和社会公益性的矛盾，兼顾效率与公平，以推动经济与社会的良性运行和协调发展。但是，消费者权益保护法作为一个具体的部门法，它同时具有自己更为具体的立法宗旨。我国《消费者权益保护法》第一条明确规定："为保护消费者的合法权益，维护社会经济秩序，促进社会主义市场经济健康发展，制定本法。"根据法律规定可以看出，消费者权益保护法的立法宗旨具体包括三个方面：①保护消费者的合法权益；②维护经济秩序；③促进社会主义市场经济健康发展。而这三个方面则是紧密相连，相辅相成的。

2. 消费者权益保护法的基本原则

根据我国《消费者权益保护法》的规定，其基本原则具体包括以下几个方面：

(1) 自愿、平等、公平、诚实信用的原则。我国《消费者权益保护法》第四条规定："经营者与消费者进行交易，应当遵循自愿、平等、公平、诚实信用的原则。"也就是说，经营者与消费者进行交易，应当在自觉自愿的基础上进行，不可强买强卖、欺行霸市、硬性搭配，应当坚持当事人地位一律平等，不可以大欺小、倚强凌弱；应当公平交易，按照价值规律等价交换；任何人不得无偿占有他人财产，也不得哄抬物价或压级压价，要相互尊重和理解；平等协商，讲诚信，遵守法律法规、职业道德和社会公德，文明经商，文明消费，以善意的方式履行各自的义务，不得侵犯对方利益，也不得逃避法律和合同。

(2) 给消费者以特别保护的原则。在消费关系中消费者处于弱者的地位，一方面由于经营者大多是有组织的法人，而消费者是分散无组织的个人。另一方面消费者由于自身知识、时间以及精力等的限制，较难主张和实现自己的消费权益。因此，国家在消费者权益保护法中应给予消费者特殊的保护。当消费者的权利与其他权利保护发生冲突时，应当优先保护消费者权利。同一纠纷有多种法律可适用时，应当优先适用消费者权益保护法。

(3) 国家援助消费者的原则。我国《消费者权益保护法》第五条规定："国家采取措施，保障消费者依法行使权利，维护消费者的合法权益。"因此，国家要根据经济、文化发展的水平，不断完善消费者的权利并使其实现。帮助、指导和教育消费者提高自我保护意识。加强对经营者的监督管理，督促一切从事商品生产、销售或者提供服务的单位和个人依法文明经营，自觉保护消费者利益。在消费者受到侵害之时，提供必要的法律帮助，在消费纠纷处理中依法保障消费者的利益。另外，国家在制定有关消费者权益的法律、法规和政策时，应当听取消费者的意见和要求。

(4) 社会监督的原则。我国《消费者权益保护法》的第六条规定："保护消费者的合法权益是全社会的共同责任。国家鼓励、支持一切组织和个人对损害消费者合法权益的行为进行社会监督。大众传播媒介应当做好维护消费者合法权益的宣传，对损害消费者合法权益的行为进行舆论监督。"具体而言，保护消费者合法权益仅仅依靠国家和消费者自身是远远不够的，全社会应当共同承担其这份责任。社会团体、企业事业单位、新闻舆论以及城乡基层群众性消费自治组织，都应依法积极履行监督职能，广大人民群众也应积极展开监督，相互配合，形成保护消费者利益的网络体系。

§14. 2　消费者的基本权利

§14. 2. 1　消费者权利的概念

消费者权利也称消费者权益，是消费主体权利与利益的合称，是指消费者在消费过程中（即在购买、使用商品或者接受服务中），依照消费者权益保护法的规定，所享有的各种权利。消费者权利的基本性质是生存权、发展权和其他基本人权，是包含财产权、人身权等多种民事经济权利在内的综合权利。而法律上为消费者规定了多少权利，就意味着消费者在法律上受到多大程度的保护。

§14. 2. 2　消费者权利的历史沿革

消费者权利这一概念是随着消费者保护思想和消费者权益保护运动的产生而产生的。从历史上来看，最早提出消费者保护思想的应该是 1756 年英国王室法庭的首席法官曼斯菲德，他针对当时英国法律所奉行的"小心选购，出门不换"主义，即买方提防主义，提出"买受人付给完整价金，应获得完美商品"的意见，从而第一个明确提出了消费者保护思想。

而首次明确提出消费者权利的则是美国总统肯尼迪，1962 年 3 月 15 日，他在《关于保护消费者利益的总统特别国情咨文》中提出消费者享有的 4 项基本权利，即①安全的权利；②了解的权利；③选择的权利；④意见被听取的权利。1969 年，美国总统尼克松又提出消费者的第五项权利：索赔的权利。进一步完善了消费者权利体系。

1973 年欧洲理事会的《消费者保护宪章》也提出 5 项原则，即①要求得到保护、援助的权利；②要求损害赔偿的权利；③得到信息的权利；④接受教育的权利；⑤成立代表机构和获得咨询的权利。

1985 年，联合国的《保护消费者准则》中进一步提出了消费者的 6 项权利，即①健康、生命权；②经济利益；③充分的信息和选择；④消费教育；⑤损害赔偿；⑥组织团体和表达意见。

国际消费者组织联盟共为消费者提出了 8 项权利，即①有权得到必要的物品和服务赖以生存；②有权得到公平的价格和选择；③有得到安全的权利；④有获得充足的资料的权利；⑤有权寻求咨询；⑥有得到公平的赔偿和法律援助的权利；⑦有权得到消费者教育；⑧有权享受一个健康的环境。

§14. 2. 3　消费者基本权利的内容

根据上文可以看出，目前，世界各个地区和各个国家的消费者权益保护法所规定的消费者基本权利各不相同。例如，1985 年联合国为消费者提出 6 项基本项权利；1968 年韩国的《消费者保护法》为消费者规定了 7 项权利；1984 年西班牙的《消费者和使用者利益保护法》就规定了 6 项消费者基本权利。而我国 2013 年最新修订的《消费者权益保护法》在借鉴了国外相关立法经验后，结合我国的实际情况，为我国消费者规定了 9 项基本权利。

1. 安全权

安全权是消费者的最基本和最重要的权利，它是指消费者在购买、使用商品和接受服务时享有人身、财产安全不受损害的权利。我国《消费者权益保护法》第七条明确规定了该项权利。该项权利的具体内容包括：人身安全和财产安全。也就是说，消费者在有偿取得商品时，有权要求该商品符合相关的安全、卫生等标准，不致人身和财产因此受到伤害；在有偿享受服务时，有权要求其设施、用品、用料等安全、卫生，并有相应保护措施，不危及人身和财产安全。

2. 知情权

知情权是消费者作出消费决定的前提权利，它是指消费者享有知悉其购买、使用的商品或者接受的服务的真实情况的权利。我国《消费者权益保护法》第八条明确规定了该项权利。具体地说，消费者有权根据商品或者服务的不同情况，要求经营者提供商品的价格、产地、生产者、用途、性能、规格、等级、主要成分、生产日期、有效期限、检验合格证明、使用方法说明书、售后服务，以及服务的内容、规格、费用等有关情况。

3. 选择权

选择权是指消费者享有自主选择商品或者接受服务的权利。我国《消费者权益保护法》第九条明确规定了该项权利。根据法律规定，消费者有权根据自己的消费愿望、兴趣、爱好和需要，自主地、充分地选择商品或者服务。具体内容包括：①自主选择经营者；②自主选择商品品种或服务方式；③自主决定是否购买或接受服务；④自主选择商品或服务时，有权进行比较、鉴别和挑选。

4. 公平交易权

公平交易是指消费者在购买或者接受服务时享有的获得公平交易条件的权利。根据我国《消费者权益保护法》第十条规定，公平交易的条件具体包括：①质量保障；②价格合理；③计量正确。除了享有公平交易的条件外，消费者还有权拒绝经营者的强制交易行为。

5. 依法求偿权

求偿权是指消费者因购买、使用商品或接受服务受到人身、财产损害时，享有依法请求获得赔偿的权利。我国《消费者权益保护法》第十一条明确规定了该项权利。

首先，要明确赔偿的种类和范围。具体包括：人身损害赔偿和财产损失赔偿。其中，人身损害赔偿包括生命健康损害赔偿，以及人格方面的姓名权、名誉权、荣誉权等受到侵害的精神损害赔偿。而财产损失赔偿，包括财产上的直接损失和间接损失。直接损失是指现有财产上的损失，如财物被毁损，伤残后的医药费等。间接损失是指可以得到的利益没有得到，如因侵害住院而减少的劳动收入或伤残后丧失劳动能力而得不到劳动报酬等。

其次，要明确享有求偿权的主体。它是指因购买、使用商品或者接受服务的受害者。具体包括：①购买者，即购买商品为己所用的消费者；②商品的使用者，即不是直接购买商品为己所用的消费者；③接受服务者；④第三人，即在别人购买、使用商品或接受服务的过程中受到人身或财产损害的其他消费者。

另外，为了鼓励消费者积极维护自己的合法权益和惩罚不法经营者，我国《消费者权益保护法》第五十五条规定："经营者提供商品或者服务有欺诈行为的，应当按照消费者的要求增加赔偿其受到的损失，增加赔偿的金额为消费者购买商品的价款或者接受服务的费用的三倍；增加赔偿的金额不足五百元的，为五百元。"

6. 依法结社权

我国《消费者权益保护法》第十二条规定："消费者享有依法成立维护自身合法权益的社会组织的权利。"该权利可以使分散、弱小的消费者团结在一起，与实力雄厚的经营者相抗衡，是消费者实现自我保护的一项权利。消费者协会和其他消费者组织就是维护消费者自身合法权益的社会组织。

7. 获取知识权

我国《消费者权益保护法》第十三条规定："消费者享有获得有关消费和消费者权益保护方面的知识的权利。消费者应当努力掌握所需商品或者服务的知识和使用技能，正确使用商品，提高自我保护意识。"从该规定中可以看出，获取知识权既是消费者的权利，也是消费者的义务。

8．人格尊严权

我国《消费者权益保护法》第十四条规定："消费者在购买、使用商品和接受服务时，享有其人格尊严、民族风俗习惯得到尊重的权利，享有个人信息依法得到保护的权利。"在消费活动中，首先经营者不得以任何理由对消费者进行人格尊严的侵犯，例如侮辱、诽谤、搜身等；其次经营者不得以任何理由侵犯消费者的民族风俗习惯；再次经营者不得擅自泄露消费者的个人信息并确保其个人信息的安全。

9．监督权

监督权是指消费者享有对商品和服务以及保护消费者权益工作进行监督的权利。我国《消费者权益保护法》第十五条对该权利有明确规定。消费者监督具体表现为：有权检举、控告侵害消费者权益的行为；有权检举、控告消费者权益的保护者的违法失职行为；有权对保护消费者权益的工作提出批评、建议。

§14.3　经营者的基本义务

§14.3.1　经营者与经营者义务

经营者是指以营利为目的，依法获准进入市场，从事商品生产、销售或提供有偿服务的自然人、法人和其他经济组织。经营者是向消费者提供其生产、销售的商品或者提供服务的自然人、法人或者其他组织，是与消费者相对的另一方当事人。

经营者的义务是相对消费者的权利而言的，只有经营者履行了义务才能保障消费者权利的实现，从某种意义上来讲，消费者的权利就是经营者的义务。经营者的义务是经营者在经营活动中依法为一定行为或者不为一定行为，以满足和实现消费者生活消费需要的责任，同时，经营者的义务中也包含着经营者对国家和社会应承担的责任。

§14.3.2　经营者基本义务的内容

根据我国《消费者权益保护法》第三章的规定，经营者负有以下 10 项义务：

1．依照法定或者约定履行义务

具体来讲，该义务包含两个方面的内容：一方面是指经营者在向消费者提供商品或服务时，应当依照《消费者权益保护法》《产品质量法》以及《反不正当竞争法》等有关法律、法规履行义务；另一方面是指当经营者和消费者之间存在约定的，经营者应当按照约定来履行义务，但双方的约定不得违背法律、法规的规定。

2．听取意见和接受监督的义务

经营者的这一义务是与消费者的监督权相对应的。它要求经营者认真听取消费者对其提供的商品或者服务在质量、价格、品种、数量、服务态度、售后服务等各个方面的意见和建议，并接受消费者的监督。

3．提供安全商品和安全服务的义务

经营者的这项义务是与消费者的安全权相对应的，该项义务的具体内容包括以下三方面：

（1）经营者应当确保其提供的商品或服务符合保障人身、财产安全的要求。

（2）经营者对可能危及人身、财产安全的商品或服务，应当向消费者作出真实的说明和明确的警示，并说明和标明正确使用商品或者接受服务的方法以及防止危害发生的方法。

（3）宾馆、商场、餐馆、银行、机场、车站、港口、影剧院等经营场所的经营者，应当对消费者尽到安全保障义务。

（4）经营者发现其提供的商品或者服务存在缺陷，有危及人身、财产安全危险的，应当立即向有关行政部门报告和告知消费者，并采取停止销售、警示、召回、无害化处理、销毁、停止生产或者服务等措施。采取召回措施的，经营者应当承担消费者因商品被召回支出的必要费用。

4. 提供真实信息的义务

经营者的该项义务是与消费者的知情权相对。具体要求包括：提供真实全面的情况、不作虚假宣传、明确答复询问和明码标价。另外在最新修订的《消费者权益保护法》中还新增网络等非现场购物的信息披露制度。《消费者权益保护法》第二十八条规定："采用网络、电视、电话、邮购等方式提供商品或者服务的经营者，以及提供证券、保险、银行等金融服务的经营者，应当向消费者提供经营地址、联系方式、商品或者服务的数量和质量、价款或者费用、履行期限和方式、安全注意事项和风险警示、售后服务、民事责任等信息。"

5. 表明经营者真实名称和标记的义务

经营者的该项义务也是与消费者的知情权相对应的，它要求经营者应当标明其真实的名称和标记。同时，租赁他人柜台或者场地的经营者，应当标明其真实名称和标记。

6. 提供购物凭证和服务单据的义务

经营者提供商品或者服务，应当按照国家有关规定或者商业惯例向消费者出具购货凭证或者服务单据。消费者索要购货凭证或者服务单据的，经营者必须出具。购物凭证或服务单据一般是指购物小票、发票或保修单等书面凭证。

7. 提供符合标准的商品或服务的义务

经营者的这项义务与消费者的公平交易权相对应。其具体内容包括：

（1）经营者应当保证在正常使用商品或者接受服务的情况下其提供的商品或者服务应当具有的质量、性能、用途和有效期限；但消费者在购买该商品或者接受该服务前已经知道其存在瑕疵，且存在该瑕疵不违反法律强制性规定的除外。

（2）经营者以广告、产品说明、实物样品或者其他方式表明商品或者服务的质量状况的，应当保证其提供的商品或者服务的实际质量与表明的质量状况相符。

（3）经营者提供的机动车、计算机、电视机、电冰箱、空调器、洗衣机等耐用商品或者装饰装修等服务，消费者自接受商品或者服务之日起 6 个月内发现瑕疵，发生争议的，由经营者承担有关瑕疵的举证责任。

其中要说明的是第三点内容为新消法中所实行的举证责任倒置，该证据规则与我国《民事诉讼法》规定的"谁主张，谁举证"的一般证据规则不同，将消费者"拿证据维权"转换为经营者"自证清白"，解决了消费者举证难的问题。

8. 承担"三包"和其他责任的义务

依照我国《消费者权益保护法》的规定："三包"是指包修、包换、包退。具体内容包括普通消费者和网络等非现场消费者两个方面：

（1）对于普通消费者而言，经营者提供的商品或者服务不符合质量要求的，消费者可以依照国家规定、当事人约定退货，或者要求经营者履行更换、修理等义务。没有国家规定和当事人约定的，消费者可以自收到商品之日起 7 日内退货；7 日后符合法定解除合同条件的，消费者可以及时退货，不符合法定解除合同条件的，可以要求经营者履行更换、修理等义务。

（2）对于网络等非现场消费者而言，其享有 7 日反悔权。即经营者采用网络、电视、电话、邮购等方式销售商品，消费者有权自收到商品之日起 7 日内退货，且无需说明理由，但根据商品性质不宜退货的除外。

9. 不得从事不公平、不合理交易的义务

经营者不得以格式合同、通知、声明、店堂告示等方式，作出排除或者限制消费者权利、减轻或者免除经营者责任、加重消费者责任等对消费者不公平、不合理的规定，不得利用格式条款并借助技术手段强制交易。如果经营者在这些格式合同、通知、声明、店堂告示中含有以上内容的，其内容无效。

10. 不得侵犯消费者人身权的义务

按照《消费者权益保护法》的规定，经营者一方面不得对消费者进行侮辱、诽谤，不得搜查消费者的身体及其携带的物品，不得侵犯消费者的人身自由；另一方面经营者对消费者享有的姓名权、肖像权、隐私权等个人信息应严格保密并确保其安全。

§14.4　消费者权益的保护机构、争议解决和法律责任

§14.4.1　消费者合法权益的保护机构

1. 国家对消费者合法权益的保护

国家对消费者合法权益的保护是我国《消费者权益保护法》中所明确规定的一项重要制度。《消费者权益保护法》所赋予消费者的各项权利想要得到实现，除了经营者负有的义务外，国家也负有十分重要的责任。国家应加强对消费领域的干预，采取各种措施，确保消费者的各项合法权益得到保护和履行。根据我国《消费者权益保护法》的规定，国家对消费者合法权益的保护主要体现在以下几个方面：

（1）立法保护。国家制定有关消费者权益的法律、法规和政策时，应听取消费者的意见和要求，充分考虑消费者弱势群体的地位。

（2）行政保护。各级人民政府应当加强监督，预防危害消费者人身、财产安全行为的发生，及时制止危害消费者人身、财产安全的行为。各级人民政府工商行政管理部门和其他有关行政部门应当依照法律、法规的规定，在各自的职责范围内，采取措施，保护消费者的合法权益。有关行政部门应当听取消费者及其社会团体对经营者交易行为、商品和服务质量问题的意见，及时调查处理。

（3）司法保护。有关国家机关应当依照法律、法规的规定，惩处经营者在提供商品和服务中侵害消费者合法权益的违法犯罪行为。人民法院应当采取措施，方便消费者提起诉讼。对符合《中华人民共和国民事诉讼法》起诉条件的消费者权益争议，必须受理，及时审理。

2. 社会对消费者合法权益的保护

保护消费者合法权益是全社会的共同责任，国家鼓励、支持一切组织和个人对损害

消费者合法权益的行为进行社会监督。尤其是大众传播媒介，更应当做好维护消费者合法权益的宣传，同时对损害消费者合法权益的行为进行舆论监督。

根据我国《消费者权益保护法》的规定，主要承担消费者合法权益保护社会责任的主体是消费者组织。消费者组织包括消费者协会和其他消费者组织，其中消费者协会是最普遍、最重要的。

中国消费者协会于 1984 年 12 月经国务院批准成立，是对商品和服务进行社会监督的保护消费者合法权益的全国性社会团体，同时也是一个具有半官方性质的群众性社会团体。中国消费者协会和地方各级消费者协会，是由同级人民政府批准，经过民政部门核准登记而成立的，所以具有社会团体法人资格。它们是专门从事消费者合法权益保护工作的。我国《消费者权益保护法》详细规定了消费者协会履行的公益性职责，并要求各级人民政府对消费者协会履行公益性职责应当予以支持。具体公益性职责包括：①向消费者提供消费信息和咨询服务，提高消费者维护自身合法权益的能力，引导文明、健康、节约资源和保护环境的消费方式；②参与制定有关消费者权益的法律、法规、规章和强制性标准；③参与有关行政部门对商品和服务的监督、检查；④就有关消费者合法权益的问题，向有关部门反映、查询，提出建议；⑤受理消费者的投诉，并对投诉事项进行调查、调解；⑥投诉事项涉及商品和服务质量问题的，可以委托具备资格的鉴定人鉴定，鉴定人应当告知鉴定意见；⑦就损害消费者合法权益的行为，支持受损害的消费者提起诉讼或者依照本法提起诉讼；⑧对损害消费者合法权益的行为，通过大众传播媒介予以揭露、批评。

§14. 4. 2 争议的解决

根据我国《消费者权益保护法》的规定，在消费领域中，当消费者与经营者之间发生消费者权益争议的，可以通过以下几种途径来解决：

1. 与经营者协商和解

这一解决途径最为方便、简单。消费者可以在争议发生之后，直接与经营者进行协商，达成和解协议，解决争议。

2. 请求消费者协会或者依法成立的其他调解组织调解

该方式是消费者和经营者双方，在消费者协会或者依法成立的其他调解组织的主持下，达成和解协议的。该调解具有民间性，因此最终结果并不具有强制力，要靠双方自愿履行。

3. 向有关行政部门投诉

消费者可以在争议发生之后，直接将侵害事由向工商、物价、商检、卫生等有关部门进行投诉，有关部门应当根据实际情况和自身职责范围进行处理。

4. 根据与经营者达成的仲裁协议提请仲裁机构仲裁

双方当事人根据他们之间订立的仲裁协议，自愿将其争议提交由非官方身份的仲裁员组成的仲裁庭进行裁判，并受该裁判约束的一种方式。

5. 向人民法院提起诉讼

消费争议的双方没有签订仲裁条款或仲裁协议的，不论是否经过协商、调解、申诉等，消费者都可以直接向法院起诉。另外，我国最新修订的《消费者权益保护法》明确规定了公益诉讼制度，对侵害众多消费者合法权益的行为，中国消费者协会以及在省、自治区、直辖市设立的消费者协会，可以向人民法院提起诉讼。

在一般情况下，当消费者与经营者发生争议时，首先会选择同经营者进行协商来解决争议。在不能协商的情况下，会选择要求消费者协会来进行调解，或向有关行政部门进行申诉。最后，才会选择仲裁或诉讼的方式。但不是说争议的解决必须按照这样的顺序。事实上，当发生争议时，消费者完全有权利根据自己的实际情况选择上述5种解决途径中的任何一种。

§14.4.3　法律责任

1．责任主体

由于商品从生产到销售再到消费要经历很多个中间环节，这中间会涉及很多不同的主体，如生产者、销售者和消费者等。为了防止损害发生时，各主体之间权责不明、相互推诿，保证消费者的合法权益得到充分的保护，我国《消费者权益保护法》对损害赔偿的责任主体确定作出了详细的规定。具体内容包括以下两个方面：

（1）一般情况下损害赔偿责任主体的确定。①消费者在购买、使用商品时，其合法权益受到损害的，可以向销售者要求赔偿。销售者赔偿后，属于生产者的责任或者属于向销售者提供商品的其他销售者的责任的，销售者有权向生产者或者其他销售者追偿。②消费者或者其他受害人因商品缺陷造成人身、财产损害的，可以向销售者要求赔偿，也可以向生产者要求赔偿。属于生产者责任的，销售者赔偿后，有权向生产者追偿。属于销售者责任的，生产者赔偿后，有权向销售者追偿。③消费者在接受服务时，其合法权益受到损害的，可以向服务者要求赔偿。

（2）特殊情况下损害赔偿责任主体的确定。①消费者在购买、使用商品或者接受服务时，其合法权益受到损害，因原企业分立、合并的，可以向变更后承受其权利义务的企业要求赔偿；②使用他人营业执照的违法经营者提供商品或者服务，损害消费者合法权益的，消费者可以向其要求赔偿，也可以向营业执照的持有人要求赔偿；③消费者在展销会、租赁柜台购买商品或者接受服务，其合法权益受到损害的，可以向销售者或者服务者要求赔偿。展销会结束或者柜台租赁期满后，也可以向展销会的举办者、柜台的出租者要求赔偿。展销会的举办者、柜台的出租者赔偿后，有权向销售者或者服务者追偿；④消费者通过网络交易平台购买商品或者接受服务，其合法权益受到损害的，可以向销售者或者服务者要求赔偿。网络交易平台提供者不能提供销售者或者服务者的真实名称、地址和有效联系方式的，消费者也可以向网络交易平台提供者要求赔偿；网络交易平台提供者作出更有利于消费者的承诺的，应当履行承诺。网络交易平台提供者赔偿后，有权向销售者或者服务者追偿；⑤消费者因经营者利用虚假广告或者其他虚假宣传方式提供商品或者服务，其合法权益受到损害的，可以向经营者要求赔偿。广告经营者、发布者发布虚假广告的，消费者可以请求行政主管部门予以惩处。广告经营者、发布者不能提供经营者的真实名称、地址和有效联系方式的，应当承担赔偿责任。另外，新消法还明确了广告经营者、发布者、代言人和推销人的连带赔偿责任。

2．责任形式

由于侵犯消费者合法权益行为的性质、情节和社会危害性等有所不同，因此所承担的责任形式也有所不同，按照我国《消费者权益保护法》的规定，承担的法律责任形式有三种：

（1）民事责任。根据我国《消费者权益保护法》的规定，承担民事责任的内容主要包括以下几个方面：①经营者违反其他法律、法规应承担的民事责任，主要以修理、重作、更换、赔偿损失等方式承担民事责任；②致人伤害或死亡的民事责任。经营者提供商品或者服务，造成消费者或者其他受害人人身伤害的，应当赔偿医疗费、护理费、交通费等为治疗和康复支出的合理费用，以及因误工减少的收入。造成残疾的，还应当赔偿残疾生活辅助具费和残疾赔偿金。造成死亡的，还应当赔偿丧葬费和死亡赔偿金；③侵犯其他人身权的民事责任。经营者侵害消费者的人格尊严、侵犯消费者人身自由或者侵害消费者个人信息依法得到保护的权利的，应当停止侵害、恢复名誉、消除影响、赔礼道歉，并赔偿损失；④造成财产损失的民事责任。经营者提供商品或者服务，造成消费者财产损害的，应当依照法律规定或者当事人约定承担修理、重作、更换、退货、补足商品数量、退还货款和服务费用或者赔偿损失等民事责任；⑤违反约定的民事责任。经营者以预收款方式提供商品或者服务的，应当按照约定提供。未按照约定提供的，应当按照消费者的要求履行约定或者退回预付款；并应当承担预付款的利息、消费者必须支付的合理费用；⑥提请行政机关认定不合格商品的民事责任。依法经有关行政部门认定为不合格的商品，消费者要求退货的，经营者应当负责退货；⑦欺诈行为的民事责任。经营者提供商品或者服务有欺诈行为的，应当按照消费者的要求增加赔偿其受到的损失，增加赔偿的金额为消费者购买商品的价款或者接受服务的费用的三倍；增加赔偿的金额不足五百元的，为五百元。

（2）行政责任。根据我国《消费者权益保护法》的规定，经营者有下列情形之一，除承担相应的民事责任外，其他有关法律、法规对处罚机关和处罚方式有规定的，依照法律、法规的规定执行；法律、法规未作规定的，由工商行政管理部门或者其他有关行政部门责令改正，可以根据情节单处或者并处警告、没收违法所得、处以违法所得1倍以上10倍以下的罚款，没有违法所得的，处以50万元以下的罚款；情节严重的，责令停业整顿、吊销营业执照：①提供的商品或者服务不符合保障人身、财产安全要求的；②在商品中掺杂、掺假，以假充真，以次充好，或者以不合格商品冒充合格商品的；③生产国家明令淘汰的商品或者销售失效、变质的商品的；④伪造商品的产地，伪造或者冒用他人的厂名、厂址，篡改生产日期，伪造或者冒用认证标志等质量标志的；⑤销售的商品应当检验、检疫而未检验、检疫或者伪造检验、检疫结果的；⑥对商品或者服务作虚假或者引人误解的宣传的；⑦拒绝或者拖延有关行政部门责令对缺陷商品或者服务采取停止销售、警示、召回、无害化处理、销毁、停止生产或者服务等措施的；⑧对消费者提出的修理、重作、更换、退货、补足商品数量、退还货款和服务费用或者赔偿损失的要求，故意拖延或者无理拒绝的；⑨侵害消费者人格尊严、侵犯消费者人身自由或者侵害消费者个人信息依法得到保护的权利的；⑩法律、法规规定的对损害消费者权益应当予以处罚的其他情形。经营者对行政处罚决定不服的，可以依法申请行政复议或者提起行政诉讼。

另外，我国《消费者权益保护法》还规定：①拒绝、阻碍有关行政部门工作人员依法执行职务，未使用暴力、威胁方法的，由公安机关依照《中华人民共和国治安管理处罚条例》的规定处罚；②国家机关工作人员玩忽职守或者包庇经营者侵害消费者合法权益的行为的，情节不严重的，由其所在单位或者上级机关给予行政处分。

（3）刑事责任。经营者侵犯消费者和受害人合法权益，构成犯罪的，依法承担刑事责任，主要责任种类有：①致人伤害的刑事责任；②致人死亡的刑事责任；③以暴力、威胁等方法，拒绝、阻碍国家机关工作人员依法执行职务时的刑事责任；④国家机关工作人员严重玩忽职守、包庇经营者时的刑事责任。

【思考题】

1. 我国消费者权益保护法的概念和适用范围。
2. 消费者权益保护法遵循哪些基本原则？
3. 什么是消费者权利？消费者权利的内容有哪些？
4. 什么是经营者义务？经营者应承担哪些义务？
5. 我国消费者权益保护的机构和方式有哪些？

第15章 产品质量法律制度

§15.1 产品质量法概述

§15.1.1 产品和产品质量的概念

产品是指人们运用劳动手段对劳动对象进行加工而成，用于满足人们生产和生活需要的物品。根据《中华人民共和国产品质量法》（以下简称《产品质量法》）第二条规定，产品是指经过加工、制作，用于销售的产品，包括在中华人民共和国境内销售属于该法所规定产品范围的进口产品。它不包括建筑工程、未经加工的天然形成产品和虽经加工制作但不用于销售的产品。例如未投入流通的生产者生产的自用产品、赠予产品、试用产品以及未经加工制作的天然产品和初级农产品、渔业产品不适用《产品质量法》。

产品质量是指产品符合人们需要的内在素质与外观形态的各种特性的综合状态。按照国际标准化组织制定的国际标准《质量管理和质量保证——术语》中的定义，产品质量是指"产品或服务满足规定或潜在需要的特征的总和"。这里的"总和"是指标准中规定的产品的适用性、可靠性、安全性、经济性和美学性等质量指标。产品的适用性是指产品在特定条件下，实现预定目的或特定用途的能力。产品的安全性是指产品在消费者使用过程中消费者的人身、财产安全能够得到保证。我国《产品质量法》规定，产品质量应当检验合格，不存在可能危及消费者人体健康和人身、财产安全的不合理危险，必须符合保障人体健康和人身、财产安全的国家标准、行业标准；未制定国家标准、行业标准的，必须符合保障人体健康和人身、财产安全的要求。

§15.1.2 产品质量法概述

1. 产品质量法概念

产品质量法，是指国家在调整产品生产、流通和消费过程中所形成的社会关系而制定的法律规范的总称。《产品质量法》调整的法律关系包括产品质量监督管理关系、产品质量责任关系和产品质量检验、认证关系。

我国于1993年2月22日第七届全国人大常委会第三十次会议通过了《产品质量法》，自同年9月1日施行。该法在2000年7月8日经第九届全国人大常委会第十六次会议进行了修改。

2. 《产品质量法》的立法宗旨和适用范围

（1）立法宗旨。依据《产品质量法》第一条规定，产品质量法的立法宗旨是为了加强对产品质量的监督管理，提高产品质量水平，明确产品质量责任，保护消费者的合法权益，维护社会经济秩序。

（2）产品质量法的适用范围。适用范围即调整范围，指法的对人效力（主体）、空间效力、客体范围等。《产品质量法》第二条及相关条款规定：①适用的主体包括：a.

生产者、销售者。即在中华人民共和国境内从事产品生产、销售活动的组织和个人。b. 用户、消费者。c. 国家质量监督管理机关。②适用的客体。即主指产品范围，如《产品质量法》第二条规定，经过加工、制作，用于销售的产品。除外情况有：a. 建设工程。b. 军工产品的管理、监督办法。c. 初级产品。

（3）产品质量法律关系包括：①生产者、销售者与用户、消费者的关系。②质量监督管理机构与生产者、销售者的关系。③生产者、销售者之间及其与其他经营者之间的关系。

§15. 2　产品质量的监督制度

§15. 2. 1　产品质量监督的概念和体制

1. 产品质量监督的概念

产品质量监督，是指法律规定的产品质量监督机构，依照法定职权和程序，对企业产品质量所进行的监察督促活动。

2. 产品质量监督体制

产品质量监督体制，是产品质量监督机构的设置及其职权划分制度的统称。依据《产品质量法》第八条规定，国务院产品质量监督部门主管全国产品质量监督工作。国务院有关部门在各自的职责范围内负责产品质量监督工作。县级以上地方产品质量监督部门主管本行政区域内的产品质量监督工作。县级以上地方人民政府有关部门在各自的职责范围内负责产品质量监督工作。但是法律对产品质量的监督部门另有规定的，依照有关法律的规定执行。

§15. 2. 2　产品质量监督制度

我国《产品质量法》通过确立产品质量标准制度、产品质量认证制度、企业质量体系认证制度、产品质量监督检验制度等一系列制度，以加强对产品质量的监督管理。

1. 产品质量标准制度

产品质量标准是指依据一定标准对产品质量、检验方法所作的技术性规定。我国《产品质量法》第六条规定，国家鼓励推行科学的质量管理方法，采用先进的科学技术，鼓励企业产品质量达到并且超过行业标准、国家标准和国际标准。对产品质量管理先进和产品质量达到国际先进水平、成绩显著的单位和个人，给予奖励。

2. 产品质量认证制度

产品质量认证是依据具有国际水平的产品标准和相应技术要求，经认证机构确认并通过颁发证书和产品质量认证标志的形式，以证明企业某一产品符合相应标准和技术要求的活动。产品质量认证包括安全认证和合格认证。实行安全认证的产品，应当符合《产品质量法》的有关规定。《产品质量法》第十四条第二款规定，国家参照国际先进的产品标准和技术要求，推行产品质量认证制度。企业根据自愿原则可以向国务院产品质量监督部门认可的或者国务院产品质量监督部门授权的部门认可的认证机构申请产品质量认证。经认证合格的，由认证机构颁发产品质量认证证书，准许企业在产品或者其包装上使用产品质量认证标志。

3. 企业质量体系认证制度

企业质量体系认证是指依据国际通用的质量管理和质量保证系列标准，由国务院产品质量监督部门认可的或者其授权的部门认可的认证机构，对自愿申请认证的企业的质量体系进行检查和确认，通过颁发认证证书的形式，证明企业质量体系和质量保证能力符合相应标准要求的活动。《产品质量法》第十四条第一款规定，国家根据国际通用的质量管理标准，推行企业质量体系认证制度。企业根据自愿原则可以向国务院产品质量监督部门认可的或者国务院产品质量监督部门授权的部门认可的认证机构申请企业质量体系认证。经认证合格的，由认证机构颁发企业质量体系认证证书。

4. 产品质量检验制度

产品质量检验，是指按照特定的标准，对产品质量进行检测，以判明产品是否合格的活动。这里的"标准"，可以按国家标准、行业标准、地方标准或企业标准，但有强制性标准的产品，须按强制性标准检验。产品质量检验按检验主体，可分为第三方检验和生产经营者自己检验；根据检验的性质，可分为国家检验和民间检验；根据检验的方式，可分为全数检验和抽样检验；根据检验的环节，可分为出厂检验和入库检验。《产品质量法》关于产品质量检验的规定，主要包括两方面的内容：

（1）关于产品质量检验的基本要求。按照规定，产品质量应当检验合格，不得以不合格产品冒充合格产品。

（2）关于产品质量检验机构。产品质量检验机构，指县级以上人民政府产品质量监督管理部门依法设置和依法授权的，为社会提供公证检验数据和检验结论的机构。依《产品质量法》规定，从事产品质量检验、认证的社会中介机构必须依法设立，不得与行政机关和其他国家机关存在隶属关系或者其他利益关系。产品质量检验机构、认证机构必须依法按照有关标准，客观、公正地出具检验结果或者认证证明。产品质量认证机构应当依照国家规定对准许使用认证标志的产品进行认证后的跟踪检查；对不符合认证标准而使用认证标志的，要求其改正；情节严重的，取消其使用认证标志的资格。

5. 产品质量监督检查制度

依据《产品质量法》第十五条规定，国家对产品质量实行以抽查为主要方式的监督检查制度，对可能危及人体健康和人身、财产安全的产品，影响国计民生的重要工业产品以及消费者、有关组织反映有质量问题的产品进行抽查。抽查的样品应当在市场上或者企业成品仓库内的待销产品中随机抽取。监督抽查工作由国务院产品质量监督部门规划和组织。县级以上地方产品质量监督部门在本行政区域内也可以组织监督抽查。法律对产品质量的监督检查另有规定的，依照有关法律的规定执行。

国家监督抽查的产品，地方不得另行重复抽查；上级监督抽查的产品，下级不得另行重复抽查。

根据监督抽查的需要，可以对产品进行检验。检验抽取样品的数量不得超过检验的合理需要，并不得向被检查人收取检验费用。监督抽查所需检验费用按照国务院规定列支。

生产者、销售者对抽查检验的结果有异议的，可以自收到检验结果之日起 15 日内向实施监督抽查的产品质量监督部门或者其上级产品质量监督部门申请复检，由受理复检的产品质量监督部门作出复检结论。对依法进行的产品质量监督检查，生产者、销售者不得拒绝。

依照《产品质量法》规定进行监督抽查的产品质量不合格的，由实施监督抽查的产品质量监督部门责令其生产者、销售者限期改正。逾期不改正的，由省级以上人民政府产品质量监督部门予以公告；公告后经复查仍不合格的，责令停业，限期整顿；整顿期满后经复查产品质量仍不合格的，吊销营业执照。依照《产品质量法》规定，国务院和省、自治区、直辖市人民政府的产品质量监督部门应当定期发布其监督抽查的产品的质量状况公告。产品质量监督部门或者其他国家机关以及产品质量检验机构不得向社会推荐生产者的产品；不得以对产品进行监制、监销等方式参与产品经营活动。

§15. 3　生产者、销售者的产品质量责任和义务

§15. 3. 1　生产者的产品质量责任和义务

生产者是指在中国境内从事产品生产、加工的法人、其他经济组织和个人。依据《产品质量法》规定，生产者应当承担的产品质量责任和义务主要包括：

1. 产品质量符合法定要求

依据《产品质量法》第二十六条规定，生产者应当对其生产的产品质量负责。产品质量应当符合下列要求：①不存在危及人身、财产安全的不合理的危险，有保障人体健康和人身、财产安全的国家标准、行业标准的，应当符合该标准；②具备产品应当具备的使用性能，但是，对产品存在使用性能的瑕疵作出说明的除外；③符合在产品或者其包装上注明采用的产品标准，符合以产品说明、实物样品等方式表明的质量状况。

2. 表明产品标识的责任和义务

依据《产品质量法》第二十七条规定，产品或者其包装上的标识必须真实，并符合下列要求：①有产品质量检验合格证明；②有中文标明的产品名称、生产厂厂名和厂址；③根据产品的特点和使用要求，需要标明产品规格、等级、所含主要成分的名称和含量的，用中文相应予以标明；需要事先让消费者知晓的，应当在外包装上标明，或者预先向消费者提供有关资料；④限期使用的产品，应当在显著位置清晰地标明生产日期和安全使用期或者失效日期；⑤使用不当，容易造成产品本身损坏或者可能危及人身、财产安全的产品，应当有警示标志或者中文警示说明。

裸装的食品和其他根据产品的特点难以附加标识的裸装产品，可以不附加产品标识。

易碎、易燃、易爆、有毒、有腐蚀性、有放射性等危险物品以及储运中不能倒置和其他有特殊要求的产品，其包装质量必须符合相应要求，依照国家有关规定作出警示标志或者中文警示说明，标明储运注意事项。

3. 不得实施法律禁止的行为

依据《产品质量法》的规定，生产者不得生产国家明令淘汰的产品；不得伪造产地，不得伪造或者冒用他人的厂名、厂址；生产者不得伪造或者冒用认证标志等质量标志；生产者生产产品，不得掺杂、掺假，不得以假充真、以次充好，不得以不合格产品冒充合格产品。

§15. 3. 2　销售者的产品质量责任和义务

销售者是指在中国境内从事产品销售的法人、其他经济组织和个人。依据《产品质量法》规定，销售者的产品质量责任和义务主要包括：销售者应当建立并执行进货检查验收制度，验明产品合格证明和其他标识；采取措施，保持销售产品的质量；不得销售国家明令淘汰并停止销售的产品和失效、变质的产品；销售者销售的产品标识应当

符合本法第二十七条的规定；不得伪造产地，不得伪造或者冒用他人的厂名、厂址；不得伪造或者冒用认证标志等质量标志；销售产品，不得掺杂、掺假，不得以假充真、以次充好，不得以不合格产品冒充合格产品。

§15.4 产品质量损害赔偿责任

§15.4.1 产品质量责任的概念

产品质量责任，即产品质量损害赔偿责任是指生产者、销售者以及对产品质量负有直接责任人员违反产品质量法定义务，造成他人人身、财产损害时，所应承担的法律责任。在这里应当分清产品责任和产品质量责任。产品责任，即产品侵权责任是指生产者、销售者因其生产和销售有缺陷产品，并因该缺陷产品造成其购买者、使用者以及其他相关人员人身或财产损害时所应承担的法律责任。产品质量责任是指生产者、销售者以及对产品质量负有直接责任的人违反产品质量义务应承担的法律后果。

依据我国《产品质量法》规定，生产者、销售者在下列情形下，应承担产品质量责任：①违反默示担保。其是指当法律、法规对产品质量有强制性规定要求条件下，即使当事人之间有合同约定，也不能免除和限制这种义务。②违反明示担保。其是指生产者、销售者提供的产品质量不符合其在对消费者进行说明或陈述时所承诺的标准。③产品存在缺陷。按照《产品质量法》第四十六条规定，其是指产品存在危及他人人身、财产安全的不合理危险；产品有保障人体健康和人身、财产安全的国家标准、行业标准的，是指不符合该标准的产品。

§15.4.2 归责原则

对产品质量责任，我国《产品质量法》采用过错责任原则和无过错责任原则相结合立法模式。采用过错责任原则的，如依据《产品质量法》第四十二条规定，由于销售者的过错使产品存在缺陷，造成人身、他人财产损害的，销售者应当承担赔偿责任。《产品质量法》对因产品存在缺陷造成人身、缺陷产品以外的其他财产损害的，生产者应当承担的赔偿责任和销售者不能指明缺陷产品的生产者也不能指明缺陷产品的供货者的，销售者应当承担的赔偿责任采用无过错责任原则。

§15.4.3 产品质量责任承担的方式

依据《产品质量法》的规定，产品质量责任承担方式主要有以下三种：民事责任、行政责任和刑事责任。

1. 民事责任

依据《产品质量法》第四十条至第四十三条的规定，其将产品质量责任承担的原因区分为产品瑕疵和产品缺陷两种。不同原因承担民事责任具体形式不同。因产品瑕疵承担的产品质量责任属于产品质量合同违约责任（以下简称"违约责任"）；因产品缺陷承担的产品质量责任属于产品质量侵权责任（以下简称"侵权责任"）。

（1）违约责任。违约责任，亦称为产品瑕疵责任，是指销售者向购买产品的消费者提供的产品质量既不符合法定标准，也不符合双方质量约定，但是该产品不具有危害人身和财产安全的不合理危险，致使购买产品的消费者合法权益受到损害时，销售者所应承担的法律责任。①产品瑕疵的认定。依据《产品质量法》第四十条规定，产品瑕疵包括：销售者售出的产品不具备产品应当具备的使用性能而事先未作说明的；不符合在产品或者其包装上注明采用的产品标准的；不符合以产品说明、实物样品等方式表明的质量状况的；在没有除外说明的情况下，生产者对其生产的产品承担的瑕疵担保责任。②承担责任形式。销售者应负责修理、更换、退货，给购买产品的消费者造成损失的，销售者承担赔偿责任。购买产品的消费者向销售者主张权利。销售者向购买产品的消费者承担责任后，属于生产者或向销售者提供产品的其他销售者（统称为供货者）的责任，销售者有权向生产者或供货者追偿。

（2）侵权责任。侵权责任，亦称为产品缺陷责任，其是指生产者、销售者因产品存在缺陷而造成他人人身、缺陷产品以外的其他财产损害情况下，所应承担的产品质量赔偿责任。我国《产品质量法》对产品质量赔偿责任采用无过错责任原则，即严格责任原则。也就是说只要产品存在缺陷，造成了消费者、产品使用人人身、财产损害，无论生产者、销售者有无过错，都应当承担损害赔偿责任。

依据《产品质量法》规定，产品缺陷责任的权利主体包括：缺陷产品的购买者、使用者和第三人。

①生产者责任。依据《产品质量法》第四十一条的规定，因产品存在缺陷造成人身、缺陷产品以外的其他财产损害的，生产者应当承担赔偿责任。但生产者能够证明有下列情形之一的，不承担赔偿责任：未将产品投入流通的；产品投入流通时，引起损害的缺陷尚不存在的；将产品投入流通时的科学技术水平尚不能发现缺陷的存在的。

②销售者的责任。我国《产品质量法》对销售者侵权责任实行过错推定原则。即在销售者不能指明缺陷产品的生产者，也不能指明缺陷产品的供货者时，推定缺陷产品的销售者有过错，并由其承担责任。

对产品质量缺陷责任，实行生产者、销售者连带责任。依据《产品质量法》第四十三条规定，因产品存在缺陷造成人身、他人财产损害的，受害人可以向产品的生产者要求赔偿，也可以向产品的销售者要求赔偿。属于产品的生产者的责任，产品的销售者赔偿的，产品的销售者有权向产品的生产者追偿。属于产品的销售者的责任，产品的生产者赔偿的，产品的生产者有权向产品的销售者追偿。

③责任形式。依据《产品质量法》第四十四条规定，因产品存在缺陷造成受害人人身伤害的，侵害人应当赔偿医疗费、治疗期间的护理费、因误工减少的收入等费用；造成残疾的，还应当支付残疾者生活自助具费、生活补助费、残疾赔偿金以及由其抚养的人所必需的生活费等费用；造成受害人死亡的，并应当支付丧葬费、死亡赔偿金以及由死者生前抚养的人所必需的生活费等费用。

因产品存在缺陷造成受害人财产损失的，侵害人应当恢复原状或者折价赔偿。受害人因此遭受其他重大损失的，侵害人应当赔偿损失。

2. 行政责任

产品质量行政责任是指生产者、销售者因违反产品质量法规定的产品质量义务所应承担的行政法律责任。

（1）生产者和销售者的行政责任。①责任形式。主要包括：被行政机关责令停止违法行为、没收违法所得、罚款、吊销营业执照等。②承担行政责任的情形。依据《产品质量法》第四十九条至第五十六条规定，具体包括：生产、销售不符合保障人体健康和人身、财产安全的国家标准、行业标准产品的；在产品中掺杂、掺假，以假充真、以次充好或者以不合格产品冒充合格产品的；生产国家明令淘汰产品的，销售国家明令淘汰并停止销售的产品的；销售失效、变质产品的；伪造产品产地的，伪造或者冒用他人厂名、厂址的，伪造或者冒用认证标志的；产品标识或者产品外包装标识不合法；拒绝接受各级质量监督机关对产品质量监督检查的。

（2）社会团体、社会中介机构的行政责任。社会团体、社会中介机构的行政责任包括检验机构、认证机构的行政责任。依据《产品质量法》第五十七条规定，产品质量检验机构、认证机构伪造检验结果或者出具虚假证明的，责令改正，对单位处 5 万元以上 10 万元以下的罚款，对直接负责的主管人员和其他直接责任人员处 1 万元以上 5 万元以下的罚款；有违法所得的，并处没收违法所得；情节严重的，取消其检验资格、认证资格；构成犯罪的，依法追究刑事责任。

产品质量检验机构、认证机构出具的检验结果或者证明不实，造成损失的，应当承担相应的赔偿责任；造成重大损失的，撤销其检验资格、认证资格。

产品质量认证机构，对不符合认证标准而使用认证标志的产品，未依法要求其改正或者取消其使用认证标志资格的，对因产品不符合认证标准给消费者造成的损失，与产品的生产者、销售者承担连带责任；情节严重的，撤销其认证资格。

3．刑事责任

刑事责任是指生产者、销售者违反产品质量法规定的产品质量义务并触犯刑律构成犯罪，而应承担的法律后果。由此可见，我国《产品质量法》对严重违法行为要追究刑事责任。具体而言，生产者、销售者及其他产品质量法律关系主体应承担刑事责任的行为如下：

（1）依据《产品质量法》第四十九条规定，生产、销售不符合保障人体健康和人身、财产安全的国家标准、行业标准的产品的，构成犯罪的，依法追究刑事责任。

（2）依据《产品质量法》第五十条规定，在产品中掺杂、掺假，以假充真，以次充好，或者以不合格产品冒充合格产品的，构成犯罪的，依法追究刑事责任。

（3）依据《产品质量法》第五十二条规定，销售失效、变质的产品的，构成犯罪的，依法追究刑事责任。

（4）依据《产品质量法》第五十七条规定，产品质量检验机构、认证机构伪造检验结果或者出具虚假证明的，构成犯罪的，依法追究刑事责任。

（5）依据《产品质量法》第六十一条规定，知道或者应当知道属于产品质量法规定禁止生产、销售的产品而为其提供运输、保管、仓储等便利条件的，或者为以假充真的产品提供制假生产技术的，构成犯罪的，依法追究刑事责任。

（6）依据《产品质量法》第六十五条规定，各级人民政府工作人员和其他国家机关工作人员有下列情形之一的，构成犯罪的，依法追究刑事责任：①包庇、放纵产品生产、销售中违反本法规定行为的；②向从事违反本法规定的生产、销售活动的当事人通风报信，帮助其逃避查处的；③阻挠、干预产品质量监督部门或者工商行政管理部门依法对产品生产、销售中违反本法规定的行为进行查处，造成严重后果的。

§15．4．4　诉讼时效

依据《产品质量法》第四十五条规定，因产品存在缺陷造成损害要求赔偿的诉讼时效期间为 2 年，自当事人知道或者应知道其权益受到损害时起计算。

因产品存在缺陷造成损害要求赔偿的请求权，在造成损害的缺陷产品交付最初消费者满 10 年丧失；但是，尚未超过明示的安全使用期的除外。

§15．4．5　产品质量民事纠纷的处理

依据《产品质量法》第四十七条规定，因产品质量发生民事纠纷时，当事人可以通过协商或者调解解决。当事人不愿通过协商、调解解决或者协商、调解不成的，可以根据当事人各方的协议向仲裁机构申请仲裁。当事人各方没有达成仲裁协议或者仲裁协议无效的，可以直接向人民法院起诉。

【思考题】

1．产品与产品质量的概念。

2．试述产品质量监督的主要制度。

3．生产者、销售者对产品质量承担哪些责任和义务？

第16章 会计和审计法律制度

§16. 1 会计法

§16. 1. 1 会计法概述

1. 会计法的概念

会计是以货币为主要计量单位，采用专门方法，对经济活动真实、准确、全面地进行记录、计算、分析、检查、监督和控制的一种管理活动。会计的基本职能是会计核算和会计监督，准确的会计核算和有力的会计监督相辅相成，组成会计工作的整体。

会计法是调整会计关系的法律规范的总称。会计关系是国家在管理会计工作过程中，以及会计机构、会计人员在办理会计事务过程中所发生的经济关系。1985 年 1 月 21 日，第六届全国人民代表大会常务委员会第九次会议通过《中华人民共和国会计法》，并于同年 5 月 1 日起施行。为了适应建立社会主义市场经济的要求，1993 年 12 月 29 日，第八届全国人民代表大会常务委员会第五次会议通过了《关于修改〈中华人民共和国会计法〉的决定》，为在新形势下开展会计工作提供了法律保障。1999 年 10 月 31 日，第九届全国人民代表大会常务委员会第十二次会议根据进一步深化经济体制改革对会计工作提出的新的要求，审议通过了重新修订的《中华人民共和国会计法》（以下简称《会计法》），并自 2000 年 7 月 1 日起施行。《会计法》包括总则，会计核算，公司、企业会计核算的特别规定，会计监督，会计机构和会计人员，法律责任，附则等 7 章 52 条。除《会计法》外，我国的会计法体系还包括《总会计师条例》《企业会计准则——基本准则》《企业财务会计报告条例》《会计基础工作规范》等会计行政法规和行政规章。

2. 会计法的立法宗旨和适用范围

会计法的立法宗旨是规范会计行为，保证会计资料真实、完整，加强经济管理和财务管理，提高经济效益，维护社会主义市场经济秩序。

会计法的适用范围是在我国境内办理会计事务的国家机关、社会团体、公司、企业、事业单位和其他组织，不包括个体工商户。具体包括两类：一是办理会计事务的单位和个人；二是会计主管机关和其他有关机关，如财政、税务、审计等部门。

3. 会计管理体制

（1）会计工作主管部门。会计工作由财政部门管理，实行统一领导、分级管理的原则。具体而言，国务院财政部门主管全国的会计工作，县级以上地方各级人民政府财政部门管理本行政区域内的会计工作。

（2）制定会计制度的权限。国家实行统一的会计制度。统一的会计制度是国务院财政部门根据《会计法》制定的关于会计核算、会计监督、会计机构和会计人员以及会计工作管理的制度。

国家统一的会计制度由国务院财政部门根据会计法制定并公布。国务院有关部门可以依照会计法和国家统一的会计制度制定对会计核算和会计监督有特殊要求的行业实施国家统一的会计制度的具体办法或者补充规定，报国务院财政部门审核批准。中国人民解放军总后勤部可以依照会计法和国家统一的会计制度制定军队实施国家统一的会计制度的具体办法，报国务院财政部门备案。

§16.1.2　会计核算

1. 会计核算的含义和内容

会计核算是会计的基本职能之一，是指以货币为主要计量单位，采用专门的程序和方法对各单位已经发生的生产经营活动或者预算执行过程及结果进行全面、连续的记录、计算和分析，并据以编制会计报表，为经营决策或业务活动提供信息资料的一项管理活动。会计核算的主要程序有填制会计凭证、登记会计账簿、编制财务会计报告三个环节。

会计核算的内容包括：①款项和有价证券的收付；②财物的收发、增减和使用；③债权债务的发生和结算；④资本、基金的增减；⑤收入、支出、费用、成本的计算；⑥财务成果的计算和处理；⑦需要办理会计手续、进行会计核算的其他事项。

2. 会计核算的年度、记账单位和会计记录文字

会计年度采用公历制，具体自公历 1 月 1 日起至 12 月 31 日止。

会计核算以人民币为记账本位币。业务收支以人民币以外的货币为主的单位，可以选定其中一种货币作为记账本位币，但是编报的财务会计报告应当折算为人民币。

会计记录的文字应当使用中文。在民族自治地方，会计记录可以同时使用当地通用的一种民族文字。在中华人民共和国境内的外商投资企业、外国企业和其他外国组织的会计记录可以同时使用一种外国文字。

3. 会计核算的要求

（1）对会计核算方法的要求。会计核算的方法主要包括编制合并会计报表的原则和方法、外币折算处理方法、收入确认原则和方法、企业所得税会计处理方法、存货计价会计处理方法、长期投资会计处理方法、折旧提取方法、坏账损失提取和核算方法等。《会计法》规定，各单位采用的会计处理方法，前后各期应当一致，不得随意变更；确有必要变更的，应当按照国家统一的会计制度的规定变更，并将变更的原因、情况及影响在财务会计报告中说明。

（2）对会计凭证等会计资料的要求。会计凭证、会计账簿、财务会计报告和其他会计资料，必须符合国家统一的会计制度的规定。使用电子计算机进行会计核算的，其软件及其生成的会计凭证、会计账簿、财务会计报告和其他会计资料，也必须符合国家统一的会计制度的规定。任何单位和个人不得伪造、变造会计凭证、会计账簿及其他会计资料，不得提供虚假的财务会计报告。

会计凭证包括原始凭证和记账凭证。办理会计核算内容所列的经济业务事项，必须填制或者取得原始凭证并及时送交会计机构。会计机构、会计人员必须按照国家统一的会计制度的规定对原始凭证进行审核，对不真实、不合法的原始凭证有权不予接受，并向单位负责人报告；对记载不准确、不完整的原始凭证予以退回，并要求按照国家统一

的会计制度的规定更正、补充。原始凭证记载的各项内容均不得涂改；原始凭证有错误的，应当由出具单位重开或者更正，更正处应当加盖出具单位印章；原始凭证金额有错误的，应当由出具单位重开，不得在原始凭证上更正。记账凭证应当根据经过审核的原始凭证及有关资料编制。

（3）对登记会计账簿的要求。会计账簿登记，必须以经过审核的会计凭证为依据，并符合有关法律、行政法规和国家统一的会计制度的规定。会计账簿包括总账、明细账、日记账和其他辅助性账簿。会计账簿应当按照连续编号的页码顺序登记。会计账簿记录发生错误或者隔页、缺号、跳行的，应当按照国家统一的会计制度规定的方法更正，并由会计人员和会计机构负责人在更正处盖章。使用电子计算机进行会计核算的，其会计账簿的登记、更正，应当符合国家统一的会计制度的规定。

各单位实际发生的各项经济业务事项应当在依法设置的会计账簿上统一登记、核算，不得违反《会计法》和国家统一的会计制度的规定私设会计账簿登记、核算。

各单位应当定期将会计账簿记录与实物、款项及有关资料相互核对，保证会计账簿记录与实物及款项的实有数额相符、会计账簿记录与会计凭证的有关内容相符、会计账簿之间相对应的记录相符、会计账簿记录与会计报表的有关内容相符。

（4）对编制财务会计报告的要求。财务会计报告应当根据经过审核的会计账簿记录和有关资料编制，并符合《会计法》和国家统一的会计制度关于财务会计报告的编制要求、提供对象和提供期限的规定；其他法律、行政法规另有规定的，从其规定。财务会计报告由会计报表、会计报表附注和财务情况说明书组成。向不同的会计资料使用者提供的财务会计报告，其编制依据应当一致。有关法律、行政法规规定会计报表、会计报表附注和财务情况说明书须经注册会计师审计的，注册会计师及其所在的会计师事务所出具的审计报告应当随同财务会计报告一并提供。单位提供的担保、未决诉讼等或有事项，应当按照国家统一的会计制度的规定，在财务会计报告中予以说明。

财务会计报告应当由单位负责人和主管会计工作的负责人、会计机构负责人（会计主管人员）签名并盖章；设置总会计师的单位，还须由总会计师签名并盖章。单位负责人应当保证财务会计报告真实、完整。

（5）对会计档案管理的要求。会计档案是指会计凭证、会计账簿和财务报告等会计核算专业资料，是记录和反映单位经济业务的重要证据和史料。会计档案具体包括：原始凭证、记账凭证、汇总凭证等会计凭证类会计档案；总账、明细账、日记账、辅助账簿等会计账簿类会计档案；月度、季度、年度财务报告等财务报告类会计档案；银行对账单、银行存款余额调节表等其他会计档案。

各单位对会计凭证、会计账簿、财务会计报告和其他会计资料应当建立档案，妥善保管。会计档案的保管期限和销毁办法，由国务院财政部门会同有关部门制定。具体来说，各单位每年形成的会计档案，应当由会计机构按照归档要求，负责整理立卷，装订成册，编制会计档案保管清册。当年形成的会计档案，在会计年度终了后，可暂由会计机构保管一年，期满之后，应当由会计机构编制移交清册，移交本单位档案机构统一保管；未设立档案机构的，应当在会计机构内部指定专人保管。出纳人员不得兼管会计档案。会计档案的保管期限分为永久、定期两类。定期保管期限分为 3 年、5 年、10 年、15 年、25 年 5 类。会计档案的保管期限，从会计年度终了后的第一天算起。保管期满的会计档案，一般可以按照以下程序销毁：①由本单位档案机构会同会计机构提出销毁意见，编制会计档案销毁清册，列明销毁会计档案的名称、卷号、册数、起止年度和档案编号、应保管期限、已保管期限、销毁时间等内容。②单位负责人在会计档案销毁清册上签署意见。③销毁会计档案时，应当由档案机构和会计机构共同派员监销。国家机关销毁会计档案时，应当由同级财政部门、审计部门派员参加监销。财政部门销毁会计档案时，应当由同级审计部门派员参加监销。④监销人在销毁会计档案前，应当按照会计档案销毁清册所列内容清点核对所要销毁的会计档案；销毁后，应当在会计档案销毁清册上签名盖章，并将监销情况报告本单位负责人。

4. 公司、企业会计核算的特别规定

公司、企业进行会计核算，除应当遵守会计核算的一般法律规定外，还应当遵守以下特别规定：

（1）公司、企业必须根据实际发生的经济业务事项，按照国家统一的会计制度的规定确认、计量和记录资产、负债、所有者权益、收入、费用、成本和利润。

（2）公司、企业进行会计核算不得有下列行为：①随意改变资产、负债、所有者权益的确认标准或者计量方法，虚列、多列、不列或者少列资产、负债、所有者权益；②虚列或者隐瞒收入，推迟或者提前确认收入；③随意改变费用、成本的确认标准或者计量方法，虚列、多列、不列或者少列费用、成本；④随意调整利润的计算、分配方法，编造虚假利润或者隐瞒利润；⑤违反国家统一的会计制度规定的其他行为。

§16. 1. 3　会计监督

1. 会计监督的含义和分类

会计监督是会计的基本职能之一，是指在会计工作中，单位内外各相关主体对生产经营活动、预算执行情况及会计核算的真实性、准确性和合法性进行监督检查的活动。根据监督主体的不同，会计监督可分为内部会计监督、社会会计监督和国家会计监督，三者结合形成一个会计监督体系。内部会计监督是单位内部的会计机构、会计人员对单位会计工作的监督；社会会计监督是社会公众、社会中介组织和社会舆论等对单位会计工作的监督；国家会计监督是国家的财政、审计、税务、中央银行、金融监管等部门对单位会计工作的监督。

2. 内部会计监督

（1）内部会计监督制度的要求。各单位应当建立、健全本单位内部会计监督制度。单位内部会计监督制度应当符合下列要求：①记账人员与经济业务事项和会计事项的审批人员、经办人员、财物保管人员的职责权限应当明确，并相互分离、相互制约；②重大对外投资、资产处置、资金调度和其他重要经济业务事项的决策和执行的相互监督、相互制约程序应当明确；③财产清查的范围、期限和组织程序应当明确；④对会计资料定期进行内部审计的办法和程序应当明确。

（2）会计机构和会计人员在监督中的职权。①会计机构、会计人员对违反《会计法》和国家统一的会计制度规定的会计事项，有权拒绝办理或者按照职权予以纠正。单位负责人应当保证会计机构、会计人员依法履行职责，不得授意、指使、强令会计机构、会计人员违法办理会计事项。②会计机构、会计人员发现会计账簿记录与实物、款项及有关资料不相符的，按照国家统一的会计制度的规定有权自行处理的，应当及时处理；无权及时处理的，应当立即向单位负责人报告，请求查明原因，作出处理。

3．社会会计监督

（1）社会检举。任何单位和个人对违反《会计法》和国家统一的会计制度规定的行为，有权检举。收到检举的部门有权处理的，应当依法按照职责分工及时处理；无权处理的，应当及时移送有权处理的部门处理。收到检举的部门、负责处理的部门应当为检举人保密，不得将检举人姓名和检举材料转给被检举单位和被检举人个人。

（2）社会审计。有关法律、行政法规规定，须经注册会计师进行审计的单位，应当向受委托的会计师事务所如实提供会计凭证、会计账簿、财务会计报告和其他会计资料以及有关情况。任何单位或者个人不得以任何方式要求或者示意注册会计师及其所在的会计师事务所出具不实或者不当的审计报告。财政部门有权对会计师事务所出具审计报告的程序和内容进行监督。

4．国家会计监督

（1）财政部门的会计监督职责。财政部门对各单位的下列情况实施监督：①是否依法设置会计账簿；②会计凭证、会计账簿、财务会计报告和其他会计资料是否真实、完整；③会计核算是否符合《会计法》和国家统一的会计制度的规定；④从事会计工作的人员是否具备从业资格。在对会计凭证、会计账簿、财务会计报告和其他会计资料的真实、完整性实施监督中，发现重大违法嫌疑时，国务院财政部门及其派出机构可以向与被监督单位有经济业务往来的单位和被监督单位开立账户的金融机构查询有关情况，有关单位和金融机构应当给予支持。

（2）对会计资料的监督检查。财政、审计、税务、人民银行、证券监管、保险监管等部门应当依照有关法律、行政法规规定的职责，对有关单位的会计资料实施监督检查，并应当出具检查结论。有关监督检查部门已经作出的检查结论能够满足其他监督检查部门履行本部门职责需要的，其他监督检查部门应当加以利用，避免重复查账。

（3）监督检查部门及其工作人员的保密义务。依法对有关单位的会计资料实施监督检查的部门及其工作人员对在监督检查中知悉的国家秘密和商业秘密负有保密义务。

（4）接受监督单位如实提供会计资料的义务。各单位必须依照有关法律、行政法规的规定，接受有关监督检查部门依法实施的监督检查，如实提供会计凭证、会计账簿、财务会计报告和其他会计资料以及有关情况，不得拒绝、隐匿、谎报。

§16．1．4 会计机构和会计人员

1．会计机构和会计人员的设置

各单位应当根据会计业务的需要，设置会计机构或者在有关机构中设置会计人员并指定会计主管人员；不具备设置条件的，应当委托经批准设立从事会计代理记账业务的中介机构代理记账。其中代理记账机构可以接受委托，代表委托人办理下列业务：①根据委托人提供的原始凭证和其他资料，按照国家统一的会计制度的规定，进行会计核算，包括审核原始凭证、填制记账凭证、登记会计账簿、编制会计报表等；②定期向政府有关部门和其他会计报表使用者提供会计报表；③定期向税务机关提供税务资料；④承办委托人委托的其他会计业务。

国有的和国有资产占控股地位的大、中型企业必须设置总会计师。总会计师组织领导本单位的财务管理、成本管理、预算管理、会计核算和会计监督等方面的工作，参与

本单位重要经济问题的分析和决策。总会计师是单位的行政领导成员，协助单位主要行政领导人工作，直接对单位主要行政领导人负责。总会计师具体负责组织本单位的下列工作：①编制和执行预算、财务收支计划、信贷计划，拟订资金筹措和使用方案，开辟财源，有效地使用资金；②进行成本费用预测、计划、控制、核算、分析和考核，督促本单位有关部门降低消耗、节约费用、提高经济效益；③建立、健全经济核算制度，利用财务会计资料进行经济活动分析；④承办单位主要行政领导人交办的其他工作。

2. 会计机构的内部稽核制度

会计机构内部应当建立稽核制度，以防止会计核算工作上的差错和有关人员的舞弊，提高会计核算工作的质量。内部稽核制度的主要内容包括：稽核工作的组织形式和具体分工；稽核工作的职责、权限；审核会计凭证和复核会计账簿、会计报表的方法。出纳人员不得兼任稽核、会计档案保管和收入、支出、费用、债权债务账目的登记工作。

3. 会计人员的从业资格

从事会计工作的人员，必须取得会计从业资格证书。担任单位会计机构负责人（会计主管人员）的，除取得会计从业资格证书外，还应当具备会计师以上专业技术职务资格或者从事会计工作3年以上经历。会计人员应当遵守职业道德，提高业务素质。对会计人员的教育和培训工作应当加强。

因有提供虚假财务会计报告，做假账，隐匿或者故意销毁会计凭证、会计账簿、财务会计报告，贪污，挪用公款，职务侵占等与会计职务有关的违法行为被依法追究刑事责任的人员，不得取得或者重新取得会计从业资格证书。除前述人员外，因违法违纪行为被吊销会计从业资格证书的人员，自被吊销资格证书之日起5年内，不得重新取得会计从业资格证书。

4. 会计人员的工作交接

会计人员调动工作或离职，必须与接管人员办清交接手续。一般会计人员办理交接手续，由会计机构负责人（会计主管人员）监交；会计机构负责人（会计主管人员）办理交接手续，由单位负责人监交，必要时主管单位可以派人会同监交。

§16.1.5　违反《会计法》的法律责任

1. 不依法进行会计管理、核算和监督的法律责任

违反《会计法》规定，有下列行为之一的，由县级以上人民政府财政部门责令限期改正，可以对单位并处3000元以上5万元以下的罚款；对其直接负责的主管人员和其他直接责任人员，可以处2000元以上2万元以下的罚款；属于国家工作人员的，还应当由其所在单位或者有关单位依法给予行政处分：①不依法设置会计账簿的；②私设会计账簿的；③未按照规定填制、取得原始凭证或者填制、取得的原始凭证不符合规定的；④以未经审核的会计凭证为依据登记会计账簿或者登记会计账簿不符合规定的；⑤随意变更会计处理方法的；⑥向不同的会计资料使用者提供的财务会计报告编制依据不一致的；⑦未按照规定使用会计记录文字或者记账本位币的；⑧未按照规定保管会计资料，致使会计资料毁损、灭失的；⑨未按照规定建立并实施单位内部会计监督制度或者拒绝依法实施的监督或者不如实提供有关会计资料及有关情况的；⑩任用会计人员不符合本法规定的。

有上述所列行为之一，构成犯罪的，依法追究刑事责任。会计人员有上述所列行为之一，情节严重的，由县级以上人民政府财政部门吊销会计从业资格证书。有关法律对上述所列行为的处罚另有规定的，依照有关法律的规定办理。

2. 伪造、变造、编制虚假会计资料的法律责任

伪造、变造会计凭证、会计账簿，编制虚假财务会计报告，构成犯罪的，依法追究刑事责任。尚不构成犯罪的，由县级以上人民政府财政部门予以通报，可以对单位并处5000元以上10万元以下的罚款；对其直接负责的主管人员和其他直接责任人员，可以处3000元以上5万元以下的罚款；属于国家工作人员的，还应当由其所在单位或者有关单位依法给予撤职直至开除的行政处分；对其中的会计人员，并由县级以上人民政府财政部门吊销会计从业资格证书。

3. 隐匿或者故意销毁依法应当保存的会计资料的法律责任

隐匿或者故意销毁依法应当保存的会计凭证、会计账簿、财务会计报告，构成犯罪的，依法追究刑事责任。尚不构成犯罪的，由县级以上人民政府财政部门予以通报，可以对单位并处5000元以上10万元以下的罚款；对其直接负责的主管人员和其他直接责任人员，可以处3000元以上5万元以下的罚款；属于国家工作人员的，还应当由其所在单位或者有关单位依法给予撤职直至开除的行政处分；对其中的会计人员，并由县级以上人民政府财政部门吊销会计从业资格证书。

4. 授意、指使、强令他人伪造、变造、编制、隐匿、故意销毁会计资料的法律责任

授意、指使、强令会计机构、会计人员及其他人员伪造、变造会计凭证、会计账簿，编制虚假财务会计报告或者隐匿、故意销毁依法应当保存的会计凭证、会计账簿、财务会计报告，构成犯罪的，依法追究刑事责任。尚不构成犯罪的，可以处5000元以上5万元以下的罚款；属于国家工作人员的，还应当由其所在单位或者有关单位依法给予降级、撤职、开除的行政处分。

5. 单位负责人对会计人员打击报复的法律责任

单位负责人对依法履行职责、抵制违反《会计法》规定行为的会计人员以降级、撤职、调离工作岗位、解聘或者开除等方式实行打击报复，构成犯罪的，依法追究刑事责任。尚不构成犯罪的，由其所在单位或者有关单位依法给予行政处分。对受打击报复的会计人员，应当恢复其名誉和原有职务、级别。

6. 财政部门及有关行政部门的工作人员违反《会计法》的法律责任

财政部门及有关行政部门的工作人员在实施监督管理中滥用职权、玩忽职守、徇私舞弊或者泄露国家秘密、商业秘密，构成犯罪的，依法追究刑事责任。尚不构成犯罪的，依法给予行政处分。

§16.2 审计法

§16.2.1 审计法概述

1. 审计法的概念

审计是专职机构和专业人员依法对规定单位的财政收支、财务收支进行审核、评价的监督活动。根据审计法的规定，审计具体是指审计机关依法独立检查被审计单位的会

计凭证、会计账簿、会计报表以及其他与财政收支、财务收支有关的资料和资产，监督财政收支、财务收支真实、合法和效益的行为。按审计主体不同，审计可分为国家审计、内部审计和社会审计三种。国家审计的审计主体是国家审计机关和审计人员，内部审计的审计主体是部门、单位内部的审计机构和审计人员，社会审计的审计主体是依法成立的社会审计机构和审计人员。

审计法是调整审计关系的法律规范的总称。审计关系是审计机关及其审计人员在审计过程中，以及国家在管理审计工作过程中所发生的经济关系。1994 年 8 月 31 日，第八届全国人民代表大会常务委员会第九次会议通过了《中华人民共和国审计法》，并于 1995 年 1 月 1 日起施行。为了加强审计监督、更好地促进依法行政、进一步规范审计行为、提高审计质量和水平，2006 年 2 月 28 日，第十届全国人民代表大会常务委员会第二十次会议通过了《关于修改〈中华人民共和国审计法〉的决定》，新修订的《中华人民共和国审计法》（以下简称《审计法》）于 2006 年 6 月 1 日起施行。《审计法》包括总则、审计机关和审计人员、审计机关职责、审计机关权限、审计程序、法律责任和附则等 7 章 54 条。除《审计法》外，我国的审计法体系还包括《关于内部审计工作的规定》《中央企业经济责任审计管理暂行办法》《中央企业内部审计管理暂行办法》《中华人民共和国国家审计基本准则》等审计行政法规和行政规章。值得注意的是，2010 年 2 月，国务院颁布了《中华人民共和国审计法实施条例》（以下简称《审计法实施条例》），使审计法律制度具有了更强的可实施性，也使我国的审计法律制度更加完善起来。

2. 审计法的立法宗旨和调整范围

审计法的立法宗旨是加强国家的审计监督，维护国家财政经济秩序，提高财政资金使用效益，促进廉政建设，保障国民经济和社会健康发展。

根据《审计法》的规定，国务院各部门和地方各级人民政府及其各部门的财政收支，国有的金融机构和企业事业组织的财务收支，以及其他依照审计法规定应当接受审计的财政收支、财务收支，依照审计法规定接受审计监督。

3. 审计法的基本原则

（1）依法审计原则。审计机关依照法律规定的职权和程序，进行审计监督。审计机关依据有关财政收支、财务收支的法律、法规和国家其他有关规定进行审计评价，在法定职权范围内作出审计决定。

（2）独立审计原则。审计机关依照法律规定独立行使审计监督权，不受其他行政机关、社会团体和个人的干涉。同时，审计机关负责人的任免也相对独立，要严格依照法定程序，事先征求上一级审计机关的意见，没有违法失职行为不得随意撤换。审计机关履行职责所必需的经费，应当列入财政预算，由本级人民政府予以保证。

（3）客观公正原则。《审计法》确立了审计机关和审计人员办理审计事项应当客观公正、实事求是的原则。同时，在具体的有关规定中也体现了客观公正原则。如审计人员的回避制度；审计人员进行审计应当通过调查，以取得证明材料等等。

（4）保守秘密原则。《审计法》作出了审计机关和审计人员办理审计事项应当保守秘密的原则性规定。同时，审计机关通报或公布审计结果，应当依法保守国家秘密和被审计单位的商业秘密；审计人员负有保密义务，不得泄露秘密。

§16.2.2 审计机关和审计人员

1. 审计机关

（1）中央审计机关。国务院设立审计署，在国务院总理领导下，主管全国的审计工作，履行《审计法》和国务院规定的职责。审计长是审计署的行政首长。

（2）地方审计机关。省、自治区、直辖市、设区的市、自治州、县、自治县、不设区的市、市辖区的人民政府的审计机关，分别在省长、自治区主席、市长、州长、县长、区长和上一级审计机关的领导下，负责本行政区域内的审计工作。

地方审计机关实行双重领导体制。地方各级审计机关对本级人民政府和上一级审计机关负责并报告工作，审计业务以上级审计机关领导为主。

（3）审计机关的派出机构。审计机关根据工作需要，经本级人民政府批准，可以在其审计管辖范围内设立派出机构。派出机构根据审计机关的授权，依法进行审计工作。

2. 审计人员

（1）审计人员的资格。审计人员应当具备与其从事的审计工作相适应的专业知识和业务能力。审计人员实行审计专业技术资格制度，具体办法按照国家有关规定执行。审计机关根据工作需要，可以聘请具有与审计事项相关专业知识的人员参加审计工作。

（2）审计人员的权利和义务。①受法律保护权。审计人员依法执行职务，受法律保护。任何组织和个人不得拒绝、阻碍审计人员依法执行职务，不得打击报复审计人员。审计机关负责人依照法定程序任免。审计机关负责人没有违法失职或者其他不符合任职条件的情况的，不得随意撤换。地方各级审计机关负责人的任免，应当事先征求上一级审计机关的意见。具体来说，审计机关负责人在任职期间没有下列情形之一的，不得随意撤换：a. 因犯罪被追究刑事责任的；b. 因严重违法失职受到行政处分，不适宜继续担任审计机关负责人的；c. 因身体健康原因不能履行职责一年以上的；d. 不符合国家规定的其他任职条件的。②回避义务。审计人员办理审计事项，与被审计单位或者审计事项有利害关系的，应当回避。具体来说，审计人员办理审计事项，遇有下列情形之一的，应当自行回避；被审计单位有权申请审计人员回避：a. 与被审计单位负责人和有关主管人员之间有夫妻关系、直系血亲关系、三代以内旁系血亲以及近姻亲关系的；b. 与被审计单位或者审计事项有经济利益关系的；c. 与被审计单位或者审计事项有其他利害关系，可能影响公正执行公务的。审计人员的回避，由审计机关负责人决定；审计机关负责人的回避，由本级人民政府或者上一级审计机关负责人决定。③保密义务。审计人员对其在执行职务中知悉的国家秘密和被审计单位的商业秘密，负有保密的义务。

§16.2.3 审计机关的职责与权限

1. 审计机关的职责

（1）对有关单位的财政收支、财务收支等事项进行审计监督。①审计机关对本级各部门（含直属单位）和下级政府预算的执行情况和决算以及其他财政收支情况，进行审计监督。审计署在国务院总理领导下，对中央预算执行情况和其他财政收支情况进行审计监督，向国务院总理提出审计结果报告。地方各级审计机关分别在省长、自治区主席、市长、州长、县长、区长和上一级审计机关的领导下，对本级预算执行情况和其他财政收支情况进行审计监督，向本级人民政府和上一级审计机关提出审计结果报告。②审计署对中央银行的财务收支，进行审计监督。审计机关对国有金融机构的资产、负债、损益，进行审计监督。③审计机关对国家的事业组织和使用财政资金的其他事业组织的财务收支，进行审计监督。④审计机关对国有企业的资产、负债、损益，进行审计监督。⑤对国有资本占控股地位或者主导地位的企业、金融机构的审计监督，由国务院规定。具体来说，审计机关对国有资产占控股地位或者主导地位的下列企业、金融机构，依法进行审计监督：a. 国有资本占企业、金融机构资本（股本）总额的比例超过50%的；b. 国有资本占企业、金融机构资本（股本）总额的比例在50%以下，但国有资本投资主体拥有实际控制权的。⑥审计机关对政府投资和以政府投资为主的建设项目的预算执行情况和决算，进行审计监督。具体来说，审计机关对建设项目的总预算或者概算的执行情况、年度预算的执行情况和年度决算、单项工程结算、项目竣工决算，依法进行审计监督；对建设项目进行审计时，可以对直接有关的设计、施工、供货等单位取得建设项目资金的真实性、合法性进行调查。这里所称的政府投资和以政府投资为主的建设项目，包括：全部使用预算内投资资金、专项建设基金、政府举借债务筹措的资金等财政资金的；未全部使用财政资金，财政资金占项目总投资的比例超过50%，或者占项目总投资的比例在50%以下，但政府拥有项目建设、运营实际控制权的。⑦审计机关对政府部门管理的和其他单位受政府委托管理的社会保障基金、社会捐赠资金以及其他有关基金、资金的财务收支，进行审计监督。这里所称的社会保障基金，包括社会保险、社会救助、社会福利基金以及发展社会保障事业的其他专项基金；所称的社会捐赠资金，包括来源于境内外的货币、有价证券和实物等各种形式的捐赠。⑧审计机关对国际组织和外国政府援助、贷款项目的财务收支，进行审计监督。这里所称的国际组织和外国政府援助、贷款项目，包括：国际组织、外国政府及其机构向中国政府及其机构提供的贷款项目；国际组织、外国政府及其机构向中国企业事业组织以及其他组织提供的由中国政府及其机构担保的贷款项目；国际组织、外国政府及其机构向中国政府及其机构提供的援助和赠款项目；国际组织、外国政府及其机构向受中国政府委托管理有关基金、资金的单位提供的援助和赠款项目；国际组织、外国政府及其机构提供援助、贷款的其他项目。⑨审计机关按照国家有关规定，对国家机关和依法属于审计机关审计监督对象的其他单位的主要负责人，在任职期间对本地区、本部门或者本单位的财政收支、财务收支以及有关经济活动应负经济责任的履行情况，进行审计监督。⑩除审计法规定的审计事项外，审计机关对其他法律、行政法规规定应当由审计机关进行审计的事项，依照审计法和有关法律、行政法规的规定进行审计监督。⑪审计机关有权对与国家财政收支有关的特定事项，向有关地方、部门、单位进行专项审计调查，并向本级人民政府和上一级审计机关报告审计调查结果。

（2）审计管辖的范围。审计机关根据被审计单位的财政、财务隶属关系或者国有资产监督管理关系，确定审计管辖范围。两个以上国有资本投资主体投资的金融机构、企业事业组织和建设项目，由对主要投资主体有审计管辖权的审计机关进行审计监督。审计机关之间对审计管辖范围有争议的，由其共同的上级审计机关确定。

除中央预算的财政收支、中央银行的财务收支等少数审计事项外，上级审计机关可以将其审计管辖范围内的审计事项，授权下级审计机关进行审计；上级审计机关对下级审计机关审计管辖范围内的重大审计事项，可以直接进行审计，但是应当防止不必要的重复审计。

（3）对内部审计和社会审计的指导、监督、核查。依法属于审计机关审计监督对象的单位，应当按照国家有关规定建立健全内部审计制度；其内部审计工作应当接受审计机关的业务指导和监督。依法属于审计机关审计监督对象的单位，可以根据内部审计工作的需要，参加依法成立的内部审计自律组织。审计机关可以通过内部审计自律组织，加强对内部审计工作的业务指导和监督。

社会审计机构审计的单位依法属于审计机关审计监督对象的，审计机关按照国务院的规定，有权对该社会审计机构出具的相关审计报告进行核查。审计机关核查社会审计机构出具的相关审计报告时，发现社会审计机构存在违反法律、法规或者执业准则等情况的，应当移送有关主管机关依法追究责任。

2. 审计机关的权限

（1）要求权。审计机关有权要求被审计单位按照审计机关的规定提供预算或者财务收支计划、预算执行情况、决算、财务会计报告，运用电子计算机储存、处理的财政收支、财务收支电子数据和必要的电子计算机技术文档，在金融机构开立账户的情况，社会审计机构出具的审计报告，以及其他与财政收支或者财务收支有关的资料，被审计单位不得拒绝、拖延、谎报。被审计单位负责人对本单位提供的财务会计资料的真实性和完整性负责。

（2）检查权。审计机关进行审计时，有权检查被审计单位的会计凭证、会计账簿、财务会计报告和运用电子计算机管理财政收支、财务收支电子数据的系统，以及其他与财政收支、财务收支有关的资料和资产，被审计单位不得拒绝。

（3）调查权。审计机关进行审计时，有权就审计事项的有关问题向有关单位和个人进行调查，并取得有关证明材料。有关单位和个人应当支持、协助审计机关工作，如实向审计机关反映情况，提供有关证明材料。审计机关经县级以上人民政府审计机关负责人批准，有权查询被审计单位在金融机构的账户。审计机关有证据证明被审计单位以个人名义存储公款的，经县级以上人民政府审计机关主要负责人批准，有权查询被审计单位以个人名义在金融机构的存款。审计机关依法查询被审计单位在金融机构的账户的，应当持县级以上人民政府审计机关负责人签发的协助查询单位账户通知书；查询被审计单位以个人名义在金融机构的存款的，应当持县级以上人民政府审计机关主要负责人签发的协助查询个人存款通知书。有关金融机构应当予以协助，并提供证明材料，审计机关和审计人员负有保密义务。

（4）制止权。审计机关进行审计时，被审计单位不得转移、隐匿、篡改、毁弃会计凭证、会计账簿、财务会计报告以及其他与财政收支或者财务收支有关的资料，不得转移、隐匿所持有的违反国家规定取得的资产。审计机关对被审计单位违反前述规定的行为，有权予以制止；必要时，经县级以上人民政府审计机关负责人批准，有权封存有关资料和违反国家规定取得的资产；对其中在金融机构的有关存款需要予以冻结的，应当向人民法院提出申请。这里所称的违反国家规定取得的资产，包括：弄虚作假骗取的财政拨款、实物以及金融机构贷款；违反国家规定享受国家补贴、补助、贴息、免息、减税、免税、退税等优惠政策取得的资产；违反国家规定向他人收取的款项、有价证券、实物；违反国家规定处分国有资产取得的收益；违反国家规定取得的其他资产。审计机关依法封存被审计单位有关资料和违反国家规定取得的资产的，应当持县级以上人民政府审计机关负责人签发的封存通知书，并在依法收集与审计事项相关的证明材料或者采取其他措施后解除封存。封存的期限为 7 日以内；有特殊情况需要延长的，经县级以上人民政府审计机关负责人批准，可以适当延长，但延长的期限不得超过 7 日。对封存的资料、资产，审计机关可以指定被审计单位负责保管，被审计单位不得损毁或者擅自转移。

（5）建议权。审计机关认为被审计单位所执行的上级主管部门有关财政收支、财务收支的规定与法律、行政法规相抵触的，应当建议有关主管部门纠正；有关主管部门不予纠正的，审计机关应当提请有权处理的机关依法处理。

（6）通报与公布权。审计机关可以向政府有关部门通报或者向社会公布审计结果。审计机关通报或者公布审计结果，应当依法保守国家秘密和被审计单位的商业秘密，遵守国务院的有关规定。审计机关经与有关主管机关协商，可以在向社会公布的审计、专项审计调查结果中，一并公布对社会审计机构相关审计报告核查的结果。审计机关拟向社会公布对上市公司的审计、专项审计调查结果的，应当在 5 日前将拟公布的内容告知上市公司。

（7）提请协助权。审计机关履行审计监督职责，可以提请公安、监察、财政、税务、海关、价格、工商行政管理等机关予以协助。

§16.2.4　审计程序

1.组成审计组，送达审计通知书

审计机关根据审计项目计划确定的审计事项组成审计组，并应当在实施审计 3 日前，向被审计单位送达审计通知书；遇有特殊情况，经本级人民政府批准，审计机关可以直接持审计通知书实施审计。被审计单位应当配合审计机关的工作，并提供必要的工作条件。

2.进行审计，取得证明材料

审计人员通过审查会计凭证、会计账簿、财务会计报告，查阅与审计事项有关的文件、资料，检查现金、实物、有价证券，向有关单位和个人调查等方式进行审计，并取得证明材料。审计人员向有关单位和个人进行调查时，应当出示审计人员的工作证件和审计通知书副本。审计人员实施审计时，应当按照以下规定办理：通过检查、查询、监督盘点、发函询证等方法实施审计；通过收集原件、原物或者复制、拍照等方法取得证明材料；对与审计事项有关的会议和谈话内容作出记录，或者要求被审计单位提供会议记录材料；记录审计实施过程和查证结果。审计人员向有关单位和个人调查取得的证明材料，应当有提供者的签名或者盖章；不能取得提供者签名或者盖章的，审计人员应当注明原因。

3.提出审计报告

审计组对审计事项实施审计后，应当向审计机关提出审计组的审计报告。审计组的审计报告报送审计机关前，应当征求被审计对象的意见。被审计对象应当自接到审计组的审计报告之日起 10 日内，将其书面意见送交审计组。审计组应当将被审计对象的书面意见一并报送审计机关。

4. 出具审计意见书，作出审计决定

审计机关按照审计署规定的程序对审计组的审计报告进行审议，并对被审计对象对审计组的审计报告提出的意见一并研究后，提出审计机关的审计报告；对违反国家规定的财政收支、财务收支行为，依法应当给予处理、处罚的，在法定职权范围内作出审计决定或者向有关主管机关提出处理、处罚的意见。

5. 送达审计报告和审计决定

审计机关应当将审计机关的审计报告和审计决定送达被审计单位和有关主管机关、单位。审计决定自送达之日起生效。审计机关送达审计文书，可以直接送达，也可以邮寄送达或者以其他方式送达。直接送达的，以被审计单位在送达回证上注明的签收日期或者见证人证明的收件日期为送达日期；邮寄送达的，以邮政回执上注明的收件日期为送达日期；以其他方式送达的，以签收或者收件日期为送达日期。审计机关的审计文书的种类、内容和格式，由审计署规定。

6. 变更或撤销审计决定

上级审计机关认为下级审计机关作出的审计决定违反国家有关规定的，可以责成下级审计机关予以变更或者撤销，必要时也可以直接作出变更或者撤销的决定。审计决定被撤销后需要重新作出审计决定的，上级审计机关可以责成下级审计机关在规定的期限内重新作出审计决定，也可以直接作出审计决定。下级审计机关应当作出而没有作出审计决定的，上级审计机关可以责成下级审计机关在规定的期限内作出审计决定，也可以直接作出审计决定。

§16. 2. 5　内部审计

除上述审计机关和审计人员所进行的国家审计外，我国审计体系中还包括部门、单位内部的审计机构和审计人员所进行的内部审计。内部审计是独立监督和评价本单位及所属单位财政收支、财务收支、经济活动的真实、合法和效益的行为。《审计法》规定要建立、健全内部审计制度，但没有对内部审计的具体事项作出规定。审计署 2003 年发布了《关于内部审计工作的规定》，具体规定了内部审计制度。

1. 内部审计机构的设置和管理体制

（1）机构设置。国家机关、金融机构、企业事业组织、社会团体以及其他单位，应当按照国家有关规定建立健全内部审计制度。法律、行政法规规定设立内部审计机构的单位，必须设立独立的内部审计机构。法律、行政法规没有明确规定设立内部审计机构的单位，可以根据需要设立内部审计机构，配备内部审计人员。有内部审计工作需要且不具有设立独立的内部审计机构条件和人员编制的国家机关，可以授权本单位内设机构履行内部审计职责。设立内部审计机构的单位，可以根据需要设立审计委员会，配备总审计师。

（2）管理体制。内部审计机构在本单位主要负责人或者权力机构的领导下开展工作。内部审计机构应当遵守内部审计准则、规定，按照单位主要负责人或者权力机构的要求实施审计。内部审计机构应当每年向本单位主要负责人或者权力机构提出内部审计工作报告。内部审计工作应当接受国家审计机关的业务指导和监督。

2. 内部审计机构的职责

内部审计机构按照本单位主要负责人或者权力机构的要求，履行下列职责：①对本单位及所属单位（含占控股地位或者主导地位的单位，下同）的财政收支、财务收支及其有关的经济活动进行审计；②对本单位及所属单位预算内、预算外资金的管理和使用情况进行审计；③对本单位内设机构及所属单位领导人员的任期经济责任进行审计；④对本单位及所属单位固定资产投资项目进行审计；⑤对本单位及所属单位内部控制制度的健全性和有效性以及风险管理进行评审；⑥对本单位及所属单位经济管理和效益情况进行审计；⑦法律、法规规定和本单位主要负责人或者权力机构要求办理的其他审计事项。

3. 内部审计机构的权限

单位主要负责人或者权力机构应当制定相应规定，确保内部审计机构具有履行职责所必需的权限，主要是：①要求被审计单位按时报送生产、经营、财务收支计划、预算执行情况、决算、会计报表和其他有关文件、资料；②参加本单位有关会议，召开与审计事项有关的会议；③参与研究制定有关的规章制度，提出内部审计规章制度，由单位审定公布后施行；④检查有关生产、经营和财务活动的资料、文件和现场勘察实物；⑤检查有关的计算机系统及其电子数据和资料；⑥对与审计事项有关的问题向有关单位和个人进行调查，并取得证明材料；⑦对正在进行的严重违法违规、严重损失浪费行为，作出临时制止决定；⑧对可能转移、隐匿、篡改、毁弃会计凭证、会计账簿、会计报表以及与经济活动有关的资料，经本单位主要负责人或者权力机构批准，有权予以暂时封存；⑨提出纠正、处理违法违规行为的意见以及改进经济管理、提高经济效益的建议；⑩对违法违规和造成损失浪费的单位和人员，给予通报批评或者提出追究责任的建议。

此外，单位主要负责人或者权力机构在管理权限范围内，授予内部审计机构必要的处理、处罚权。内部审计机构对本单位有关部门及所属单位严格遵守财经法规、经济效益显著、贡献突出的集体和个人，可以向单位主要负责人或者权力机构提出表扬和奖励的建议。

§16.2.6　社会审计

社会审计是审计法确定的审计方式之一，社会审计与国家审计、内部审计一起构成我国完整的审计体系。社会审计的审计主体是经国家主管部门批准成立的会计师事务所、审计事务所等社会审计机构。

社会审计的业务范围主要包括：财务收支、经济效益、经济责任的审计查证事项；经济案件的鉴定事项；注册资金的验证和年检；基建工程预、决算的验证；建立账簿，建立财务会计制度以及提供会计、财务、税务和经济管理咨询服务；培训审计、财务、会计人员；担任审计、会计咨询顾问等。社会审计组织的职权主要是根据业务需要，查阅有关财务会计资料和文件，查看业务现场和设施，向有关单位和个人进行调查与核实。

§16.2.7　违反《审计法》的法律责任

1. 被审计单位及其责任人员的法律责任

（1）被审计单位违反《审计法》及《审计法实施条例》的规定，拒绝或者拖延提供与审计事项有关的资料的，或者提供的资料不真实、不完整的，或者拒绝、阻碍检查的，由审计机关责令改正，可以通报批评，给予警告；拒不改正的，对被审计单位可以处 5 万元以下的罚款，对直接负责的主管人员和其他直接责任人员，可以处 2 万元以下的罚款，审计机关认为应当给予处分的，向有关主管机关、单位提出给予处分的建议；构成犯罪的，依法追究刑事责任。

（2）被审计单位违反《审计法》规定，转移、隐匿、篡改、毁弃会计凭证、会计账簿、财务会计报告以及其他与财政收支、财务收支有关的资料，或者转移、隐匿所持有的违反国家规定取得的资产，审计机关认为对直接负责的主管人员和其他直接责任人员依法应当给予处分的，应当提出给予处分的建议，被审计单位或者其上级机关、监察机关应当依法及时作出决定，并将结果书面通知审计机关；构成犯罪的，依法追究刑事责任。

（3）对本级各部门（含直属单位）和下级政府违反预算的行为或者其他违反国家规定的财政收支行为，审计机关、人民政府或者有关主管部门在法定职权范围内，依照法律、行政法规的规定，区别情况采取下列处理措施：责令限期缴纳应当上缴的款项；责令限期退还被侵占的国有资产，责令限期退还违法所得；责令按照国家统一的会计制度的有关规定进行处理；其他处理措施。

（4）对被审计单位违反国家规定的财务收支行为，审计机关、人民政府或者有关主管部门在法定职权范围内，依照法律、行政法规的规定，区别情况采取前条规定的处理措施，并可以依法给予处罚。具体来说，审计机关在法定职权范围内，可以通报批评，给予警告；有违法所得的，没收违法所得，并处违法所得1倍以上5倍以下的罚款；没有违法所得的，可以处5万元以下的罚款；对直接负责的主管人员和其他直接责任人员，可以处2万元以下的罚款，审计机关认为应当给予处分的，向有关主管机关、单位提出给予处分的建议；构成犯罪的，依法追究刑事责任。法律、行政法规对被审计单位违反国家规定的财务收支行为处理、处罚另有规定的，从其规定。

（5）审计机关在法定职权范围内作出的审计决定，被审计单位应当执行。审计机关依法责令被审计单位上缴应当上缴的款项，被审计单位拒不执行的，审计机关应当通报有关主管部门，有关主管部门应当依照有关法律、行政法规的规定予以扣缴或者采取其他处理措施，并将结果书面通知审计机关。

（6）被审计单位的财政收支、财务收支违反国家规定，审计机关认为对直接负责的主管人员和其他直接责任人员依法应当给予处分的，应当提出给予处分的建议，被审计单位或者其上级机关、监察机关应当依法及时作出决定，并将结果书面通知审计机关。被审计单位的财政收支、财务收支违反法律、行政法规的规定，构成犯罪的，依法追究刑事责任。

（7）报复陷害审计人员的，依法给予处分；构成犯罪的，依法追究刑事责任。

（8）被审计单位应当将审计决定执行情况书面报告审计机关。审计机关应当检查审计决定的执行情况。被审计单位不执行审计决定的，审计机关应当责令限期执行；逾期仍不执行的，审计机关可以申请人民法院强制执行，建议有关主管机关、单位对直接负责的主管人员和其他直接责任人员给予处分。

2. 审计人员的法律责任

审计人员滥用职权、徇私舞弊、玩忽职守或者泄露所知悉的国家秘密、商业秘密的，依法给予处分；构成犯罪的，依法追究刑事责任。审计人员违法违纪取得的财物，依法予以追缴、没收或者责令退赔。

【思考题】

1. 简述会计法的概念和适用范围。
2. 会计核算的要求包括哪些方面？
3. 财政部门的会计监督职责包括哪些？
4. 简述审计的概念和分类。
5. 审计机关的权限包括哪些方面？

第17章　工业产权法律制度

§17. 1　工业产权法概述

§17. 1. 1　工业产权的概念

工业产权，是指发明创造人和设计、使用人对其发明、设计、使用的技术成果、图形、标记等智力成果，依法在一定的时间、地域内享有的独占使用权。根据《保护工业产权巴黎公约》的规定，工业产权包括发明、实用新型、外观设计、商标、服务标记、厂商名称、货源标记、原产地名称以及制止不正当竞争的权利。在我国，工业产权主要指的是专利权和商标权；专利权、商标权、著作权（版权）统称为知识产权。

§17. 1. 2　工业产权的法律特征

1. 专有性

工业产权是一种独占权，或叫垄断权，具有排他性。主要体现在两个方面：一是工业产权为权利人所独占，权利人垄断这种专有权并受到严格保护，没有法律规定或未经权利人许可，任何人不得使用权利人的智力成果；二是对同一项智力成果，不允许有两个或两个以上的主体同时对同一属性的智力成果享有权利。

2. 地域性

工业产权作为专有权在空间上的效力并不是无限的，而受到地域的限制。权利人在完成了发明创造的技术成果或商标的设计、使用后，依法定程序经申请、审查、注册、登记、公告后而取得的一项权利。专利法和商标法都是国内法，即在本国主权所管辖的范围内有效。依据这些法律所取得的权利，只有本国有效，在其他国家，原则上不受法律保护。

3. 时间性

工业产权是一项有时间界限的权利，即在一定期限内，权利人享有独占地实施、使用该项专利技术或商标的权利。在法定期间过后，该项技术或商标即为社会公共财富，任何人均可享用。如我国《专利法》规定：发明专利的有效期为20年；实用新型、外观设计的有效期为10年。工业产权所包含的技术成分，都有一定的生命期，而且是不断发展、提高的。对于一些过时、落后的技术用法律长期保护，毫无意义。对于一些生命周期长的高新技术，由权利人长期独占使用，不利于促进科学技术的交流和发展。

§17. 1. 3　工业产权的国际保护

随着国际市场的日益扩大，国际经济技术交流的广泛发展，工业产权的国际保护问题越来越突出，世界各国已先后缔结了一些国际性和地区性的保护工业产权的公约和成立了一些保护知识产权的国际性和地区性的组织。本章就《保护工业产权巴黎公约》《商标国际注册马德里协定》和WTO《与贸易有关的知识产权协定》做简要介绍。

1. 《保护工业产权巴黎公约》

《保护工业产权巴黎公约》（以下简称《巴黎公约》）是 1883 年 3 月 20 日在巴黎缔结。截至目前，其成员国已从最初的 11 个发展到近百个。截止到 2014 年 12 月 2 日，随着科威特的正式加入（同时加入的还有保护文艺作品伯尔尼公约），从而使该公约缔约方总数已经达到 176 个国家。我国于 1984 年 11 月 14 日正式加入《巴黎公约》。《巴黎公约》自缔结以来，先后修改过 6 次，最后一次是 1980 年 2 月在日内瓦修改的。

《巴黎公约》在尊重各成员的国内立法的同时，规定了各成员国必须遵守的几个基本原则，以协调各成员国的立法，使之与公约的规定相一致。

（1）国民待遇原则。在工业产权的国际保护方面，每一个缔约国必须把它给予本国国民的待遇同等地给予其他缔约国国民，非缔约国国民，如在缔约国国内有住所或营业所，也应受到同等的待遇。

（2）优先权原则。缔约国国民第一次向一个缔约国提出专利或商标注册申请后，又在一定时期内（发明和实用新型为 12 个月，外观设计为 6 个月），就同一项发明或商标向另一个缔约国提出申请时，其第二次申请日视同第一次申请日。在优先权期限内，即使有任何第三人就相同的发明和商标提出来申请或已实施了该项发明或使用了该商标，申请人仍因享有优先权可以获得专利权或商标专用权。

（3）独立性原则。各缔约国独立地按照本国法律规定，决定是否授予申请人以专利权或商标专用权。不受该项申请是否已在其他成员国被授予专利权或商标专用权的影响。

（4）强制许可原则。专利权人自提出专利申请之日起 4 年内或自批准之日起满 3 年内，未实施或未充分实施其专利而又提出不正当理由时，任何第三人均有权向有关部门提出申请，要求发给强制许可证，允许申请人实施。这种强制实施人仅享有使用权，而不享有专用权。取得强制实施许可权的人，应付给专利权人合理报酬。

2. 《商标国际注册马德里协定》和《商标注册条约》

《商标国际注册马德里协定》（简称《协定》），是 1891 年 4 月在西班牙马德里签订的，目的是简化商标国际注册的手续。《商标注册条约》（简称《条约》），是 1973 年 6 月于奥地利维也纳签订的。《协定》和《条约》的成员国商标所有人均可向世界知识产权组织国际局申请商标国际注册，不必分别向每个国家提出申请。而《条约》规定，商标申请人可直接向世界知识产权组织国际局申请国际注册，不需先在本国注册，使用文字可用法文，也可用英文。《协定》和《条约》是两个平行的国际条约，一个国家可以同时参加两个条约，也可以只参加其中一个条约。这两个国际条约的缔约国国民可以按其商标保护的不同对象选择使用其中任何一个条约。

3. WTO《与贸易有关的知识产权协定》

WTO《与贸易有关的知识产权协定》是乌拉圭回合谈判达成的最后文件之一（以下简称《知识产权协定》）。《知识产权协定》于 1994 年 4 月 15 日签署，1995 年 1 月 1 日生效。它是迄今为止内容最广泛、保护最充分的知识产权多边协定，也是对世界各国和地区的知识产权法律制度影响最大的全球性多边条约，与货物贸易协定、服务贸易协定共同构成世界贸易组织的三大支柱。到 2008 年 1 月，《知识产权协定》已有 151 个成员国。

《知识产权协定》保护的范围主要包括：著作权，邻接权（包括艺术表演者对其表演的权利、唱片制作者的权利和广播电视组织的权利，《知识产权协定》称之为"相关权利"），商标，地理标志，工业品外观设计，专利，集成电路布图设计，未公开信息等。《知识产权协定》第一次明确提出知识产权为私权，同时承认公共利益的优先原则。《知识产权协定》的原则主要有：国民待遇原则；最惠国待遇原则；最低保护标准原则；平衡保护原则。国民待遇原则和最惠国待遇原则前面已做介绍，下面介绍最低保护标准原则和平衡保护原则。

（1）最低保护标准原则。最低保护标准是指成员国国内立法标准可以高于此标准，不能低于此标准。各成员应确保本协定的效力，成员可以、但无义务在其法律中实施比协定要求更广泛的保护，只要该保护与协定的规定不相冲突。

（2）平衡保护原则。知识产权保护应当对于技术创新与技术转移做出贡献。知识的生产者与消费者都应当受益，并且应当有助于提升经济与社会福利，有助于社会和经济的发展以及权利与义务的平衡。各成员可以在其国内立法中具体说明在许可证（技术转让）贸易中，哪些情况下构成对知识产权的滥用，从而可能限制竞争。各成员可采取适当措施，制止滥用知识产权的行为。

此外，《知识产权协定》专门指出，有关知识产权的权利用尽原则交由各成员在其法律中自行解决，不得适用本协定的任何规定去解决知识产权用尽的问题。

§17.1.4　我国工业产权保护的立法状况

随着我国社会主义市场经济体制的不断完善，改革开放的不断深入发展，我国自1979 年以来，工业产权立法司法已日臻完善，除参加一些重要的国际知识产权公约、条约和组织外，还在立法上，尽量向国际标准靠近，使我国的工业产权法律体系与世界工业产权法律体系接轨，互相融通，打成一片。

我国现在已颁布的工业产权方面的法律、法规有：《中华人民共和国专利法》及《实施细则》《专利代理条例》《中华人民共和国商标法》及《实施条例》《中华人民共和国合同法》《中华人民共和国引进技术合同管理条例》和相同的《著作权法》《计算机软件保护条例》《民法通则等》。

§17.2　专利法

§17.2.1　专利法概述

1. 专利

关于专利一词，通常有三种理解，其一是指专利权，即依照《专利法》的规定，某项发明创造向国家专利机关提出申请，经审查批准授予该项发明创造在一定期限内独占的实施权。其二是指受专利法保护的发明创造，包括发明、实用新型、外观设计三项，即日常生活中讲的"某人有项专利"，就是这种意义上的专利。其三是指专利文献，记载发明创造内容的专利说明书，某人查专利，即指专利资料。专利法中的专利，仅指第一种意义上的专利。他是一种无形的财产，一般表现为图纸、方案、资料、照片、胶卷、技术规范等形式。

2. 专利法

专利法是调整和保护发明创造的专有权以及在利用发明创造中产生的社会关系的法

律规范的总称。其主要内容是规定哪些发明创造可以申请专利，可以申请专利的发明创造应符合什么样的条件，专利申请、审批程序、专利权人的权利义务、专利的有效期限、外国人申请专利等问题。我国在 1950 年曾颁布过《保障发明与专利权暂行条例》，1963 年废止。为了适应改革开放、促进科学技术进步，1984 年 3 月 12 日第六届全国人民代表大会常务委员会第四次会议通过《中华人民共和国专利法》。此后，1992 年第七届全国人大常委会第二十七次会议、2000 年第九届全国人大常委会第十七次会议做了两次修正。我国现行专利法是 2008 年 12 月 27 日第十一届全国人大常委会第六次会议第三次修正的《中华人民共和国专利法》，共 8 章 76 条。该法的立法宗旨是：保护专利权人的合法权益、鼓励发明创造、推动发明创造的应用、提高创新能力、促进科学技术进步和经济社会发展。

§17.2.2 专利权的主体和客体

1. 专利权主体

专利权的主体亦称专利权人，是指依法享有专利权并承担与此相应义务的人。根据《专利法》的规定，发明人或者设计人、职务发明创造的单位、外国人和外国企业或者外国其他组织都可以成为专利权的主体。

（1）发明人或者设计人。发明人是指对某一产品或某一方法提出一种在实践中能够解决技术领域中某一新问题的新设想或新方案的人。我国《专利法》第六条规定："非职务发明创造，申请专利的权利属于发明人或者设计人。"当然，申请批准后，其专利权归申请人所有。发明人提出专利申请并获得专利权不受性别、年龄、身份等限制。未成年人申请或行使专利权可由其代理人进行。

（2）共同发明人和合法受让人。共同发明人是共同研制成功同一发明创造的两个或两个以上的人，每个人对同一个发明创造都作出了自己的独特的实质性贡献。比如某一机电产品的发明创造，机械部分由甲独立完成，电子部分由乙独立完成。或在各自的研制过程中都得到过对方的启发，但必须是该部分的实质性技术由各自完成。否则，如果仅对发明创造者提供了技术性帮助（如绘制图纸、制造模型、进行计算、帮助实验），或者仅提出研究的课题，或仅给了一般的研究方法上的指导，均不能作为共同发明人。

合法受让人。申请专利和获得专利的权利，原则上属于发明人。但是，发明的合法受让人也可以是专利申请人和专利权的获得人。我国《专利法》第十条规定："专利申请权和专利权可以转让。"当然，专利申请权的合法受让方就可以申请人的身份去申请专利。

（3）职务发明人和非职务发明人。所谓职务发明，是指执行本单位的任务或者主要是利用本单位的技术物质条件所完成的发明创造。本单位，包括临时工作单位；物质技术条件，是指本单位的技术资金、设备、零部件、原材料或者不对外公开的技术资料等。执行本单位的任务所完成的职务发明创造是指：①在本职工作中作出的发明创造；②履行本单位交付的本职工作之外的任务所作出的发明创造；③退休、调离原单位后或者劳动、人事关系终止后一年内作出的，与其在原单位承担的本职工作或者原单位分配的任务有关的发明创造。职务发明创造申请专利的权利属于该单位；申请被批准后，该单位为专利权人。

除以上各种情况外的发明创造，属于非职务发明，其申请权和获得的专利权归具体发明人所有。非职务发明创造，申请专利的权利属于发明人或者设计人；申请被批准后，该发明人或者设计人为专利权人。

利用本单位的物质技术条件所完成的发明创造，单位与发明人或者设计人订有合同，对申请专利的权利和专利权的归属作出约定的，从其约定。

（4）外国发明人、外国企业或外国其他组织。我国《专利法》第十八条规定："在中国没有经常居所或者营业所的外国人、外国企业或外国其他经济组织在中国申请专利的，依照其所在国同中国签订的协议或者共同参加的国际条约，或者依照互惠原则，根据本法办理。"外国发明人在中国申请专利和办理其他专利事务的，应当委托依法设立的专利代理机构办理。

外国人在中国申请专利的，依照该外国同中国签订的协议或者共同参加的国际条约，或者依照相互承认优先权的原则，可以享有优先权（申请人自发明或者实用新型在外国第一次提出专利申请之日起12个月内，或者自外观设计在外国第一次提出专利申请之日起6个月内）。申请人要求优先权的，应当在申请的时候提出书面声明，并且在3个月内提交第一次提出的专利申请文件的副本；未提出书面声明或者逾期未提交专利申请文件副本的，视为未要求优先权。

2. 专利权客体

专利权客体，是专利法所保护的对象，是指可以获得专利法保护的发明创造。

（1）发明。发明本身是一个技术的范畴。一般是指对技术领域某一方面或某一问题所作出的创造性的新构思或提出的新方案，相对现有的技术水平有较明显的积极进步效果。根据《专利法》第二条规定："发明是指对产品、方法或者其改进所提出的新的技术方案。"产品发明，就是经过人的智力活动所创造的新的诸如机器、机床、设备、工具等。方法发明，是指系统地作用于一个物品或物质，使它变成另一种物质或产品的手段。

另外，关于发明专利保护范围，基于各国的社会制度、科技水平和经济方面的因素，多少都有限制。我国《专利法》第五条规定，对违反法律、社会公德或者妨害公共利益的发明创造，不授予专利权。对违反法律、行政法规的规定获取或者利用遗传资源，并依赖该遗传资源完成的发明创造，不授予专利权。《专利法》第二十五条又规定下列各项，不授予专利权：①科学发现；②智力活动的规则和方法；③疾病的诊断和治疗方法；④动物和植物品种；⑤用原子核变换方法获得的物质；⑥对平面印刷品的图案、色彩或者二者的结合作出的主要起标识作用的设计。对前款第④项所列产品的生产方法，可以依照本法规定授予专利权。

（2）实用新型。是指对产品的形状、构造或者其结合所提出的适于实用的新的技术方案。实用新型实质上是一种技术方案，也是发明的一部分，仅限于产品，不包括方法。实用新型要求产品必须是具有固定的形状、构造的产品。气态、液态、凝胶状或颗粒粉末状的物质或者材料，不属于实用新型的产品范围。

（3）外观设计。是指对产品的形状、图案或者其结合以及色彩与形状、图案的结合所作出的富有美感并适于工业应用的新设计。外观设计与发明、实用新型相比较，其特点是不涉及产品内部性质及结构与技术问题，只涉及产品的外部形状、图案、色彩等人的视觉感受。其中包括立体的形状、造型，也包括平面的色彩、图案。同时外观设计必须和一定的产品相联系。如果一个色彩图案仅作为艺术品就不能申请外观设计专利权，只有将其作为某一种类的产品的外观装潢并在工业上大批量生产时，才可申请专利权。

§17.2.3 专利权人的权利和义务

1. 专利权人的权利

由于人们受有形财产权观念的影响和专利权本身的特殊性，各国专利法对专利权的内容都从各方面做了专门具体的规定。

（1）独占实施权。表现在三方面：专利权人有权自己实施其专利；专利权人有权许可他人实施其专利，并收取费用，即许可证贸易；有权禁止他人非法实施其专利。在此的实施是指，以生产经营为目的的制造、使用、销售其专利产品或使用专利方法或者以生产经营为目的制造、销售某一外观设计的专利产品。

（2）转让权。专利权人可以依法转让其专利权，但要注意两点：一是当事人就转让专利订立书面协议，并经专利局登记公告后生效。二是全民单位专利权转让，必须经该单位上级主管机关的批准；中国单位向外国转让专利权，必须经国务院批准。

（3）放弃权。专利权人可以书面声明或停交专利费而放弃专利权。

（4）标记权。专利权人有权在其专利产品或产品包装上标明专利标记或专利号，在其专利文件中写明自己是发明人或设计人。这样有两个效果，一方面可防他人侵权，另一方面可证明产品质量。

（5）禁止他人许诺销售外观设计专利产品的权利。许诺销售，是以做广告、在商店橱窗中陈列或者在展销会上展出等方式作出的销售商品的意思表示。赋予专利权的许诺销售权，其目的在于在商业交易的早期阶段及时制止侵权行为，将侵权行为扼杀在"侵权可能"或"即发侵权"的阶段，防止将来专利侵权的产品传播，从而减少专利权人的损失。

（6）请求支付费用权。发明专利申请公布后，申请人可以要求实施其发明的单位或个人支付适当的费用。

2. 专利权人的义务

专利权人的义务可以说是法律赋予其权利的交换条件。各国法律对此都有明确的，甚至强制性的规定。根据我国《专利法》第五条和第六十八条的规定，专利权人的义务有两条：

（1）专利权人负有自己在中国制造其专利产品、使用其专利方法或许可他人在中国制造其专利产品、使用其专利方法的义务。如果申请人在取得专利权后，自己不在中国实施其技术，也不许可别人在中国实施，甚至在外国实施向中国出口其产品，那么，中国授予其专利权对中国的科技发展、经济发展毫无意义。同时也违背了专利法的立法宗旨。所以这一条是专利权人最起码的义务。

（2）缴纳专利年费。其主要目的在于补偿专利局的管理费用及促进权利人尽早将发明创造投入生产经营。

§17.2.4 专利权的授予条件

1. 授予发明和实用新型设计专利的条件

（1）新颖性。是指该发明或者实用新型不属于现有技术；也没有任何单位或者个人就同样的发明或者实用新型在申请日以前向国务院专利行政部门提出过申请，并记载在申请日以后公布的专利申请文件或者公告的专利文件中。各国专利法对此都有明确的规定。

①公开标准。根据一般情况和法律规定，使发明或实用新型丧失新颖性的公开方式主要有三种：a. 出版物公开或书面公开。即发明或实用新型的技术内容在出版物上公开地发表。包括报纸、杂志、小册子、图片、专利公告、专利文献等。总之，要有一定的附着物为依托，以便人们取得它，而且只要具有一般技术水平就能看懂、实施。b. 口头公开。即发明或实用新型的技术内容用口头语言的形式包括报告会、座谈会、课堂、电视、电影、广播等口头或图示讲解公开，使不特定的任何人都可由此得到该项技术的内容。c. 使用公开。即以公开使用的方式公开，由于使用将发明或实用新型的技术内容公开，公众可以从技术的应用中得知其技术内容。使用公开包括产品的制造、使用、销售、公开演示和展览等。

②时间标准。以什么时间来确定发明或实用新型的新颖性就是一个非常重要的界限。对此，世界各国大致有三种规定：a. 申请日标准。即申请人向专利局提出申请之日为确定发明新颖性的时间界限。大多数国家都采用这一标准，包括我国在内。b. 发明日标准。即新发明或实用新型完成之日为确定新颖性的时间界限。如美国《专利法》规定：在专利申请人完成发明以前，该项发明在本国未被他人所知或使用的，都具有新颖性。c. 公开日标准。即该项技术成果公开之日，就是评价其是否具有新颖性的时间界限。在公开之日以前，如同样的技术发明已为人所公知、公用为丧失新颖性。但公开日在技术上很难确定，故几乎没有一个国家采用这个标准。

③空间标准。即指发明或实用新型在多大范围内与该区域的现有技术水平相比较的问题。一般来说比较的范围越大，其丧失新颖性的可能性越大。在此，各国根据本国经济、文化、科技水平，一般在以下三个标准中选择其一：a. 世界范围（标准），或叫绝对新颖。要求申请人提供的发明或实用新型在世界范围内没有公开地发表过和公开地使用过或以其他方式为公众所知。一般技术发达的国家都采用这一标准。授予专利权的技术水平也是世界一流的。b. 本国范围即发明或实用新型只要求在申请国领域内未公开地发表过和使用过，以及以其他方式为公众所知，即为新颖。发展中国家一般采用这种标准，如希腊。c. 混合范围。即要求发明或实用新型在世界范围内未公开地发表过、在本国范围内未公开使用过或以其他方式为公众所知。我国《专利法》采用这一标准。

另外，许多国家都规定了一些新颖性的例外条款（或叫优惠条款），就是发明创造在某些特定情况下虽被公开，但不认为丧失新颖性。我国《专利法》第二十四条规定，申请专利的发明创造在申请日前6个月内有下列情况之一，不丧失新颖性：a. 在中国主办的或者承认的国际展览会上首次展出的；b. 在规定的学术会议或者技术会议上首次发表的。c. 他人未经申请人同意而泄露其内容的。

（2）创造性。是指与现有技术相比，该发明具有实质性的特点和显著的进步，该实用新型具有实质性特点和进步。对于创造性，我国《专利法》从两个方面加以规定。①要求申请专利的发明同申请日以前已有的技术相比较有明显的实质性特点。②要求发明在申请日以前对其所属技术领域的普通专业人员非显而易见。各国的技术水平不同、具体审查人员业务水平不同，创造性在实践中很难找到严格、统一的标准，一般国家仅对此作出抽象的文字定义。

（3）实用性。是指发明或者实用新型能够制造或者使用，并且能够产生积极效果。实用性可以从三个方面理解。其一，发明或实用新型，如果是产品就必须能在工业上重复地制造出来，作为商品进行交换。其二，如果是方法发明，则其方法要能在工业、农业、国防、科技、交通、运输、医疗、体育、文艺等方面使用。其三，无论是产品发明还是方法发明，在实践中必须能给人的生产、生活带来积极的效果。否则，就无授予专利权的必要性。

2. 授予外观设计申请专利的条件

因外观的设计只从观感的角度涉及产品的形状、造型、组合、图案、色彩等，所以各国法律一般规定，只要在申请日以前，在国内外出版物未公开发表过或者与国内公开使用过的外观设计不相同或不相近似，另外还不得与他人在先取得的合法权利相冲突，则具备外观设计申请专利的条件。

§17. 2. 5　专利的申请与审查

1. 专利的申请

我国《专利法》第二十六条规定，申请发明或实用新型专利的，应当提交请求书、说明书及其摘要和权利要求书等文件。依赖遗传资源的发明创造，申请人应当在专利申请文件中说明该遗传资源的直接来源和原始来源；申请人无法说明原始来源的，应当陈述理由。

根据我国《专利法》第二十七条规定，申请外观设计专利的应提供以下文件：请求书、外观设计的图片或照片，必要时还要提供使用该外观设计的产品或模型。

2. 专利申请的修改和撤回

各国专利法一般都允许申请人在授予专利权以前修改或撤销。我国《专利法》第三十二条规定："申请人可以在授予专利权之前随时撤回其专利申请。"第三十三条规定："申请人可以对其专利申请文件进行修改，但是，对其发明和实用新型专利申请文件的修改不得超出原说明书和权利要求记载的范围，对外观设计专利申请文件的修改不得超出原图片或者照片表示的范围。"

国务院专利行政部门收到专利申请之日为申请日。如果申请文件是邮寄的，以寄出的邮戳日为申请日。

任何单位或者个人将在中国完成的发明或实用新型向外国申请专利的，应当事先报经国务院专利行政部门进行保密审查。

3. 专利申请的审查

对于申请人的申请，必须经过专利局的审查方能决定是否符合专利法的要求，而不同的审查制度往往决定申请的能否批准。世界各国对发明的审查制度有以下三种：

（1）登记制（初步审查）。此制度只审查申请手续是否合法、文件是否齐全清楚、填写是否按规定的格式要求、发明是否属于不授予专利权的范围。凡是符合以上规定的，即予以登记并授予专利权。这种制度对发明不进行实质性（新颖性、创造性、实用性）审查。其优点是简单、快捷。缺点是其专利技术质量不高。

（2）实质审查。此制度在对申请进行形式审查后，再做严格的技术审查。即从新颖性、创造性、实用性方面进行审查。当然，这种制度审查的专利技术质量高。但缺点是速度慢、工作量太大。

（3）延期审查。即申请人提出申请后，由专利局进行初步形式审查。通过后，由专利局在申请日后一定时间内予以公告。我国《专利法》第三十四条规定："国务院专利行政部门收到发明专利申请后，经初步审查认为符合本法要求的，自申请日起满18个月，即行公布。国务院专利行政部门可以根据申请人的请求早日公布其申请。"申请人应当在专利申请公布后规定的期限内提出实质性审查，在此期间申请人未提出实质性审查的，视其放弃专利申请。其优点在于给申请人在申请后一个考虑是否提出实质性审查的时间。

我国《专利法》第三十五条规定："发明专利申请自申请之日起3年内专利局可以根据申请人随时提出的请求，对其申请进行实质审查；申请人无正当理由逾期不申请实质审查的，该请求即被视为撤回。专利局认为必要的时候，可以自行对发明专利申请进行实质性审查。"如果实质审查通过，即予以公告，并通知申请人。发明专利权自公告之日起生效。

专利局收到实用新型或外观设计专利申请后，经初步审查认为符合专利法的要求，不再进行实质审查即行公告，并通知申请人。实用新型专利权和外观设计专利权自公告之日起生效。

专利申请自公告授予专利权之日起，任何单位或者个人认为该专利权的授予不符合专利法的有关规定的，可以请求专利复审委员会宣告该专利权无效。宣告无效的专利权视为自始即不存在。

宣告专利权无效的决定，对在宣告专利权无效前人民法院作出并已执行的专利侵权的判决、调解书，已经履行或者强制执行的专利侵权纠纷处理决定，以及已经履行的专利实施许可合同和专利权转让合同，不具有追溯力。但是由于专利权人的恶意给他人造成的损失，应给予赔偿。

4．专利权的期限

各国专利立法对专利权的有效期限的规定不尽一致，例如，发明专利美国自授权日起17年，德国、法国、日本自申请日起20年。我国《专利法》第四十二条对专利权的有效期限做了具体规定：发明专利权的期限为20年，实用新型专利权和外观设计专利权的期限为10年，均自申请日起计算。

自申请日起，发明专利为20年，实用新型和外观设计专利为10年。

§17．2．6　专利权的保护与强制许可

1．专利权的保护

利用国际强制力来保护专利权，是专利制度的核心内容。我国《专利法》对侵犯专利权的行为有下述规定：

（1）假冒专利。下列行为属于假冒他人专利行为：①未经许可，在其制造或者销售的产品、产品的包装上标注他人的专利号；②未经许可，在广告或其他宣传材料中使用他人的专利号，使公众将所涉及的技术误认为是他人的专利技术；③未经许可，在合同中使用他人的专利号，使公众将合同所涉及的技术误认为他人的专利技术。

（2）未经许可实施他人专利。即行为人未经权利人的许可，有意或无意（非故意）

实施他人专利的行为。其特征是，以营利为目的制造、使用、销售他人专利产品或使用他人专利方法。在这里，所谓制造专利产品是指已有制造的专利产品。如果说仅仅做了制造的准备或已开始试制或生产，但未制造出成品，则不构成侵权。所谓使用专利产品，是指使用者明知该产品是未经专利权人许可而制造的专利产品。所谓使用专利方法，是指行为人在被指控为使用专利方法时，无法说明自己所使用的方法不是他人的专利方法，则构成侵权。

（3）侵夺发明人或者设计人的非职务发明创造专利申请权和专利法规定的其他权益的行为。

以上侵权行为，除追究行为人的行政、民事责任外，假冒他人专利情节严重者，依据我国《刑法》规定，处3年以下有期徒刑或者拘役，并处或单处罚金；单位犯假冒专利罪的单位判处罚金，并对其直接负责的主管人员依照个人犯本罪的刑罚标准处罚。

为了防止权利人滥用专利权和遵守WTO《与贸易有关的知识产权协定》中规定的"平衡保护原则"，我国《专利法》规定："专利权人或者利害关系人有证据证明他人正在实施或者即将实施侵犯专利权的行为，如不及时制止将会使其合法权益受到难以弥补的损害的，可以在起诉前向人民法院申请采取责令停止有关行为的措施。申请人提出申请时，应当提供担保；不提供担保的，驳回申请。人民法院应当自接受申请之时起48小时内作出裁定；有特殊情况需要延长的，可以延长48小时。裁定责令停止有关行为的，应当立即执行。当事人对裁定不服的，可以申请复议一次；复议期间不停止裁定的执行。"

2. 不认为是侵权行为的几种例外情况

为了明确划分侵权行为和正当行为之间的界限，以维护公众的正当权益，促进生产、流通、科技工作的发展，我国《专利法》第六十九条规定：有下列情形之一的，不视为侵犯专利权：①专利产品或者依照专利方法直接获得的产品，由专利权人或者经其许可的单位、个人出售后，使用、许诺销售、销售、进口该产品的；②在专利申请日前已经制造相同产品、使用相同方法或者已经做好制造、使用的必要准备，并且仅在原有范围内继续制造、使用的；③临时通过中国领陆、领水、领空的外国运输工具，依照其所属国同中国签订的协议或者共同参加的国际条约，或者依照互惠原则，为运输工具自身需要而在其装置和设备中使用有关专利的；④专为科学研究和实验而使用有关专利的；⑤为提供行政审批所需要的信息，制造、使用、进口专利药品或者专利医疗器械的，以及专门为其制造、进口专利药品或者专利医疗器械的。此外，为生产经营目的使用、许诺销售或者销售不知道是未经专利权人许可而制造并出售的专利侵权产品，能证明该产品合法来源的，不承担赔偿责任。

3. 专利的强制许可

为防止专利权人取得专利权后，无正当理由在一定期限内不实施其专利（包括专利权人自己不实施和不许可他人实施）、或以此专利权阻止与之相关的后一个更先进的专利权实施的情形，各国专利法大都规定专利局可以根据有实施条件的单位或个人的申请，给予实施该项专利的强制许可。我国《专利法》第四十八条、第五十条规定：有下列情形之一的，国务院专利行政部门根据具备实施条件的单位或者个人的申请，可以给予实施发明专利或者实用新型专利的强制许可：

（1）专利权人自专利权被授予之日起满 3 年，且自提出专利申请之日起满 4 年，无正当理由未实施或者未充分实施其专利的；

（2）专利权人行使专利权的行为被依法认定为垄断行为，为消除或者减少该行为对竞争产生的不利影响的；

（3）为了公共健康目的，对取得专利权的药品，国务院专利行政部门可以给予制造并将其出口到符合中华人民共和国参加的有关国际条约规定的国家或者地区的强制许可；

（4）在国家出现紧急状态或者非常情况时，或者为了公共利益的目的，国务院专利行政部门可以给予实施发明专利或者实用新型专利的强制许可；

（5）一项取得专利权的发明或者实用新型比前已经取得专利权的发明或者实用新型具有显著经济意义的重大技术进步，其实施又有赖于前一发明或者实用新型的实施的，国务院专利行政部门根据后一专利权人的申请，可以给予实施前一发明或者实用新型的强制许可。同理，国务院专利行政部门根据前一专利权人的申请，也可以给予实施后一发明或者实用新型的强制许可。

我国《专利法》规定，取得实施强制许可的单位或者个人应当付给专利权人合理的使用费，或者依照中华人民共和国参加的有关国际条约的规定处理使用费问题。付给使用费的，其数额由双方协商；双方不能达成协议的，由国务院专利行政部门裁决。

取得实施强制许可的单位或个人，不享有独占实施权，当然也无权许可他人实施，专利权人对专利局关于实施强制许可的决定，或者关于实施强制许可使用费的裁决不服，可以在收到通知之日起 3 个月内向人民法院起诉。这样规定的出发点在于更严格，更充分地保护专利权人的合法权益。

§17.3 商标法

§17.3.1 商标和商标法概述

1. 商标的概念和作用

（1）商标的概念。商标是商品和服务的标记，是商品生产者、经营者或服务的提供者用以标明自己所生产、经营的商品或提供的服务与他人生产、经营的同一商品或提供的同一服务有所区别的标记。《中华人民共和国商标法》（以下简称《商标法》）第八条规定："任何能将自然人、法人或者其他组织的商品与其他人的商品区别开的可视性标志，包括文字、图形、数字、三维标志和颜色组合，以及上述要素的组合，均可以作为商标申请注册。"因此，我国商标包括商品商标、服务商标、集体商标和证明商标四种：①商品商标，是指商品的生产者或经营者为表示自己商品而使用的标志；②服务商标，是指提供服务的经营者，为表示自己提供的服务而使用的标志；③集体商标；是指以团体、协会或者其他组织名义注册，供该组织成员在商业活动中表示使用者具有该组织成员资格的标志；④证明商标，是指由对某种商品或者服务具有监督能力的组织所控制，由该组织以外的单位或个人使用于其商品或服务，以证明该商品或者服务的原产地、原料、制造方法、质量或者其他特定品质的标志。

（2）商标的作用。商标是商品经济发展到一定阶段的产物，在商品经济活动具有十分重要的作用：①区别商品不同生产者或经营者；②有利于促进市场的竞争和繁荣；

③有利于广告宣传。商标作为商品标志，表示了商品的质量和信誉。同时，由于商标使用的文字、图形、造型及其组合特征明显，易于识别，适合广告宣传，因此商品的生产者、经营者广泛使用商标进行广告宣传。

2．商标法

商标法是调整国家机关、企业、事业单位、个体工商户以及公民个人在商标的注册、使用、管理和保护商标专用权的过程中，所发生的社会关系的法律规范的总称。

我国最早的商标法是清朝光绪三十年（1904 年）颁布的《商标管理条例》；1982 年 8 月 23 日，第六届全国人大第二十四次会议通过了《中华人民共和国商标法》，并于 1983 年 3 月 1 日施行。此后，1993 年 2 月 22 日第七届全国人大常委会第三十次会议、2001 年 10 月 27 日第九届全国人大常委会第二十四次会议对我国商标法做了两次修正，我国现行商标法是 2013 年 8 月 30 日经第十二届全国人大常委会第四次会议第三次修正的《中华人民共和国商标法》，共 8 章 73 条。国务院 2002 年公布了《中华人民共和国商标法实施条例》（2014 年 4 月 29 日修订）。我国商标法的立法宗旨是：加强商标管理，保护商标专用权，促使生产、经营者保证商品和服务质量，维护商标信誉，以保障消费者和生产、经营者的利益，促进社会主义市场经济的发展。

§17．3．2　商标权

1．商标权的概念

商标权是商标专用权的简称，是指商标所有人对其注册商标享有的专有权。商标权是一种无形资产，具有经济价值，可以用于抵债，即依法转让。由于商标权可以代表商品品质、服务质量、商家信誉，因此，转让方对受让方的商品品质或服务质量必须负责。

2．商标权的内容

（1）使用权。商标注册人有权在其注册商标核准使用的商品和服务上使用该商标，在相关的商业活动中使用该商标。

（2）独占权。商标注册人对其注册商标享有排他性的独占权利，其他任何人不得在相同或类似商品或服务上擅自使用与注册商标相同或近似的商标。

（3）许可使用权。商标注册人有权依照法律规定，通过签订商标使用许可合同的形式，许可他人使用其注册商标。

（4）禁止权。对他人在相同或者类似的商品或者服务上擅自使用与其商标相同或者近似的商标的行为，商标注册人有权予以制止。

（5）设立抵押权。商标注册人有权在经营活动中以其注册商标设立抵押。

（6）投资权。商标注册人有权根据法律规定，依照法定程序将其注册商标作为无形资产进行投资。

（7）转让权。商标注册人有权通过法定程序将其注册商标有偿或者无偿转让给他人。

（8）继承权。商标作为无形资产，可以依照财产继承顺序由其合法继承人继承。但对商标权中的人格权部分不能继承。

§17．3．3　商标的注册

根据我国《商标法》第四条的规定，自然人、法人或者其他组织在生产经营活动中，对其商品或者服务需要取得商标专用权的，应当向商标局申请商标注册。两个以上的自然人、法人或其他组织可以共同向商标局申请注册同一商标，共同享有和行使该商标专用权。未经注册的商标，不享有商标专用权。当未经注册的商标与注册的商标相同或相近似，并用于相同或相近似的商品上时，未注册商标应立即停止使用。

1. 商标注册申请的原则

（1）申请在先与使用在先相结合的原则。申请在先原则又称注册在先原则，是指两个或两个以上的商标注册申请人，在同一种商品或类似商品上，以相同或近似的商标申请注册的，申请在先的商标，其申请人可获得商标专用权，在后的商标注册申请予以驳回。如果是同一天申请，初步审定并公告使用在先的商标。我国商标法坚持申请在先原则的同时，还强调使用在先的正当性，防止不正当的抢注行为。《商标法》第三十二条规定申请商标注册不得损害他人现有的在先权利，也不得以不正当手段抢先注册他人已经使用并有一定影响的商标。

（2）自愿注册与强制注册相结合原则。自愿注册是指商标使用人是否申请商标注册取决于自己的意愿。在自愿注册原则下，商标注册人对其注册商标享有专用权，受法律保护。在实行自愿注册原则的同时，我国规定了在极少数商品上使用的商标实行强制注册原则，作为对自愿原则的补充。目前必须使用注册商标的商品有烟草制品，包括卷烟、雪茄烟和包装的烟丝。

（3）优先权原则。根据《商标法》规定，优先权表现在两个方面：一是商标注册申请人自其商标在外国第一次提出商标注册申请之日起6个月内，又在中国就相同商品以同一商标提出注册申请的，依照该外国同中国签订的协议或共同参加的国际条约，或者按照相互承认优先权原则，可以享有优先权；二是商标在中国政府主办的或者承认的国际展览会展出的商品上首次使用的，自该商品展出之日起6个月内，该商标的注册申请人可以享有优先权。

2. 商标注册申请的程序

根据《商标法》及《实施条例》的规定，申请注册商标应经过以下程序：

（1）申请。注册商标申请是申请人按照《商标法》及《实施条例》的规定条件，向商标局请求确认其商标专用权的行为。申请注册商标必须符合以下条件：申请注册的商标须有显著特征。即申请注册的商标须有可识别性，无论是文字、图案及组合，必须有显著的特征，并要求申请注册的商标应有一定的艺术水平。

此外，《实施条例》还规定：以三维标志申请注册商标的，应当在申请书中予以声明，并提交能够确定三维形状的图样；以颜色组合申请注册商标的，应当在申请书中予以声明，说明商标的使用方式；申请注册集体商标、证明商标的，应当在申请书中予以声明，并提交主体资格证明文件和使用管理规则；商标为外文或者包含外文的，应当说明含义。

（2）商标禁用。依照我国《商标法》第十条的规定，下列标志不得作为商标使用：①同中华人民共和国的国家名称、国旗、国徽、军旗、勋章相同或近似的，以及同中央国家机关所在地特定地点的名称或者标志性建筑物的名称、图形相同的；②同外国的国家名称、国旗、国徽、军旗相同或者近似的，但经国政府同意的除外；③同政府间国际组织的名称、旗帜、徽记相同或者近似的，但经该组织同意或者不易误导公众的除外；

④与表明实施控制、予以保证的官方标志、检验印记相同或者近似的，但经授权的除外；⑤同"红十字""红新月"的名称、标志相同或者近似的；⑥带有民族歧视性的；⑦夸大宣传并带有欺骗性的；⑧有害于社会主义道德风尚或者有其他不良影响的。

县级以上行政区划的地名或者公众知晓的外国地名，不得作为商标。但是，地名具有其他含义或者作为集体商标、证明商标组成部分的除外；已经注册的使用地名的商标继续有效。

《商标法》第十一条规定，下列标志不得作为商标注册：①仅有本商品的通用名称、图形、型号的；②仅仅直接表示商品的质量、主要原料、功能、用途、重量、数量及其他特点的；③缺乏显著特征的。但上述标志经过使用取得显著特征，并便于识别的，可以作为商标注册。

以三维标志申请注册商标的，仅由商品自身的性质产生的形状、为获得技术效果而需有的商品形状或者使商品具有实质性价值的形状，不得注册。

（3）商标注册的审查和核准。①受理。申请注册的商标，凡符合《商标法》及《实施细则》的规定，商标局均应受理，发给《受理通知书》。否则，将予以驳回，或者限期对申请补正。如未作补正或逾期补正的，予以退回，申请日期不予保留。②初审和公告。商标局对受理的申请，依照《商标法》进行审查。凡符合《商标法》有关规定并具有显著性的商标，予以初步审定，并予以公告；驳回申请的，发给申请人《驳回申请通知书》。③异议。是对初步审定并公告的商标，自公告之日起 3 个月内，任何人发现该申请注册的商标，如有仿造或者影射他人商标等情况，均可向商标局提出异议。④复审。是指工商行政管理部门设立的商标评审委员会，对驳回申请和异议裁定不服的申诉重新进行审查。对驳回申诉、不予公告的商标以及对异议裁定不服的，当事人可以在收到通知之日起 15 内申请复审，由评审委员会作出裁定。当事人对该裁定不服的，可以自收到通知之日起 30 日内向人民法院起诉。⑤核准。是对初步审定的商标，自公告之日起 3 个月内无人提出异议或虽有异议但不成立的，由商标局予以核准注册，向申请人颁发注册证，并予以公告、登记。至此，商标注册人取得商标专用权。

§17.3.4　注册商标的有效期、续展、转让及使用许可

1. 注册商标的有效期限

根据我国《商标法》第三十九条规定，注册商标的有效期为 10 年，自核准注册之日计算。在此期间商标注册人对其核准注册的商标享有专用权。

2. 注册商标的续展

注册商标续展，即商标专用权人在其注册的商标有效期即将届满时，向商标局提出申请，延长其商标有效期限的行为。根据《商标法》第四十条规定，注册商标有效期满，需要继续使用的，商标注册人应当在期满前 12 个月内按照规定办理续展手续；在此期间未能办理的，可以给予 6 个月的宽展期。每次续展注册的有效期为 10 年，自该商标上一届有效期满次日起计算。期满未办理续展手续的，注销其注册商标。商标权人可连续多次续展，无次数限制。从这个意义上讲，商标专用权可以永远享有，这也是商标权和专利权的主要区别。

3. 注册商标的转让

注册商标的转让，是指原商标专用权人，依法将自己所拥有的商标专用权让给他人

所有。其转让的方式一般是通过转让方和受让方签订合同转让及继承转让。转让注册商标的，转让人和受让人应当签订转让协议，并共同向商标局提出申请。受让人应当保证使用该商标的商品质量。转让注册商标经核准后予以公告，受让人自公告之日起享有商标专用权。

4. 注册商标的使用许可

注册商标的使用许可，是指注册商标的所有人将其注册商标通过签订合同，许可他人使用。原注册商标所有人为许可人，按合同使用他人注册商标的人为被许可人。注册商标的使用许可其实质是许可人将其注册商标的使用权有偿或无偿地转让他人，所以被许可人仅享有注册商标的使用权，无专用权，故不能再将注册商标许可他人使用。在实施许可合同过程中，许可人有监督被许可人产品质量的义务。被许可人保证使用注册商标的商品质量，维护消费者合法权益。当使用许可的商标被侵权时，被许可人只能协助查明事实，不能直接对抗侵权行为人。

§17. 3. 5　商标专用权的保护

商标专用权是受国家法律保护的一项财产权利。我国法律是通过对侵犯商标专用权的行为实施制裁来保护商标专用权的。

1. 商标侵权行为

根据《商标法》第五十七条规定，有下列行为之一的，均属侵犯注册商标专用权：①未经商标注册人的许可，在同一种商品或者类似商品上使用与其注册商标相同或者近似的商标的；②销售侵犯注册商标专用权的商品的；③伪造、擅自制造他人注册商标标识或者销售伪造、擅自制造的注册商标标识的；④未经商标注册人同意，更换其注册商标并将该更换商标的商品又投入市场的；⑤给他人的注册商标专用权造成其他损害的。

2. 侵犯商标专用权的法律责任

（1）行政责任。根据《商标法》及《实施细则》规定，工商行政管理部门有权对侵权行为人作出以下行政处理：①责令停止侵权行为；②没收、封存或收缴商标标识或伪造注册商标标识的工具；③根据情况予以通报；④对情节严重的，可处以罚款。违法经营额5万元以上的，可以处违法经营额5倍以下的罚款，没有违法经营额或者违法经营额不足5万元的，可以处25万元以下的罚款。

（2）民事责任。主要是利用赔偿损失的手段，使侵权行为人在经济上得不到便宜，使被侵权人的损失得到有效补偿。按照权利人因被侵权所受到的实际损失确定；实际损失难以确定的，可以按照侵权人因侵权所获得的利益确定；权利人的损失或者侵权人获得的利益难以确定的，参照该商标许可使用费的倍数合理确定。对恶意侵犯商标专用权，情节严重的，可以在按照上述方法确定数额的1倍以上3倍以下确定赔偿数额。赔偿数额应当包括权利人为制止侵权行为所支付的合理开支。

为制止侵权行为，商标注册人或者利害关系人可以在起诉前向人民法院申请财产保全和证据保全的措施。

（3）刑事责任。对于假冒他人注册商标，包括擅自制造或者销售他人注册商标标识的，未经商标注册人许可，在同一种商品上使用与其注册商标相同的商标，构成犯罪的，除赔偿被侵权人的损失外，依法追究其刑事责任。

§17. 3. 6　驰名商标的特殊保护

1．驰名商标的概念及认定因素

驰名商标是指在市场上享有较高声誉并为相关公众知悉的商标。

驰名商标的认定因素主要有：①相关公众对该商标的知晓程度；②该商标使用的持续时间；③该商标的任何宣传工作的持续时间、程度和地理范围；④该商标作为驰名商标受保护的记录；⑤该商标驰名的其他因素。

2．驰名商标的保护措施

（1）就相同或者类似商品申请注册的商标，是复制、模仿或者翻译他人未在中国注册的驰名商标，容易导致混淆的，不予注册并禁止使用。

（2）就不相同或者不相类似商品申请注册的商标，是复制、模仿或者翻译他人已经在中国注册的驰名商标，误导公众，致使驰名商标注册人的利益可能受到损害的，不予注册并禁止使用。已经注册的，驰名商标所有人可以请求商标评审委员会裁定撤销该注册商标。对恶意注册的不受 5 年的时间限制。

【思考题】

1．工业产权的概念和法律特征。

2．《保护工业产权巴黎公约》的基本原则。

3．授予发明和实用新型专利权的条件。

4．商标续展及其使用许可。

5．我国专利权保护的内容。

第18章 合同法律制度

§18.1 合同及合同法概述

§18.1.1 合同的概念及法律特征

合同是平等主体的自然人、法人、其他组织之间设立、变更、终止民事权利义务的协议。关于合同的概念，有两种观点，即"合意说"和"法律行为说"。"合意说"认为，合同是当事人设立、变更、终止民事权利义务关系的合意。"法律行为说"认为，合同是当事人设立、变更、终止民事权利义务关系的意思表示一致的法律行为。我国《合同法》采取了"合意说"。合同有以下法律特征：

（1）合同是一种协议。合同就是当事人之间为实现一定目的而进行磋商的结果，是经过协商而取得认识的一致，即合意。

（2）合同是平等主体之间的协议。任何人都可以通过磋商而取得认识的一致，但只有平等主体之间通过磋商而取得认识一致才能称为合同。

（3）合同是设立、变更、终止民事权利义务的协议。协议的内容可以涉及社会的各个方面，只有平等主体之间达成的，以设立、变更、终止民事权利义务为内容的协议，才能称为合同。

（4）合同是以发生一定的法律后果为目的。当事人订立合同是为了实现一定的目的，这个目的就是设立、变更、终止民事权利义务。

§18.1.2 合同的分类

合同根据不同的标准有不同的分类。

（1）根据当事人是否存在给付义务，把合同分为双务合同和单务合同。双务合同，是指当事人相互承担给付义务，如买卖、租赁等。单务合同，是指当事人不承担对等给付义务，如赠与、借用等。

（2）根据当事人取得权利是否偿付代价，把合同分为有偿合同和无偿合同。有偿合同，是指当事人取得权利必须支付相应的代价的合同，如买卖、租赁等。无偿合同，是指当事人取得权利无须支付相应的代价的合同，它不是商品交易的典型形式，等价有偿原则对它没有适用价值，如赠与、借用等。

（3）根据合同成立是否以交付标的物为要件，可以将合同分为诺成合同和实践合同。诺成合同，是指以当事人的意思一致为合同的成立条件的合同，《合同法》规定的合同，主要是这类合同。实践合同，是指除当事人意思一致外，还需要交付标的物才成立的合同，如抵押合同、自然人之间的价款合同等。

（4）根据合同是否以特定的形式为要件，将合同分为要式合同和不要式合同。要式合同是指必须采取法律规定的形式才能生效的合同。不要式合同是指法律没有规定采取特定形式，而由当事人自行约定形式的合同。

§18. 1. 3　合同法的概念及适用范围

合同法是民商法的重要组成部分，有形式意义的合同法和实质意义的合同法之别。形式意义的合同法是指以法律形式所表现的合同法，如《中华人民共和国合同法》等；实质意义的合同法是指调整合同关系的法律规范的总称。有关合同的法律规定，都属于实质意义的合同法。1999 年 3 月 15 日第九届全国人民代表大会第二次会议通过《中华人民共和国合同法》（以下简称《合同法》），并于同年 10 月 1 日实施。该法共计 23 章 428 条，分总则、分则和附则三个部分。本章主要探讨的是《合同法》总则部分。

依据《合同法》第二条规定，《合同法》适用于平等主体的自然人、法人、其他组织之间设立、变更、终止民事权利义务协议。但是劳动合同、行政合同或有关婚姻、收养、监护等身份关系的协议，适用其他法律的规定。

§18. 1. 4　合同法的基本原则

合同法的基本原则是贯穿于整个合同法的根本准则，是订立、适用、解释和研究合同法的基础依据和出发点。根据《合同法》的规定，合同的基本原则有：

1. 平等原则

我国《合同法》第三条规定："合同当事人的法律地位平等，一方不得将自己的意志强加给对方。"主要含义有：当事人订立时的平等；当事人履行合同时的平等；当事人承当合同责任时的平等。

2. 自愿原则

我国《合同法》第四条规定："当事人依法享有自愿订立合同的权利，任何单位和人都不得非法干预。"主要含义有：当事人依自己意愿决定是否订立合同；当事人依自己意愿决定与谁订立合同；当事人依自己意愿决定合同的内容和形式；通过协商有权变更或解除合同。

3. 公平原则

我国《合同法》第五条规定："当事人应当遵循公平原则确定双方的权利义务。"主要含义有：当事人参与合同机会的公平性；当事人享有权利和承担义务的对应性；当事人承担责任的合理性。

4. 诚实信用原则

我国《合同法》第六条规定："当事人行使权利、承担义务应当遵循诚实信用原则。"这是合同法的一条很重要原则，俗称"帝王原则"，主要含义：当事人订立合同的诚实信用；当事人履行合同的诚实信用；当事人变更或解除合同的诚实信用；当事人解释合同的诚实信用。

5. 合法原则和公序良俗原则

我国《合同法》第七条规定："当事人订立合同、履行合同，应当遵循法律、行政法规，尊重社会公德，不得扰乱社会经济秩序，损害社会公共利益。"主要含义有：当事人订立合同时，要遵循法律、行政法规中关于合同的形式、内容等规定；当事人订立合同时，要维护社会公德，维护社会经济秩序。

§18. 2 合同的订立

§18. 2. 1 合同订立的概念及订立主体

合同订立，是指缔约人进行意思表示并使各方意思表示达成合意的行为和过程。是动态行为和静态协议的结合。动态行为包括缔约人的接触与谈判，静态协议包括各方谈判结果体现在合同条款中。

合同订立的主体，根据《合同法》第九条的规定："当事人订立合同，应当具有相应的民事权利能力和民事行为能力。"合同订立的主体可以是自然人、法人和其他组织。同时，合同订立主体要有相应的民事权利能力和民事行为能力，也就是缔约能力，不一定要有完全民事行为能力。根据《合同法》第九条第二款规定，当事人依法可以委托代理人订立合同。

§18. 2. 2 合同订立的程序

合同订立有一般程序，也有特殊形式，如交错要约、意思实现、招标投标程序、拍卖程序等。这里主要介绍一般程序，根据《合同法》第十三条规定："当事人订立合同，采取要约、承诺方式。"可见合同订立的程序包括要约和承诺程序。

1. 要约

要约是合同订立的不可缺少的阶段。何谓要约，大陆法系和英美法系对此都有不同的理解。我国《合同法》采取大陆法系的观点，第十四条规定："要约是希望和他人订立合同的意思表示"，可见，要约是一方以订立合同为目的，向对方所做的意思表示。发出要约的一方称为要约人，接受要约的一方称为受要约人。

（1）要约构成要件。要约是一种意思表示，只有具备一定的条件才能成立，才能产生法律效力。根据《合同法》第十四条规定，要约具备以下条件：①要约必须以订立合同为目的。这个条件是要约和要约邀请（又称要约引诱）的主要区别。根据《合同法》第十五条规定，要约邀请是希望他人向自己发出要约的意思表示。如寄送的价目表、拍卖公告、招标公告、招股说明书、商业广告等为要约邀请。但是，《合同法》第十五条还规定："商业广告的内容符合要约规定的，视为要约。"②要约人必须是特定的人。③要约的内容必须具体、明确和完整。这样一是可使受约人完整了解要约，二是明确表明要约人订立合同的目的。

（2）要约的法律效力。要约的法律效力，是指要约生效后所产生的法律后果。包括：①要约的生效时间。《合同法》采取的是到达生效主义，要约到达受要约人时生效。到达是指到达受要约人能控制和了解的地方。采用数据电文形式订立合同，收件人指定特定系统接收数据电文的，该数据电文进入该特定系统的时间，视为到达时间；未指定特定系统的，该数据电文进入收件人的任何系统的首次时间，视为到达时间。②要约对要约人的拘束力。对要约是否对要约人有拘束力，英美法采取否定态度，大陆法采取肯定态度。我国《合同法》对此没有明确规定，但基于保护受要约人的合法权益，应该认定要约对要约人有拘束力，要约一经生效，要约人受要约约束，不得擅自撤销和修改。③要约对受要约人的拘束力。要约对受要约人的拘束力并不是限制受要约人为一定行为还是不为一定行为，而只是赋予了受要约人承诺的权利，而不是承诺的义务。因此，要约对受要约人没有拘束力。

（3）要约的消灭。要约人发出要约后，不一定就能产生合同的结果，遇到有些情况时，要约不发生法律效力，同时受要约人也就失去了承诺的资格。根据《合同法》的规定，在下列情况下，要约消灭：①要约撤回。要约撤回是指要约人发出要约后，在要约生效前取消要约的行为。要约人发出要约后，要约人可以撤回要约。撤回要约的通知应当在要约到达受要约人之前或者与要约同时到达受要约人。②要约的撤销。关于要约的撤销，英美法和大陆法对此有不同的规定，英美法中，要约对要约人一般是没有拘束力，所以要约在受要约人承诺前，要约人可以随时撤销要约。大陆法规定，要约对要约人有拘束力，所以要约人不能随意撤销。要约可以撤销。撤销要约的通知应当在受要约人发出承诺通知之前到达受要约人。因为要约对要约人有拘束力，根据《合同法》的规定：有下列情形之一的，要约不得撤销：一是要约人确定了承诺期限或者以其他形式明示要约不可撤销；二是受要约人有理由认为要约是不可撤销的，并已经为履行合同做了准备工作。③拒绝要约的通知到达要约人时要约消灭。要约生效后，受要约人取得承诺资格，可以承诺，也可以不承诺，如果受要约人拒绝承诺，并在拒绝通知到达要约人时，要约消灭。④承诺期限届满，受要约人未作承诺，要约消灭。⑤受要约人对要约内容做出了实质性变更，导致要约消灭。⑥要约人死亡或解散、撤销，导致要约消灭。要约是要约人的意思表示，如果合同成立，要约人要承担合同责任，如果要约人死亡或解散撤销，就无法承担这些后果，所以要约人死亡或解散撤销，必然导致要约消灭。

2. 承诺

承诺，是指受要约人向要约人发出同意要约，并按照要约内容订立合同的意思表示。《合同法》第二十一条规定："承诺是受要约人同意要约的意思表示。"

（1）承诺的构成要件。承诺的要件有：①承诺必须由受要约人向要约人作出。订立合同中，要约人和受要约人具有相对性，没有要约人就没有受要约人，反之亦然。要约人想订立合同向受要约人作出意思表示，受要约人对此意思表示有一种回应，这就是承诺。②承诺的内容必须和要约的内容一致。承诺的内容应当与要约的内容一致。受要约人对要约的内容作出实质性变更的，为新要约。有关合同标的、数量、质量、价款或者报酬、履行期限、履行地点和方式、违约责任和解决争议方法等的变更，是对要约内容的实质性变更。承诺对要约的内容作出非实质性变更的，除要约人及时表示反对或者要约表明承诺不得对要约的内容作出任何变更的以外，该承诺有效，合同的内容以承诺的内容为准。③承诺必须在有效期限作出。要约有效期限是使要约期限的延续，如果超过了要约有效期限，要约对要约人就失去了法律拘束力。依据《合同法》第二十三条第二款规定：要约没有确定承诺期限的，承诺应当依照下列规定到达：一是要约以对话方式作出的，应当即时作出承诺，但当事人另有约定的除外；二是要约以非对话方式作出的，承诺应当在合理期限内到达。要约以信件或者电报作出的，承诺期限自信件载明的日期或者电报交发之日开始计算。信件未载明日期的，自投寄该信件的邮戳日期开始计算。要约以电话、传真等快速通信方式作出的，承诺期限自要约到达受要约人时开始计算。

（2）承诺的法律效力。承诺是受要约人对要约的一种意思表示，承诺的法律效力在于承诺生效后，合同就告成立。《合同法》第二十五条规定："承诺生效时合同成立。"对承诺生效时间上存在两种主义，即到达生效主义和投递生效主义。我国《合同法》采取到到达生效主义，第二十六条明确规定，承诺通知到达要约人时生效。承诺不需要通知的，根据交易习惯或者要约的要求作出承诺的行为时生效。采用数据电文形式订立合同的，收件人指定特定系统接收数据电文的，该数据电文进入该特定系统的时间，视为到达时间；未指定特定系统的，该数据电文进入收件人的任何系统的首次时间，视为到达时间。

（3）承诺的撤回与迟到。我国《合同法》采取到达生效主义，所以有撤回问题。承诺可以撤回。撤回承诺的通知应当在承诺通知到达要约人之前或者与承诺通知同时到达要约人。承诺迟到可以分为迟发迟到和未迟发迟到。迟发迟到，因为已经过了承诺期限，所以承诺不发生法律效力。未迟发迟到，受要约人在承诺期限内发出承诺，按照通常情形能够及时到达要约人，但因其他原因承诺到达要约人时超过承诺期限的，除要约人及时通知受要约人因承诺超过期限不接受该承诺的以外，该承诺有效。

§18. 2. 3　合同成立

1. 合同成立的内容

我国合同法中没有明确规定合同的主要条款，但规定了通常情况下所包含的条款。根据《合同法》第十二条规定，主要有：①当事人的名称或者姓名和住所；②标的；③数量；④价款或者报酬；⑤履行期限、地点和方式；⑥违约责任；⑦解决争议的方法。

2. 合同的形式

合同的形式，是指合同双方当事人权利义务的外在表现。当事人订立合同，有书面形式、口头形式和其他形式。法律、行政法规规定采用书面形式的，应当采用书面形式。当事人约定采用书面形式的，应当采用书面形式。可以看出，合同的形式可以有约定形式和法定形式。

3. 合同成立的时间

合同成立时间是关系到合同当事人权利义务和责任的发生。合同成立的时间与承诺生效时间密切相关，一般情况下，承诺生效的时间就是合同成立的时间，《合同法》第二十五条规定："承诺生效时合同成立。"当事人采用合同书形式订立合同的，自双方当事人签字或者盖章时合同成立。如果签字或盖章不在同一时间时，自最后签字或盖章时合同成立。当事人采用信件、数据电文等形式订立合同的，可以在合同成立之前要求签订确认书。签订确认书时合同成立。

4. 合同成立的地点

合同成立的地点是涉及合同当事人履行和案件管辖问题。合同成立的地点与合同成立的时间密切相关。《合同法》第三十四条规定："承诺生效的地点为合同成立的地点。采用数据电文形式订立合同的，收件人的主营业地为合同成立的地点；没有主营业地的，其经常居住地为合同成立的地点。当事人另有约定的，按照其约定。"当事人采用合同书形式订立合同的，双方当事人签字或者盖章的地点为合同成立的地点。如果签字或盖章地点不在同一地点时，以最后签字或盖章地点为合同成立地点。

§18. 2. 4　缔约过失责任

1. 缔约过失责任的概念

缔约过失责任，是指在合同订立过程中，当事人违反诚实信用原则所承担的先合同义务，而造成对方信赖利益损失时而承担的民事赔偿责任。缔约过失责任最早是在 1861 年由德国法学家耶林提出。《合同法》第四十二条正式确立了缔约过失责任制度。

2. 缔约过失责任构成要件

缔约过失责任构成要件有：①缔约一方违反了先合同义务。这里的先合同义务是指在缔约过程中基于诚实信用而产生的义务，主要包括通知、协助、保护、保密等义务；②有损失的存在，主要是信赖利益的损失；③违反先合同义务行为与损失之间的因果关系；④违反先合同义务的缔约人有过错。

3. 适用缔约过失责任的法定情形

《合同法》第四十二条规定，有下列情形，适用缔约过失责任：①假借订立合同，恶意进行磋商；②故意隐瞒与订立合同有关的重要事实或者提供虚假情况；③有其他违背诚实信用原则的行为。

4. 缔约过失责任和违约责任的区别

缔约过失责任产生于缔约过程中，违约责任产生于合同中，两者有密切联系，但也有以下主要区别：

（1）产生基础不同。缔约责任时基于违反先合同义务的结果，违约责任是基于违反合同义务的结果；

（2）责任性质不同。缔约过失责任具有法定性，违约责任具有约定性。

（3）承担责任方式不同。缔约过失责任主要是民事赔偿责任，违约责任除了民事赔偿责任外，还有支出违约金、继续履行等。

（4）赔偿范围不同。缔约过失责任的赔偿范围没有限定性，违约责任赔偿范围有限定性。

§18.3　合同的效力

§18.3.1　合同效力概述

合同的效力是指依法成立的合同对当事人的法律约束力。合同内容是基于双方当事人的意思而达成的合意，因为符合法律规定，得到法律认可，因而合同效力是源于法律规定，而不是源于当事人的约定。从合同效力作用对象看，合同效力可以分为对双方当事人的效力；对第三人效力。已经成立的合同，以法律作为标准衡量，衡量的结果有：生效的合同；无效的合同；效力待定的合同；可撤销的合同。

§18.3.2　合同生效的要件

已经成立的合同，只要具备法律规定的条件才能发生法律效力。合同生效要件可以分为一般生效要件和特别生效要件。

1. 合同一般生效要件

合同生效的一般要件，是指合同发生法律效力普遍应该具备的条件。根据《民法通则》第五十五条的规定，一般生效要件有：

（1）行为人具有相应的民事行为能力。合同是一种法律行为，只有具有一定的行为能力的人才有资格订立，没有资格订立的人订立的合同当然没有法律效力。这里相应的民事行为能力，不是完全民事行为能力，是一种缔约能力的要求。但是，不具备相应民事行为能力的人可以通过代理人订立合同，但代理人必须符合法律关于代理的有关规定。

（2）意思表示真实。合同是双方当事人的意思体现，所谓意思表示真实，是指当事人订立合同时的意思表示和其内心想法一致。

（3）不违反法律和社会公共利益。合同虽然是双方当事人的意思合意的结果，但是也必须符合法律和社会公共利益的要求。

2．特别生效要件

特别生效要件，是指法律针对某些行为发生效力所附加的特别条件。根据《合同法》的规定，有附条件合同和附期限合同。

（1）附条件合同。附条件合同，是指合同当事人在合同中约定一定条件用于限制合同效力的合同。《合同法》第四十五条规定：“当事人对合同的效力可以约定附条件。附生效条件的合同，自条件成就时生效。附解除条件的合同，自条件成就时失效。当事人为自己的利益不正当地阻止条件成就的，视为条件已成就；不正当地促成条件成就的，视为条件不成就。”

（2）附期限合同。附期限合同是指当事人以将来发生的事实来限制合同效力的合同。附期限合同和附条件合同最本质的区别就在于期限是将来必定发生的事实，而条件是将来发生不发生不能确定的事实。《合同法》第四十六条规定：“当事人对合同的效力可以约定附期限。附生效期限的合同，自期限届至时生效。附终止期限的合同，自期限届满时失效。”

§18.3.3 无效合同

无效合同，是指不具备合同生效要件，自始确定当然不产生法律效力的合同。合同无效可以分为部分无效合同和全部无效合同。

1．合同无效的一般情形

根据《合同法》第五十二条规定，合同无效的原因有：①一方以欺诈、胁迫的手段订立合同，损害国家利益；②恶意串通，损害国家、集体或者第三人利益；③以合法形式掩盖非法目的；④损害社会公共利益；⑤违反法律、行政法规的强制性规定。

2．合同中当事人约定条款的无效

当事人可以在合同约定免责条款，但根据《合同法》第五十三条的规定，下列免责条款无效：①造成对方人身伤害的；②因故意或者重大过失造成对方财产损失的。

§18.3.4 效力待定合同

效力待定合同，是指合同成立时是否发生法律效力，必须经有权人追认才能确定效力的合同。这类合同，是否产生法律效力取决于有权的是否追认。根据《合同法》的规定，下列合同属于效力待定合同：

1．限制民事行为能力人订立的合同

根据我国《合同法》的规定，限制民事行为能力人订立的合同，经法定代理人追认后，该合同有效，但纯获利益的合同或者与其年龄、智力、精神健康状况相适应而订立的合同，不必经法定代理人追认。相对人可以催告法定代理人在一个月内予以追认。法定代理人未作表示的，视为拒绝追认。合同被追认之前，善意相对人有撤销的权利。撤销应当以通知的方式作出。

2．无权代理人代订的合同

行为人没有代理权、超越代理权或者代理权终止后以被代理人名义订立的合同，未经被代理人追认，对被代理人不发生效力，由行为人承担责任。相对人可以催告被代理人在一个月内予以追认。被代理人未作表示的，视为拒绝追认。合同被追认之前，善意相对人有撤销的权利。撤销应当以通知的方式作出。

值得注意的是表见代理合同。表见代理合同是指行为人没有代理权、超越代理权或者代理权终止后以被代理人名义订立的合同。表见代理合同和无权代理合同不同，前者属于有效合同，后者属于效力待定合同。《合同法》第四十九条规定："行为人没有代理权、超越代理权或者代理权终止后以被代理人名义订立合同，相对人有理由相信行为人有代理权的，该代理行为有效。"

3. 法定代表人、负责人超越代理权限订立的合同

法定代表人、负责人订立合同时是代表组织订立的，订立合同所确定的权利义务责任是由组织享受和承担的，组织内部有管理权限，超越权限有可能给组织带来合法利益的损害，所以这类合同要有效，必须有法人或组织的追认。《合同法》第五十条规定："法人或者其他组织的法定代表人、负责人超越权限订立的合同，除相对人知道或者应当知道其超越权限的以外，该代表行为有效。"据此，我们可以看出这个规定也有除外情形，如果相对人知道或应当知道，该代表行为虽然超越权限，但也应该是有效的。

4. 无处分权人订立的合同

无处分权人订立的合同是指无处分权人订立的以处分他人财产为内容的合同。《合同法》第五十一条规定："无处分权的人处分他人财产，经权利人追认或者无处分权的人订立合同后取得处分权的，该合同有效。"

§18.3.5　可撤销合同

可撤销合同，是指意思表示不真实，当事人一方享受撤销权，可以行使撤销权对已经成立的合同予以变更或撤销的合同。依据《合同法》第五十四条规定，下列合同属于可撤销合同：

（1）因重大误解订立的合同。重大误解订立的合同，是指当事人对有关合同的重要事项产生严重认知错误而订立的合同。

（2）在订立合同时显失公平的合同。所谓显失公平的合同，是指一方当事人利用自己的优势，或者利用对方没有经验，致使双方合同订立的内容违反公平、等价有偿的原则而订立的合同。

（3）一方以欺诈、胁迫的手段或者乘人之危订立的合同。一方欺诈、胁迫的手段订立的合同，损害国家利益，导致合同是无效的；如果一方以欺诈、胁迫的手段订立合同，没有损害国家利益，才是可撤销合同。

享有撤销权的当事人，可以请求人民法院或仲裁机构变更或撤销合同。对可撤销合同，当事人请求变更的，人民法院或仲裁机构不得撤销。撤销权不是永久权利，具有撤销权的当事人自知道或者应当知道撤销事由之日起一年内没有行使撤销权。

§18.3.6　无效合同或被撤销合同的法律后果

无效合同自始没有法律效力，被撤销合同自成立时没有法律效力。无效合同或被撤销合同不具有履行效力。合同无效、被撤销或者终止的，不影响合同中独立存在的有关解决争议方法的条款的效力；合同无效或者被撤销后，因该合同取得的财产，应当予以

返还；不能返还或者没有必要返还的，应当折价补偿。有过错的一方应当赔偿对方因此所受到的损失，双方都有过错的，应当各自承担相应的责任；当事人恶意串通，损害国家、集体或者第三人利益的，因此取得的财产收归国家所有或者返还集体、第三人。

§18. 4 合同的履行

§18. 4. 1 合同履行概述

合同履行，是指合同当事人在合同生效以后，按照合同的约定或法律的规定，全面地正确履行自己义务的行为。合同履行是合同债务人履行义务的特定行为，是订立合同当事人的终极目的，是合同生命力的表现。同时，合同履行，也是合同消灭的一种原因。

§18. 4. 2 合同履行原则

合同履行原则，是合同债务人履行合同过程中应遵守的基本准则。根据《合同法》第六十条的规定，合同履行原则主要有：全面履行原则、标的履行原则、协作履行原则。

1. 全面履行原则

全面履行原则，是指合同当事人应该按照合同所约定的义务，全面、彻底地履行合同，从而保障合同中债权人的权利的全面实现。这是合同履行的基本要求，也是判断当事人在履行合同中是否违约的基本标准。

2. 标的履行原则

标的履行原则，又称实际履行原则，是指当事人按照合同约定的标的履行合同义务的要求。合同约定的标的是什么，当事人就应该履行什么，不能用其他标的来代替履行。

3. 协作履行原则

协作履行原则，是指合同义务人，在履行合同义务时，相对人应该提供积极的协助义务，以保证债务人义务的切实、顺利履行。当事人应当遵循诚实信用原则，根据合同的性质、目的和交易习惯履行通知、协助、保密等义务。

§18. 4. 3 合同履行主体和内容

合同履行主体，是指合同当事人。合同当事人，是履行合同的当然主体，但根据《合同法》的规定，也允许合同当事人就合同履行主体作出约定。当事人约定由债务人向第三人履行债务的，债务人未向第三人履行债务或者履行债务不符合约定，应当向债权人承担违约责任。当事人约定由第三人向债权人履行债务的，第三人不履行债务或者履行债务不符合约定，债务人应当向债权人承担违约责任。

合同履行的内容，当然是合同约定的内容。合同生效后，当事人就质量、价款或者报酬、履行地点等内容没有约定或者约定不明确的，可以协议补充；不能达成补充协议的，按照合同有关条款或者交易习惯确定。当事人合同约定内容不明确时，按照下列规定履行：

（1）质量要求不明确的，按照国家标准、行业标准履行；没有国家标准、行业标准的，按照通常标准或者符合合同目的的特定标准履行。

（2）价款或者报酬不明确的，按照订立合同时履行地的市场价格履行；依法应当执行政府定价或者政府指导价的，按照规定履行。

（3）履行地点不明确，给付货币的，在接受货币一方所在地履行；交付不动产的，在不动产所在地履行；其他标的，在履行义务一方所在地履行。

（4）履行期限不明确的，债务人可以随时履行，债权人也可以随时要求履行，但应当给对方必要的准备时间。

（5）履行方式不明确的，按照有利于实现合同目的的方式履行。

（6）履行费用的负担不明确的，由履行义务一方负担。

依法应当执行政府定价或者政府指导价的，按照规定履行。《合同法》第六十三条规定："执行政府定价或者政府指导价的，在合同约定的交付期限内政府价格调整时，按照交付时的价格计价。逾期交付标的物的，遇价格上涨时，按照原价格执行；价格下降时，按照新价格执行。逾期提取标的物或者逾期付款的，遇价格上涨时，按照新价格执行；价格下降时，按照原价格执行。"

§18.4.4 合同履行中的抗辩权

1. 同时履行抗辩权

同时履行抗辩权，是指合同当事人在合同中互负债务，并且没有先后履行顺序，一方当事人在对方没有对等给付以前，拒绝履行自己合同中义务的权利。这种抗辩权属于延期抗辩权，不具有消灭对方请求权的效力。

依据《合同法》第六十六条规定，同时履行抗辩权的构成要件有：①当事人必须因同一双务合同而互负义务；②当事人互负债务没有履行先后之别并且债务已届清偿期；③当事人未履行债务或未按照约定履行债务；④对方的对待给付是可能履行的。

2. 先履行抗辩权

先履行抗辩权，是指双务合同中，应当先履行义务的一方当事人没有履行合同义务的，后履行义务一方当事人拒绝履行自己合同义务的权利。这种抗辩权也属于延期抗辩权，不具有消灭对方请求权的效力，只是暂时阻止先履行一方请求权的行使。

依据《合同法》第六十七条规定，先履行抗辩权的构成要件有：①当事人因双务合同互负债务；②合同中履行债务有先后之别；③先履行一方到期未履行债务或未适当履行债务。

3. 不安抗辩权

不安抗辩权，是指在双务合同中，应当先履行债务的当事人有确切证据证明对方当事人有丧失或可能丧失履行能力的情形时，中止履行自己债务的权利。不安抗辩权的主要效力在于中止合同，但同时负有及时通知对方的义务。

《合同法》第六十八条的规定："应当先履行债务的当事人，有确切证据证明对方有下列情形之一的，可以中止履行：①经营状况严重恶化；②转移财产、抽逃资金，以逃避债务；③丧失商业信誉；④有丧失或者可能丧失履行债务能力的其他情形。当事人没有确切证据中止履行的，应当承担违约责任。"

依据此规定，不安抗辩权的构成要件有：①当事人因双务合同互负债务；②当事人一方须有先履行的义务并已届履行期；③后履行义务的一方当事人有丧失或可能丧失履行债务能力的情形；④后履行义务一方没有对待给付或未提供担保。

§18.4.5 合同的保全

1. 合同保全的概念

合同保全，是指债权人为了防止债务人财产的不当减少而危害其债权的实现，对合同关系之外的第三人所采取的保护债权的一种法律措施。可以看出，合同保全使得合同关系对第三人发生的效力，这也是合同关系相对性的一种例外。在合同关系中，债务人的财产是保障债权实现的物质基础，无论是债务人的实际财产还是其责任财产的减少都会危及债权人债权的实现，因此合同保全制度，和担保制度、民事责任制度一样都是为了保障债权人债权的顺利实现。

2. 债权人的代位权

债权人的代位权，是指当债务人怠于行使对第三人的到期债权而危害债权人的债权实现时，债权人为了保全自己的债权，以自己的名义代位行使属于债务人权利的权利。债权人的代位权是一种法定权利。债权人行使代位权的必要费用，由债务人负担。

债权人的代位权构成要件有：①债权人对债务人享受债权并合法；②债务人对第三人享受债权并合法；③债务人怠于行使对第三人的到期债权；④债务人的债务已经构成迟延；⑤债务人对第三人的债权并非专属于债务人。

3. 债权人的撤销权

债权人的撤销权，又称废罢诉权，是指债务人实施减少其财产的行为而危害到债权人债权实现时，债权人为了保护自己的债权，可以请求人民法院撤销债务人行为的权利。撤销权，是一种法定权利，是一种实体权利而非诉讼权利，具有请求权和形成权的性质。债权人行使撤销权的必要费用，由债务人负担。撤销权自债权人知道或者应当知道撤销事由之日起一年内行使。自债务人的行为发生之日起 5 年内没有行使撤销权的，该撤销权消灭。

债权人的撤销权的构成要件有：①债务人实施了一定的危害债权人利益的行为，如放弃到期债权、无偿转让财产、以明显不合理的低价转让财产等；②债务人的行为给债权人造成了损害；③债务人或第三人有主观上的恶意。

§18.5 合同的变更、转让和终止

§18.5.1 合同的变更

1. 合同变更的含义

合同的变更，有广义和狭义之别，狭义是指合同内容发生变化，广义除了内容发生变化，还有主体发生变化。一般来说，合同的变更采取狭义说，是指合同主体不变，合同内容发生的变化。

2. 合同变更的条件

《合同法》第七十七条规定："当事人协商一致，可以变更合同。"第七十八条规定："当事人对合同变更的内容约定不明确的，推定为未变更。"根据上述规定，可以看出，合同变更的基本条件有：

（1）当事人之间已经存在有效的合同关系。这是变更的基础。

（2）合同内容发生变化，但合同主体不发生变化。这是合同变更和合同转让的区别。

（3）合同变更必须经当事人协商一致。这是合同变更的核心。

（4）合同变更形式必须符合法律规定。法律、行政法规规定变更合同需要办理批准、登记手续的，应从其规定。

§18.5.2 合同的转让

1. 合同转让的含义

合同转让，是指合同内容不发生变化，合同主体发生变化的情形。具体来说，合同转让是指合同当事人一方将合同权利、合同义务或合同的权利义务全部或部分转让给第三人的行为。

2. 合同转让的条件

根据《合同法》的相关规定，可以看出，合同转让具有以下条件：

（1）当事人必须具有合法有效的合同关系；

（2）合同转让程序和形式必须符合法律规定；

（3）合同转让必须当事人协商一致。

3. 合同转让的类别

（1）合同权利的转让。债权人可以将自己在合同中的全部或部分权利转让给第三人，但应该及时通知债务人。未经通知，该转让对债务人不发生效力。债权人转让权利的通知不得撤销，但经受让人同意的除外。但是，不是任何情况下，债权都可以转让的，根据《合同法》第七十九条规定，下列情形下，债权不得转让：①根据合同性质不得转让；②按照当事人约定不得转让；③依照法律规定不得转让。

（2）合同义务的转让。债务人将合同的义务全部或者部分转移给第三人的，但应当经债权人同意。债务人转移义务的，新债务人应当承担与主债务有关的从债务，但该从债务专属于原债务人自身的除外。法律、行政法规规定转让权利或者转移义务应当办理批准、登记等手续的，依照其规定。

（3）合同权利义务一并转让，也叫概括转让。当事人一方经对方同意，可以将自己在合同中的权利和义务一并转让给第三人。概括转让，也要符合权利转让和义务转让的法律规定。当事人订立合同后合并的，由合并后的法人或者其他组织行使合同权利，履行合同义务。当事人订立合同后分立的，除债权人和债务人另有约定的以外，由分立的法人或者其他组织对合同的权利和义务享有连带债权，承担连带债务。

§18.5.3 合同的终止

1. 合同终止的含义

合同的终止，又称合同的消灭，是指合同权利义务客观上的消失。合同的终止不同于合同的解除，也不同于合同的变更，因为终止，而导致当事人在合同中的权利义务消灭。合同的权利义务终止，不影响合同中结算和清理条款的效力。

2. 合同终止的原因

合同终止是有法律上的原因而引起的，不是由当事人约定的。根据《合同法》第九十一条规定，合同因下列原因而终止：

（1）债务已经按照约定履行。合同履行就是实现合同目的，满足债权人的利益的要求，债务已经履行，合同目的得以实现而导致合同终止。

（2）合同解除。合同的解除可以分为约定解除和法定解除。

《合同法》第九十三条规定："当事人协商一致，可以解除合同。当事人可以约定一方解除合同的条件。解除合同的条件成立时，解除权人可以解除合同。"这是约定解除。

《合同法》第九十四条规定："有下列情形之一的，当事人可以解除合同：①因不可抗力致使不能实现合同目的；②在履行期限届满之前，当事人一方明确表示或者以自己的行为表明不履行主要债务；③当事人一方迟延履行主要债务，经催告后在合理期限内仍未履行；④当事人一方迟延履行债务或者有其他违约行为致使不能实现合同目的；⑤法律规定的其他情形。"这是法定解除。

法律规定或者当事人约定解除权行使期限，期限届满当事人不行使的，该权利消灭。法律没有规定或者当事人没有约定解除权行使期限，经对方催告后在合理期限内不行使的，该权利消灭。

合同解除后，尚未履行的，终止履行；已经履行的，根据履行情况和合同性质，当事人可以要求恢复原状、采取其他补救措施，并有权要求赔偿损失。

（3）债务相互抵销。当事人互负到期债务，该债务的标的物种类、品质相同的，任何一方可以将自己的债务与对方的债务抵销，但依照法律规定或者按照合同性质不得抵销的除外。当事人互负债务，标的物种类、品质不相同的，经双方协商一致，也可以抵销。

（4）债务人依法将标的物提存。提存是指债务人债务已到履行期时，将无法给付的标的物提交给提存机关，以消灭合同债务的行为。我国法律没有明确规定提存机关，依据相关法律，提存机关可以是公安机关、公证机关、法院等。

根据法律规定可以提存的法定情形有：有下列情形之一，难以履行债务的，债务人可以将标的物提存：①债权人无正当理由拒绝受领；②债权人下落不明；③债权人死亡未确定继承人或者丧失民事行为能力未确定监护人；④法律规定的其他情形。债权人领取提存物的权利，自提存之日起 5 年内不行使而消灭，提存物扣除提存费用后归国家所有。

（5）债权人免除债务。免除债务是指债权人免除债务人的债务而使合同归于消灭的意思表示，免除是单方法律行为。债权人免除债务人部分或者全部债务的，合同的权利义务部分或者全部终止。

（6）债权债务同归于一人。债权债务同归于一人，又称为混同，是消灭合同的法定情形，但涉及第三人利益的除外。

（7）法律规定或者当事人约定终止的其他情形。

3. 合同终止的效力

根据法律规定，合同终止的法律效力有：

（1）合同当事人之间债权债务消灭；

（2）债权担保及其从属权利也消灭；

（3）合同终止后产生附随义务。合同的权利义务终止后，当事人应当遵循诚实信用原则，根据交易习惯履行通知、协助、保密等义务；

（4）合同的权利义务终止，不影响合同中结算和清理条款的效力。

§18.6 合同的担保

§18.6.1 合同担保概述

合同担保，是指为了保障合同全面正确履行实现合同当事人权利而设定的法律制度。合同担保一般通过合同的形式表现，担保合同是从合同，原当事人之间的债权债务是主合同。担保合同具有相对独立性。主合同无效，担保合同无效。

担保合同根据不同标准有不同的分类：根据担保产生的原因不同，将担保分为约定担保和法定担保；根据担保基础不同，可以将担保分为人的担保和物的担保。根据《中华人民共和国担保法》（以下简称《担保法》）的规定，我国担保形式有保证、抵押、质押、留置、定金。

§18.6.2　保证

1. 保证的概念和特征

保证，是指保证人和债权人约定，当债务人不履行债务时，保证人按照约定履行债务或者承担责任的协议。保证的特征有：

（1）保证是从合同。保证合同和主合同之间是主从关系，虽然保证合同是独立存在，但因为主合同而产生，所以是从合同。保证合同无效，不影响主合同的效力，主合同无效，保证合同无效。

（2）保证是无偿合同。保证合同中保证人保证在债务人不履行债务时向债权人承担保证责任，但是，保证人承当担保责任时，并不能要求债权人支付相应的对价，这体现了保证合同的无偿性。

（3）保证是诺成合同。保证合同是基于保证人与债权人的合意而成立，并不以保证人承当保证责任为成立要件，所以保证合同是诺成合同，不是实践合同。

2. 保证的方式

保证的方式有两种：一般保证和连带责任保证。一般保证是指当事人在保证合同中约定，债务人不能履行债务时，由保证人承担保证责任的。连带责任保证是指当事人在保证合同中约定保证人与债务人对债务承担连带责任的，当事人应当在合同中明确约定保证方式，当事人对保证方式没有约定或者约定不明确的，按照连带责任保证承担保证责任。

3. 保证人

保证人是具有代为清偿债务能力的法人、其他组织或者公民。但不是具有清偿债务的人都是保证人，根据《担保法》的规定，下列主体不能成为保证人：

（1）国家机关不得为保证人，但经国务院批准为使用外国政府或者国际经济组织贷款进行转贷的除外。

（2）学校、幼儿园、医院等以公益为目的的事业单位、社会团体不得为保证人。

（3）企业法人的分支机构、职能部门不得为保证人。企业法人的分支机构有法人书面授权的，可以在授权范围内提供保证。

4. 保证的免除和消灭

依据《担保法》有关规定，保证在下列情况下免除和消灭：

（1）债务人转让债务未经保证人书面同意的；

（2）主合同更新，未经保证人同意的；

（3）保证期限届满后债权人未请求的；

（4）同一债权，既有保证也有物的担保，债权人放弃物的担保的；

（5）主合同终止或保证合同消灭的。

§18. 6. 3 抵押

1. 抵押的概念和抵押物

是指债务人或者第三人不转移特定财产的占有，将该财产作为债权的担保。债务人不履行债务时，债权人有权依照法律规定以该财产折价或者以拍卖、变卖该财产的价款优先受偿。债务人或者第三人为抵押人，债权人为抵押权人，提供担保的财产为抵押物。

抵押物是抵押法律关系中当事人权利义务的载体，因此，《担保法》采取列举和禁止两种方式做了规定。《担保法》第三十四条规定，下列财产可以作为抵押物：

（1）抵押人所有的房屋和其他地上定着物；

（2）抵押人所有的机器、交通运输工具和其他财产；

（3）抵押人依法有权处分的国有的土地使用权、房屋和其他地上定着物；

（4）抵押人依法有权处分的国有的机器、交通运输工具和其他财产；

（5）抵押人依法承包并经发包方同意抵押的荒山、荒沟、荒丘、荒滩等荒地的土地使用权；

（6）依法可以抵押的其他财产。

同时，《担保法》第三十七条规定，下列财产禁止抵押：

（1）土地所有权；

（2）耕地、宅基地、自留地、自留山等集体所有的土地使用权，但抵押人依法承包并经发包方同意抵押的荒山、荒沟、荒丘、荒滩等荒地的土地使用权除外；乡（镇）、村企业的土地使用权不得单独抵押。以乡（镇）、村企业的厂房等建筑物抵押的，其占用范围内的土地使用权同时抵押的除外。

（3）学校、幼儿园、医院等以公益为目的的事业单位、社会团体的教育设施、医疗卫生设施和其他社会公益设施；

（4）所有权、使用权不明或者有争议的财产；

（5）依法被查封、扣押、监管的财产；

（6）依法不得抵押的其他财产。

2. 抵押合同和抵押物登记

抵押合同是抵押人与抵押权人订立的书面合同，无论是主合同的债务人，还是第三人，但都必须是对抵押物有处分权的人。抵押合同应当包括以下内容：

（1）被担保的主债权种类、数额；

（2）债务人履行债务的期限；

（3）抵押物的名称、数量、质量、状况、所在地、所有权权属或者使用权权属；

（4）抵押担保的范围；

（5）当事人认为需要约定的其他事项。抵押合同不完全具备前面规定内容的，可以补正。

《担保法》规定，以下列财产抵押的，应当办理抵押物登记：

（1）以无地上定着物的土地使用权抵押的，为核发土地使用权证书的土地管理部门；

（2）以城市房地产或者乡（镇）、村企业的厂房等建筑物抵押的，为县级以上地方人民政府规定的部门；

（3）以林木抵押的，为县级以上林木主管部门；

（4）以航空器、船舶、车辆抵押的，为运输工具的登记部门；

（5）以企业的设备和其他动产抵押的，为财产所在地的工商行政管理部门。

办理抵押物登记，抵押合同自登记之日起生效。当事人以其他财产抵押的，可以自愿办理抵押物登记，抵押合同自签订之日起生效。当事人未办理抵押物登记的，不得对抗第三人。当事人办理抵押物登记的，登记部门为抵押人所在地的公证部门。

3. 抵押担保的效力

抵押担保的法律效力主要有：

（1）抵押人对抵押物的处分权受到限制。抵押期间，抵押人转让已办理登记的抵押物的，应当通知抵押权人并告知受让人转让物已经抵押的情况；抵押人未通知抵押权人或者未告知受让人的，转让行为无效。转让抵押物的价款明显低于其价值的，抵押权人可以要求抵押人提供相应的担保；抵押人不提供的，不得转让抵押物。抵押人转让抵押物所得的价款，应当向抵押权人提前清偿所担保的债权或者向与抵押权人约定的第三人提存。超过债权数额的部分，归抵押人所有，不足部分由债务人清偿。

（2）抵押权人有权保全抵押权。抵押人的行为足以使抵押物价值减少的，抵押权人有权要求抵押人停止其行为。抵押物价值减少时，抵押权人有权要求抵押人恢复抵押物的价值，或者提供与减少的价值相当的担保。抵押人对抵押物价值减少无过错的，抵押权人只能在抵押人因损害而得到的赔偿范围内要求提供担保。抵押物价值未减少的部分，仍作为债权的担保。抵押权与其担保的债权同时存在，债权消灭的，抵押权也消灭。

（3）抵押权人对抵押权的处分。抵押权人可以放弃其抵押权，也可以转让其抵押权或者以抵押权做债权的担保，但抵押权不得与债权分离而单独转让或者作为其他债权的担保。债务履行期届满，债务人不履行债务致使抵押物被人民法院依法扣押的，自扣押之日起抵押权人有权收取由抵押物分离的天然孳息以及抵押人就抵押物可以收取的法定孳息。抵押权人未将扣押抵押物的事实通知应当清偿法定孳息的义务人的，抵押权的效力不及于该孳息。抵押人将已出租的财产抵押的，应当书面告知承租人，原租赁合同继续有效。

（4）抵押权的实现。债务履行期届满抵押权人未受清偿的，可以与抵押人协议以抵押物折价或者以拍卖、变卖该抵押物所得的价款受偿；协议不成的，抵押权人可以向人民法院提起诉讼。抵押物折价或者拍卖、变卖后，其价款超过债权数额的部分归抵押人所有，不足部分由债务人清偿。同一财产向两个以上债权人抵押的，拍卖、变卖抵押物所得的价款按照以下规定清偿：①抵押合同以登记生效的，按照抵押物登记的先后顺序清偿；顺序相同的，按照债权比例清偿；②抵押合同自签订之日起生效的，该抵押物已登记的，按照抵押物登记的先后顺序清偿；顺序相同的，按照债权比例清偿；未登记的，按照合同生效时间的先后顺序清偿，顺序相同的，按照债权比例清偿。抵押物已登记的先于未登记的受偿。

§18. 6. 4　质押

1. 质押的概念

质押，是指债务人或者第三人转移其财产的占有给债权人以提供债权的担保。提供担保的债务人或第三人叫出质人，被担保的债权人为质权人，移交的财产或权利为质押物。债务人不履行债务时，债权人有权依照法律规定以该财产折价或者以拍卖、变卖该财产或者转让该权利的价款优先受偿。质押分为动产质押和权利质押。

2. 动产质押

动产质押，是指债务人或者第三人将其动产移交债权人占有，将该动产作为债权的担保。债务人不履行债务时，债权人有权依照法律规定以该动产折价或者以拍卖、变卖该动产的价款优先受偿。债务人或者第三人为出质人，债权人为质权人，移交的动产为质物。

设立动产质押，出质人和质权人应当以书面形式订立质押合同。质押合同自质物移交于质权人占有时生效。质押合同应当包括以下内容：

（1）被担保的主债权种类、数额；

（2）债务人履行债务的期限；

（3）质物的名称、数量、质量、状况；

（4）质押担保的范围；

（5）质物移交的时间；

（6）当事人认为需要约定的其他事项。质押合同不完全具备前款规定内容的，可以补正。出质人和质权人在合同中不得约定在债务履行期届满质权人未受清偿时，质物的所有权转移为质权人所有。

3. 权利质押

权利质押，是指债务人或第三人将权利凭证移交给债权人占有而作为债权担保的一种方式。债务人不履行债务时，债权人有权依照法律规定以该权利折价或以拍卖、变卖该权利的价款优先受偿。可以质押的权利有：

（1）汇票、支票、本票、债券、存款单、仓单、提单；

（2）可以转让的基金份额、股权；

（3）可以转让的注册商标专用权、专利权、著作权等知识产权中的财产权；

（4）应收账款等法律、行政法规规定可以出质的其他财产权利。以汇票、支票、本票、债券、存款单、仓单、提单出质的，应当在合同约定的期限内将权利凭证交付质权人。质押合同自权利凭证交付之日起生效。

以基金份额、股权出质的，出质人与质权人应当订立书面合同，并向证券登记机构办理出质登记。质押合同自登记之日起生效。以依法可以转让的商标专用权，专利权、著作权中的财产权出质的，出质人与质权人应当订立书面合同，并向其管理部门办理出质登记。质押合同自登记之日起生效。以依法可以转让的商标专用权，专利权、著作权中的财产权出质后，出质人不得转让或者许可他人使用，但经出质人与质权人协商同意的可以转让或者许可他人使用。

§18.6.5 留置

1. 留置的概述

留置，是指债权人按照合同约定占有债务人的动产，债务人不按照合同约定的期限履行债务的，债权人有权依照法律规定留置该财产，以该财产折价或者以拍卖、变卖该财产的价款优先受偿。留置权是依照法律规定直接产生的担保物权，不能由当事人约定。因保管合同、运输合同、加工承揽合同发生的债权，债务人不履行债务的，债权人有留置权。

2. 留置的效力

留置担保的范围包括主债权及利息、违约金、损害赔偿金，留置物保管费用和实现留置权的费用。留置权人负有妥善保管留置物的义务。因保管不善致使留置物灭失或者毁损的，留置权人应当承担民事责任。留置权人负有妥善保管留置物的义务。债权人与债务人应当在合同中约定，债权人留置财产后，债务人应当在不少于两个月的期限内履行债务。债权人与债务人在合同中未约定的，债权人留置债务人财产后，应当确定两个月以上的期限，通知债务人在该期限内履行债务。债务人逾期仍不履行的，债权人可以与债务人协议以留置物折价，也可以依法拍卖、变卖留置物。留置物折价或者拍卖、变卖后，其价款超过债权数额的部分归债务人所有，不足部分由债务人清偿。

§18.6.6　定金

定金，是指债务人按照约定预先给付债权人一定数额的金钱。定金根据作用不同，可以分为立约定金、成约定金、证约定金、解约定金和预约定金。定金应当以书面形式约定。当事人在定金合同中应当约定交付定金的期限。定金合同从实际交付定金之日起生效。债务人履行债务后，定金应当抵作价款或者收回。给付定金的一方不履行约定的债务的，无权要求返还定金；收受定金的一方不履行约定的债务的，应当双倍返还定金。定金的数额由当事人约定，但不得超过主合同标的额的百分之二十。

§18.7　违约责任

§18.7.1　违约责任的概念和特征

违约责任，是合同当事人违反合同规定不履行合同义务而承担的法律责任。当事人一方不履行合同义务或者履行合同义务不符合约定的，应当承担继续履行、采取补救措施或者赔偿损失等违约责任。对违约责任的性质有担保说、法律制裁说、补偿说、法律后果说、替代履行说等观点。

违约责任，是一种民事责任，具备一般民事责任的性质，但也和一般民事责任有所不同，主要的特征有：

1. 违约责任是一种以合同为前提和基础的责任

违约责任，是当事人不履行或不适当履行合同而产生的法律后果，当然要以合法有效的合同为前提，当事人承担法律责任范围、大小都要以当事人合法有效的合同为基础，无效合同不能在当事人之间产生债权债务关系，当然也就不能产生违约责任。

2. 违约责任是一种财产责任

合同是一种债权债务关系，主要是一种财产内容，违约责任是对合同当事人中非违约方的救济，这种救济当然主要是以财产的方式进行。在历史发展过程中，违约责任既有人身责任，也有财产责任。现代社会中，违约责任已经成为单纯的财产责任。

3. 违约责任可以由当事人约定

合同是双方当事人合意的结果，当事人可以在合同中约定彼此义务，也可以约定违反合同的义务的责任，这是违约责任重要的性质。但是，当事人为违约责任的约定不能违反法律规定，不能损害消费者合法权益。《合同法》第五十三条规定："合同中的下列免责条款无效：（1）造成对方人身伤害的；（2）因故意或者重大过失造成对方财产损失的。"

4．违约责任的相对性

违约责任的相对性，源于合同的相对性，是合同当事人之间一方当事人违反合同而向另一方当事人承担的民事责任。第三人对合同当事人不承担违约责任。《合同法》第一百二十一条规定："当事人一方因第三人的原因造成违约的，应当向对方承担违约责任。当事人一方和第三人之间的纠纷，依照法律规定或者按照约定解决。"

§18．7．2　违约行为

违约行为，是指合同当事人没有按照法律规定和合同约定履行合同义务行为。违约行为可以分为预期违约和实际违约两种。

1．预期违约

预期违约，是指在合同履行期到来之前，当事人一方明确表示或者以自己的行为表明不履行合同义务的，对方可以在履行期限届满之前要求其承担违约责任。预期违约和实际违约有所不同，预期违约是在履行期限到来之前的违约，而实际违约是在履行期限到来后的违约。

2．实际违约

实际违约，是指在合同履行期到来后，一方当事人以明示或默示的方式表示不履行合同的行为。实际违约，又分为不履行合同和不适当履行合同两种。

（1）不履行合同。不履行合同，是指合同当事人没有履行合同的任何行为。不履行合同，又分为拒绝履行合同和不可能履行合同。拒绝履行合同是指合同当事人在合同义务履行期限到来后，没有正当理由以明示或默示的方式表示不履行合同。不可能履行合同是指合同当事人丧失履行合同的条件或能力不可能履行合同。二者根本的区别在于，前者是由于当事人主观的原因没有履行合同，后者是由当事人主观以后的客观原因而没有履行合同。

（2）不适当履行合同。不适当履行合同，是指合同当事人虽然有履行合同的行为，但是该履行行为不符合合同的约定。不适当履行包括质量上的不适当履行、数量上的不适当履行、履行地点的不适当履行、履行方式方法的不适当履行、履行期限的不适当履行等。

§18．7．3　违约责任的形式

1．继续履行

继续履行，是指合同一方当事人违反合同义务后，另一方当事人请求人民法院强制违约方继续履行合同义务的责任。继续履行，是基于实现合同当事人订立合同目的的需求。根据《合同法》的规定，继续履行适用的条件有：

（1）合同当事人有违约行为的存在；

（2）债权人在合理期限内请求继续履行；

（3）继续履行有可能；

（4）继续履行有必要；

（5）履行债务的标的适于强制执行。

2．支出违约金

违约金，是指当事人在合同中约定的一方当事人违反合同时给对方当事人支出一定数额的款项。违约金既有惩罚性也有补偿性。约定的违约金低于造成的损失的，当事人可以请求人民法院或者仲裁机构予以增加；约定的违约金过分高于造成的损失的，当事人可以请求人民法院或者仲裁机构予以适当减少。当事人就迟延履行约定违约金的，违约方支付违约金后，还应当履行债务。当事人既约定违约金，又约定定金的，一方违约时，对方可以选择适用违约金或者定金条款。

3．赔偿损失

赔偿损失，是指违约方赔偿由于自己的违约行为而造成对方的损失。赔偿损失具有普遍适用性、并用性、补偿性等特征。根据《合同法》的规定，赔偿损失具有以下条件：

（1）当事人要有违约行为；

（2）造成债权人的损失，这个损失可以是直接损失，也可以是间接损失；

（3）违约行为与损失之间的因果关系。

4．其他补救措施

当事人违反合同后，除了采取继续履行、支付违约金、赔偿损失外，还可以采取定金、退货、减少价款或报酬等方式承担违约责任。

§18.7.4　违约责任的免除

合同生效后，双方当事人都应该按照合同约定履行合同，不履行合同或不适当履行合同，当事人就应该承担违约责任。但是，不是任何情况下，当事人不履行合同或不适当履行合同都承担违约责任。根据法律规定或者双方当事人约定可以免除当事人的违约责任，这就是违约责任的免除。违约责任免除事由可以分为约定事由和法定事由。

当事人在合同中可以约定双方的权利义务，也可以约定双方任何一方违约后应该承担的违约责任，当然也可以约定违反合同后的责任免除。但是，当事人约定的违约责任免除，不能违背法律规定，也不能违背社会公共利益。如果违背了法律规定或社会公共利益的免责条款是无效的。为此，《合同法》第五十三条规定：下列免责条款无效：

（1）造成对方人身伤害的；

（2）因故意或者重大过失造成对方财产损失的。

合同免责的法定事由包括发生不可抗力、债权人的过错等。根据《合同法》规定，不可抗力是指不能预见、不能避免并不能克服的客观情况。发生不可抗力不能履行合同的，根据不可抗力的影响，部分或者全部免除责任，但法律另有规定的除外。当事人迟延履行后发生不可抗力的，不能免除责任。同时，要求当事人一方因不可抗力不能履行合同的，应当及时通知对方，以减轻可能给对方造成的损失，并应当在合理期限内提供证明。

债权人的过错，也是法定免责事由，当事人一方违约后，对方应当采取适当措施防止损失的扩大；没有采取适当措施致使损失扩大的，不得就扩大的损失要求赔偿。当事人因防止损失扩大而支出的合理费用，由违约方承担。在运输途中，旅客的伤亡是由旅客故意、重大过失造成的，承运人不承担赔偿责任。因托运人或收货人的过错导致货物毁损、灭失的，承运人不承担违约责任。

违约责任免除，还有其他法定原因。《合同法》第三百一十一条规定，运输途中，货物的毁损、灭失是因为货物本身的自然性质或者合理损耗造成的，承运人不承担赔偿责任。《合同法》第三百九十四条规定，因仓储物的性质、包装不符合约定或者超过有效储存期造成仓储物变质、损坏的，保管人不承担损害赔偿责任。

【思考题】

1. 合同的概念、特征及分类。
2. 合同订立的程序及缔约过失责任。
3. 无效合同的法定情形及合同无效的法律后果。
4. 合同履行原则和合同履行规则。
5. 合同履行中的抗辩权。
6. 合同担保与合同保全的区别。
7. 违约责任的概念、特征和免除。

第四编　宏观经济调控法

第19章　税收法律制度

§19. 1　税法概述

§19. 1. 1　税收的概念及其特征

1. 税收的概念

税收是国家为了实现其职能，凭借政治权力，按照税法规定标准，对纳税人强制、无偿征收取得财政收入的一种分配关系。它表明了国家和纳税人在利益分配上的特殊关系。在市场经济条件下，税收是国家取得财政收入的主要形式。

2. 税收的特征

（1）强制性。强制性是指国家凭借政治权力，运用法律形式，按照一定的征收标准进行强制征税。负有纳税义务的单位和个人，都必须无条件地遵守国家强制性的税收法律制度，履行纳税义务，否则就要受到法律制裁。

（2）无偿性。无偿性是指国家取得税收收入既不需要偿还，也不需要向纳税人支付对价。税收的无偿性是由税收的特殊分配性质决定的。

（3）固定性。固定性是指国家征税以法律形式预先规定征税对象、纳税主体、税率、纳税期限等，在一定时期内要求代表国家行使征税权的征税机关和纳税人共同遵守，以确保国家财政收入的稳定。

§19. 1. 2　税法的概念和构成要素

1. 税法的概念

税法是国家制定的用以调整国家与纳税人之间的税收征纳关系的法律规范的总称。它是国家依法征税、纳税人依法纳税的行为准则。税法是实体内容和征管程序相统一的法律部门。按照税收法律规定内容的不同为标准对税法进行划分，我国税法体系由税收实体法和税收程序法两部分组成。税收实体法是指以规定和确认税法主体的权利和义务为主要内容的法律、法规的总称。其主要包括流转税法、所得税法、财产税法、行为税法、土地与资源税法和其他实体税法。税收程序法是指以保证税法主体的权利和义务得以实现或者职权和职责得以履行的有关程序为主要内容的法律规范的总称。其主要规定征税机关的税收征管程序以及纳税人的纳税程序。主要内容包括税务登记、纳税申报、税款征收、账簿凭证管理、税务检查、法律责任等。

2. 税法的构成要素

（1）纳税主体。又称课税主体，是指税法规定的直接负有纳税义务的单位和个人。与纳税人相关的概念有扣缴义务人和负税人。扣缴义务人是指由税法规定的，在其经营活动过程中负有代扣代缴税款义务的单位和个人。负税人是指税收负担的最终承担者。纳税人与负税人是两个不同的概念，二者有时一致，有时不一致（涉及税负转嫁）。

（2）征税对象。征税对象又称课税客体或征税客体，是指税法规定的征税标的。征税对象是税法规定的征税的目的物，它具体说明国家对什么征税的问题。征税对象也是区分不同税种的重要标志。

（3）税目和计税依据。税目是指税法规定的征税对象的具体项目，是征税对象在质上的具体化。它规定了征税对象的具体范围，具体体现了征税的广度。各国在税法中对税目的规定有列举法和概括法两种方法。

计税依据，又称税基，是指由税法规定的用以计算应纳税额的依据。它是征税对象在量上的具体化。计税依据可分为从价和从量两类标准。

（4）税率。税率是指税法规定的应纳税额与征税对象数额之间的比例关系。税率的高低直接体现着国家的税收政策，关系着国家的财政收入和纳税人的税收负担水平，是国家调整其与纳税人之间经济利益分配的关系的重要手段。

我国现行税法规定的税率包括比例税率、累进税率和定额税率。①比例税率。比例税率是指对同一征税对象或同一税目，不论数额大小，均按同一比例征税的税率。比例税率的优点是计征简便，便于征管；其弊端是不能按照纳税人的纳税能力调节税负，具有累退效应。②累进税率。累进税率是指随征税对象数额增大而提高的税率。根据划分级距的标准和累进方式不同，可分为全额累进税率、超额累进税率和超率累进税率三种。③定额税率。又称固定税额，是指按单位征税对象直接规定固定税额的一种税率。其适用于从量定额计征的税种。

（5）纳税环节。纳税环节是指税法规定的在商品生产和流转过程中应当缴纳税款的环节。一种税具体确定在哪个或哪几个环节进行征税，不仅关系到税制结构和税负平衡问题，而且对于保证国家财政收入，方便纳税人缴纳税款，促进各地区税收收入的公平分配等都有重要意义。

（6）纳税期限。纳税期限是指纳税义务确定后，负有纳税义务的单位和个人依法缴纳税款的期限。纳税期限包括纳税计算期和税款缴库期两类。税法明确规定纳税期限，是为了保证税收的稳定性和及时性。按期纳税是纳税人的法定义务。

（7）纳税地点。纳税地点是指纳税人申报缴纳税款的场所。税法规定纳税地点的目的在于：①避免对同一征税对象重复征税或漏征税款；②明确区域税收收入的归宿。

（8）税收优惠。税收优惠是指国家为了体现鼓励和扶持的税收政策，在税收方面采取的激励和照顾措施。税收优惠的形式包括减税、免税、退税、投资抵免、加速折旧、亏损结转抵补和延期纳税等。

（9）违章处理。违章处理是指税法规定的相关主体违反税法规定应当承担的法律后果。

§19. 2 流转税法律制度

根据征税对象的不同，可以把我国的现行税法划分为流转税法、所得税法、财产税法、行为税法和资源税法。

1. 流转税的概念

流转税是指以流转额为征税对象的一种税。流转额是指在商品流转中商品销售收入额和经营活动所取得的各种劳务、服务的业务收入额。流转税法是指为规范流转税而制定的各种税收法律、法规的总称。我国的流转税法主要包括增值税法、消费税法、营业税法、关税法等。

2. 增值税法①

（1）增值税和增值税法。增值税是指以商品生产、流通和提供劳务服务各环节的增值额为征税对象的一种税。1993年12月国务院颁布了《中华人民共和国增值税暂行条例》（以下简称《增值税暂行条例》），自1994年1月1日起实施。2008年11月5日国务院第34次常务会议对《增值税暂行条例》进行修订，于2009年1月1日实施。

（2）纳税主体。依据《增值税暂行条例》第一条规定，增值税的纳税主体是指在我国境内销售货物或者提供加工、修理修配劳务以及进口货物的单位和个人。这里的单位，依据《中华人民共和国增值税暂行条例实施细则》（以下简称《增值税暂行条例实施细则》2008年12月15日财政部国家税务总局第51号令）第九条规定，是指企业、行政单位、事业单位、军事单位、社会团体及其他单位。个人，是指个体工商户和其他个人。增值税的纳税人分为一般纳税人和小规模纳税人两种。

（3）税率。依据《增值税暂行条例》第二条规定，增值税税率包括17%、13%和零税率三档。其中纳税人销售或者进口粮食、食用植物油、自来水、暖气、冷气、热

---

① 2016年3月23日，财政部、国家税务总局发布《关于全面推开营业税改征增值税试点的通知》，经国务院批准，自2016年5月1日起，在全国范围内全面推开营业税改征增值税（以下称营改增）试点，建筑业、房地产业、金融业、生活服务业等全部营业税纳税人，纳入试点范围，由缴纳营业税改为缴纳增值税。改革试点的主要内容包括：（1）税率。依《营业税改征增值税试点实施办法》规定，增值税税率：①纳税人发生应税行为，除本条第②项、第③项、第④项规定外，税率为6%。②提供交通运输、邮政、基础电信、建筑、不动产租赁服务，销售不动产，转让土地使用权，税率为11%。③提供有形动产租赁服务，税率为17%。④境内单位和个人发生的跨境应税行为，税率为零。具体范围由财政部和国家税务总局另行规定。增值税征收率为3%，财政部和国家税务总局另有规定的除外。（2）计税方法。增值税的计税方法，包括一般计税方法和简易计税方法。一般纳税人发生应税行为适用一般计税方法计税。一般纳税人发生财政部和国家税务总局规定的特定应税行为，可以选择适用简易计税方法计税，但一经选择，36个月内不得变更。小规模纳税人发生应税行为适用简易计税方法计税。（3）计税依据。纳税人计税依据为其发生应税行为取得的不含应纳增值税额的销售额。不仅如此，试点方案对税收收入归属、税收优惠政策、跨地区税种协调、纳税地点以及增值税抵扣政策等做出了过渡性政策安排。按照试点方案，对纳税人发生的跨境应税行为适用增值税零税率和免税政策。参见财政部、国家税务总局发布的《关于全面推开营业税改征增值税试点的通知》（财税〔2016〕36号，2016.3.23）附件1：《营业税改征增值税试点实施办法》第十五条、第十六条、第十七条、第十八条、第十九条、第二十一条、第二十二条、第二十三条、第三十四条、第三十五条、第三十六条。

水、煤气、石油液化气、天然气、沼气、居民用煤炭制品、图书、报纸、杂志、饲料、化肥、农药、农机、农膜以及国务院规定的其他货物，税率为13%；除上述货物外，纳税人销售、进口货物或者提供加工、修理修配劳务，税率为17%；自2009年1月1日起，小规模纳税人销售货物或提供应税劳务，适用3%征收率，但不得抵扣进项税额；纳税人出口货物，除国务院另有规定外，税率为零。

（4）增值税应纳税额的计算。增值税实行价外计征的办法。我国对增值税一般纳税人采用扣税法计算缴纳增值税。即按照税法规定的范围凭进货发票注明的税额，从当期的销项税额中抵扣购进货物或者应税劳务已缴纳的增值税税额（即进项税额）。应纳税额计算公式为：

应纳税额 = 当期销项税额 - 当期进项税额

增值税的进项税额是指纳税人购进货物或接受应纳税劳务时支付或负担，并在计算增值税的应纳税额时允许抵扣的增值税税款。因当期销项税额小于进项税额不足抵扣时，其不足部分可以结转下期继续抵扣。

纳税人销售货物或者应税劳务，按照销售额和《增值税暂行条例》第二条规定的税率计算并向购买方收取的增值税额，为销项税额。销项税额计算公式为：

销项税额 = 销售额 × 税率

公式中，销售额为纳税人销售货物或者应税劳务向购买方收取的全部价款和价外费用，但是不包括收取的销项税额。销售额以人民币计算。纳税人以人民币以外的货币结算销售额的，应当折合成人民币计算。

我国对增值税小规模纳税人实行简易征收方法计算缴纳增值税。对小规模纳税人销售货物或者应税劳务，以销售额和规定的3%征收率计算应纳税额，不抵扣进项税额。应纳税额计算公式为：

应纳税额 = 销售额 × 征收率

纳税人进口货物，按组成计税价格和规定的税率计算应纳税额，不得抵扣任何税额。组成计税价格和应纳税额计算公式：

组成计税价格 = 关税完税价格 + 关税 + 消费税

应纳税额 = 组成计税价格 × 税率

公式中，关税完税价格是指经海关核定的关税的计税价格；关税是指按照关税完税价格和适用的关税率所计算的关税的应纳税额。如果进口的是不需要缴纳消费税的货物，则组成计税价格公式中的消费税为零，公式得以简化。

（5）纳税期限。依据《增值税暂行条例》第二十三条规定，增值税的纳税期限分别为1日、3日、5日、10日、15日、1个月或者1个季度。纳税人的具体纳税期限，由主管税务机关根据纳税人应纳税额的大小分别核定；不能按照固定期限纳税的，可以按次纳税。纳税人以1个月或者1个季度为1个纳税期的，自期满之日起15日内申报纳税；以1日、3日、5日、10日或者15日为1个纳税期的，自期满之日起5日内预缴税款，于次月1日起15日内申报纳税并结清上月应纳税款。

（6）纳税地点。依据《增值税暂行条例》第二十二条规定，增值税纳税地点：①固定业户应当向其机构所在地的主管税务机关申报纳税。总机构和分支机构不在同一县（市）的，应当分别向各自所在地的主管税务机关申报纳税；经国务院财政、税务主管部门或者其授权的财政、税务机关批准，可以由总机构汇总向总机构所在地的主管税务机关申报纳税。②固定业户到外县（市）销售货物或者应税劳务，应当向其机构所在地的主管税务机关申请开具外出经营活动税收管理证明，并向其机构所在地的主管税务机关申报纳税；未开具证明的，应当向销售地或者劳务发生地的主管税务机关申报纳税；未向销售地或者劳务发生地的主管税务机关申报纳税的，由其机构所在地的主管税务机关补征税款。③非固定业户销售货物或者应税劳务，应当向销售地或者劳务发生地的主管税务机关申报纳税；未向销售地或者劳务发生地的主管税务机关申报纳税的，由其机构所在地或者居住地的主管税务机关补征税款。④进口货物，应当向报关地海关申报纳税。

扣缴义务人应当向其机构所在地或者居住地的主管税务机关申报缴纳其扣缴的税款。

（7）免征增值税的项目。依据《增值税暂行条例》第十五条规定，下列项目免征增值税：①农业生产者销售的自产农产品；②避孕药品和用具；③古旧图书；④直接用于科学研究、科学试验和教学的进口仪器、设备；⑤外国政府、国际组织无偿援助的进口物资和设备；⑥由残疾人组织直接进口供残疾人专用的物品；⑦销售自己使用过的物品。

3. 消费税法

（1）消费税和消费税法。消费税是以特定的应税消费品和消费行为的流转额为征税对象所征收的一种税。1993 年 12 月 13 日国务院颁布了《中华人民共和国消费税暂行条例》（以下简称《消费税暂行条例》），自 1994 年 1 月 1 日起实施。2008 年 11 月 5 日国务院第 34 次常务会议对《消费税暂行条例》进行修订，于 2009 年 1 月 1 日起实施。消费税只选择一部分消费品和消费行为征税，而且只在消费品生产、流通或消费的某一环节征收，税率、税额也根据不同消费品的种类、档次、结构、功能以及供求、价格等情况而有差别。

（2）纳税主体。依据《消费税暂行条例》第一条规定，消费税的纳税义务人是指在中华人民共和国境内生产、委托加工和进口税法规定的应税消费品的单位和个人，以及国务院确定的消费税法规定的应税消费品的其他单位和个人。

（3）征税范围。消费税征税范围是指在中华人民共和国境内生产、委托加工和进口税法规定的应税消费品。包括 15 类产品，即烟、酒、化妆品、贵重首饰及珠宝玉石、鞭炮和焰火、成品油、摩托车、小汽车、高尔夫球及球具、高档手表、游艇、木质一次性筷子、实木地板、电池、涂料等。①

（4）税目和税率。①税目。消费税税目采用列举方式加以规定，即征税的消费品才列入税目，不征税的不列入。通过税目设计界定了征与不征的范围。②税率。消费税税率采用比例税率和定额税率两种形式。对价格变化不大、计量单位规范的应税消费品，实行计税简便的从量计征方式的定额税率；对价格变化较大、计量单位不规范的应税消费品，采用价税联动的从价计税方式的比例税率。对卷烟、白酒采用比例税率和定

---

① 参见《关于调整消费税政策的通知》，财税〔2014〕93 号和《关于对电池、涂料征收消费税的通知》，财税〔2015〕16 号。

额税率相结合的复合计税方式,① 从 2015 年 2 月 10 日起,对卷烟在批发环节从价征收 11% 的消费税,并按 0. 005 元/支加征从量税②。对成品油实行固定税率,采用从量定额征收,从 2015 年 1 月 13 日起,对汽油、石脑油、溶剂油和润滑油按 1. 52 元/升,征收消费税;对柴油、航空煤油和燃料油按 1. 2 元/升,征收消费税,其中对航空煤油暂缓征收。③

(5)应纳税额计算。

①依据《消费税暂行条例》第五条规定,消费税实行从价定率、从量定额,或者从价定率和从量定额复合计税的办法计算应纳税额。应纳税额计算公式:

实行从价定率办法计算的应纳税额 = 销售额 × 比例税率

实行从量定额办法计算的应纳税额 = 销售数量 × 定额税率

实行复合计税办法计算的应纳税额 = 销售额 × 比例税率 + 销售数量 × 定额税率

销售额是指纳税人销售应税消费品向购买方收取的全部价款和价外费用。纳税人销售的应税消费品,以人民币计算销售额。纳税人以人民币以外的货币结算销售额的,应当折合成人民币计算。

②纳税人进口的应税消费品,按照组成计税价格计算纳税。

实行从价定率办法计算纳税的组成计税价格计算公式:

组成计税价格 = (关税完税价格 + 关税) ÷ (1 - 消费税比例税率)

实行复合计税办法计算纳税的组成计税价格计算公式:

组成计税价格 = (关税完税价格 + 关税 + 进口数量 × 消费税定额税率) ÷ (1 - 消费税比例税率)

(6)纳税环节。依据《消费税暂行条例》第四条规定,除卷烟在批发环节加征一道消费税外,其他应税消费品实行单一环节课税,纳税环节为生产环节,由应税消费品的生产者在销售或视同销售行为发生时缴纳消费税。具体包括:①生产应税消费品,于销售时纳税。②自产自用应税消费品,除连续用于生产应税消费品外,用于其他方面的应税消费品,于移送使用时纳税。③委托加工应税消费品,除受托方为个人外,由受托方在向委托方交货时代收代缴税款。委托加工的应税消费品,委托方用于连续生产应税消费品的,所纳税款准予按规定抵扣。④进口的应税消费品,于报关进口时纳税。

(7)纳税期限。①依据《消费税暂行条例》第十四条规定,消费税的纳税期限分别为 1 日、3 日、5 日、10 日、15 日、1 个月或者 1 个季度。纳税人的具体纳税期限,由主管税务机关根据纳税人应纳税额的大小分别核定;不能按照固定期限纳税的,可以按次纳税。纳税人以 1 个月或者 1 个季度为 1 个纳税期的,自期满之日起 15 日内申报纳税;以 1 日、3 日、5 日、10 日或者 15 日为 1 个纳税期的,自期满之日起 5 日内预缴税款,于次月 1 日起 15 日内申报纳税并结清上月应纳税款。②纳税人进口应税消费品,应当自海关填发海关进口消费税专用缴款书之日起 15 日内缴纳税款。

(8)纳税地点。依据《消费税暂行条例》第十三条规定,纳税人销售的应税消费

---

① 参见《关于调整和完善消费税政策的通知》,财税〔2006〕33 号。

② 参见《关于调整卷烟消费税的通知》,财税〔2015〕60 号。

③ 参见《关于继续提高成品油消费税的通知》,财税〔2015〕11 号。

品，以及自产自用的应税消费品，除国务院财政、税务主管部门另有规定外，应当向纳税人机构所在地或者居住地的主管税务机关申报纳税。

委托加工的应税消费品，除受托方为个人外，由受托方向机构所在地或者居住地的主管税务机关解缴消费税税款。

进口的应税消费品，应当向报关地海关申报纳税。

4. 营业税法①

（1）营业税和营业税法。营业税是指对在我国境内提供应税劳务、转让无形资产或者销售不动产的单位和个人就其营业收入额征收的一种税。1984 年 9 月国务院颁布《营业税条例（草案）》，开始征收营业税。1993 年 12 月 13 日国务院颁布《中华人民共和国营业税暂行条例》（以下简称《营业税暂行条例》），自 1994 年 1 月 1 日起施行。2008 年 11 月 5 日国务院第 34 次常务会议对《营业税暂行条例》进行修订，于 2009 年 1 月 1 日实施。

（2）纳税主体。依据《营业税暂行条例》第一条规定，营业税的纳税人是指在我国境内从事交通运输业、建筑业、金融保险业、邮电通信业、文化体育业、娱乐业、服务业以及转让无形资产或者销售不动产的单位和个人。

（3）税目和税率。营业税设计了 9 个税目，分别为交通运输业、建筑业、金融保险业、邮电通信业、文化体育业、娱乐业、服务业、转让无形资产和销售不动产。税率除娱乐业采用 5%～20% 的幅度税率外，其余均采用 3% 或 5% 的比例税率。

（4）应纳税额的计算。纳税人提供应税劳务、转让无形资产或者销售不动产，按照营业额和规定的税率计算应纳税额。应纳税额计算公式：

应纳税额 = 营业额 × 税率

（5）减免税。依据《营业税暂行条例》第八条规定，下列项目免征营业税：①托儿所、幼儿园、养老院、残疾人福利机构提供的育养服务，婚姻介绍，殡葬服务；②残疾人员个人提供的劳务；③医院、诊所和其他医疗机构提供的医疗服务；④学校和其他教育机构提供的教育劳务，学生勤工俭学提供的劳务；⑤农业机耕、排灌、病虫害防治、植物保护、农牧保险以及相关技术培训业务，家禽、牲畜、水生动物的配种和疾病防治；⑥纪念馆、博物馆、文化馆、文物保护单位管理机构、美术馆、展览馆、书画院、图书馆举办文化活动的门票收入，宗教场所举办文化、宗教活动的门票收入；⑦境内保险机构为出口货物提供的保险产品。

（6）纳税期限。依据《营业税暂行条例》第十五条规定，营业税的纳税期限分别为 5 日、10 日、15 日、1 个月或者 1 个季度。纳税人的具体纳税期限，由主管税务机关根据纳税人应纳税额的大小分别核定；不能按照固定期限纳税的，可以按次纳税。纳税人以 1 个月或者 1 个季度为一个纳税期的，自期满之日起 15 日内申报纳税；以 5 日、10 日或者 15 日为一个纳税期的，自期满之日起 5 日内预缴税款，于次月 1 日起 15 日内申报纳税并结清上月应纳税款。

---

① 既存营业税法所规定的征税范围，自 2016 年 5 月 1 日起，将全部改征增值税。参见财政部、国家税务总局发布《关于全面推开营业税改征增值税试点的通知》，即财税〔2016〕36 号。

（7）纳税地点。依据《营业税暂行条例》第十四条规定，营业税纳税地点：①纳税人提供应税劳务应当向其机构所在地或者居住地的主管税务机关申报纳税。但是，纳税人提供的建筑业劳务以及国务院财政、税务主管部门规定的其他应税劳务，应当向应税劳务发生地的主管税务机关申报纳税。②纳税人转让无形资产应当向其机构所在地或者居住地的主管税务机关申报纳税。但是，纳税人转让、出租土地使用权，应当向土地所在地的主管税务机关申报纳税。③纳税人销售、出租不动产应当向不动产所在地的主管税务机关申报纳税。④扣缴义务人应当向其机构所在地或者居住地的主管税务机关申报缴纳其扣缴的税款。

5. 关税法

（1）关税和关税法。关税是指主权国家以法律形式确定的由海关对进出国境（或关境）的货物和物品的流转额为课税对象所征收的一种税。关税一般由设在边境、沿海口岸或国家指定的其他水、陆、空国际交往通道的海关来征收。关税作为特殊的税种，是维护一个国家主权和经济利益，执行国家对外经济政策的重要手段。关税可以分为进口关税和出口关税。

（2）纳税主体。关税的纳税主体是准许进口货物的收货人、准许出口货物的发货人和准许进出境物品的所有人。

（3）征税对象。关税的征税对象是进出国境（或关境）的货物、物品。

（4）税率。关税的税率由国家的关税税则确定，实行比例税率。进出口货物的税率分为进口税率和出口税率。进口税率又分为普通税率和优惠税率。优惠税率适用于与我国签订关税互惠协议的国家或者地区的进口货物，普通税率适用于未签订关税互惠协议的国家或者地区的进口货物。任何国家或者地区对其进口的原产于中华人民共和国的货物征收歧视性关税或者给予其他歧视性待遇的，海关对原产于该国家或者地区的进口货物，可以征收特别关税。

§19.3　所得税法律制度

所得税即收益税，是指对纳税人因从事劳动、经营和投资所取得的所得或收益额为征税对象所征收的一种税。所得税法是指调整所得税税收法律关系的法律规范的总称。我国所得税法主要包括企业所得税法和个人所得税法。

1. 企业所得税法

（1）企业所得税和企业所得税法。企业所得税是指对我国境内企业就其生产、经营所得和其他所得所征收的一种税。2007年3月16日经第十届全国人民代表大会常务委员会第五次会议审议，通过了《中华人民共和国企业所得税法》（以下简称《企业所得税法》），自2008年1月1日起施行，结束了我国境内不同所有制企业适用不同企业所得税法的历史。除此以外，2007年11月28日经国务院第197次常务会议通过了《中华人民共和国企业所得税法实施条例》，作为《企业所得税法》的配套法规，于2008年1月1日起施行，完善了我国企业所得税法律制度。

（2）纳税主体。依据《企业所得税法》第一条规定，企业所得税纳税人是指在中华人民共和国境内，企业和其他取得收入的组织（以下统称企业）。个人独资企业、合伙企业不适用企业所得税法。《企业所得税法》按照国际通行标准，将企业分为居民企业和非居民企业两种。居民企业，是指依法在中国境内成立，或者依照外国（地区）法律成立但实际管理机构在中国境内的企业。非居民企业，是指依照外国（地区）法律成立且实际管理机构不在中国境内，但在中国境内设立机构、场所的，或者在中国境内未设立机构、场所，但有来源于中国境内所得的企业。区分居民企业和非居民企业的主要目的在于确定企业所得税的征税范围和纳税人的纳税义务。

（3）征税对象。企业所得税的征税对象是指企业的生产、经营所得和其他所得。

（4）税率。依据《企业所得税法》第四条规定，企业所得税采用比例税率，税率规定为25%；非居民企业在中国境内未设立机构、场所的，或者虽设立机构、场所但取得的所得与其所设机构、场所没有实际联系的，应当就其来源于中国境内的所得缴纳企业所得税，税率为20%。另外依据《企业所得税法》第二十八条规定，对符合条件的小型微利企业，减按20%的税率征收企业所得税；对国家需要重点扶持的高新技术企业，减按15%的税率征收企业所得税。

（5）应纳税额计算。依据《企业所得税法》第二十二条的规定，企业的应纳税所得额乘以适用税率，减除依照《企业所得税法》关于税收优惠的规定减免和抵免的税额后的余额，为应纳税额。公式为：

应纳税额 = 应纳税所得额 × 适用税率 - 减免税额 - 抵免税额

应纳税所得额 = 收入总额 - 不征税收入 - 免税收入 - 各项扣除额 - 以前年度亏损

减免税额和抵免税额，是指依照企业所得税法和国务院的税收优惠规定减征、免征和抵免的应纳税额。其中，收入总额包括：①销售货物收入；②提供劳务收入；③转让财产收入；④股息、红利等权益性投资收益；⑤利息收入；⑥租金收入；⑦特许权使用费收入；⑧接受捐赠收入；⑨其他收入。收入总额中的下列收入为不征税收入：a. 财政拨款；b. 依法收取并纳入财政管理的行政事业性收费、政府性基金；c. 国务院规定的其他不征税收入。

准予扣除的项目包括：①企业实际发生的与取得收入有关的、合理的支出，包括成本、费用、税金、损失和其他支出，准予在计算应纳税所得额时扣除。②企业发生的公益性捐赠支出，在年度利润总额12%以内的部分，准予在计算应纳税所得额时扣除。③企业按照规定计算的无形资产摊销费用，准予扣除。④企业发生的职工福利费支出，不超过工资、薪金总额14%的部分，准予扣除。⑤企业拨缴的工会经费，不超过工资、薪金总额2%的部分，准予扣除。⑥企业发生的职工教育经费支出，不超过工资、薪金总额2.5%的部分，准予扣除；超过部分，准予在以后纳税年度结转扣除。⑦企业发生的与生产经营活动有关的业务招待费支出，按照发生额的60%扣除，但最高不得超过当年销售（营业）收入的5‰。⑧企业发生的符合条件的广告费和业务宣传费支出，除国务院财政、税务主管部门另有规定外，不超过当年销售（营业）收入15%的部分，准予扣除；超过部分，准予在以后纳税年度结转扣除。⑨企业参加财产保险，按照规定缴纳的保险费，准予扣除。⑩企业发生的合理的劳动保护支出，准予扣除。

不准扣除的项目包括：依据《企业所得税法》第十条规定，在计算应纳税所得额时，下列支出不得扣除：①向投资者支付的股息、红利等权益性投资收益款项。②企业所得税税款。③税收滞纳金。④罚金、罚款和被没收财物的损失。⑤企业发生的超过规定扣除标准以外的捐赠支出。⑥赞助支出。⑦未经核定的准备金支出。⑧与取得收入无关的其他支出。

（6）纳税期限。企业所得税按纳税年度计算。纳税年度自公历 1 月 1 日起至 12 月 31 日止。分月或者分季预缴，企业应当自月份或者季度终了之日起 15 日内，向税务机关报送预缴企业所得税纳税申报表，预缴税款。企业应当自年度终了之日起 5 个月内，向税务机关报送年度企业所得税纳税申报表，并汇算清缴，结清应缴应退税款。企业在年度中间终止经营活动的，应当自实际经营终止之日起 60 日内，向税务机关办理当期企业所得税汇算清缴。企业应当在办理注销登记前，就其清算所得向税务机关申报并依法缴纳企业所得税。

2. 个人所得税法

（1）个人所得税和个人所得税法。个人所得税是以个人（自然人）取得的各项应税所得为对象所征收的一种税。《中华人民共和国个人所得税法》（以下简称《个人所得税法》）是 1993 年 10 月 31 日第八届全国人民代表大会常务委员会公布的，自 1994 年 1 月 1 日起施行。2007 年 12 月 29 日第十届全国人民代表大会常务委员会第三十一次会议对《中华人民共和国个人所得税法》进行了第五次修订。2011 年 6 月 30 日第十一届全国人民代表大会常务委员会第二十一次会议对《中华人民共和国个人所得税法》进行了第六次修订，自 2011 年 9 月 1 日施行。国务院于 1994 年 1 月 28 日发布了《中华人民共和国个人所得税法实施条例》（以下简称《个人所得税法实施条例》）。2008 年 2 月 18 日国务院对《个人所得税法实施条例》进行了第二次修订，自 2008 年 3 月 1 日起施行。2011 年 7 月 19 日国务院对《个人所得税法实施条例》进行了第三次修订，自 2011 年 9 月 1 日实施。我国个人所得税的特点：①实行分类征收；②累进税率与比例税率并用；③费用扣除额较宽；④计算简便；⑤采用源泉扣缴和自行申报纳税两种征收方法。

（2）纳税主体。个人所得税的纳税人是指在中国境内有住所，或者虽无住所但在境内居住满一年，以及无住所又不居住或居住不满一年但有从中国境内取得所得的个人。可见，我国个人所得税的纳税主体包括居民纳税人和非居民纳税人两类。我国税法规定，个人独资企业和合伙企业不缴纳企业所得税，而由个人独资企业的投资人就其从企业取得的所得和合伙企业的合伙人就其从企业分得的所得缴纳个人所得税。

（3）征税对象。个人所得税的征税对象是指个人取得的各项应税所得。我国个人所得税法采取列举方式规定的应征税个人所得共有 11 项，具体包括：①工资、薪金所得。②个体工商户的生产、经营所得。③对企事业单位的承包经营、承租经营所得。④劳务报酬所得。⑤稿酬所得。⑥特许权使用费所得。⑦利息、股息、红利所得。⑧财产租赁所得。⑨财产转让所得。⑩偶然所得。⑪经国务院财政部门确定征税的其他所得。

（4）个人所得税的税率

①个人所得税税率表 1

个人所得税税率表 1（工资、薪金所得适用）

级数	全月应纳税所得额	税率（％）	速算扣除数（元）
1	不超过 1500 元的	3	0
2	超过 1500 元至 4500 元的部分	10	105
3	超过 4500 元至 9000 元的部分	20	105
4	超过 9000 元至 35000 元的部分	25	1005
5	超过 35000 元至 55000 元的部分	30	2755
6	超过 55000 元至 80000 元的部分	35	5505
7	超过 80000 元的部分	45	13505

（表中全月应纳税所得额是指依照《个人所得税法》第六条的规定，以每月收入额减除费用 3500 元以及附加减除费用 1300 元后的余额。）

②个体工商户的生产经营所得和对企事业单位的承包经营、承租经营所得，适用 5% ~ 35% 的五级超额累进税率。

个人所得税税率表 2（生产经营、承包经营、承租经营所得适用）

级数	全月应纳税所得额	税率（％）	速算扣除数（元）
1	不超过 15000 元的	5	0
2	超过 15000 元至 30000 元的部分	10	750
3	超过 30000 元至 60000 元的部分	20	3750
4	超过 60000 元至 100000 元的部分	30	9750
5	超过 100000 元的部分	35	14750

（表中全年应纳税所得额是指依照《个人所得税法》第六条的规定，以每一纳税年度的收入总额减除成本、费用以及损失后的余额。）

③稿酬所得，劳务报酬所得，特许权使用费所得，财产租赁所得，财产转让所得，利息、股息、红利所得，偶然所得和经国务院财政部门确定征税的其他所得，适用 20% 的比例税率。

（5）应纳税额计算，个人所得税法规定对纳税人采用分项目分别征收方式，税率采用超额累进税率和比例税率，应纳税额计算方法主要有：

①适用超额累进税率的计算方法有两种

a. 应纳税额 = ∑（每一级距应纳税所得×适用税率）

b. 应纳税额 = 应纳税所得额×适用税率 – 速算扣除数

速算扣除数是指纳税人取得的应纳税所得额用全额累进税率计算的应纳税额与用超额累进税率计算的应纳税额之间的差额。

②适用比例税率的计算方法

应纳税额 = 应纳税所得额×适用税率

应纳税所得额是指个人取得的每项应税所得减去税法规定的扣除项目或扣除金额之后的余额。由于我国个人所得税实行分项所得税制，个人收入项目不同，费用扣除范围和标准就不同。《个人所得税法》第六条具体规定如下：a. 工资、薪金所得，以每月收入额减除费用 3500 元后的余额，为应纳税所得额。b. 个体工商户的生产、经营所得，以每一纳税年度的收入总额减除成本、费用以及损失后的余额，为应纳税所得额。c. 对企事业单位的承包经营、承租经营所得，以每一纳税年度的收入总额，减除必要费用后的余额，为应纳税所得额。d. 劳务报酬所得、稿酬所得、特许权使用费所得、财产租赁所得，每次收入不超过 4000 元的，减除费用 800 元；4000 元以上的，减除 20% 的费用，其余额为应纳税所得额。e. 财产转让所得，以转让财产的收入额减除财产原值和合理费用后的余额，为应纳税所得额。f. 利息、股息、红利所得，偶然所得和其他所得，以每次收入额为应纳税所得额。

（6）税收优惠。依据《个人所得税法》第四条规定，下列各项个人所得，免纳个人所得税：①省级人民政府、国务院部委和中国人民解放军军以上单位，以及外国组织、国际组织颁发的科学、教育、技术、文化、卫生、体育、环境保护等方面的奖金；②国债和国家发行的金融债券利息；③按照国家统一规定发给的补贴、津贴；④福利费、抚恤金、救济金；⑤保险赔款；⑥军人的转业费、复员费；⑦按照国家统一规定发给干部、职工的安家费、退职费、退休工资、离休工资、离休生活补助费；⑧依照我国有关法律规定应予免税的各国驻华使馆、领事馆的外交代表、领事官员和其他人员的所得；⑨中国政府参加的国际公约、签订的协议中规定免税的所得；⑩经国务院财政部门批准免税的所得。

依据《个人所得税法》第五条规定，下列个人所得，经批准可以减征个人所得税：①残疾、孤老人员和烈属的所得；②因严重自然灾害造成重大损失的；③其他经国务院财政部门批准减税的。

（7）个人所得税的征收管理。个人所得税采取源泉扣缴税款和自行申报缴纳税款两种纳税方法。以取得应税所得的个人为纳税义务人，以支付所得的单位或者个人为扣缴义务人。在两处以上取得工资、薪金所得和没有扣缴义务人的，纳税义务人应当自行申报纳税。扣缴义务人每月所扣的税款，自行申报纳税人每月应纳的税款，都应在次月 7 日内缴入国库，并向税务机关报送纳税申报表。

§19. 4 其他税收法律制度

财产税是指对拥有应纳税财产的单位和个人以其所拥有的财产为征税对象所征收的一种税。财产税具有如下特点：①以特定财产为征税对象；②是直接税。财产税法是指国家调整财产税收征纳关系的法律规范的总称。我国财产税法主要包括：房产税法、契税法等。

1. 房产税法

（1）房产税和房产税法。房产税是以房产为征税对象，以房屋的计税余值或租金收入为计税依据，向产权所有人或使用人征收的一种财产税。现行的房产税法是 1986 年 9 月 15 日国务院发布的《中华人民共和国房产税暂行条例》。

（2）纳税主体。房产税在城市、县城、建制镇和工矿区征收。房产税由产权所有人缴纳。产权属于全民所有的，由经营管理的单位缴纳。产权出典的，由承典人缴纳。产权所有人、承典人不在房产所在地的，或者产权未确定及租典纠纷未解决的，由房产代管人或者使用人缴纳。

（3）征税对象。房产税以在我国境内用于生产经营的房屋为征税对象。

（4）税率。房产税的税率，依照房产余值计算缴纳的，税率为 1.2%；依照房产租金收入计算缴纳的，税率为 12%。

（5）应纳税额的计算。

①从价计征计算公式为：

应纳税额 = 计税余值 × 适用税率（1.2%）

　　　　 = 应税房产原值 ×（1 - 扣除比例）× 适用税率（1.2%）

②从租计征

应纳税额 = 租金收入 × 适用税率（12%）

2. 契税法

（1）契税和契税法。契税是对在我国境内转移的不动产为征税对象，向产权承受的单位和个人征收的一种财产税。我国契税方面现行有效的规范性文件是 1997 年 7 月 7 日国务院颁布的《中华人民共和国契税暂行条例》（以下简称《契税暂行条例》）和财政部 1997 年 10 月颁布的《中华人民共和国契税暂行条例实施细则》，都自 1997 年 10 月 1 日起施行。

（2）纳税主体。契税的纳税人是指在中华人民共和国境内转移土地、房屋权属，承受的单位和个人。

（3）征税对象。契税的征税对象是我国境内所转移的土地和房屋权属。所称转移土地、房屋权属是指下列行为：国有土地使用权出让；土地使用权转让，包括出售、赠与和交换；房屋买卖；房屋赠与；房屋交换。

（4）契税的税率。契税实行 3%~5% 的幅度税率。具体适用税率，由省、自治区、直辖市人民政府在规定的幅度内按照本地区的实际情况确定，并报财政部和国家税务总局备案。

（5）契税的计税依据。契税的计税依据：①国有土地使用权出让、土地使用权出售、房屋买卖，为成交价格；②土地使用权赠与、房屋赠与，由征收机关参照土地使用权出售、房屋买卖的市场价格核定；③土地使用权交换、房屋交换，为所交换的土地使用权、房屋的价格的差额。如果前述成交价格明显低于市场价格并且无正当理由的，或者所交换土地使用权、房屋的价格的差额明显不合理并且无正当理由的，由征收机关参照市场价格核定。

应纳税额 = 计税依据 × 税率

（6）契税的减征或者免征。有下列情形之一的，减征或者免征契税：①国家机关、事业单位、社会团体、军事单位承受土地、房屋用于办公、教学、医疗、科研和军事设施的，免征契税；②城镇职工按规定第一次购买公有住房的，免征契税；③因不可抗力灭失住房而重新购买住房的，酌情准予减征或者免征；④财政部规定的其他减征、免征契税的项目。

3. 印花税

特定行为税，又称特定目的税，是指对某些法律规定的特定行为为征税对象所征收的一种行为税。行为税法是指由国家制定的调整特定税收法律关系的法律规范的总称。主要包括印花税等。

（1）印花税。印花税是对经济活动和经济交往中书立、领受的应税凭证行为所征收的一种税。印花税具有以下特点：①兼有凭证税和行为税的性质；②征收范围广泛；③税收负担比较轻；④由纳税人自行完成纳税义务。1988 年 8 月，国务院发布了《中华人民共和国印花税暂行条例》，于 1988 年 10 月 1 日起施行。

（2）纳税主体。在中国境内书立、使用、领受印花税法所列举凭证的单位和个人。具体有：立合同人、立账簿人、立据人、领受人和使用人。

（3）印花税的征税对象。现行印花税只对印花税条例列举的凭证征税，具体有五类：经济合同；产权转移书据；营业账簿；权利、许可证照和财政部确定征税的其他凭证。

（4）印花税的计税依据。印花税根据不同征税项目，分别实行从价计税和从量计税两种征收方式：①从价计税情况下计税依据的确定。a. 各类经济合同，以合同上记载的金额、收入或费用为计税依据；b. 产权转移书据以书据中所载的金额为计税依据；c. 记载资金的营业账簿，以实收资本和资本公积两项合计的金额为计税依据。②从量计税情况下计税依据的确定。实行从量计税的其他营业账簿和权利、许可证照，以计税数量为计税依据。

（5）印花税的税率。现行印花税采用比例税率和定额税率两种税率。比例税率有五档，即千分之一、千分之四、万分之五、万分之三和万分之零点五。适用定额税率的是权利、许可证照和营业账簿税目中的其他账簿，单位税额均为每件 5 元。

（6）应纳税额的计算。①按比例税率计算应纳税额的方法：应纳税额 = 计税金额适用税率；②按定额税率计算应纳税额的方法：应纳税额 = 凭证数量单位税额。

4. 资源税法

（1）资源税和资源税法。资源税是以各种自然资源为课税对象、为了调节资源级差收入并体现国有资源有偿使用而征收的一种税。1993 年 12 月 25 日国务院发布了《中华人民共和国资源税暂行条例》，2011 年 9 月 21 日国务院第 173 次常务会议对《中华人民共和国资源税暂行条例》进行了修订，自 2011 年 11 月 1 日实施。1993 年 12 月 30 日财政部发布了《中华人民共和国资源税暂行条例实施细则》，并于 1994 年 1 月 1 日起施行。2011 年 10 月 28 日财政部和国家税务总局对《中华人民共和国资源税暂行条例实施细则》进行了修订，自 2011 年 11 月 1 日实施。

（2）纳税主体。资源税的纳税人是指在中华人民共和国领域及管辖海域开采资源税法规定的矿产品或者生产盐的单位和个人。

（3）征收范围。征收资源税的矿产品和盐共有七类：原油、天然气、煤炭、其他非金属矿原矿、黑色矿原矿、有色金属矿原矿和盐。

（4）税率。我国资源税采用幅度税率，并采用从价定率和从量定额两种方式计算征收。其中，原油和天然气以销售额的 5% ~ 10% 计算征收；煤炭实行从价定率征收，税率实行 2% ~ 5% 的幅度税率，具体由省级财税部门确定，跨省煤炭税率由财政部、国家税务总局确定。①

（5）应纳税额计算。①纳税人开采或生产的应税产品用于销售的，其计算公式为：应纳税额 = 销售数量单位税额；②纳税人将开采或生产的应税产品自用或捐赠的，其计

① 参见《关于实施煤炭资源税改革的通知》，财税〔2014〕72 号。

算公式为：应纳税额＝自用数量或捐赠数量单位税额；③收购未完税产品，于收购环节代扣代缴资源税，其计算公式为：应代扣代缴资源税＝收购数量单位税额。

§19.5 税收征收管理法律制度

税收征收管理是税务机关对纳税人依法征收税款和进行税务监督管理的总称。我国的税收征收管理制度自1992年9月4日第七届全国人大常委会第二十七次会议通过，于1993年1月1日起施行的《中华人民共和国税收征收管理法》（以下简称《税收征收管理法》）确立。1995年2月28日第八届全国人大常委会第十二次会议对《税收征收管理法》进行了修订。2001年4月28日第九届全国人大常委会第二十一次会议再次修订了《税收征收管理法》，自2001年5月1日起施行。2002年10月15日国务院制定《中华人民共和国税收征收管理法实施细则》生效实施。我国《税收征收管理法》是与税收实体法相配套的程序性税收法律制度。税收管理制度、税款征收制度和税务代理制度共同构成了我国税收征管法律制度体系。

§19.5.1 税务管理

1. 税务登记

税务登记是指纳税人按照税法规定就其设立、变更、终止等事项，在法定期间内向其住所所在地税务机关办理书面登记的法定手续。

我国《税收征收管理法》规定，税务登记包括设立登记，变更登记，停业、复业登记和注销登记等内容。

（1）设立登记。设立登记是指纳税人在其开业时应办理的税务登记。我国《税收征收管理法》规定，企业、企业在外地设立的分支机构和从事生产、经营的场所，个体工商户和从事生产、经营的事业单位（以下统称从事生产、经营的纳税人）自领取营业执照之日起30日内，都必须持有关证件，向生产、经营所在地税务机关申报办理税务登记。税务机关应当自收到申报之日起30日内审核并发给税务登记证件。

①适用对象分两类：一类是领取营业执照从事生产经营活动的纳税人；另一类是其他纳税人，如不从事生产经营活动，但依法负有纳税义务的单位和个人，除临时取得应税收入或发生应税行为以及只缴纳个人所得税、车船税外，也应按规定向税务机关办理税务登记。②时间限定：开业税务登记的时限均为30日，具体规定为：a. 有营业执照的纳税人：自领取营业执照之日起30日内。b. 其他纳税人：自有关部门批准之日或成为法定纳税人之日起30日内。c. 纳税人所属跨地、区的非独立核算分支机构，除由其总机构申报办理税务登记外，也应自设立之日起30日内向所在地税务机关申报办理注册税务登记。

（2）变更登记。变更登记是指纳税人税务登记内容发生变化时，就已变化的税务登记内容应向原税务登记机关办理变更税务登记。纳税人应当自工商部门办理变更登记之日起30日内；不需要在工商行政管理机关办理注册登记的，应当自有关机关批准或者发布变更之日起30日内，持有关证件向原税务机关申报办理变更税务登记。

（3）停业、复业登记。停业登记是指纳税人需要停业时，应在停业前向税务机关办理停业登记手续。纳税人停业期限不得超过1年。复业登记是指纳税人在恢复生产经营之前，应向税务机关办理复业登记手续。

（4）注销登记。①适用范围：纳税人发生改组、分解、合并等原因被撤销、破产、吊销营业执照等依法终止纳税义务的。②时间要求：纳税人依法终止纳税义务时，应当在申报办理注销工商登记前，先向原税务登记机关申报办理注销税务登记；对按规定需要工商行政管理机关办理注销登记的，应当在有关机关批准或宣告之日起15日内申报办理注销税务登记。对被吊销营业执照的纳税人，应当自营业执照被吊销之日起15日内，向原税务登记机关申报办理注销税务登记。

纳税人在办理注销税务登记前，应当向税务机关结清应纳税款、滞纳金、罚款，缴销发票和其他税务证件。

2. 账簿、凭证管理

纳税人、扣缴义务人应当按照税收法律、行政法规和国务院财政、税务主管部门的规定设置账簿，依据合法、有效凭证记账，进行核算。应当按照国务院财政、税务主管部门规定的保管期限保管账簿、记账凭证、完税凭证及其他有关纳税资料，不得伪造、变造或者擅自损毁。

税务机关是发票的主管机关，负责发票印制、领购、开具、取得、保管、缴销的管理和监督；单位、个人在购销商品、提供或者接受经营服务以及从事其他经营活动中，应当按照规定开具、使用、取得发票。

3. 纳税申报

纳税人应当依照税收法律、行政法规规定或者税务机关依照税收法律、行政法规的规定确定的申报期限、申报内容如实办理纳税申报，报送纳税申报表、财务会计报表以及税务机关根据实际需要要求纳税人报送的其他纳税资料。

§19.5.2 税款征收

税款征收是税务机关依照税收法律、行政法规规定所从事的征收税款的活动。税务机关依照法律、行政法规的规定征收税款，不得违反法律、行政法规的规定开征、停征、多征、少征、提前征收、延缓征收或者摊派税款。纳税人可以依照法律、行政法规的规定书面申请减税、免税。减税、免税的申请须经税收法律、行政法规规定的减税、免税审查批准机关审批。

§19.5.3 税务检查

1. 税务检查定义

税务检查是指税务机关依据税收法律、行政法规对纳税人履行纳税义务和扣缴义务人履行扣缴义务情况进行的监督检查。

2. 依据税收法律、行政法规规定，税务机关有权进行下列税务检查

（1）检查纳税人的账簿、记账凭证、报表和有关资料，检查扣缴义务人代扣代缴、代收代缴税款账簿、记账凭证和有关资料；

（2）到纳税人的生产、经营场所和货物存放地检查纳税人应纳税的商品、货物或者其他财产，检查扣缴义务人与代扣代缴、代收代缴税款有关的经营情况；

（3）责成纳税人、扣缴义务人提供与纳税或者代扣代缴、代收代缴税款有关的文件、证明材料和有关资料；

（4）询问纳税人、扣缴义务人与纳税或者代扣代缴、代收代缴税款有关的问题和情况；

（5）到车站、码头、机场、邮政企业及其分支机构检查纳税人托运、邮寄应纳税商品、货物或者其他财产的有关单据、凭证和有关资料；

（6）经县以上税务局（分局）局长批准，凭全国统一格式的检查存款账户许可证明，查询从事生产、经营的纳税人、扣缴义务人在银行或者其他金融机构的存款账户。

税务机关在调查税收违法案件时，经设区的市、自治州以上税务局（分局）局长批准，可以查询案件涉嫌人员的储蓄存款。税务机关调查税务违法案件时，对与案件有关的情况和资料，可以记录、录音、录像、照相和复制。对查询所获得的资料，不得用于税收以外的用途。

税务机关派出的人员进行税务检查时，应当出示税务检查证和税务检查通知书，并有责任为被检查人保守秘密；未出示税务检查证和税务检查通知书的，被检查人有权拒绝检查。纳税人、扣缴义务人必须接受税务机关依法进行的税务检查，如实反映情况，提供有关资料，不得拒绝、隐瞒。

§19.5.4　法律责任

1. 纳税人、扣缴义务人违反税收征收管理规定的法律责任

（1）纳税人、扣缴义务人违反税收征收管理规定的行为主要有：①未按照规定的期限申报办理税务登记、变更或者注销登记的；②未按照规定设置、保管账簿或者保管记账凭证和有关资料的；③未按照规定将财务、会计制度或者财务、会计处理办法和会计核算软件报送税务机关备查的；④未按照规定将其全部银行账号向税务机关报告的；⑤未按照规定安装、使用税控装置，或者损毁或者擅自改动税控装置的。

（2）法律责任。纳税人、扣缴义务人有以上行为之一的，由税务机关责令限期改正，可以处 2000 元以下的罚款；情节严重的，处 2000 元以上 1 万元以下的罚款。扣缴义务人未按照规定设置、保管代扣代缴、代收代缴税款账簿或者保管代扣代缴、代收代缴税款记账凭证及有关资料的，由税务机关责令限期改正，可以处 2000 元以下的罚款；情节严重的，处 2000 元以上 5000 元以下的罚款。

2. 偷税行为的法律责任

偷税是纳税人伪造、变造、隐匿、擅自销毁账簿、记账凭证，或者在账簿上多列支出或者不列、少列收入，或者经税务机关通知申报而拒不申报或者进行虚假的纳税申报，不缴或者少缴应纳税款的行为。对纳税人偷税的，由税务机关追缴其不缴或者少缴的税款、滞纳金，并处不缴或者少缴税款 50% 以上 5 倍以下的罚款；构成犯罪的，依法追究刑事责任；扣缴义务人采取上述手段，不缴或者少缴已扣、已收税款，由税务机关追缴其不缴或者少缴的税款、滞纳金，并处不缴或者少缴税款 50% 以上 5 倍以下的罚款；构成犯罪的，依法追究刑事责任；以假报出口或者其他欺骗手段，骗取国家出口退税款的，由税务机关追缴其骗取的退税款，并处骗取税款 1 倍以上 5 倍以下的罚款；构成犯罪的，依法追究刑事责任。对骗取国家出口退税款的，税务机关可以在规定期间内停止为其办理出口退税。

3. 抗税行为的法律责任

抗税是以暴力、威胁方法拒不缴纳税款的行为。对于抗税行为，除由税务机关追缴其拒缴的税款、滞纳金外，依法追究刑事责任。情节轻微，未构成犯罪的，由税务机关追缴其拒缴的税款、滞纳金，并处拒缴税款 1 倍以上 5 倍以下的罚款。

4. 非法印制发票行为的法律责任

非法印制发票的，由税务机关销毁非法印制的发票，没收违法所得和作案工具，并处 1 万元以上 5 万元以下的罚款；构成犯罪的，依法追究刑事责任。

5. 税务机关及其工作人员违反税法的法律责任

（1）税务机关违反税收法律、行政法规规定，擅自改变税收征收管理范围和税款入库预算级次的，责令限期改正，对直接负责的主管人员和其他直接责任人员依法给予降级或者撤职的行政处分。税务机关工作人员徇私舞弊，对依法应当移交司法机关追究刑事责任的不移交，情节严重的，依法追究刑事责任。

（2）未经税务机关依法委托征收税款的，责令退还收取的财物，依法给予行政处分或者行政处罚；致使他人合法权益受到损失的，依法承担赔偿责任；构成犯罪的，依法追究刑事责任。

（3）税务机关及其工作人员查封、扣押纳税人个人及其所扶养家属维持生活必需的住房和用品的，责令退还，依法给予行政处分；构成犯罪的，依法追究刑事责任。

（4）税务机关工作人员与纳税人、扣缴义务人勾结，唆使或者协助纳税人、扣缴义务人有《税收征收管理法》第六十三条、第六十五条、第六十六条规定的行为，构成犯罪的，依法追究刑事责任；尚不构成犯罪的，依法给予行政处分；税务机关工作人员利用职务上的便利，收受或者索取纳税人、扣缴义务人财物或者谋取其他不正当利益，构成犯罪的，依法追究刑事责任；尚不构成犯罪的，依法给予行政处分；税务机关工作人员徇私舞弊或者玩忽职守，不征或者少征应征税款，致使国家税收遭受重大损失，构成犯罪的，依法追究刑事责任；尚不构成犯罪的，依法给予行政处分。税务机关工作人员滥用职权，故意刁难纳税人、扣缴义务人的，调离税收工作岗位，并依法给予行政处分。税务机关工作人员对控告、检举税收违法违纪行为的纳税人、扣缴义务人以及其他检举人进行打击报复的，依法给予行政处分；构成犯罪的，依法追究刑事责任。

（5）税务争议的处理。纳税人、扣缴义务人、纳税担保人同税务机关在纳税上发生争议时，必须先依照税务机关的纳税决定缴纳或者解缴税款及滞纳金或者提供相应的担保，然后可以依法申请行政复议；对行政复议决定不服的，可以依法向人民法院起诉。当事人对税务机关的处罚决定、强制执行措施或者税收保全措施不服的，可以依法申请行政复议，也可以依法向人民法院起诉。当事人对税务机关的处罚决定逾期不申请行政复议也不向人民法院起诉、又不履行的，作出处罚决定的税务机关可以采取《税收征收管理法》第四十条规定的强制执行措施，或者申请人民法院强制执行。

第 20 章　金融法律制度

§20. 1　中国人民银行法

§20. 1. 1　中国人民银行法的概念和立法宗旨

1. 中国人民银行法的概念和调整对象

中国人民银行法，是调整中国人民银行在金融宏观调控、业务活动和组织管理过程中所发生的社会关系的法律规范的总称。中国人民银行法是我国中央银行法，有广义和狭义两种理解：广义上包括《中华人民共和国中国人民银行法》和相关法律、行政法规、规章等规范性文件的总称。狭义上仅指全国人民代表大会通过并实施的《中华人民共和国中国人民银行法》①。2003 年 12 月 27 日第十届全国人大常委会第六次会议修改，并重新公布的《中华人民共和国中国人民银行法》（以下简称《中国人民银行法》），共 8 章 53 条，于 2004 年 2 月 1 日起施行。该法经修正后，明确了中国人民银行的职能是"制定和执行货币政策，防范和化解金融风险，维护金融稳定"。②

中国人民银行法的调整对象是中国人民银行在金融宏观调控、业务活动和组织管理过程中所发生的社会关系，其主要内容包括下述几个方面：

（1）金融宏观调控关系。是指中国人民银行在制定和执行货币政策的过程中发生的社会关系。如因货币政策的制定和执行与国务院、金融机构之间发生的关系，因货币的发行和流通管理而与有关方面发生的关系等。

（2）金融业务关系。是指中国人民银行在提供金融服务的过程中与政府、金融机构之间发生的关系。如因为政府提供服务、经理国库等而与中央政府及其财政部门发生的关系，因提供清算服务而与金融机构发生的关系，因金融调查、统计、分析、预测而与有关方面发生的关系等。

（3）金融监督管理关系。是指中国人民银行在依法对金融机构以及其他单位和个人进行检查监督的过程中发生的关系。主要是为执行货币政策、维护金融稳定、信贷征信、反洗钱和对货币资金市场、外汇市场、黄金市场等进行监督管理过程中与有关方面发生的关系。

（4）组织管理关系。是指中国人民银行因管理体制、机构设置及其权责划分而发生的关系。如行长的任免及其职责，货币政策委员会和分支机构的设置及其职责，财务会计、稽核检查，工作人员的职业道德和从业限制等。

---

① 《中华人民共和国中国人民银行法》于 1995 年 3 月 18 日经第八届全国人民代表大会第三次会议通过并实施，该法共 8 章 51 条。

② 参见《中国人民银行法》第二条第二款，2003。

2. 中国人民银行法的立法宗旨

依照《中国人民银行法》第一条的规定，该法的立法宗旨是：为了确立中国人民银行的地位，明确其职责，保证国家货币政策的正确制定和执行，建立和完善中央银行宏观调控体系，维护金融稳定。这一立法宗旨是对《中国人民银行法》的内容、任务和立法精神的高度概括，也是理解和执行《中国人民银行法》的基本法律依据。《中国人民银行法》的颁布和实施，对于我国稳定币值、加强金融业监管、完善和加强国家宏观经济调控体系、促进金融体制改革、规范金融市场和完善金融法律体系等都具有十分重要的意义。

§20.1.2 中国人民银行的地位和职责

1. 中国人民银行的地位

中国人民银行的地位，是指法律赋予中国人民银行的独立性。《中国人民银行法》第二条规定："中国人民银行是中华人民共和国的中央银行。""中国人民银行在国务院领导下，制定和执行货币政策，防范和化解金融风险，维护金融稳定。"上述规定说明：

（1）中国人民银行是我国的中央银行。所谓中央银行包括下述含义：①中央银行是发行的银行。即中央银行垄断货币发行权，履行货币发行职责。《中国人民银行法》第四条也规定中国人民银行"发行和管理人民币流通"，履行人民币的发行和流通管理职责。②中央银行是政府的银行。即中央银行对政府提供金融服务。《中国人民银行法》规定了中国人民银行制定和执行货币政策、经理国库、代表政府从事国际金融活动等职责。③中央银行是银行的银行。即中央银行只对金融机构开展金融业务，如吸收存款准备金、办理再贴现、提供再贷款等。《中国人民银行法》对上述业务也做了规定。同时除国务院另有规定的，中国人民银行不得向非银行金融机构提供贷款。从上述可以看出中国人民银行依法具有中央银行的全部职责和功能，是我国的中央银行。

（2）中国人民银行是特殊的国家行政机关。中国人民银行是在国务院领导下，制定和执行货币政策，防范和化解金融风险，维护金融稳定的国家行政机关。即中国人民银行是国务院组成部门，是国家金融行政主管机关。中国人民银行的相对独立性主要表现在下述几个方面：①中国人民银行就年度货币供应量、利率、汇率和国务院规定的其他重要事项作出的决定，报国务院批准后执行；就其他有关货币政策事项作出决定后，即予执行，并报国务院备案。②中国人民银行向全国人大常委会提出有关货币政策情况和金融运行情况的工作报告。③中国人民银行不得对政府财政透支，不得直接认购、包销国债和其他政府债券。④中国人民银行不得向地方政府、各级政府部门提供贷款。因此，中国人民银行是国务院领导下的国家金融行政主管机关。

中国人民银行自设立之日起，取得法人资格。

2. 中国人民银行的职责

《中国人民银行法》第四条规定，中国人民银行履行下述职责：

（1）发布与履行其职责有关的命令和规章。中国人民银行为执行法律、行政法规，依法有权在本部门的权限范围内制定规章。

（2）依法制定和执行货币政策。这是中国人民银行最重要的职责。中国人民银行在国务院领导下制定和执行货币政策，运用货币政策工具，实现货币政策目标。

（3）发行人民币，管理人民币流通。中国人民银行根据国民经济发展的需要，确定人民币发行的数量、券别和品种，管理人民币流通，查处人民币违法行为。

（4）监督管理银行间同业拆借市场和银行间债券市场。中国人民银行监督管理同业拆借市场的市场准入，拆借资金用途、期限和利率等；监督管理银行间债券市场的市场准入、债券发行、结算等业务。

（5）实施外汇管理，监督管理银行间外汇市场。中国人民银行监督管理银行间外汇市场的机构设立、外汇交易行为等。

（6）监督管理黄金市场。国家对金银实行统一管理、统购统配的政策。中国人民银行是国家管理金银主管机关，负责管理国家的黄金储备、收购与配售，监督管理黄金市场。

（7）持有、管理、经营国家外汇储备、黄金储备。中国人民银行通过市场经营活动规避外汇、黄金风险，实现外汇和黄金储备的保值、增值。

（8）经理国库。国家财政收支由中国人民银行代理，其主要业务是库款的收缴和支拨，保证财政收入及时入库、财政支出及时拨付。

（9）维护支付、清算系统的正常运行。中国人民银行通过支付、清算系统，一方面为银行提供清算服务；另一方面掌握金融机构的资金状况，为金融调控提供依据。

（10）指导、部署金融业反洗钱工作，负责反洗钱的资金监测。中国人民银行统一监管、协调金融机构反洗钱工作；研究和制定金融机构的反洗钱战略、规划和政策，制定反洗钱工作制度，制定大额和可疑人民币资金交易报告制度；建立支付交易监测系统，对支付交易进行监测；研究金融机构反洗钱工作的重大疑难问题，提出解决方案与对策；参与反洗钱国际合作，指导金融机构反洗钱工作的对外合作交流；其他应由中国人民银行履行的反洗钱监管职责。

（11）负责金融业的统计、调查、分析和预测。中国人民银行通过金融业的统计、调查、分析和预测系统，可以为其制定货币政策、国家制定经济政策提供基础资料。

（12）作为国家的中央银行，从事有关的国际金融活动。中国人民银行代表国家参加国际金融组织及国际金融活动、与各国政府及其中央银行建立业务关系等。

（13）国务院规定的其他职责。中国人民银行作为国务院所属部门，除履行上述职责外，还应依法履行国务院规定的其他职责。如管理信贷征信业、推动建立社会信用体系等。

§20.1.3　中国人民银行的组织机构

1. 行长

（1）中国人民银行行长的设置和任免。中国人民银行实行行长负责制；设行长一人，副行长若干人。行长由国务院总理提名，全国人大决定；全国人大闭会期间由全国人大常委会决定，国家主席任免。副行长由国务院总理任免，协助行长工作。

（2）行长的限制。依照《中国人民银行法》第十四条、第十五条的规定，中国人民银行的行长、副行长及其工作人员不得在任何金融机构、企业、基金会兼职；应当依法保守国家秘密，并负有为其监督管理的金融机构及有关当事人保守秘密的职责。

2. 货币政策委员会

《中国人民银行法》第十二条规定："中国人民银行设立货币政策委员会。货币政策委员会的职责、组成和工作程序，由国务院规定，报全国人民代表大会常务委员会备案。"按照上述规定，货币政策委员会是中国人民银行的内设机构。1997 年，国务院颁布了《中国人民银行货币政策委员会条例》，对货币政策委员会的地位、性质、职责、组成人员和工作程序等作出了具体规定。中国人民银行货币政策委员会在国家宏观调控、货币政策制定和调整中，发挥着重要作用。

3．分支机构

（1）中国人民银行分支机构的设置和地位。①分支机构的设置。依照《中国人民银行法》的规定，中国人民银行根据履行职责的需要设立分支机构。目前，中国人民银行在全国 9 个城市设立分行，在北京和重庆设立总行营业部；地、市设中心支行，县（县级市）设支行。②分支机构的地位。分支机构是中国人民银行的派出机构，不具有独立的主体资格。中国人民银行对分支机构实行统一领导和管理，其履行职责和从事民事活动须由总行授权。

（2）中国人民银行分支机构的职责。中国人民银行的分支机构根据中国人民银行的授权，维护本辖区的金融稳定，承办有关业务。

§20.1.4 中国人民银行的业务

1．货币政策工具

《中国人民银行法》第二十三条规定，中国人民银行为执行货币政策，可以运用下列货币政策工具：

（1）要求银行业金融机构按照规定的比例缴存存款准备金。[1] 存款准备金是金融机构按中央银行规定的比率，在其吸收的存款总额中应存入中央银行的那部分存款。中央银行可以通过调整存款准备金率来控制货币供应量和信贷规模。

（2）确定中央银行基准利率。基准利率是中央银行对商业银行存、贷款的利率。中央银行提高或降低基准利率，可以影响商业银行的筹资成本，以控制信贷规模。

（3）为在中国人民银行开立账户的银行业金融机构办理再贴现。贴现是持票人为获取现金，而将其未到期票据向银行贴付一定利息的票据转让。再贴现则是指银行业金融机构以其未到期票据向中央银行办理贴现的行为。中央银行可以通过规定再贴现率和再贴现条件来调节货币供应量、信贷结构和市场利率等。

（4）向商业银行提供贷款。中央银行向商业银行提供的贷款，即再贷款。中央银行通过对商业银行的再贷款来直接吞吐基础货币，以影响金融机构信贷资金的增减，从而控制商业银行信贷规模和贷款投向。

（5）在公开市场上买卖国债、其他政府债券和金融债券及外汇。所谓公开市场业务，其基本含义是中央银行根据执行货币政策的需要，可以在公开（金融）市场上买卖有价证券，以调节货币供应量和信贷规模。

（6）国务院确定的其他货币政策工具。即中国人民银行还可以根据国务院规定，运用法定货币政策工具以外的其他货币政策工具。如贷款限额、信贷计划、特别存款账

---

[1] 《中国人民银行法》所称银行业金融机构，是指在中华人民共和国境内设立的商业银行、城市信用合作社、农村信用合作社等吸收公众存款的金融机构，以及政策性银行。参见《中国人民银行法》第五十二条，2003。

户等。

2．国库业务

国库，即国家金库，是负责保管和出纳国家预算资金的机关。我国国库按统一领导、分级管理的财政体制设立，原则上一级财政设一级国库。经理国库是中国人民银行的一项重要职责。中国人民银行及其分支机构依照职责分工分为经理国库总库、分库、中心支库和支库。中国人民银行的国库业务主要包括国库库款的收纳、退付与支拨。

3．开户和清算业务

《中国人民银行法》第二十六条规定："中国人民银行可以根据需要，为银行业金融机构开立账户，但不得对银行业金融机构的账户透支。"各金融机构为了实现系统内外的款项划付和清算，必然要求在中国人民银行开立账户，人民银行则可利用金融机构开立的账户为其提供清算服务；同时也可利用账户余额的变动情况，掌握金融机构的资金流向，进行金融监督。此外，人民银行为各银行业金融机构开立账户也为其运用货币政策工具奠定了基础，如存款准备金账户。而且，人民银行可以根据需要为银行业金融机构开立账户。但是，人民银行不得对银行业金融机构账户透支。

依照《中国人民银行法》第二十七条的规定，中国人民银行应当组织或者协助组织银行业金融机构之间的清算系统，协调银行业金融机构相互之间的清算事项，提供清算服务。具体办法由人民银行制定。人民银行的清算业务主要包括：集中办理票据交换、集中清算交换差额、办理异地资金转移等。中国人民银行会同国务院银行业监督管理机构制定支付结算规则。

4．人民银行业务的限制

《中国人民银行法》对人民银行的业务做了下列限制性规定：

（1）不得对政府财政透支；

（2）不得直接认购、包销国债和其他政府债券；

（3）不得向地方政府和各级政府部门贷款；

（4）不得对银行业金融机构账户透支；

（5）不得向非银行金融机构以及其他单位和个人提供贷款，但国务院决定中国人民银行可以向特定的非银行金融机构提供贷款的除外；

（6）不得向任何单位和个人提供担保。

§20．1．5　金融监督管理

1．金融监督管理的概念

金融监督管理，即金融监管，是指金融监督管理机构依法对金融机构及其业务活动进行的监督、稽核、检查以及对金融违法行为的查处。2003 年 4 月中国银行业监督管理委员会成立，履行原由中国人民银行履行的银行业金融机构监督管理职责。同年 12 月 27 日第十届全国人大常委会对《中国人民银行法》做了修改，保留了中国人民银行对货币市场、金融机构部分业务等的检查监督职责。中国人民银行实施金融监督管理的目的在于监测金融市场的运行情况；对金融市场实施宏观调控，促进其健康、协调发展；维护金融稳定，防范和化解系统性金融风险。

2．中国人民银行的监督管理职责

根据《中国人民银行法》第三十二条规定，中国人民银行有权对金融机构以及其他单位和个人的下列行为进行检查监督：

（1）执行有关存款准备金管理规定的行为。

（2）与中国人民银行特种贷款有关的行为。

（3）执行有关人民币管理规定的行为。

（4）执行有关银行间同业拆借市场、银行间债券市场管理规定的行为。

（5）执行有关外汇管理规定的行为。

（6）执行有关黄金管理规定的行为。

（7）代理中国人民银行经理国库的行为。

（8）执行有关清算管理规定的行为。

（9）执行有关反洗钱规定的行为。

中国人民银行根据执行货币政策和维护金融稳定的需要，可以建议国务院银行业监督管理机构对银行业金融机构进行检查监督。国务院银行业监督管理机构应当自收到建议之日起 30 日内予以回复。当银行业金融机构出现支付困难，可能引发金融风险时，为了维护金融稳定，中国人民银行经国务院批准，有权对银行业金融机构进行检查监督。中国人民银行根据履行职责的需要，有权要求银行业金融机构报送必要的资产负债表、利润表以及其他财务会计、统计报表和资料。中国人民银行应当和国务院银行业监督管理机构、国务院其他金融监督管理机构建立监督管理信息共享机制。

§20. 2　商业银行法

§20. 2. 1　商业银行和商业银行法

1. 商业银行的概念和特征

我国商业银行是指依照《中华人民共和国商业银行法》和《公司法》设立的吸收公众存款、发放贷款、办理结算等业务的企业法人。"商业银行"一词源于英国，最初是指从事短期性商业流动资金贷款的银行，即经营"自偿性"贷款的银行。现代商业银行早已突破了短期融资的业务范围，成为全功能、综合性的融资机构。现代商业银行主要有下述特征：

（1）商业银行是企业法人。即商业银行须是依法设立的，具有自己的名称、机构、场所，并能够以其独立财产承担民事责任的组织，具有企业法人资格。

（2）商业银行以营利为目的。商业银行作为企业法人，与其他企业一样，都是以营利为目的的法人。这是商业银行与中央银行、国家政策性银行从事金融活动的一个根本区别，后者不以营利为目的。

（3）商业银行以货币为经营对象。商业银行与一般工商企业虽然都以营利为目的，但经营对象不同，一般工商企业的经营对象是商品或服务，而商业银行的经营对象则是作为一般等价物的特殊商品——货币。

（4）商业银行具有广泛的经营范围。商业银行从事金融业务的经营范围较其他金融机构更为广泛，是功能齐全的综合性金融机构。

2. 商业银行法的概念和立法宗旨

商业银行法，是调整商业银行的组织和经营过程中所发生的经济关系的法律规范的总称。我国第八届全国人民代表大会常务委员会第十三次会议于 1995 年 5 月 10 日通过了《中华人民共和国商业银行法》，2003 年 12 月 27 日第十届全国人大常委会第六次会议第一次修正《中华人民共和国商业银行法》，于 2004 年 2 月 1 日起施行，第十二届全国人大常委会第十六次会议 2015 年 8 月 29 日第二次修正了《中华人民共和国商业银行法》，（以下简称《商业银行法》）共 9 章 95 条，自 2015 年 10 月 1 日起施行。该法主要内容包括：商业银行组织和经营的一般原则，商业银行的设立和组织机构，对存款人保护，商业银行业务的基本规则，财务会计、监督管理、接管和终止、法律责任和附则。我国《商业银行法》既规定了商业银行的组织，又规定了商业银行的经营规则。因此，既是组织法，也是行为法。

依照我国《商业银行法》第二条关于商业银行的定义，凡是在中国境内，依照中国法律设立的吸收公众存款、发放贷款、办理结算等业务的企业法人，均为商业银行，均适用《商业银行法》。具体来说，下述四类银行适用《商业银行法》：①国有商业银行，即中国工商银行、中国银行、中国农业银行和中国建设银行。②股份制银行，如交通银行、中信实业银行、光大银行、华夏银行、广东发展银行、深圳发展银行、民生银行等。③城市合作银行和农村合作银行。④外资银行、中外合资银行、外国商业银行分行，但法律、行政法规另有规定的，从其规定。此外，城市信用合作社、农村信用合作社办理存款、贷款和结算等业务，邮政企业办理邮政储蓄、汇款业务，也适用《商业银行法》有关规定。

我国《商业银行法》的立法宗旨是：保护商业银行、存款人和其他客户的合法权益，规范商业银行的行为，提高信贷资产质量，加强监督管理，保障商业银行的稳健运行，维护金融秩序，促进社会主义市场经济的发展。

§20.2.2 商业银行的设立和组织机构

1. 商业银行的设立

设立商业银行须经国务院银行业监督管理机构审查批准；未经批准，任何单位和个人不得从事银行业务，任何单位不得在名称中使用"银行"字样。

（1）设立商业银行应具备的条件。商业银行的设立比一般公司的设立更为严格，须具备下列条件：①有符合《商业银行法》和《公司法》规定的章程；②有符合《商业银行法》规定的注册资本最低限额；③有具备任职专业知识和业务工作经验的董事、高级管理人员；④有健全的组织机构和管理制度；⑤有符合要求的营业场所、安全防范措施和与业务有关的其他措施。《商业银行法》第十三条对各种商业银行注册资本的最低限额做了明确规定：全国性商业银行注册资本最低限额为 10 亿元人民币；城市商业银行注册资本最低限额为 1 亿元人民币；农村商业银行注册资本最低限额为 5000 万元人民币。注册资本应当是实缴资本。国务院银行业监督管理机构根据审慎监管的要求可以调整注册资本最低限额，但不得少于上述规定限额。

（2）设立商业银行的程序。①初步申请和审查。设立商业银行，申请人应当向国务院银行业监督管理机构提交申请书、可行性研究报告及其规定提交的其他文件、资料。②实质性申请和审批。设立商业银行的申请经审查符合《商业银行法》有关规定的，申请人应当填写正式申请表，并提交下列文件、资料：章程草案；拟任职的董事、高级管理人员的资格证明；法定验资机构出具的验资证明；股东名册及其出资额、股份；持有注册资本 5% 以上的股东的资信证明和有关资料；经营方针和计划；营业场所、安全防范措施和与业务有关的其他设施的资料；国务院银行业监督管理机构规定的其他文件、资料。③登记发照。经批准设立的商业银行，由国务院银行业监督管理机构颁发经营许可证，并凭该许可证向工商行政管理部门办理登记，领取营业执照。

2. 商业银行的组织形式和组织机构

商业银行的组织形式、组织机构均适用《公司法》规定。依照《公司法》规定，我国公司包括有限责任公司和股份有限公司，其中有限责任公司又分为一般有限责任公司和国有独资公司。因此，我国商业银行的组织形式为有限责任公司和股份有限公司。

商业银行的组织机构，依照《公司法》规定，包括股东会、董事会、监事会和经理（行长）。《商业银行法》另有规定的，适用《商业银行法》规定。依照《商业银行法》第十八条规定，国有独资商业银行设立监事会，监事会产生办法由国务院规定。根据国务院发布的《国有重点金融机构监事会暂行条例》，国有重点金融机构监事会由国务院派出，对国务院负责，代表国家对国有独资商业银行的信贷资产质量、资产负债比例、国有资产保值增值等情况以及高级管理人员违反法律、行政法规或者章程的行为和损害银行利益的行为进行监督。[①]

商业银行根据业务发展的需要，经银行业监督管理机构审查批准，可以在中国境内设立分支机构，其营运资金由商业银行总行拨付，但拨付给各分支机构的营运资金总和，不得超过总行资本金总额的60%。商业银行的分支机构不具有法人资格，在其总行的授权范围内依法开展业务，其民事责任由总行承担；商业银行对其分支机构实行全行统一核算、统一调度资金、分级管理的财务制度。商业银行的分支机构经银行业监督管理机构审批后，发给经营许可证，并凭该许可证向工商行政管理机关办理登记，领取营业执照。

§20.2.3 商业银行的经营原则和业务的基本规则

1. 商业银行的经营原则

商业银行从事经营活动除应遵守公平交易、诚实信用、公平竞争等原则外，还应以安全性、流动性、效益性为经营原则，实行自主经营，自担风险，自负盈亏，自我约束。

（1）安全性。商业银行不同于一般工商企业，其自有资本在营运资金中所占比重较小，是负债经营。所以，商业银行的经营风险较大，在讲求效益性的同时还必须注重资金的安全性，尽可能减少风险，以保证稳健运行。

（2）流动性。即商业银行应保持随时收付资金的能力。因为商业银行的资金来源主要是存款，倘若资金流动性差，就难以保证客户随时提款的需要，引发信用危机。所以商业银行必须保持资金的流动性。

（3）效益性。商业银行作为企业法人，以营利为目的，其经营活动必然以效益性为原则。这也是商业银行与政策性银行的一个重要区别。

2. 商业银行业务的基本规则

---

① 国有重点金融机构监事会主席由国务院任命，监事会分为专职监事和兼职监事。参见国务院《国有重点金融机构监事会暂行条例》，2000.3。

商业银行开展业务活动应遵守下述基本规则：

（1）对存款人保护。商业银行办理个人储蓄存款业务，遵循存款自愿、取款自由、存款有息、为存款人保密的原则。商业银行根据中国人民银行规定的存款利率上下限，确定存款利率，并予公告。商业银行应按规定缴存存款准备金，留足备付金。除法律另有规定外，商业银行有权拒绝任何单位或个人对个人储蓄存款的查询、冻结、扣划；除法律、行政法规另有规定外，商业银行有权拒绝任何单位或个人对单位存款的查询、冻结、扣划。商业银行应保证存款本金和利息的支付，不得拖延、拒绝。

（2）贷款的基本规则。商业银行根据国民经济和社会发展的需要，在国家产业政策指导下开展贷款业务。①贷款审查制度。商业银行贷款，应对借款人的借款用途、偿还能力、还款方式等严格审查，实行审贷分离、分级审批的制度。②贷款担保制度。商业银行贷款，借款人应提供担保。商业银行应对保证人的偿还能力，抵押物、质押物的权属和价值及实现抵押权、质押权的可行性进行严格审查。此外，经商业银行审查、评估、确认借款人资信良好，确能偿还贷款的，可以不提供担保。③借款合同制度。商业银行贷款，应当与借款人订立书面合同，在合同中约定贷款种类、借款用途、金额、利率、还款期限、还款方式、违约责任等事项。④资产负债比例管理制度。资本充足率不得低于8%；流动性资产余额与流动性负债余额的比例不得低于25%；对同一借款人的贷款余额与商业银行资本余额比例不得超过10%；中国人民银行对资产负债比例管理的其他规定。⑤贷款限制。商业银行不得向关系人发放信用贷款；向关系人发放担保贷款的条件不得优于其他借款人的同类贷款。关系人是指商业银行的董事、监事、管理人员、信贷业务人员及其近亲属和他们投资或担任高级管理职务的公司、企业和其他经济组织。⑥贷款保护制度。商业银行有权拒绝任何单位和个人强令要求其发放贷款或提供担保。借款人应按期归还贷款的本金和利息，借款人不归还到期贷款本息的，对于担保贷款，商业银行有权要求保证人偿还或就担保物优先受偿，但商业银行因行使抵押权、质押权而取得的不动产、股票，应自取得之日起2年内处分，以保证银行资产的流动性。

（3）投资基本规则。《商业银行法》根据我国实际情况，对商业银行的投资业务做了较严格限制，除国家另有规定的外：①商业银行在我国境内不得从事信托投资和证券经营业务；②商业银行在我国境内不得投资于非自用不动产；③商业银行在我国境内不得向非银行金融机构和企业投资。

（4）负债业务的基本规则。商业银行的负债业务主要包括三大部分：存款负债、借入负债和结算负债。①存款负债。即商业银行因吸收客户存款而承担的按约定支付存款本金和利息的义务，也就是商业银行因吸收存款而承担的债务。商业银行必须遵守《商业银行法》关于存款负债管理的有关规定，如对存款人保护、查冻扣、公告利率、存款准备金、备付金、储蓄存款优先支付等方面的法律规定。②借入负债。即商业银行通过发行金融债券、同业拆借、向国外资金市场借款等方式筹集资金而形成的债务。商业银行发行金融债券或者到境外借款应当依照法律、行政法规规定报经批准。同业拆借，应遵守中国人民银行规定的期限，拆借期最长不得超过4个月。禁止利用拆入资金发放固定资产贷款或用于投资。拆出资金限于缴足存款准备金、留足备付金和归还中国人民银行到期贷款之后的闲置资金。拆入资金用于弥补票据结算、联行汇差头寸的不足和解决临时性周转资金的需要。此外，商业银行还可向中国人民银行申请贷款，中国人民银行根据执行货币政策的需要，可以决定对商业银行贷款的数额、期限、利率和方式，但贷款期限不得超过 1 年。③结算负债。即商业银行在办理结算业务中形成的债务，包括银行同业往来中占用他行的资金、办理结算时占用客户的资金等。商业银行办理结算业务，应按规定期限兑现，收付入账，不得压单、压票或违反规定退票。有关兑现、收付入账期限的规定应当公布。商业银行的资产负债比例应符合《商业银行法》第三十九条的规定。商业银行开展业务应当遵守公平竞争的原则，不得违反规定提高或者降低利率以及采用其他不正当手段吸收存款、发放贷款。

（5）对商业银行工作人员的限制性规定。商业银行工作人员不得有下列行为：①利用职务便利索贿、受贿或违规收取回扣、手续费；②利用职务便利贪污、挪用、侵占本行或客户资金；③违反规定徇私向亲属、朋友发放贷款或者提供担保；④在其他经济组织兼职。

§20. 2. 4　接管和终止

1. 接管

接管，是指商业银行已经或者可能发生信用危机，严重影响存款人利益时，国务院银行业监督管理机构依法对该商业银行直接经营管理的行为。接管的目的是对被接管的商业银行采取必要措施，以保护存款人利益，恢复商业银行的正常经营能力。商业银行被接管后，其原债权债务不变。

（1）国务院银行业监督管理机构决定接管商业银行，应作出书面决定，载明下列内容：①被接管的商业银行名称；②接管理由；③接管组织；④接管期限。接管决定由国务院银行业监督管理机构公告。接管自接管决定实施之日起开始，由接管组织行使商业银行经营管理权力。接管期限可以延长，但不得超过 2 年。

（2）发生下列情形之一的，终止接管：①接管决定规定的期限届满或者国务院银行业监督管理机构决定的接管延期届满；②接管期限届满前，该商业银行已恢复正常经营能力；③接管期限届满前，该商业银行被合并或者被宣告破产。

2. 解散和撤销

解散，是指商业银行因分立、合并或者出现公司章程规定的解散事由而终止其法人资格。商业银行需要解散的，应向国务院银行业监督管理机构提出申请，并附解散的理由和债务清偿计划，经国务院银行业监督管理机构批准后解散。商业银行解散的，应成立清算组，按债务清偿计划及时偿还存款本金和利息等债务，由国务院银行业监督管理机构监督清算过程。

撤销，是指商业银行因被吊销经营许可证而终止其法人资格。商业银行被撤销的，国务院银行业监督管理机构应依法及时成立清算组，进行清算，按照清偿计划及时清偿本金和利息等债务。

3. 破产

破产，在这里是指商业银行不能支付到期债务，经国务院银行业监督管理机构同意而终止其法人资格。商业银行破产由人民法院宣告。商业银行被宣告破产的，由人民法院组织国务院银行业监督管理机构等有关部门和人员成立清算组，进行清算。商业银行破产清算时，在支付清算费用、所欠职工工资和劳动保险费用后，应当优先支付个人储蓄存款的本金和利息。

§20.3　票据法

§20.3.1　票据和票据法

1. 票据的概念和特征

票据，是指出票人依法签发的，约定由自己或者委托他人，按一定的时间、地点和票面文义，无条件支付一定金额的有价证券，包括汇票、本票和支票。票据在广义上还包括发票、保险单、提单等。票据具有下述基本特征：

（1）流通性。这是票据最基本的特征。票据在流通中可以替代现金，不断被转让，即票据在有效期内可以背书转让，受让人即可获得票据所载权利。所以票据转让方便，易于流通，易被接受。

（2）无因性。票据是一种保证付款的书面凭证，只需具备法定形式及要件，受让人即可取得票据所载权利，而不问设立票据的原因。付款人只需对票据作形式审查，根据票面文义付款，无须查明持票人取得票据的原因。

（3）要式性。票据是要式证券，其内容和形式均由法律规定，若缺乏绝对应记载事项或不符合法定形式，则会导致票据无效。

（4）文义性。票据所载文句即文义是确定票据权利义务的唯一依据，不受其他事项影响。当然票据作为要式证券，其文义须符合法律规定。

票据的上述特征决定了票据具有结算、支付、信用、融资等作用。

2. 票据的种类

（1）汇票。是指由出票人签发的，委托付款人在见票时或者在指定日期无条件支付确定的金额给收款人或持票人的票据。我国《票据法》将汇票分为银行汇票和商业汇票：①银行汇票。是出票银行签发的，由其在见票时按照实际结算金额无条件支付给收款人或者持票人的票据，即由银行签发的汇票。银行汇票又分为现金汇票和转账汇票，前者应注明"现金"字样；后者无此字样，只能用于转账。②商业汇票。是出票人签发的，委托付款人在指定日期无条件支付确定的金额给收款人或者持票人的票据。商业汇票与银行汇票的区别在于出票人不同：银行汇票的出票人是银行；商业汇票的出票人是企业、事业、机关、团体等单位。商业汇票又分为商业承兑汇票和银行承兑汇票，前者由银行以外的付款人承兑，付款人为承兑人；后者由银行承兑。此外，汇票还可按记载权利人的方式不同，分为记名汇票、指定汇票和无记名汇票；按记载的付款日期不同，分为即时汇票和远期汇票；按基本当事人不同，分为普通汇票和变式汇票；按票据行为地的不同，分为国际汇票和国内汇票。

（2）本票。是指出票人签发的，承诺自己在见票时无条件支付确定金额给收款人或者持票人的票据。本票与汇票的主要区别在于：本票是已付票据，无须承兑；汇票是委付票据，除见票即付的汇票外，须承兑。本票作为已付票据，出票人须具有支付本票金额的可靠资金来源，并保证付款。我国《票据法》第七十三条第二款规定："本法所称本票，是指银行本票。"所谓银行本票，是指申请人将款项交存银行，由银行签发给其凭以办理转账结算或支取现金的本票。因此，银行本票的出票人是银行。《票据法》第七十五条规定，本票出票人资格由中国人民银行审定。

（3）支票。是指出票人签发的，委托办理支票存款业务的银行或者其他金融机构在见票时无条件支付确定的金额给收款人或者持票人的票据。支票具有两个基本特点：一是付款人须是办理存款业务的金融机构；二是见票即付，无须承兑。支票可作下述分类：①按记载权利人的方式不同，分为记名支票、不记名支票和指示支票；②按当事人是否兼任，分为对己支票和受付支票；③按支付票款的方式不同，分为普通支票、转账支票和现金支票。我国票据实务中将转账支票和现金支票分别制作，前者只能转账；后者可支取现金。国外有画线支票和不画线支票之分，画线支票只能转账。

3. 票据法的概念和立法宗旨

票据法，是指调整票据关系以及与票据关系相关的经济关系的法律规范的总称。票据关系是当事人之间因票据行为而发生的权利义务关系；与票据关系相关的经济关系，即基础关系，是产生票据关系的原因关系或实质关系，这种关系虽不是票据关系，但是票据关系的基础，可以影响票据关系。

随着我国市场经济体制的建立和完善，市场交易规模不断扩大，交易日趋频繁，票据以其具有的便于流通、支付、结算和信用、融资等作用，日益得到广泛使用。第八届全国人大常委会第十三次会议于 1995 年 5 月 10 日通过了《中华人民共和国票据法》，共 7 章 111 条。2004 年 8 月 28 日第十届全国人大常委会第十一次会议修改并重新公布了《中华人民共和国票据法》（以下简称《票据法》），修改后的《票据法》7 章 110 条，自公布之日起施行。[①] 其立法宗旨是：规范票据行为，保障票据活动中当事人的合法权益，维护社会经济秩序，促进社会主义市场经济的发展。

§20. 3. 2　票据行为

1. 票据行为的概念和特征

票据行为，是指当事人为实现票据目的而设立、变更、终止票据权利和票据义务的合法行为。因此，票据行为具有两点基本含义：一是合法行为，二是为实现票据目的。票据行为在狭义上是指当事人直接在票据上所进行产生债权债务的行为，包括出票、背书、承兑、保证、参加承兑、保付等行为；广义上除了上述行为以外，还包括付款、见票、画线等行为。票据行为具有下述特征：

（1）票据行为是要式行为。票据行为必须依照法定形式和要求进行。因为票据在转让过程中，受让方最关心的是票据的效力，即能否获得付款，所以票据行为是要式行为，必须符合法定形式和程序。

（2）票据行为是独立行为。票据行为之间是相互独立的，即后手票据行为不因前手票据行为无效而无效。强调票据行为的独立性有利于维护票据的流通性，保护正当持票人权利。但是，票据是要式证券，如果不符合法定形式、前手未记载绝对应记载事项，则因前手行为无效，导致以后的票据行为无效。

（3）票据行为具有连带责任。票据行为的后果是票据责任，所有票据行为人，如出票人、背书人、承兑人、保证人等均对持票人负连带责任，当票据不获承兑或付款

---

① 第十届全国人民代表大会常务委员会第十一次会议决定对《中华人民共和国票据法》作如下修改：删去第七十五条，并对条款顺序作调整后，重新公布。参见全国人民代表大会常务委员会关于修改《中华人民共和国票据法》的决定，2004.8。

时，持票人可向其任一前手追索。

2. 票据行为的种类

一般来说，汇票的票据行为较为复杂，本票、支票较为简单。

（1）出票。是指出票人签发票据并将其交付给收款人的票据行为，即创立票据关系的行为。依《票据法》规定，出票人与付款人须有资金关系，且不得签发无对价票据，但因税收、继承、赠与而取得票据的，不受对价限制。汇票包括下述绝对应记载事项：①表明"汇票"的字样；②无条件支付的委托；③确定的金额；④付款人名称；⑤收款人名称；⑥出票日期；⑦出票人签章。未记载上述事项的，汇票无效。本票是已付票据，无须记载委托和付款人；支票未记载收款人名称的，经出票人授权可以补记。

（2）背书。是指在票据背面或者粘单上记载有关事项并签章的票据行为。背书的目的在于转让票据权利或将票据权利授予他人行使。票据的出让人是背书人，受让人是被背书人。票据背书须记载被背书人名称、背书日期和背书人签章。将票据权利授予他人行使的背书可记载"委托收款""质押"等字样。背书转让的票据，后手应对其前手背书的真实性负责，持票人以背书连续证明其票据权利。出票人记载"不得转让"字样的，票据不得背书转让；背书人记载"不得转让"字样的票据，其后手再背书转让的，原背书人对后手的被背书人不承担保证责任。

（3）承兑。是指汇票付款人承诺在汇票到期日支付汇票金额的票据行为。承兑是汇票特有的票据行为，其原因在于：汇票是委付票据，出票人出票是一种单方法律行为，对付款人并不当然发生约束力，只有在付款人承诺支付票据金额时，持票人才能实现票据权利。承兑的意义在于确定持票人的票据权利；使付款人成为汇票主债务人，承担汇票到期付款的责任。除见票即付的汇票无须承兑外，其他汇票的持票人均应按《票据法》规定的期限提示承兑。付款人对提示承兑的汇票应于 3 日内承兑或拒绝承兑，承兑汇票不得附条件。付款人承兑汇票后，应保证付款。

（4）保证。是指票据债务人以外的人，为担保票据债务的履行，以承担同一票据债务为目的所进行的一种票据行为。即由第三人担保票据债务的履行。票据保证人须在票据或粘单上记载下列事项：①表明"保证"的字样；②保证人名称和住所；③被保证人的名称；④保证日期；⑤保证人签章。保证人在票据或粘单上未记载上述第③项的，已承兑的汇票，承兑人为被保证人；未承兑汇票，出票人为被保证人。票据保证不得附条件；保证人对合法持票人承担保证责任；保证人与被保证人对持票人承担连带责任；保证人为两人以上的，保证人之间承担连带责任。保证人清偿票据债务后，可以行使持票人被保证人及其前手的追索权。

（5）付款。是指付款人或承兑人依票据文义支付票据金额的行为。见票即付的汇票，自出票日起 1 个月内付款，其他汇票自到期日起 10 日内向承兑人提示付款；本票自出票日起 2 个月内付款；支票自出票日起 10 日内提示付款，异地使用的支票提示付款期限由中国人民银行另行规定。本票、支票均为见票即付。持票人按期提示付款的，付款人须在当日足额付款。持票人获得付款的，应在票据上签收，并将票据交给付款人。付款人足额付款后，全体票据债务人的责任解除。

3. 票据行为的代理

票据行为的代理，即票据代理，是指代理人根据被代理人的授权以被代理人的名义实施的票据行为。票据代理是民事代理的特殊形式，《票据法》有规定的，适用《票据法》；《票据法》没有规定的，适用《民法通则》。我国《票据法》第五条对票据行为的代理，有下述规定：①票据当事人可以委托代理人在票据上签章，并应在票据上表明其代理关系。②没有代理权而以代理人名义在票据上签章的，应由签章人承担票据责任。③代理人超越代理权限的，应就其超越权限部分承担票据责任。

§20.3.3 票据权利和票据责任

1. 票据权利

票据权利，是指持票人向票据债务人请求支付票据金额的权利，包括付款请求权和追索权。票据权利由持票人行使，以票据为依据，其目的在于获得票据金额。

（1）付款请求权。也叫第一次请求权或主票据权利，是指持票人向票据主债务人或其他付款义务人请求支付票据金额的权利。票据当事人进行票据行为的最终目的在于保证持票人获得票据金额，而持票人要获得票据付款就必须享有并行使付款请求权；同时，付款请求权的行使也是保全票据追索权的必要条件。因此，付款请求权是持票人最重要的票据权利。行使付款请求权，视票据的不同，其要求也不相同：①须经提示承兑的票据，包括见票后定期付款的汇票、定日付款的汇票、出票后定期付款的汇票。这类汇票须经提示承兑后，方可提示付款。②无须提示承兑的票据，包括见票即付的汇票、本票和支票。这类票据可直接提示付款。持票人行使付款请求权的法律后果有两种情况：一是付款人足额付款，则全体票据债务人解除责任，票据权利义务亦告终止；二是持票人在不获承兑或付款时，可依法取得有关拒绝证明或退票理由书后行使追索权。

（2）追索权。是指票据到期前未获承兑，或到期未获付款，或其他法定原因出现，持票人在履行了保全手续后，向其前手请求偿还被拒绝的票据金额、利息及费用的一种票据权利。是票据法为保护持票人权益，赋予持票人的第二次票据权利。追索权的保全须经两个步骤：一是提示票据后不获承兑，或不获付款，或承兑人、付款人死亡、逃匿、破产、被责令停业等情形发生；二是做成有关拒绝证明或退票理由书。持票人在追索权得到保全后，即可对其前手行使追索权。持票人应于收到拒绝证明之日起3日内，将拒绝事由书面通知其前手；其前手应于接到通知之日起3日内书面通知其再前手。持票人也可同时向各汇票债务人发出书面通知。被追索人接到追索通知后，应自动偿还持票人依《票据法》第七十条规定的金额和费用。被追索人清偿后，依法取得有关拒绝证明、票据和利息、费用收据后，可对其前手行使再追索权，追索《票据法》第七十一条规定的金额和费用。行使追索权应注意：持票人为出票人的，对其前手无追索权。持票人为背书人的，对其后手无追索权。

2. 票据责任

票据责任，是指票据债务人向持票人支付票据金额的义务。依照《票据法》第四条第一款、第三款的规定："票据出票人制作票据，应当按照法定条件在票据上签章，并按所记载的事项承担票据责任。""其他票据债务人在票据上签章的，按照票据所记载的事项承担票据责任。"因此，债务人承担票据责任的依据是其在票据上签章；承担票据责任的范围是其在票据上所记载事项。当事人承担票据责任须具备下列条件：①票据须符合票据法规定的形式要件，即绝对应记载事项齐全；②票据权利尚未消灭，如票据时效尚未届满、票据未获付款；③须在票据上签章；④票据债务的履行不存在抗辩事由。票据债务人支付票据金额后，其票据责任解除。票据债务人因持票人行使追索权而清偿票据债务的，除支付票据金额外，还应支付《票据法》规定的利息及费用。

3. 票据抗辩

票据抗辩，是指票据债务人根据票据法规定，对票据债权人拒绝履行义务的行为。票据抗辩须有票据法规定的事由，其目的在于阻止持票人行使票据权利。发生下列情形的，票据债务人可以行使抗辩权：①票据缺乏绝对应记载事项；②票据付款期未到；③票据已被法院作除权判决；④票据为无行为能力或限制行为能力人签章，但票据上的完全行为能力人不得抗辩；⑤票据为无权代理人签章；⑥伪造或变造票据，被伪造人、在变造前签章的人对变造后的票据可以抗辩；⑦票据权利的行使或保全手续欠缺；⑧票据权利时效届满；⑨持票人出于恶意取得票据；⑩除税收、继承、赠与，无对价取得票据。但是，票据债务人不得以自己与出票人或持票人的前手之间的抗辩事由对抗持票人。

持票人因超过票据权利时效或者因票据记载事项欠缺而丧失票据权利的，仍享有民事权利，可以请求出票人或承兑人返还其与未支付的票据金额相当的利益。即持票人享有利益偿还请求权。

§20.4 信托法

§20.4.1 信托和信托法

1. 信托的概念和法律特征

"信托"从词义上理解，是指基于信任所进行的委托行为。《中华人民共和国信托法》第二条规定："本法所称信托，是指委托人基于对受托人的信任，将其财产权委托给受托人，由受托人按委托人的意愿以自己的名义，为受益人的利益或者特定目的，进行管理或者处分的行为。"由此可以看出，所谓信托，实际上是一种代人理财的制度，具有下述法律特征：

(1) 信托以委托人对受托人的信任为基础。信托是一种代人理财的制度，涉及委托人重大利益。因此，当事人之间设立信托关系的基础必须是委托人对受托人的充分信任，否则，就无法在当事人之间产生信托关系。

(2) 信托须有相应的财产或财产权利。按照《中华人民共和国信托法》第七条第二款规定："本法所称财产包括合法的财产权利。"因此，信托财产可以是财产，也可以是财产权利。当事人设立信托，必须有相应的信托财产或财产权利。信托的标的是财产或财产权利，前者如动产、不动产；后者如知识产权、股权、债权等。

(3) 受托人以自己的名义活动。在信托关系中受托人接受委托后，以自己的名义进行活动，就委托事项与第三人发生权利义务关系。这是信托和代理的一个重要区别，信托关系中的受托人，接受委托人委托后，以自己的名义进行活动；代理人接受委托后，则是以被代理人名义进行活动。

(4) 受托人管理或处分信托财产须符合委托人意愿。这里有两层含义：一是受托人有权管理或者处分信托财产；二是受托人管理或者处分受托财产须符合委托人意愿。所以，受托人应当按照委托人的意愿，为了信托受益人的利益或者委托人的特定目的，管理或者处分信托财产或财产权利。

2. 信托法的概念和立法概况

信托法是调整信托关系的法律规范的总称。信托法所调整的信托关系是指当事人之间在设立、变更、终止信托关系和信托业务活动中所发生的经济关系。

信托制度源于罗马法中的遗嘱信托，以后在英国有了较大发展，由于信托有利于资本主义商品经济的发展，17 世纪为英国衡平法院所承认，1893 年英国颁布了《受托人条例》使信托制度化。进入 20 世纪，信托业日趋商业化，成为营利性行业。①

1979 年以后，我国信托业有了较快发展，与此相适应，中国人民银行于 1986 年 4 月发布了《金融信托投资机构管理暂行规定》，同年 12 月发布了《金融信托投资机构资金管理暂行办法》，1994 年 6 月发布了《金融信托投资机构资产负债比例管理暂行办法》等行政规章。2001 年 4 月 28 日第九届全国人民代表大会常务委员会第二十一次会议通过《中华人民共和国信托法》（以下简称《信托法》），该法包括总则、信托的设立、信托财产、信托当事人、信托的变更与终止、公益信托、附则，共 7 章 74 条，于 2001 年 10 月 1 日起施行。2007 年 1 月 23 日中国银行业监督管理委员会发布了《信托公司管理办法》，对信托投资公司的设立、经营范围、经营规则和监督管理等做了具体规定。② 我国《信托法》的立法宗旨是：调整信托关系，规范信托行为，保护信托当事人的合法权益，促进信托事业的健康发展。该法适用于委托人、受托人、受益人（统称信托当事人）在中华人民共和国境内进行民事、营业、公益信托活动。

§20.4.2 信托的设立

1. 信托设立的概念和条件

信托的设立，是指委托人委托受托人管理、处分其财产或财产权利而进行的合法行为。信托的设立与信托的成立不同，信托的设立是委托人为建立信托关系而进行的意思表示；信托的成立除须有委托人的意思表示外，还须有受托人的承诺。设立信托须具备下述条件：

（1）设立信托须有合法的信托目的。信托作为一种合法行为，其设立目的必须合法。信托当事人不得以信托名义从事任何非法活动。

（2）设立信托须有确定的信托财产。信托设立后，受托人就要根据委托人意愿管理、处分其财产，这就要求委托人必须指定具体的信托财产，并就此项财产明确相互权利与责任。因此，当事人必须就确定的财产设立信托。

（3）设立信托须有合法所有的财产。受托人管理、处分信托人财产的权利来自于委托人的委托，这就必然要求信托财产是委托人合法所有的财产。否则，委托人无权将该项财产交由他人管理、处分。

（4）设立信托应当采取书面形式。信托的设立涉及委托人（包括受益人）重大利

---

① 参见周树立著《中国信托业的选择》，中国金融出版社 1999 年版，第41—42 页。

② 2003 年 4 月中国银行业监督管理委员会设立后，信托投资公司改由中国银监会监督管理。参见国务院办公厅关于印发《中国银行业监督管理委员会主要职责内设机构和人员编制规定》的通知（2003.4.25）、中国银行业监督管理委员会 2003 年第 1 号公告、《中华人民共和国银行业监督管理法》第二条。依照《信托公司管理办法》第六十六条规定："本办法自 2007 年 3 月 1 日起施行，原《信托投资公司管理办法》（中国人民银行令〔2002〕第 5 号）不再适用。"

益，并且信托关系一旦成立，有关当事人之间便在较长期限内存在利益关系。因此，设立信托须采取书面形式。

2. 信托文件的内容和形式

（1）信托文件的内容。我国《信托法》第九条规定，设立信托，其书面文件应当载明下列事项：①信托目的；②委托人、受托人的姓名或者名称、住所；③受益人或者受益人范围；④信托财产的范围、种类及状况；⑤受益人取得信托利益的形式、方法。此外，信托文件可以载明信托期限、信托财产的管理方法、受托人的报酬、新受托人的选任方式、信托终止事由等事项。

（2）信托文件的形式。设立信托应采取书面形式，包括信托合同、遗嘱或者法律、行政法规规定的其他书面文件等。①采取合同形式设立信托的，信托合同签订时，信托成立。②采取其他书面形式设立信托的，受托人承诺信托时，信托成立。设立遗嘱信托，应当遵守继承法关于遗嘱的规定。遗嘱指定的人拒绝或者无能力担任受托人的，由受益人另行选任受托人；受益人为无民事行为能力人或者限制民事行为能力人的，依法由其监护人代行选任。遗嘱对选任受托人另有规定的，从其规定。

设立信托，对于信托财产，有关法律、行政法规规定应当办理登记手续的，应当依法办理信托登记。未依法办理信托登记的，应当补办登记手续；不补办的，该信托不产生效力。

3. 信托的无效和撤销

（1）信托无效。是指当事人虽然设立，但不发生法律效力的信托。依照我国《信托法》第十一条规定，有下列情形之一的，信托无效：①信托目的违反法律、行政法规或者损害社会公共利益；②信托财产不能确定；③委托人以非法财产或者本法规定不得设立信托的财产设立信托；④专以诉讼或者讨债为目的设立信托；⑤受益人或者受益人范围不能确定；⑥法律、行政法规规定的其他情形。

（2）信托撤销。委托人设立信托损害其债权人利益的，债权人有权申请人民法院撤销该信托。人民法院依法撤销信托的，不影响善意受益人已经取得的信托利益。债权人撤销损害其利益的信托的申请权，自债权人知道或者应当知道撤销原因之日起1年内不行使的，归于消灭。

§20.4.3　信托财产

1. 信托财产的概念

信托财产，是指委托人交由受托人管理、处分的财产。依照我国《信托法》的规定，信托财产由两部分组成：一是受托人因承诺信托而取得的财产；二是受托人因信托财产的管理运用、处分或者其他情形而取得的财产。

但是，法律、行政法规禁止流通的财产，不得作为信托财产；法律、行政法规限制流通的财产，依法经有关主管部门批准后，可以作为信托财产。因此，信托财产须是法律、行政法规允许流通的财产和虽然限制流通但经主管部门批准可以设立信托的财产。

2. 信托财产的独立性

信托财产的独立性主要表现在下述几个方面：

（1）信托财产独立于委托人的其他财产。信托关系成立后，应当严格区分信托财产与委托人未设立信托的其他财产。设立信托后，委托人死亡或者依法解散、被依法撤销、被宣告破产时，信托财产按下述规则处理：①委托人是唯一受益人的，信托终止，信托财产作为其遗产或者清算财产；②委托人不是唯一受益人的，信托存续，信托财产不作为其遗产或者清算财产；但作为共同受益人的委托人，其信托受益权作为其遗产或者清算财产。

（2）信托财产独立于受托人所有的财产。受托人所有的财产，简称为固有财产。受托人在办理信托业务时应严格区分信托财产与固有财产，不得将信托财产归入受托人的固有财产或者成为固有财产的一部分。①受托人死亡或者依法解散、被依法撤销、被宣告破产而终止职责，信托财产不属于其遗产或者清算财产；②受托人管理运用、处分信托财产所产生的债权，不得与其固有财产产生的债务相抵销；③受托人管理运用、处分不同委托人的信托财产所产生的债权债务，不得相互抵销。

（3）信托财产交易的限制。受托人不得将其固有财产与信托财产进行交易或者将不同委托人的信托财产进行相互交易，但信托文件另有规定或者经委托人或者受益人同意，并以公平的市场价格进行交易的除外。

信托财产的独立性决定了非因信托财产、信托事务发生的债务或者国家法律规定，信托财产不被强制执行。但有下列情形之一的除外：①设立信托前债权人已对该信托财产享有优先受偿的权利，并依法行使该权利的；②受托人处理信托事务所产生债务，债权人要求清偿该债务的；③信托财产本身应担负的税款；④法律规定的其他情形。对于违反上述规定而强制执行信托财产，委托人、受托人或者受益人有权向人民法院提出异议。

§20.4.4 信托当事人

1. 委托人及其主要权利

委托人，是将自己的财产交由他方（受托人）管理、处分的一方信托当事人。委托人应当是具有完全民事行为能力的自然人、法人或者依法成立的其他组织。委托人享有下述主要权利：

（1）信托财产状况的知情权。委托人享有的信托财产状况知情权包括：①委托人有权了解其信托财产的管理运用、处分及收支情况，并有权要求受托人作出说明。②委托人有权查阅、抄录或者复制与其信托财产有关的信托账目以及处理信托事务的其他文件。

（2）信托财产管理方法的调整权。因设立信托时未能预见的特别事由，致使信托财产的管理方法不利于实现信托目的或者不符合受益人的利益时，委托人有权要求受托人调整该信托财产的管理方法。

（3）信托财产处分不当的撤销申请权。受托人违反信托目的处分信托财产或者因违背管理职责、处理信托事务不当致使信托财产受到损失的，委托人有权申请人民法院撤销该处分行为，并有权要求受托人恢复信托财产的原状或者予以赔偿；该信托财产的受让人明知是违反信托目的而接受该财产的，应当予以返还或者予以赔偿。委托人请求人民法院撤销受托人处分其财产的申请权，自委托人知道或者应当知道撤销原因之日起1年内不行使的，归于消灭。

（4）解任权。受托人违反信托目的处分信托财产或者管理运用、处分信托财产有重大过失的，委托人有权依照信托文件的规定解任受托人，或者申请人民法院解任受托人。

2. 受托人

受托人，是指接受他方（委托人）委托，为其管理、处分信托财产的一方信托当事人。受托人应当是具有完全民事行为能力的自然人、法人。法律、行政法规对受托人的条件另有规定的，从其规定。中国人民银行对主要经营信托业务的金融机构——信托投资公司的设立、变更、终止和经营范围、经营规则等都做了具体规定，参见中国人民银行 2002 年 6 月 5 日颁布的《信托投资公司管理办法》。

（1）受托人主要义务。依照我国《信托法》的有关规定，受托人应承担下述主要义务：①为受益人最大利益处理信托事务；②不利用信托财产为自己谋取利益；③保持信托财产独立性；④分别管理信托财产；⑤保存处理信托财产、事务的记录并向委托人和受益人报告有关收支情况；⑥为委托人、受益人保密；⑦向受益人支付信托利益。

（2）信托事务的转委托。受托人应当自己处理信托事务，但信托文件另有规定或者有不得已事由的，可以委托他人代为处理。受托人依法将信托事务委托他人代理的，应当对他人处理信托事务的行为承担责任。

（3）共同受托人及其处理信托事务的规则。同一信托的受托人有两个以上的，为共同受托人。共同受托人应按下述规则处理信托事务：①除信托文件另有规定外，共同受托人应当共同处理信托事务。②共同受托人处理信托事务，意见不一致时，按信托文件规定处理；信托文件未规定的，由委托人、受益人或者其利害关系人决定。③共同受托人处理信托事务对第三人所负债务，应当承担连带清偿责任；第三人对共同受托人之一所作的意思表示，对其他受托人同样有效。

共同受托人之一违反信托目的处分信托财产或者因违背管理职责、处理信托事务不当致使信托财产受到损失的，其他受托人应当承担连带赔偿责任。

（4）受托人报酬。受托人有权依照信托文件的约定取得报酬。信托文件未作事先约定的，经信托当事人协商同意，可以作出补充约定；未作事先约定和补充约定的，不得收取报酬。约定的报酬经信托当事人协商同意，可以增减其数额。但是，受托人违反信托目的处分信托财产或者因违背管理职责、处理信托事务不当致使信托财产受到损失的，在未恢复信托财产的原状或者未予赔偿前，不得请求给付报酬。

（5）处理信托事务的费用和债务承担。①受托人因处理信托事务所支出的费用、对第三人所负债务，以信托财产承担。②受托人以其固有财产先行支付的，对信托财产享有优先受偿的权利。③受托人违背管理职责或者处理信托事务不当对第三人所负债务或者自己所受到的损失，以其固有财产承担。

（6）受托人辞任和职责终止。设立信托后，经委托人和受益人同意，受托人可以辞任。受托人辞任的，在新受托人选出前仍应履行管理信托事务的职责。受托人有下列情形之一的，其职责终止：①死亡或者被依法宣告死亡；②被依法宣告为无民事行为能力人或者限制民事行为能力人；③被依法撤销或者被宣告破产；④依法解散或者法定资格丧失；⑤辞任或者被解任；⑥法律、行政法规规定的其他情形。受托人职责终止时，其继承人或者遗产管理人、监护人、清算人应当妥善保管信托财产，协助新受托人接管信托事务。

受托人职责终止的，依照信托文件规定选任新受托人；信托文件未规定的，由委托人选任；委托人不指定或者无能力指定的，由受益人选任；受益人为无民事行为能力人或者限制民事行为能力人的，依法由其监护人代行选任。

原受托人处理信托事务的权利和义务，由新受托人承继。受托人职责终止的，应当作出处理信托事务的报告，并向新受托人办理信托财产和信托事务的移交手续。报告经委托人或者受益人认可，原受托人就报告中所列事项解除责任，但原受托人有不正当行为的除外。共同受托人之一职责终止的，信托财产由其他受托人管理和处分。

3. 受益人

受益人，是指在信托中享有信托受益权的人。受益人可以是自然人、法人或者依法成立的其他组织。委托人可以是受益人，也可以是同一信托的唯一受益人。受托人可以是受益人，但不得是同一信托的唯一受益人。

（1）信托受益权的取得和放弃。①信托受益权的取得和信托利益分配。受益人自信托生效之日起享有信托受益权。信托文件另有规定的，从其规定。共同受益人按照信托文件的规定享受信托利益。信托文件对信托利益的分配比例或者分配方法未作规定的，各受益人按照均等的比例享受信托利益。②信托受益权的放弃。受益人可以放弃信托受益权。全体受益人放弃信托受益权的，信托终止。部分受益人放弃信托受益权的，被放弃的信托受益权按下列顺序确定归属：信托文件规定的人；其他受益人；委托人或者其继承人。

（2）信托受益权的行使。依照我国《信托法》的有关规定，信托受益权的行使包括：①清偿债务。受益人不能清偿到期债务的，其信托受益权可以用于清偿债务，但法律、行政法规以及信托文件有限制性规定的除外。②转让和继承。受益人的信托受益权可以依法转让和继承，但信托文件有限制性规定的除外。③委托人的部分权利。包括信托财产状况的知情权、信托财产管理方法的调整权、信托财产处分不当的撤销申请权等。

受益人行使上述权利，与委托人意见不一致时，可以申请人民法院作出裁定。共同受益人之一行使撤销申请权的，人民法院所作出的撤销裁定，对全体共同受益人有效。

§20. 4. 5 信托的变更与终止

1. 信托的变更和解除法定情形

信托的变更，通常是指委托人更换受益人或处分信托受益权。信托的终止，是指信托关系的消灭。

（1）根据我国《信托法》规定，设立信托后，有下列情形之一的，委托人可以变更受益人或者处分受益人的信托受益权：①受益人对委托人有重大侵权行为；②受益人对其他共同受益人有重大侵权行为；③经受益人同意；④信托文件规定的其他情形。

（2）有上述第①、②、④种情形之一的，委托人可以解除信托。委托人是唯一受益人的，委托人或者其继承人可以解除信托。信托文件另有规定的，从其规定。

2. 信托的终止和信托财产的归属

（1）信托的终止。我国《信托法》规定，有下列情形之一的，信托终止：①信托文件规定的终止事由发生；②信托的存续违反信托目的；③信托目的已经实现或者不能实现；④信托当事人协商同意；⑤信托被撤销；⑥信托被解除。信托不因委托人或者受托人的死亡、丧失民事行为能力、依法解散、被依法撤销或者被宣告破产而终止，也不因受托人的辞任而终止。但《信托法》或者信托文件另有规定的除外。

（2）信托财产的归属。信托终止的，信托财产归属于信托文件规定的人；信托文件未规定的，按下列顺序确定归属：①受益人或者其继承人；②委托人或者其继承人。信托财产的归属确定后，在该信托财产转移给权利归属人的过程中，信托视为存续，权利归属人视为受益人。信托终止后，人民法院依据《信托法》第十七条的规定对原信托财产进行强制执行的，以权利归属人为被执行人。

3. 受托人权益和信托财产的清算

（1）受托人权益。信托终止后，受托人依照本法规定行使请求给付报酬、从信托财产中获得补偿的权利时，可以留置信托财产或者对信托财产的权利归属人提出请求。

（2）信托财产的清算。信托终止的，受托人应当作出处理信托事务的清算报告。受益人或者信托财产的权利归属人对清算报告无异议的，受托人就清算报告所列事项解除责任。但受托人有不正当行为的除外。

§20.4.6 公益信托

1. 公益信托的概念和范围

公益信托，是指为了公共利益的目的而设立的信托。国家鼓励发展公益信托。根据我国《信托法》第六十条的规定，为了下列公共利益目的之一而设立的信托，属于公益信托：①救济贫困；②救助灾民；③扶助残疾人；④发展教育、科技、文化、艺术、体育事业；⑤发展医疗卫生事业；⑥发展环境保护事业，维护生态环境；⑦发展其他社会公益事业。

2. 公益信托的设立和信托监察人

（1）公益信托的设立。公益信托的设立和确定其受托人，应当经有关公益事业的管理机构（简称公益事业管理机构）批准。未经公益事业管理机构的批准，不得以公益信托的名义进行活动。公益事业管理机构对于公益信托活动应当给予支持。公益信托的信托财产及其收益，不得用于非公益目的。

（2）信托监察人。公益信托应当设置信托监察人。信托监察人由信托文件规定。信托文件未规定的，由公益事业管理机构指定。信托监察人有权以自己的名义，为维护受益人的利益，提起诉讼或者实施其他法律行为。

（3）公益信托的受托人及其基本义务。公益信托的受托人未经公益事业管理机构批准，不得辞任。公益事业管理机构应当检查受托人处理公益信托事务情况及财产状况。受托人应当至少每年一次作出信托事务处理情况及财产状况报告，经信托监察人认可后，报公益事业管理机构核准，并由受托人予以公告。

3. 公益信托的变更和终止

（1）公益信托的变更。①受托人的变更。公益信托的受托人违反信托义务或者无能力履行其职责的，由公益事业管理机构变更受托人。②信托文件的变更。公益信托成立后，发生设立信托时不能预见的情形，公益事业管理机构可以根据信托目的，变更信托文件中的有关条款。

（2）公益信托的终止。①报告终止事由。公益信托终止的，受托人应当于终止事由发生之日起15日内，将终止事由和终止日期报告公益事业管理机构。②作出清算报告。公益信托终止的，受托人作出的处理信托事务的清算报告，应当经信托监察人认可后，报公益事业管理机构核准，并由受托人予以公告。③信托财产的处理。公益信托终止的，没有信托财产权利归属人或者信托财产权利归属人是不特定的社会公众的，经公益事业管理机构批准，受托人应当将信托财产用于与原公益目的相近似的目的，或者将信托财产转移给具有近似目的的公益组织或者其他公益信托。

公益事业管理机构违反本法规定的，委托人、受托人或者受益人有权向人民法院起诉。

【思考题】

1. 中国人民银行法的概念和调整对象。
2. 中国人民银行的地位、职责及货币政策工具。
3. 商业银行的经营须遵循哪些原则和基本规则？
4. 我国票据的种类和票据行为。
5. 信托的设立须具备哪些条件？

第 21 章　保险法律制度

§21.1　保险法概述

§21.1.1　保险的概念和特征

1．保险的概念

保险以危险的存在为前提。危险，在保险理论中是指客观存在的，能够造成财产或人身损失的，使人们忧虑的，但发生与否又不能确定的现象。

保险有广义和狭义两种理解：狭义上仅指商业保险；广义上还包括社会保险。《中华人民共和国保险法》第二条规定："本法所称保险，是指投保人根据合同约定，向保险人支付保险费，保险人对于合同约定的可能发生的事故因其发生所造成的财产损失承担赔偿保险金责任，或者当被保险人死亡、伤残、疾病或者达到合同约定的年龄、期限时承担给付保险金责任的商业保险行为。"由此可见，我国保险法规定的保险是指商业保险，即投保人以缴纳保险费为代价换取保险人提供经济保障的营利性保险行为。

现代保险可以从经济和法律两个方面来理解：保险在经济上是分摊意外事故损失的一种补偿行为；在法律上是一种合同行为，即当事人一方按合同约定，以交付保费为条件，换取另一方在危险发生时对自己进行补偿或给付。

2．保险的特征

（1）保险以可保危险为前提。无危险则无保险，但并不是所有的危险都是可保的，保险人只对特定的危险，即可保危险承保。可保危险的最大特点是具有或然性，是出乎当事人预料的，偶然发生的。

（2）保险以互助共济为基础。保险在互助共济基础上，集合危险，分散损失。保险的互助共济性，决定了保险须有尽可能多的人参加。

（3）保险以损失补偿为目的。保险的目的在于保险事故发生后，保险人通过对被保险人的货币补偿来稳定社会经济生活。因此，保险事故造成损失的价值须是可计算的，并且被保险人不应通过保险赔偿来获利。

（4）保险以合理计费为条件。在保险实务中，保费的计算必须公平合理。保险费过高会损害投保人利益；过低则损害保险人利益，也不利于保险基金的建立。

§21.1.2　保险法的概念和立法概况

1．保险法的概念

保险法是调整保险关系和与保险关系相关的社会关系的法律规范的总称。对保险法的范围有三种理解：一是指保险合同法；二是指保险合同法和保险业法；三是指商业保险法和社会保险法。我国保险法规范商业保险，既包括保险合同法，又包括保险业法。因此，我国保险法调整下述社会关系：

（1）保险活动当事人之间的关系。是指保险人与投保人、被保险人、保险受益人之间因投保与提供保障而形成的保险合同关系。

（2）保险当事人与保险中介人之间的关系。是指保险当事人与保险代理人、保险经纪人、保险公证人之间在保险关系的设立、变更、终止过程中以及因经营保险业务而形成的关系。

（3）国家在对保险市场的管理、协调过程中与保险当事人、保险中介人之间发生的关系。

2. 保险立法概况

保险源于古代欧洲的航海贸易，最初是海上保险，以后逐步发展到陆上。《汉穆拉比法典》中已有关于在运输过程中，遇有抢劫、事故而发生损失或海上风险等遭受损失或赔偿时，由有关人员分摊的保险规则。《罗马法》对船舶和货物损失，除了要分摊货物损失外，还要分摊因共同海损行为而发生的船舶本身的物料损失。1807 年法国《商法典·海商编》将海上保险列入其中。此后，英国制定了《1906 年海上保险法》。随着商品经济的发展，陆上保险业也有了迅速发展，火灾保险、人身保险、责任保险、农业保险、再保险等相继出现。与此相适应，各国保险立法也有了较大发展，逐步形成了现代保险法体系。

我国近代保险立法始于清朝末年，将保险法包括在《大清商律草案》（光绪三十四年，1908 年）中，国民党政府于 1929 年公布了《保险法》。中华人民共和国成立后，1951 年政务院通过了《关于实行国家机关、国营企业、合作社财产强制保险及旅客强制保险的决定》；1951 年政务院财经委员会颁布了《关于颁布财产强制保险等条例的命令》。1981 年颁布的《中华人民共和国经济合同法》中规定了财产保险。1983 年国务院又发布了《中华人民共和国财产保险合同条例》。1992 年制定的《中华人民共和国海商法》对海上保险合同做了专章规定。1985 年国务院发布了《保险企业管理暂行条例》。1995 年 6 月 30 日第八届全国人民代表大会常务委员会第十四次会议通过了《中华人民共和国保险法》（以下简称《保险法》），2002 年 10 月 28 日第九届全国人大常委会第三十次会议第一次修正《保险法》，2009 年 2 月 28 日第十一届全国人大常委会第七次会议对《保险法》做了修订。2014 年 8 月 31 日第十二届全国人大常委会第十次会议第二次修正了《保险法》，2015 年 4 月 24 日第十二届全国人大常委会第十四次会议第三次修正了《保险法》，共 8 章 185 条，自公布之日起施行。该法的立法宗旨是：为了规范保险活动，保护保险活动当事人的合法权益，加强对保险业的监督管理，维护社会经济秩序和社会公共利益，促进保险事业的健康发展。

§21. 1. 3　保险法的原则

我国《保险法》规定，从事保险活动必须遵守法律、行政法规，尊重社会公德，不得损害社会公共利益；保险活动当事人行使权利、履行义务应当遵循诚实信用原则。具体来说，《保险法》遵循下述原则：

1. 保险利益原则

保险利益又称可保利益，是指投保人对保险标的具有的法律上承认的利益。也就是说，保险标的对投保人（或被保险人）具有法律上的利益关系。

依各国立法通例，保险利益是保险合同有效的基本前提。对于不具有保险利益的保险合同，法律不予保护。我国《保险法》第十二条也明确规定："人身保险的投保人在保险合同订立时，对被保险人应当具有保险利益。""财产保险的被保险人在保险事故发生时，对保险标的应当具有保险利益。"保险法坚持保险利益原则的意义在于：防止利用保险进行赌博、限制赔偿金额和防止道德危险。因此，一个有效的保险合同必须具有保险利益。保险利益的构成须具备两个条件：

（1）投保人对保险标的须具有利益。即投保人与其投保的财产或人身具有利益关系。这种利益关系包括现有利益、期待利益以及可能损失的利益。

（2）该项利益须是法律所承认的利益。即保险利益应是投保人在保险标的上的合法利益。保险合同是一种合法行为，自然不应保障非法利益。

2. 最大诚信原则

保险活动的特殊性决定了保险合同对当事人的诚信程度有更高的要求，所以称为"最大诚信原则"。因为保险人往往无法全面地掌握和了解投保的财产或人身的真实情况，所以，法律要求投保人必须按超出一般合同的最大诚信原则行事，以达到预防欺诈行为的发生，确保保险合同真实有效，保护当事人合法权益，维护保险市场的正常秩序。

具体来说，最大诚信原则就是要求签订保险合同时，当事人都必须将各自知道的有关事实告知对方，如实陈述，不得隐瞒、伪报或欺诈。如果一方当事人不遵守这一原则，对方有权解除保险合同。在法理上，最大诚信原则适用于保险合同的各方当事人，但在实践中更多地体现在对投保人或被保险人的要求上。最大诚信原则的基本要求是：

（1）告知。也称披露，是指投保人或被保险人在签订合同时，应当如实说明保险标的的真实情况。当事人是否违反告知义务，由有解除权一方的当事人举证。

（2）保证。是指保险人与投保人或被保险人在保险合同中约定，投保人保证对某一事项的作为或不作为，或保证某一事项的真实性。保证是保险合同的基础，因而各国保险人对保险合同中保证条款的掌握十分严格。被保险人违反保证，不论其是否有过失，亦不论其过失是否给对方当事人造成损失，保险人均可解除保险合同，并且不承担保险赔偿责任。

保证作为最大诚信原则的组成部分，其目的在于保护保险人的合法权益，防止保险合同履行中道德风险的发生。最大诚信原则也适用于保险人，要求保险人：①有足够的偿付能力，履行保险合同中的保险责任；②如实说明保险合同条款内容；③保险人在签订保险合同时，对于只有其知道的保险标的不可能因保险事故受损失的情况，及时告知被保险人，并不得签订保险合同。

3. 损害补偿原则

损害补偿，是指对被保险人因保险事故所遭受的损失，保险人应在保险合同约定的保险金额范围内予以补偿。在保险法上，保险金额是保险人负责赔偿的最高限额，然而，保险人实际赔偿的金额可能少于保险金额。因此，损害补偿原则作为保险法的一项基本原则，虽然适用于各种保险，但在各国保险立法和保险实务中都受到一些限制。所以，保险法上的损害补偿是一种有限制的补偿。

4. 近因原则

近因，即最接近的原因，是指造成某种后果的最直接原因。也就是保险事故与保险损失之间须存在直接因果关系。按照近因原则，只有当被保险人的损失是由保险合同约定的保险事故或事件直接造成的，保险人才予以赔偿或给付。保险实务中近因的认定通常有两种方法：一是从最初事件推导以后的事件；二是从损失开始倒推事件发生的原因。

§21. 2　保险合同

§21. 2. 1　保险合同的概念和特征

1. 保险合同的概念

保险合同，是指投保人与保险人之间，约定保险权利义务的协议。保险合同与其他合同在主体、内容、客体上均有所不同：

（1）从主体来看。保险合同的投保人与被保险人、受益人不是同一人时，则被保险人和受益人作为合同关系人依法享有合同权利；其他合同一般不存在关系人的问题。同时，在保险合同中保险人必须是依法设立的保险公司。

（2）从内容来看。保险人主要义务的履行具有不确定性，即只有在保险事故或事件发生时，保险人才履行其主要义务——进行赔偿或给付；其他合同的权利义务一般是对等的。

（3）从客体来看。保险合同的客体是保险利益；一般合同的客体则是行为或财产。

2. 保险合同的特征

（1）保险合同是双务、有偿合同。保险合同的保险人与投保人、被保险人相互承担义务，即投保人承担支付保险费义务；保险人承担保险事故或事件发生时赔偿或给付义务。同时，保险合同以投保人支付保险费为代价换取保险人对被保险人提供风险保障，因而保险合同是有偿合同。但是，保险人赔偿或给付须以保险事故或事件的发生为条件。所以，保险合同的双务、有偿性实际上是指保险人承担风险损失的承诺。

（2）保险合同是要式合同。保险合同的保障性质决定了保险合同的要式性，依照我国《保险法》的规定，保险合同应当记载法定事项，并采取书面形式。但是，在保险实务中也不排除某些特定情况下的非要式保险合同。

（3）保险合同是最大诚信合同。保险合同是保险人对未来可能发生的保险事故进行损失补偿或保险金给付的协议。因此，保险合同当事人双方须以最大诚信来订立和履行合同。

（4）保险合同是射幸合同。保险合同当事人对保险事故发生与否无法确定，而保险人是否履行赔偿或给付的义务，又取决于合同约定的保险事故是否发生。所以就具体合同而言，保险合同是射幸合同。

§21. 2. 2　保险合同的订立

1. 保险合同的当事人和关系人

（1）保险人。即承保人，是指与投保人订立保险合同，并按照合同约定承担赔偿或者给付保险金责任的保险公司。保险人根据保险合同为被保险人或受益人提供风险保障。为使保险业稳健运营，各国法律都对保险人做了严格限制，除个别国家外，大都规定保险人必须是法人组织。

（2）投保人。也称要保人，是指对保险标的具有保险利益，与保险人订立保险合同，并按照合同约定负有支付保险费义务的人。投保人作为保险合同的另一方当事人，可以是自然人，也可以是法人。

（3）被保险人。被保险人是指其财产或者人身受保险合同保障，享有保险金请求权的人。在保险合同中，因投保人目的的不同，被保险人与投保人的关系也不相同：①投保人为自己利益与保险人订立保险合同时，被保险人与投保人是同一人。②投保人为他人利益而订立保险合同时，被保险人是投保人在保险合同中指定的人，是保险合同的关系人。

（4）受益人。是指人身保险合同中由被保险人或投保人指定的享有保险金请求权的人，是保险合同的关系人。投保人、被保险人可以为受益人。因此，受益人包括：①人身保险合同中经被保险人或者投保人指定而享有保险金请求权的人；②被保险人、投保人自己。所以，受益人一般只存在于人身保险合同中；财产保险合同的被保险人通常就是受益人。人身保险合同中的受益人与投保人是同一人时，受益人就是合同当事人。

2. 保险合同的内容

保险合同的内容以保险合同条款的形式表现，一般包括基本条款和特约条款：①基本条款。也叫法定条款，由保险人拟订，是保险合同必须具备的条款，由《保险法》以列举方式直接规定。②特约条款。也叫约定条款，即投保人与保险人协商确定的，除基本条款以外的保险合同条款。基本条款和特约条款都具有法律效力。

依照我国《保险法》第十八条规定，保险合同应当包括下列事项：①保险人的名称和住所；②投保人、被保险人的姓名或者名称、住所，以及人身保险的受益人的姓名或者名称、住所；③保险标的；④保险责任和责任免除；⑤保险期间和保险责任开始时间；⑥保险金额；⑦保险费以及支付办法；⑧保险金赔偿或者给付办法；⑨违约责任和争议处理；⑩订立合同的年、月、日。《保险法》第十八条还规定："投保人和保险人可以约定与保险有关的其他事项。"所以，保险合同条款不限于上述所列法定条款，当事人亦可约定其他条款，即特约条款。特约条款在狭义上则仅指保证条款。保证条款是法律规定或同业协会制定的，投保人或被保险人保证某种行为或事实真实性的条款，是投保人或被保险人必须遵守的条款，如有违反，保险人有权解除合同或拒绝赔偿。

3. 保险合同的书面形式

保险合同的形式，是指投保人与保险人就其保险权利义务关系达成协议的方式，即保险合同当事人意思表示一致的方式。

（1）投保单。也称要保书，是指投保人为订立保险合同而向保险人提供的书面要约。投保单经保险人作出承诺后，即成为保险合同的一部分。实践中投保单由保险人事先印就，并提供给投保人，投保人按投保单所列条款逐一填写后交给保险人，经保险人盖章作出承诺后，保险合同即告成立。保险人未盖章同意承保的，保险合同则不成立。

（2）暂保单。也称临时保险单，是指保险人在签发正式保险单之前，出具的临时保险凭证。暂保单与正式保单的法律效力相同，正式保单签发后，自动失效。暂保单不是保险合同的必备凭证，也不是订立保险合同的必经程序，而只是在正式保险单签发前出具的临时保险凭证。

（3）保险单。也称保单，是指保险合同成立后，保险人向投保人（被保险人）签发的正式书面凭证。保险单由保险人制作，经签章后交付给投保人。依照我国《保法》第十三条的规定："投保人提出保险要求，经保险人同意承保，保险合同成立。保险人应当及时向投保人签发保险单或者其他保险凭证。"保险单或者其他保险凭证应当载明当事人双方约定的合同内容。

（4）保险凭证。也称"小保单"，是保险人向投保人签发的证明保险合同已经成立的书面凭证，是一种简化的保险单，其法律效力与保险单相同。实践中保险凭证没有列明的内容，以同一险种的正式保险单为准；保险凭证与正式保险单内容相抵触的，以保险凭证的特约条款为准。

（5）其他书面形式的保险合同。是指除保险单和其他保险凭证以外的以书面形式表现的保险合同。我国《保险法》第十三条第二款规定："当事人也可以约定采用其他书面形式载明合同内容。"即保险合同当事人也可以采取除上述书面形式以外的其他书面形式约定双方权利义务。

4. 保险合同的订立程序

我国《保险法》第十三条第一款规定："投保人提出保险要求，经保险人同意承保，保险合同成立。"因此，保险合同的成立，须经过"投保人提出保险要求"和"保险人同意承保"，这就是保险合同的要约和承诺。

（1）保险要约。即要保，是指保险当事人一方为订立合同而向对方作出的意思表示。保险要约具有下述特点：①保险要约通常由投保人提出；②保险要约条款更为具体、明确；③保险要约一般采取书面形式。

（2）保险承诺。即承保，是指保险当事人一方就同意对方保险要约而作出的意思表示。保险合同的承诺通常由保险人或其代理人作出。如果保险合同要约是由保险人提出的，投保人无条件接受后，投保人即为承诺人。

5. 保险合同的成立与生效

我国《保险法》第十三条第三款规定："依法成立的保险合同，自成立时生效。投保人和保险人可以对合同的效力约定附条件或者附期限。"保险合同的成立，是指投保人与保险人就保险合同条款达成协议。保险合同的生效，是指保险合同对当事人双方发生约束力，即合同条款产生法律效力。按照我国《保险法》第十三条规定，保险合同的生效有两种情形：一是依法成立的保险合同，自成立时生效；二是附条件、附期限合同，条件成就、期限到来时生效。实践中保险合同多为附条件合同，以缴纳保险费为合同生效的条件。所以，保险合同较为特殊，往往是在合同成立后的某一时间生效。因此，保险合同成立与生效存在下述区别：

（1）效力不同。保险合同经当事人双方协商一致就成立，此时尚不发生法律效力；保险合同生效则是保险合同对当事人发生法律效力，此时合同当事人均受合同条款约束。

（2）保险人责任不同。保险合同成立后，尚未生效前发生保险事故的，保险人不承担保险责任；保险合同生效后发生保险事故的，保险人则应按合同约定承担保险责任。

保险合同成立后，投保人按照约定交付保险费，保险人按照约定的时间开始承担保险责任。除《保险法》另有规定或者保险合同另有约定外，保险合同成立后，投保人可以解除合同，保险人不得解除合同。

§21. 2. 3　保险合同的履行

保险合同的履行，是指保险合同当事人双方依法全面完成合同约定义务的行为。保险合同虽然种类繁多，内容各不相同，但当事人均应履行下述义务：

1. 投保人义务的履行

（1）如实告知。是指投保人在订立保险合同时将保险标的重要事实，以口头或书面形式向保险人作真实陈述。投保人未履行如实告知义务，足以影响保险人决定承保或提高保险费率的，保险人有权解除保险合同。

（2）交付保险费。是投保人的最基本的义务，也是保险合同生效的必要条件。无论财产保险合同，还是人身保险合同，投保人均按合同约定交付保险费。

（3）维护保险标的安全。保险合同订立后，财产保险合同的投保人、被保险人未按约定维护保险标的安全的，保险人有权要求增加保险费或解除保险合同。

（4）危险增加通知。保险合同订立后，保险标的的危险程度加大，被保险人应及时通知保险人。被保险人未履行该项义务的，保险标的因危险程度增加而发生的保险事故，保险人不负赔偿责任。

（5）保险事故发生通知。保险事故发生，即出险。保险事故发生后，投保人、被保险人或受益人应将该事实及时通知保险人。

（6）出险施救。是指保险事故发生后，投保人、被保险人在通知保险人的同时，应抢救出险财产，以减少损失。投保人、被保险人未履行施救义务的，对于由此而扩大的损失，应当承担责任。

（7）提供单证。是指保险金请求权人在保险事故发生后，向保险人请求赔偿或给付保险金时，依照法律或合同约定应提供的能够确认保险事故的性质、原因、损失程度等的有关证明和资料。包括保险单、批单、检验报告、证明材料等。

（8）协助追偿。是指第三人行为造成保险事故的，投保人、被保险人在获得保险赔偿后，应协助保险人向该第三人追偿。在财产保险中由于第三人行为造成保险事故的，保险人在向被保险人赔偿保险金之后，享有代位求偿权。因此，投保人、被保险人应当协助其向第三人追偿，向保险人提供有关文件、证据和自己所掌握的情况。

上述义务由《保险法》直接规定，其中维护保险标的安全、危险增加通知、出险施救、协助追偿四种义务是财产保险合同特有义务；交付保费、如实告知、出险通知、提供单证等义务是共有义务，即一切保险合同的投保人、被保险人或受益人均应履行的义务。

2. 保险人义务的履行

（1）承担保险责任。投保人订立保险合同，交付保险费的目的在于保险事故或事件发生后，能够从保险人处获得保险金赔偿或给付。因此，承担保险责任就成为保险人依照法律规定和合同约定所应承担的最重要、最基本的义务。依照我国《保险法》规定，保险人履行保险金赔偿或给付义务的范围包括：保险金、施救费用、争议处理费用、检验费用。

（2）条款说明。是指保险人在订立保险合同时，应就合同的条款内容向投保人作书面或口头陈述。保险合同条款内容的说明，特别是免责条款的说明，是保险人应履行的法定义务。依照我国《保险法》第十七条第二款规定："对保险合同中免除保险人责任的条款，保险人在订立合同时应当在投保单、保险单或者其他保险凭证上作出足以引起投保人注意的提示,并对该条款的内容以书面或者口头形式向投保人作出明确说明;未作提示或者明确说明的,该条款不产生效力。"即保险人未就免责条款明确说明的,该免责条款无效。

(3) 及时签发保险单证。保险单证是指保险单或者其他保险凭证。保险合同成立后,保险人应及时签发保险单证以证明合同的成立。

(4) 为投保人、被保险人或再保险分出人保密。保险人、再保险人在办理保险、再保险业务中对于知悉的投保人、被保险人或者再保险分出人的财产、人身及业务等情况依法负有保密义务。

3. 保险合同的解释

保险合同的解释即对保险合同条款的理解和说明,在保险实务中具有十分重要的意义。保险合同应按下列规则解释:

(1) 文义解释。即按照保险合同条款所使用文句的通常含义和保险法律、法规及保险习惯,并结合合同的整体内容对保险合同条款所作的解释。

(2) 意图解释。即按保险合同当事人订立保险合同的真实意思,对合同条款所作的解释。意图解释实际上是对当事人订立合同时心理状态的一种推定,其具体做法是:①书面约定与口头约定不一致时,以书面约定为准。②保险单及其他保险凭证与投保单及其他合同文件不一致时,以保险单及其他保险凭证中载明的合同内容为准。③特约条款与基本条款不一致时,以特约条款为准。④保险合同的条款内容因记载方式、记载先后不一致时,以手写的、后加的合同条款为准。

(3) 专业解释。是指对保险合同中使用的专业术语,应按照其所属专业的特定含义解释。如财产保险中对"暴风""暴雨"危险程度的解释就应按国家气象部门规定的技术标准来解释,人寿保险中对各种人身伤害及死亡的解释就应按医学上公认的标准来解释等。

(4) 有利于被保险人和受益人解释。各国保险立法为使保险合同真正起到保险保障的目的,维护被保险人或受益人的合法权益,避免保险人在保险合同中使用模糊文句,给被保险人或受益人带来不利后果,都将保险合同解释有利于被保险人和受益人作为一项原则。

我国《保险法》第三十条规定:"采用保险人提供的格式条款订立的保险合同,保险人与投保人、被保险人或者受益人对合同条款有争议的,应当按照通常理解予以解释。对合同条款有两种以上解释的,人民法院或者仲裁机构应当作出有利于被保险人和受益人的解释。"据此,当事人对保险人提供的合同格式条款有争议的,应按通常理解解释,有两种以上解释的,应作出有利于被保险人和受益人的解释。

§21.2.4 保险合同的变更、解除和终止

1. 保险合同的变更

保险合同的变更是指保险合同有效期间,当事人依法对合同条款所作的修改或补充。

(1) 保险合同的主体变更。是指保险合同当事人或关系人的变更,即保险合同的转让,通常是投保人、被保险人或者受益人的变更。

(2) 保险合同的客体变更。保险合同的客体即保险利益。保险合同客体变更的原

因主要是：保险标的的价值变化，引起保险利益发生变化。保险合同客体的变更，通常由投保人或被保险人提出，经保险人同意，加批后生效。

（3）保险合同的内容变更。是指保险合同主体的权利和义务的变更。保险合同内容的变更一般由投保人提出。

我国《保险法》第二十条规定，投保人和保险人可以协商变更合同内容。保险合同的变更，应当由保险人在保险单或者其他保险凭证上批注或者附贴批单，或者由投保人和保险人订立变更的书面协议。变更保险合同须采取书面形式，最常见的是批单。

2. 保险合同的解除

保险合同的解除，是指保险合同有效期间，当事人依法律规定或合同约定提前终止合同效力的法律行为。

（1）协议解除。是指当事人双方经协商同意解除保险合同的一种法律行为。保险合同当事人双方经协商同意，即可解除保险合同。但有下述情形之一的，当事人不得解除合同：①保险合同的协议解除，不得违反国家利益和社会公共利益；②货物运输保险和运输工具航程保险的保险责任开始后，合同不得解除。保险合同的协议解除须采取书面形式。保险合同当事人双方未就保险合同的解除达成书面协议之前，原合同仍然有效。

（2）法定解除。法定解除亦称单方解除，是指保险合同当事人一方直接依照保险法的规定解除保险合同的一种法律行为。保险合同当事人行使合同解除权，应具备三个条件：一是须符合保险法的规定；二是须有解除保险合同的意思表示；三是须由保险法规定的当事人行使。

关于保险合同的解除，我国《保险法》第十五条规定："除本法另有规定或者保险合同另有约定外，保险合同成立后，投保人可以解除合同，保险人不得解除合同。"投保人解除保险合同即退保，允许投保人解除合同是各国保险立法的通例。但是，保险人非依法律规定或合同约定，不得解除保险合同。

我国《保险法》第十六条规定："投保人故意或者因重大过失未履行前款规定的如实告知义务，足以影响保险人决定是否同意承保或者提高保险费率的，保险人有权解除合同。"同时对保险人解除合同也做了严格限制：①保险人的合同解除权，自保险人知道有解除事由之日起，超过30日不行使而消灭。②自合同成立之日起超过2年的，保险人不得解除合同；发生保险事故的，保险人应当承担赔偿或者给付保险金的责任。③保险人在合同订立时已经知道投保人未如实告知的情况的，保险人不得解除合同；发生保险事故的，保险人应当承担赔偿或者给付保险金的责任。

投保人未履行如实告知义务，保险人解除保险合同后的责任有两种情形：①投保人故意不履行如实告知义务的。保险人对于合同解除前发生的保险事故，不承担赔偿或者给付保险金的责任，并不退还保险费。②投保人因重大过失未履行如实告知义务，对保险事故的发生有严重影响的，保险人对于合同解除前发生的保险事故，不承担赔偿或者给付保险金的责任，但应当退还保险费。保险合同的解除应采取书面形式。

3. 保险合同的终止

保险合同的终止，是指某种法定或约定事由的出现，致使保险合同当事人双方的权利义务归于消灭。保险合同终止的主要原因有合同的期限届满、履行完毕、主体消灭等法定或约定事由，其结果是合同权利义务的消灭。

保险合同的效力中止（失效）与保险合同的终止的主要区别是：①两者发生的原因不同。保险合同的效力中止是因投保人违约而造成的，例如投保人支付首期保险费后，超过约定期限 60 日未支付当期保险费；而保险合同的终止，除因解除而终止外，一般不存在当事人违约的问题，是合同的自然消灭。②两者产生的后果不同。保险合同的效力中止后，根据当事人就是否恢复合同效力所达成的协议，合同可能恢复效力，也可能被解除；保险合同的终止，是合同权利义务的消灭，不存在恢复效力的问题。当事人如需维持保险关系，须另订合同。

保险合同的终止，除因合同被解除外，还包括下述原因：①保险合同因期限届满而终止；②保险合同因履行而终止；③财产保险合同因保险标的灭失而终止；④人身保险合同因被保险人的死亡而终止；⑤财产保险合同因保险标的部分损失，保险人履行赔偿义务而终止。

§21.3 保险公司和保险经营规则

§21.3.1 保险公司

1. 保险公司的概念和法律适用

保险公司，是指依照保险法和公司法设立的经营商业保险业务的企业法人。商业保险是从事风险经营的特殊行业，关系到国民经济的稳定发展和人民生活的安定。因此，我国《保险法》第六条规定，保险业务由依照本法设立的保险公司以及法律、行政法规规定的其他保险组织经营，其他单位和个人不得经营保险业务。

我国《保险法》第七条规定，在中华人民共和国境内的法人和其他组织需要办理境内保险的，应当向中华人民共和国境内的保险公司投保。

保险公司，除保险法另有规定外，适用《中华人民共和国公司法》的规定。

2. 保险公司的设立

我国《保险法》第六十七条规定："设立保险公司应当经国务院保险监督管理机构批准。"我国保险监督管理机构是中国保险监督管理委员会（简称"中国保监会"）。《保险法》对保险公司的设立规定了严格的条件和程序。

（1）保险公司设立的条件。依照我国《保险法》第六十八条规定，设立保险公司应当具备下列条件：①主要股东具有持续盈利能力，信誉良好，最近三年内无重大违法违规记录，净资产不低于人民币 2 亿元；②有符合本法和《中华人民共和国公司法》规定的章程；③有符合本法规定的注册资本；④有具备任职专业知识和业务工作经验的董事、监事和高级管理人员；⑤有健全的组织机构和管理制度；⑥有符合要求的营业场所和与经营业务有关的其他设施；⑦法律、行政法规和国务院保险监督管理机构规定的其他条件。设立保险公司，其注册资本的最低限额为人民币 2 亿元，且须是实缴资本。

中国保监会可以根据保险公司的业务范围和经营规模，调整设立保险公司的实缴货币资本的最低限额，但不得低于人民币 2 亿元。设立保险股份有限公司，其股东应符合中国保监会关于向保险机构投资入股的有关规定。

（2）保险公司设立的程序。是指设立保险公司的步骤和应履行的手续。根据我国《保险法》有关规定，保险公司的设立须经初步审查和正式审批两个阶段。

①筹建申请。申请设立保险公司，应当向国务院保险监督管理机构提出书面申请，并提交下列材料：设立申请书、可行性研究报告、筹建方案、投资人的证照资料和经审计的财会报告、投资人认可的有关负责人名单及本人认可证明、保监会规定的其他材料。①中国保监会自受理之日起 6 个月内作出批准或者不批准筹建的决定，并书面通知申请人。决定不批准的，应当书面说明理由。申请人应当自收到批准筹建通知之日起一年内完成筹建工作；筹建期间不得从事保险经营活动。

②开业申请。筹建工作完成后，申请人具备保险法规定设立条件的，可以向保监会提出开业申请。②保监会应当自受理开业申请之日起 60 日内，作出批准或者不批准开业的决定。决定批准的，颁发经营保险业务许可证；决定不批准的，应当书面通知申请人并说明理由。

③登记。申请人自取得经营保险业务许可证之日起 6 个月内，向工商行政管理机关办理登记，领取营业执照；无正当理由 6 个月内未办理登记手续则许可证自动失效。

（3）保险公司分支机构和代表机构的设立。保险公司申请设立分支机构应具备中国保监会规定的条件。保险公司在我国境内设立分支机构，向保险监管机构提出书面申请并提交规定的材料，经批准后，发给《经营保险业务许可证》。保险公司在我国境外设立子公司、分支机构，应当经中国保监会批准。保险公司分支机构不具有法人资格，其民事责任由保险公司承担。外国保险机构在我国境内设立代表机构，应当经中国保监会批准。代表机构负责办理保险公司有关事项的咨询、联络、协调，但不得从事保险业务经营活动。保险公司及其分支机构自取得经营保险业务许可证之日起 6 个月内，无正当理由未向工商行政管理机关办理登记的，其经营保险业务许可证失效。

3. 保险公司的变更和终止

（1）保险公司的变更。保险公司有下列情形之一的，应当经保险监督管理机构批准：①变更名称；②变更注册资本；③变更公司或者分支机构的营业场所；④撤销分支机构；⑤公司分立或者合并；⑥修改公司章程；⑦变更出资额占有限责任公司资本总额 5% 以上的股东，或者变更持有股份有限公司股份 5% 以上的股东；⑧国务院保险监督管理机构规定的其他情形。

（2）保险公司的终止。保险公司终止的原因有：依法解散、被依法撤销或被依法宣告破产。保险公司解散须经国务院保险监督管理机构批准。经营有人寿保险业务的保险公司，除因分立、合并或者被依法撤销外，不得解散。保险公司解散，应当依法成立清算组进行清算。保险公司依法破产的，破产财产在优先清偿破产费用和共益债务后，按照下列顺序清偿：①所欠职工工资和医疗、伤残补助、抚恤费用，所欠应当划入职工个人账户的基本养老保险、基本医疗保险费用，以及法律、行政法规规定应当支付给职工的补偿金；②赔偿或者给付保险金；③保险公司欠缴的除第①项规定以外的社会保险费用和所欠税款；④普通破产债权。破产财产不足清偿同一顺序清偿要求的，按照比例分配。保险公司依法终止其业务活动，应当注销其

---

①　参见《中华人民共和国保险法》第七十条，2015 年修正。

②　参见《中华人民共和国保险法》第七十三条，2015 年修正；中国保险监督管理委员会《保险公司管理规定》第十二条、第十三条、第十四条，2015 年修订。

经营保险业务许可证。

§21. 3. 2　保险经营规则

保险经营规则，是指保险公司及其工作人员经营保险业务活动的行为准则。从事保险活动必须遵守法律、行政法规，尊重社会公德，不得损害社会公共利益。保险活动当事人行使权利、履行义务应当遵循诚实信用原则。保险公司开展业务，应当遵循公平竞争的原则，不得从事不正当竞争。我国《保险法》第八条规定："保险业和银行业、证券业、信托业实行分业经营、分业管理，保险公司与银行、证券、信托业务机构分别设立。国家另有规定的除外。"因此，我国保险业实行分业经营、分业管理。我国《保险法》对保险经营规则做了较为具体的规定。

1. 分业经营规则

保险业的分业经营是指同一保险公司不得兼营财产保险业务和人身保险业务。近年分业经营的原则有所松动，经营财产保险业务的保险公司经中国保监会批准，可以经营短期健康保险业务和意外伤害保险业务。① 我国保险业实行保险公司分业经营的主要原因是财产保险和人身保险是两类性质不同的保险业务，其期限、风险和经营技术等均不相同。因此，实行分业经营，既减少了保险公司的经营风险，也有利于维护被保险人利益、保障保险业稳健经营和强化保险业的监管。

2. 偿付能力规则

偿付能力，是指保险公司履行保险责任，支付保险金的能力。保险公司的实际偿付能力为其会计年度末实际资产价值减去实际负债的差额。保证保险公司的实际偿付能力是国家对保险业监督管理的核心内容。为保证偿付能力，保险公司在其业务经营过程中必须依法提取和结转未到期责任准备金、未决赔款准备金、保险保障基金、保险保证金、公积金等，以保证保险公司的正常经营。

（1）未到期责任准备金。是指保险公司在会计年度决算时，为承担下一年度保险责任而提取的赔付准备款。保险公司应当根据保障被保险人利益、保证偿付能力的原则，按照中国保监会有关规定提取未到期责任准备金。

（2）未决赔款准备金。是指保险公司在会计年度决算时，因已经发生的保险事故，尚未赔付而提取的保险赔偿或给付款项。即保险公司对在保单有效期内发生的未决赔款提取的赔款准备。未决赔款准备金无论被保险人是否报告，只要保险事故发生就应提取。未决赔款准备金按中国保监会有关规定，从当年的自留保险费中足额或基本足额提取。

（3）保险保障基金。是指按照《保险法》和相关法规规定缴纳形成，在保险公司被撤销、被宣告破产、发生重大风险等情形下，用于救助保单持有人、保单受让公司或者处置保险业风险的非政府性行业风险救助基金。②保险保障基金以保障保单持有人利益、维护保险业稳健经营为使用原则，依法集中管理，统筹使用。③保险保障基金分为

---

① 参见《中华人民共和国保险法》第九十五条第二款，2015 年修正。

② 参见中国保险监督管理委员会、中华人民共和国财政部、中国人民银行《保险保障基金管理办法》第三条，2008。

③ 参见《保险保障基金管理办法》第五条、第六条，2008。

财产保险保障基金和人身保险保障基金，主要由财产保险公司和人身保险公司缴纳形成。①

（4）资本保证金。是指根据《保险法》的规定，保险公司成立后按照其注册资本总额的一定比例提取的，除保险公司清算时用于清偿债务外不得动用的资金。保险公司应当按照其注册资本的 20% 提取保证金，存入中国保监会指定的银行，②除保险公司清算时用于清偿债务外，不得动用。

（5）公积金。是指公司为巩固其财务基础，按确定的比例从公司利润中提取的金额或从其他收入中获得的收益。包括资本公积金和盈余公积金，前者包括股本溢价、法定财产重估增值、接受捐赠的资产价值等；后者是指按照国家有关规定从利润中提取的公积金，又包括法定公积金和任意公积金。保险公司应按我国《公司法》有关规定提取公积金。保险公司的公积金用于弥补公司亏损，或者转为增加公司资本金。法定公积金转为资本金时，所留存的该公积金不得少于注册资本金的 25%。

（6）最低偿付能力。是指保险责任发生后，保险公司最基本的赔偿或给付能力。依照我国《保险法》第一百零一条规定，保险公司应当具有与其业务规模相适应的最低偿付能力。保险公司的实际资产减去实际负债的差额不得低于保险监督管理机构规定的数额；低于规定数额的，应当增加资本金，补足差额。保险公司最低偿付能力额度标准由中国保监会规定和调整。

3. 保险风险控制规则

保险业的高风险性决定了必须加强对保险企业的风险控制，以实现保险稳健经营，保护被保险人利益，维护保险市场秩序。

（1）自留保险费的限制。保险费不是保险企业的资产，而是保险企业的负债。自留保险费的额度是以公司的资本金和公积金之和为标准来确定的。我国《保险法》第一百零二条规定，经营财产保险业务的保险公司当年自留保险费，不得超过其实有资本金加公积金总和的 4 倍。

（2）承保责任的限制。是保险公司对每一危险单位承保责任的限制。危险单位，是指一次保险事故可能造成的最大损失范围。我国《保险法》第一百零三条规定，保险公司对每一危险单位，即对一次保险事故可能造成的最大损失范围所承担的责任，不得超过其实有资本金加公积金总和的 10%；超过的部分应当办理再保险。保险公司对危险单位的划分应当符合中国保监会的规定。保险公司对危险单位的划分方法和巨灾风险安排方案，应当报中国保监会备案。

---

① 依照《保险保障基金管理办法》第十三条规定，保险保障基金的来源包括：（一）境内保险公司依法缴纳的保险保障基金；（二）保险保障基金公司依法从破产保险公司清算财产中获得的受偿收入；（三）捐赠；（四）上述资金的投资收益；（五）其他合法收入。2008。

② 中国保险监督委员会《保险公司资本保证金管理办法》第六条规定，保险公司应当选择两家（含）以上商业银行作为资本保证金的存放银行。存放银行应符合以下条件：（一）国有商业银行、股份制商业银行、邮政储蓄银行和城市商业银行；（二）上年末净资产不少于 200 亿元人民币；（三）上年末资本充足率、不良资产率符合银行业监管部门有关规定；（四）具有完善的公司治理结构、内部稽核监控制度和风险控制制度；（五）与本公司不具有关联方关系；（六）最近两年无重大违法违规记录。2015。

4. 再保险

再保险，也称分保，是对保险人承担的风险的保险。由于再保险具有稳定保险公司经营、扩大承保能力、分散保险风险等作用，因此，再保险已成为现代保险业中具有相对独立性的保险业务。再保险包括分出保险和分入保险。

我国《保险法》规定，保险公司办理再保险业务，应当经中国保监会批准。保险公司应当按照中国保监会的规定办理再保险，并审慎选择再保险接受人。保险公司应当依照《保险法》第一百零三条规定，确定自留保险费和每一危险单位自留风险；超过的部分，应当办理再保险。在法定再保险存续期内，直接保险公司应当依照中国保监会有关规定，将其承保的业务及时、足额办理法定再保险。法定再保险分入公司应当按照规定及时、足额支付赔款。

5. 资金运用

保险公司的资金运用，是指保险公司将其筹集的保险资金进行投资和融资，使其保值增值的活动。根据我国《保险法》第一百零六条规定，保险公司的资金运用必须稳健，遵循安全性原则。保险公司的资金运用限于下列形式：①银行存款；②买卖债券、股票、证券投资基金份额等有价证券；③投资不动产；④国务院规定的其他资金运用形式。保险公司资金运用的具体管理办法，由中国保监会制定。保险公司经中国保监会会同有关部门批准，可以设立保险资产管理公司。保险资产管理公司是依法登记注册、受托管理保险资金的金融机构。保险资产管理公司从事证券投资活动，应当遵守《中华人民共和国证券法》等法律、行政法规的规定。①

6. 关联交易管理和信息披露

我国《保险法》第一百零八条规定："保险公司应当按照国务院保险监督管理机构的规定，建立对关联交易的管理和信息披露制度。"保险公司关联方主要包括以股权关系为基础的关联方、以经营管理权为基础的关联方和其他关联方；保险公司信息披露，是指保险公司将反映其经营管理状况的主要信息向社会公众公开的行为。

（1）关联交易管理。中国保监会对保险公司关联交易主要有下述规定：应当遵守法律、法规、国家会计制度和保险监管规定，符合合规、诚信和公允的原则。保险公司的控股股东、实际控制人、董事、监事、高级管理人员不得利用关联交易损害公司的利益。保险公司关联交易原则上不得偏离市场独立第三方的价格或者收费标准。保险公司应当采取有效措施，防止股东、董事、监事、高级管理人员及其他关联方利用其特殊地位，通过关联交易或者其他方式侵害公司或者被保险人利益。②

（2）信息披露制度。保险公司应遵循真实、准确、完整、及时、有效的原则，规范地披露信息，不得有虚假记载、误导性陈述和重大遗漏。保险公司披露信息的主要载

---

① 依照中国保险监督管理委员会《关于调整〈保险资产管理公司管理暂行规定〉有关规定的通知》第四项，《保险资产管理公司管理暂行规定》第二十九条调整为："保险资产管理公司经营范围包括以下全部或者部分业务：（一）受托管理委托人委托的人民币、外币资金；（二）管理运用自有人民币、外币资金；（三）开展保险资产管理产品业务；（四）中国保监会批准的其他业务；（五）国务院其他部门批准的业务。"2011。

② 参见中国保险监督管理委员会《保险公司关联交易管理暂行办法》2007、《关于进一步规范保险公司关联交易有关问题的通知》保监发〔2015〕36号。

体是互联网，应当定期披露的信息主要包括：基本信息、财务会计信息、风险管理状况信息、保险产品经营信息、偿付能力信息、重大关联交易信息、重大事项信息、保监会要求披露的其他信息。中国保监会鼓励保险公司在不违反法律、行政法规和有关规定的前提下扩大信息披露范围。

7. 保险经营的禁止性行为

我国《保险法》第一百一十六条规定，保险公司及其工作人员在保险业务活动中不得有下列行为：①欺骗投保人、被保险人或者受益人；②对投保人隐瞒与保险合同有关的重要情况；③阻碍投保人履行本法规定的如实告知义务，或者诱导其不履行本法规定的如实告知义务；④给予或者承诺给予投保人、被保险人、受益人保险合同约定以外的保险费回扣或者其他利益；⑤拒不依法履行保险合同约定的赔偿或者给付保险金义务；⑥故意编造未曾发生的保险事故、虚构保险合同或者故意夸大已经发生的保险事故的损失程度进行虚假理赔，骗取保险金或者谋取其他不正当利益；⑦挪用、截留、侵占保险费；⑧委托未取得合法资格的机构从事保险销售活动；⑨利用开展保险业务为其他机构或者个人谋取不正当利益；⑩利用保险代理人、保险经纪人或者保险评估机构，从事以虚构保险中介业务或者编造退保等方式套取费用等违法活动；⑪以捏造、散布虚假事实等方式损害竞争对手的商业信誉，或者以其他不正当竞争行为扰乱保险市场秩序；⑫泄露在业务活动中知悉的投保人、被保险人的商业秘密；⑬违反法律、行政法规和国务院保险监督管理机构规定的其他行为。

§21.4　我国保险业的监督管理

§21.4.1　我国保险业监督管理机构及其主要职责

1. 我国保险业监督管理机构

保险监督管理，通常是指国家保险监督管理机构依法对保险经营组织和保险市场所进行的监督与管理。保险监督管理广义上还包括行业自律和内部监管。本节主要是指国家监管。

随着我国保险业的发展和分业监管的要求，为了加强对保险业的监督管理，1998年11月18日成立了中国保险监督管理委员会（简称"中国保监会"）①。中国保监会是全国商业保险的主管部门，根据国务院授权履行行政管理职能，依照法律、法规统一监督管理全国保险市场，为国务院直属事业单位。中国保监会对保险业的监督管理遵循市场行为监管与偿付能力监管并重的原则。

2. 保险监督管理机构的主要职责

中国保监会主要职责：①拟定保险业发展的方针政策，制定行业发展战略和规划；起草保险业监管的法律、法规；制定业内规章。②审批保险公司及其分支机构、保险集团公司、保险控股公司的设立；会同有关部门审批保险资产管理公司的设立；审批境外保险机构代表处的设立；审批保险代理公司、保险经纪公司、保险评估公司等保险中介机构及其分支机构的设立；审批境内保险机构和非保险机构在境外设立保险机构；审批

---

① 中国保险监督管理委员会成立前，我国商业保险的监督管理机构是中国人民银行。参见 1995年《中国人民银行法》第二条、1995 年《保险法》第八条。

保险机构的合并、分立、变更、解散，决定接管和指定接受；参与、组织保险公司的破产、清算。③审查、认定各类保险机构高级管理人员的任职资格；制定保险从业人员的基本资格标准。④审批关系社会公众利益的保险险种、依法实行强制保险的险种和新开发的人寿保险险种等的保险条款和保险费率，对其他保险险种的保险条款和保险费率实施备案管理。⑤依法监管保险公司的偿付能力和市场行为；负责保险保障基金的管理，监管保险保证金；根据法律和国家对保险资金的运用政策，制定有关规章制度，依法对保险公司的资金运用进行监管。⑥对政策性保险和强制保险进行业务监管；对专属自保、相互保险等组织形式和业务活动进行监管。归口管理保险行业协会、保险学会等行业社团组织。⑦依法对保险机构和保险从业人员的不正当竞争等违法、违规行为以及对非保险机构经营或变相经营保险业务进行调查、处罚。⑧依法对境内保险及非保险机构在境外设立的保险机构进行监管。⑨制定保险行业信息化标准；建立保险风险评价、预警和监控体系，跟踪分析、监测、预测保险市场运行状况，负责统一编制全国保险业的数据、报表，并按照国家有关规定予以发布。⑩承办国务院交办的其他事项。①

§21.4.2　我国保险监督管理的主要法律制度

1. 监督检查

保险监管机构对保险机构的监督检查采取现场监管与非现场监管相结合的方式。

（1）一般监督检查。保险监管机构对保险机构实行日常和年度检查制度。保险机构年检及日常检查包括以下内容：①机构设立或变更事项的审批手续是否完备；②申报材料的内容与实际情况是否相符；③资本金、公积金、各项准备金是否真实、充足；④偿付能力是否符合要求；⑤业务经营和财务状况是否良好，报表是否齐全、真实；⑥是否超范围或跨区域开办业务；⑦是否按规定执行保险条款和保险费率；⑧机构负责人的任用或变更手续是否完备；⑨营业场所和安全设施是否符合要求；⑩保险监管机构认为需要检查的其他事项。保险机构应在接到年检通知书后15日内，向保险监管机构报送规定材料。

（2）重点监督检查。保险机构有下列情形之一的，中国保监会可以将其列为重点监管对象：①严重违法；②偿付能力不足；③财务状况异常；④中国保监会认为需要重点监管的其他情形。中国保监会对保险机构进行现场检查，保险机构应当予以配合，并按中国保监会的要求提供有关文件、材料。保监会工作人员依法实施现场检查；检查人员不得少于2人，并应当出示有关证件和检查通知书；委托会计师事务所、审计师事务所代其检查时，应当采用书面委托的形式。保险监督管理机构根据履行监督管理职责的需要，可以与保险公司董事、监事和高级管理人员进行监督管理谈话，要求其就公司的业务活动和风险管理的重大事项作出说明。

中国保监会工作人员检查工作时，应当出示证件；中国保监会委托会计师事务所、审计师事务所代其检查时，应当采用书面委托的形式。

保险公司应按规定及时向中国保监会报送营业报告、精算报告、财务会计报告和有关业务监管报表。

保险公司向中国保监会报送的各类报表、业务报告应当完整、真实、准确。

---

① 参见中国保监会网站，http://www.circ.gov.cn/web/site0/tab399/，2013.1

保险公司的营业报告、财务会计报告和有关报表应当有公司法定代表人或总经理和中国保监会认可的注册会计师签名。寿险公司的精算报告应有中国保监会认可的精算人员的签名。保险公司分支机构的报告和报表应有上级公司授权的机构负责人签名和公司签章。

2. 整顿

整顿，是保险监管机构对保险公司违反《保险法》规定的经营规则和资金运用行为所采取的强制性改正措施。保险监管机构对保险公司违反《保险法》规定的经营规则和资金运用行为作出限期改正的决定后，保险公司在限期内未予改正的，中国保监会可以决定选派保险专业人员和指定该保险公司的有关人员组成整顿组，对公司进行整顿。整顿决定应当载明被整顿保险公司的名称、整顿理由、整顿组织和整顿期限，并予以公告。整顿组织在整顿过程中，有权监督该保险公司的日常业务。该保险公司的负责人及其有关管理人员，应当在整顿组织的监督下行使自己的职权。整顿过程中，保险公司的原有业务继续进行，但应停止开展新的业务或者停止部分业务，调整资金运用。被整顿的保险公司经整顿已纠正其违反《保险法》规定的行为，恢复正常经营状况的，由整顿组织提出报告，经中国保监会批准，整顿结束。

3. 接管

接管，是保险监管机构在保险公司违反《保险法》规定，损害社会公共利益，可能严重危及或者已经危及保险公司的偿付能力的情形下所采取的一种监管措施。接管的目的是对被接管的保险公司采取必要措施，以保护被保险人的利益，恢复保险公司的正常经营。

我国《保险法》第一百四十四条规定，保险公司有下列情形之一的，国务院保险监督管理机构可以对其实行接管：①公司的偿付能力严重不足的；②违反保险法规定，损害社会公共利益，可能严重危及或者已经严重危及公司的偿付能力的。被接管的保险公司的债权债务关系不因接管而变化。接管组织的组成和接管的实施办法，由保险监管机构决定，并予以公告。被接管的保险公司的债权债务关系不因接管而变化。接管期限届满，保险监管机构可以决定延期，但接管期限最长不得超过 2 年。接管期限届满，被接管的保险公司已恢复正常经营能力的，中国保监会可以决定接管终止。接管组织认为被接管的保险公司的财产已不足以清偿所负债务的，经中国保监会批准，依法向人民法院申请宣告该保险公司破产。

中国保监会依法有权查询保险公司在金融机构的存款；有权对保险机构及其从业人员的违法、违规行为以及非保险机构经营保险业务或变相经营保险业务进行调查、处罚。

【思考题】

1. 保险法的概念和调整对象。

2. 保险法应遵循哪些原则？

3. 保险合同的概念和特征。

4. 保险公司的组织形式和经营规则。

5. 我国保险业监督管理机构及其主要职责。

第22章 证券法律制度

§22.1 证券和证券法

§22.1.1 证券的概念和种类

1. 证券的概念

证券概念有广义与狭义之分。广义的证券是对各类记载并代表一定权利的法律凭证的统称，其作用在于证明持券人有权依其所持有的证券记载的内容而取得相应的法律权益，从此角度理解，证券是指用以证明或设定权利所做成的书面凭证。证券属于虚拟资本，本身并没有价值，但具有价格。广义的证券按照证券所代表的权利和功能可划分为货币证券、实物证券、资本证券三种。货币证券是指持有者享有确定金额的货币支付请求的证券，例如汇票、支票、本票等，其主要功能在于支付工具和流通工具；实物证券是指持有者请求支付特定货物的有价证券，例如仓单、提单等，其主要功能在于作为货物的收据和物权的证明；资本证券是指持有者对资本收益的请求权，例如股票、公司债券等，其主要功能在于为投资者取得资本收益。狭义的证券仅指资本证券。

《中华人民共和国证券法》（以下简称《证券法》）第二条第一款规定："中华人民共和国境内，股票、公司债券和国务院依法认定的其他证券的发行与交易适用本法；本法未规定的，适用《中华人民共和国公司法》（以下简称《公司法》）和其他法律、行政法规的规定。"由此可以看出我国《证券法》规定的证券范围仅限于资本证券，与此相适应，本章所讲的《证券法》内容也仅限于资本证券。

2. 证券的种类

我国《证券法》中规定的证券具体包括：股票、公司债券和国务院依法认定的其他证券。

（1）股票，是指股份有限公司为筹集资本而发行的股份凭证，由股东持有，是股东对公司投资并享有相应权益的凭证。股票实质上代表了股东的所有权，正是因为股东具有公司股票，方可参加股东大会、投票表决、参与公司重大决策等权利，也可以收取股息或者分享红利。

我国上市公司股票有A股、B股、H股、N股等区分。A股是指人民币普通股票，是由我国境内的公司发行，并且供境内的机构、组织和个人（不含港、澳、台投资者）以人民币认购和交易的普通股股票。目前，我国上市公司发行的股票中，A股占的比重最大。B股也被称为人民币特种股，指在中国内地注册、在中国内地上市的特种股票，它以人民币标明面值，但是只能以外币认购和交易。H股也称国企股，是指注册地在中国内地，但是上市地在香港的股票。N股则是指中国内地注册，在纽约上市的外资股。

（2）公司债券，是指公司依照法定程序发行，约定在一定期限还本付息的有价证券，实质是公司向债券持有人出具的债务凭证。公司债券属于购买债券者投资手段，但是与股票的投资者成为公司所有者相比较而言，公司债券的持有者与公司之间则存在借贷法律关系，公司债券的持有者在法律上处于公司债权人的地位，公司债券记载的内容是债券持有者享有向发行证券的公司给付请求权和其他权能的内容。从风险角度来看，股票时常存在高价买进、低价卖出现象，具有较大的风险性；而债券由于确定的在债券到期之前可以收取固定的利息，到期后收回本金，相对而言风险较小。

（3）《证券法》规定的其他证券，包括政府债券、证券投资基金份额以及债券衍生品种。

政府债券是指政府财政部门为了筹集资本，以政府名义发行的债券，主要包括国库券与公债两大类。国库券由国家财政部门发行，目的用于财政收支不平衡；相对国库券只能由中央发行，公债既可以由中央政府发行，也可以由地方政府发行，它是国家对经济宏观调控的重要手段。

证券投资基金份额是指以信托为原理，通过发行基金单位，集中投资者的资金，由基金托管人管理和运用资金，从事股票、债券、外汇、货币等投资事项，以获得投资收益和资本增值。根据基金可否赎回，分为封闭式基金与开放式基金。封闭式基金是指经核准的基金总额在基金合同期限内固定不变，基金份额可以在依法设立的交易所进行交易，但基金持有人不得申请赎回的基金；开放式基金是基金份额总额不固定，基金份额可以在基金合同约定的时间和场所申购或赎回的基金。

证券衍生品种是指股票、公司债券等原生证券的衍生品种，又可具体分为证券型衍生品种，例如认股权证；契约型衍生品种，如股指期货、期权等。此处的"衍生"是指投资价值或结算现金流依赖于股票、债券、利率、汇率或者信用等资产或者市场指标的金融工具，本身不产生任何现金流，也不创造任何价值，买卖双方在合同规定的期限内按照原生产品的表现结算输赢，一方的盈利即为一方的亏损。

§22．1．2 证券法的概念与原则

证券法是指调整证券发行、交易过程中发生的法律关系的法律规范的总称。证券法存在广义与狭义之分，广义的证券法包括《证券法》以及其他调整证券法律关系的其他法律、行政法规、部门规章、司法解释以及我国参加的国际条约等。狭义的证券法是指我国 1998 年 12 月 29 日第九届全国人民代表大会常委会第六次会议通过、1999 年 7 月 1 日施行的《中华人民共和国证券法》。该法分别于 2004 年经第十届全国人大常委会第十一次会议第一次修正、2005 年第十届全国人大常委会第十八次会议修订、2013 年第十二届全国人大常委会第三次会议第二次修正。我国现行证券法是根据 2014 年 8 月 31 日第十二届全国人大常委会第十次会议第三次修正的《中华人民共和国证券法》，该法共 12 章、240 条。该法的立法宗旨是：规范证券发行和交易行为，保护投资者的合法权益，维护社会经济秩序和社会公共利益，促进社会主义市场经济的发展。

根据我国《证券法》的规定，从事证券活动与监管必须遵守以下原则：公开、公平、公正的原则；自愿、有偿、诚实信用的原则；守法原则；分业经营管理原则；政府统一监管与行业自律原则；国家审计监督原则。

§22．1．3 证券市场

证券市场是指证券发行与交易的场所，实质是资金供给方与需求方通过竞争等手段

决定证券价格的场所，它是市场经济发展到一定阶段的产物，目的在于解决资本供求矛盾。

证券市场主要存在纵向结构与横向结构市场之分。证券市场纵向结构具体又包括发行市场和交易市场。发行市场，又被称为"一级市场"或"初级市场"，它是发行新证券的市场，具体而言是指证券发行人以筹集资金为目的，按照一定的发行条件和程序，向投资者出售证券所形成的市场，一级市场多秘密进行，属于非公开市场；交易市场，又称"二级市场"或"次级市场"，是已发行的证券通过买卖、转让交易实现流通转让的场所，二级市场为公开交易市场。通过一级市场取得的债券可以到二级市场进行买卖，投资者可以在二级市场对债券不断进行交易。证券市场的横向结构是指依证券的品种而形成的市场，包括股票市场、债券市场、基金市场以及其他衍生证券市场等子市场。

证券市场由证券市场参与者、证券市场交易工具和证券交易场所三个方面构成要素。证券市场参与者包括证券发行人、证券投资者、证券市场中介机构、自律性组织、证券监督机构。证券市场交易工具即证券交易对象，主要包括股票、公司债券、政府债券、基金以及其他金融衍生证券等。证券交易场所则有场内交易场所与场外交易场所两种形式。场内交易场所指在证券交易场所内进行的证券买卖活动；场外交易场所则是指在证券交易所之外进行的证券交易活动。

§22. 2　证券机构

§22. 2. 1　证券交易所

1. 证券交易所的概念

证券交易所是为证券集中交易提供场所和设施，组织和监督证券交易，实行自律管理的法人。证券交易所分为会员制与公司制两种形式。会员制证券交易所是以会员形式成立的不以营利为目的的法人组织，会员多为证券商，能够进行交易的只能是会员以及享有特许经营权的经纪人。公司制证券交易所是指由股东出资设立、以营利为目的的法人。

根据我国《证券法》第一百一十条的规定："进入参与集中交易的，必须是证券交易所的会员。"由此可知我国的证券交易属于会员制证券交易所，不以营利为目的。实行会员制的证券交易所的财产积累归会员所有，权益由会员共同享有，在证券交易所存续期间，不得将其财产积累分配给会员。我国证券交易所是1990年设立的上海证券交易所和1991年设立的深圳证券交易所。

2. 证券交易所的设立

证券交易所的设立与解散，由中国证监会审核，报国务院批准，因此证券交易所采取特许设立的方法。申请设立证券交易所，应向中国证监会提交以下文件：申请书、章程和主要业务规则草案、拟加入会员名单、理事会候选人名单、场地、设备及资金情况说明和拟任用管理人员的情况说明等文件。

设立证券交易所必须制定章程，章程的制定和修改，必须经国务院证券监督管理机构批准。证券交易所必须在名称中注明"证券交易所"字样，其他任何单位与个人不得使用证券交易所或近似名称。

3. 证券交易所组织机构

证券交易所组织机构包括会员大会、理事会、总经理，理事会下设监察委员会等专门委员会。

（1）会员大会。会员大会由全体会员组成，是证券交易所最高权力机构。会员大会行使以下职权：①制定和修改证券交易所的章程；②选举和罢免会员理事；③审议和通过理事会、总经理的工作报告；④审议和通过证券交易所的财物预算、决算报告；⑤决定证券交易所的其他重大事项。

（2）理事会。理事会属于证券交易所的决策机构，每届任期3年；理事会由7～13人组成，其中非会员理事人数不少于理事会成员总数的1/3，不超过理事会成员总数的1/2。会员理事由会员大会选举产生，非会员理事则由证监会委派。理事任职不得连续超过两届。理事会设理事长1人，副理事长1至2人。理事长、副理事长由证监会提名，理事会选举产生，且总经理必须是理事会成员。

理事会根据需要，可以下设专门委员会，各专门委员会的职责、任期和人员组成等事项，应当在证券交易所章程中作出具体规定。各专门委员会所需经费应当纳入证券交易所的预算。

（3）总经理。证券交易所设总经理1人，由国务院证券监督管理机构任免，每届任期3年，连续任职不得超过两届。总经理在理事会领导下负责证券交易所的日常管理工作，是证券交易所的法定代表人。

根据我国《证券法》和《公司法》相关规定，有下列情形之一的，不得担任证券交易所的负责人：①因违法行为或者违纪行为被解除职务的证券交易所、证券登记结算机构的负责人或者证券公司的董事、监事、高级管理人员，自被解除职务之日起未逾5年；②因违法行为或者违纪行为被撤销资格的律师、注册会计师或者投资咨询机构、财务顾问机构、资信评级机构、资产评估机构、验证机构的专业人员，自被撤销资格之日起未逾5年；③无民事行为能力或者限制民事行为能力；④因贪污、贿赂、侵占财产、挪用财产或者破坏社会主义市场经济秩序，被判处刑罚，执行期满未逾5年，或者因犯罪被剥夺政治权利，执行期满未逾5年；⑤担任破产清算的公司、企业的董事或者厂长、经理，对该公司、企业的破产负有个人责任的，自该公司、企业破产清算完结之日起未逾3年；⑥担任因违法被吊销营业执照、责令关闭的公司、企业的法定代表人，并负有个人责任的，自该公司、企业被吊销营业执照之日起未逾3年；⑦个人所负数额较大的债务到期未清偿。

4．证券交易所的职能

根据我国《证券法》规定，证券交易所具有如下职能：①提供证券交易的场所和设施；②制定证券交易所的业务规则；③接受上市申请、安排证券上市；④组织、监督证券交易；⑤对会员进行监督；⑥对上市公司进行监管；⑦设立证券登记结算机构；⑧管理和公布市场信息；⑨因突发事件而影响证券正常进行时，可以采取技术性停牌的措施，因不可抗力的突发性事件或者为维护证券交易的正常秩序，可以决定临时停市；⑩证监会许可的其他职能。

§22.2.2 证券公司

1．证券公司的概念

证券公司是指依照我国《公司法》和《证券法》的法律规定设立的经营证券业务的有限责任公司和股份有限公司。

证券公司具有以下特征：①经营业务的特殊性，专门从事证券经营业务以及其他相关业务；②设立程序的特殊性，证券公司的设立除要履行《公司法》规定的登记程序外，还需在中国证监会办理前置核准程序和登记后的许可程序；③设立条件的特殊性，较之于一般公司，证券公司从事的业务风险较高，对社会公众要承担更高程度的注意义务，因此设立门槛较一般公司要高；④公司管理的特殊性，即证券公司自主管理权较之于一般公司受到严格限制。

2．证券公司的设立

设立证券公司除符合我国《公司法》的规定外，还应符合《证券法》的规定。我国《证券法》第一百二十四条规定，设立证券公司，应当具备下列条件：①有符合法律、行政法规规定的公司章程；②主要股东具有持续盈利能力，信誉良好，最近3年无重大违法违规记录，净资产不低于人民币2亿元；③有符合证券法规定的注册资本④董事、监事、高级管理人员具备任职资格，从业人员具有证券从业资格；⑤有完善的风险管理与内部控制制度；⑥有合格的经营场所和业务设施；⑦法律、行政法规规定的和经国务院批准的国务院证券监督管理机构规定的其他条件。

我国《证券法》根据证券公司经营业务的范围对证券公司注册资本的最低限额做了具体规定：①经营证券经纪、证券投资咨询、与证券交易、证券投资活动有关的财务顾问的，注册资本人民币5000万元；②经营证券承销与保荐、证券自营、证券资产管理、其他证券业务其中之一的注册资本人民币1亿元，其中两项以上的注册资本人民币5亿元。证券公司的注册资本应当是实缴资本。国务院证券监督管理机构根据审慎监管原则和各项业务的风险程度，可以调整注册资本最低限额，但不得少于前款规定的限额。

证券公司设立程序较之于一般公司，还需办理前置批准程序与后续的营业许可程序。前置批准程序是指证券公司设立申请人必须事先获得中国证监会的批准，方可以办理证券公司的设立事务。证监会作出批准或者不予批准决定时，除了要依照法定条件和程序审核外，还要根据审慎监管原则进行审查。营业许可程序，是指我国对证券公司采取特许审批制，即政府监管机构依照申请人的申请，根据法定条件和程序，并斟酌实际情况，个别的批准设立证券公司并确定其营业范围。

3．监督管理

由于证券公司的特殊性，我国《证券法》对证券公司作出了严格周密的监管制度。主要内容包括：

（1）对董事、监事、高级管理人员任职资格。证券公司的董事、监事、高级管理人员，应当正直诚实，品行良好，熟悉证券法律、行政法规，具有履行职责所需的经营管理能力，并在任职前取得国务院证券监督管理机构核准的任职资格。不存在我国《公司法》与《证券法》规定消极资格限制情形。

（2）相关变更的批准制度。证券公司设立、收购或者撤销分支机构，变更业务范围或者注册资本，变更持有5%以上的股权的股东、实际控制人，变更公司章程中的重要条款，合并、分立、变更公司形式、停业、解散、破产或者在境外设立、收购或者参股证券经营机构，必须经国务院证券监督管理机构批准。

（3）内部管理制度。证券公司应当建立健全内部控制制度，采取有效隔离措施，防范公司与客户之间、不同客户之间的利益冲突。证券公司必须将其证券经纪业务、证券承销业务、证券自营业务和证券资产管理业务分开办理，不得混合操作。

（4）自营业务管理。证券公司的自营业务必须以自己的名义进行，不得假借他人名义或者个人名义进行。证券公司的自营业务必须使用自有资金和依法筹集的资金。证券公司不得将其自有账户借给他人使用。

（5）经纪业务管理。证券公司办理经纪业务，应当配备统一制定的证券买卖委托书，以供委托人使用。采取其他委托方式的，必须作出委托记录。客户的证券买卖委托，不论是否成交，其委托记录应当按照规定的期限，保存于证券公司。证券公司办理经纪业务，不得接受客户的全权委托而决定证券买卖、选择证券种类、决定买卖数量或者买卖价格。

（6）与客户关系。证券公司不得将客户的交易结算资金和证券归入自有资产。证券公司破产或者清算时，客户的交易结算资金和证券不属于其破产财产或者清算财产。证券公司接受买卖的委托，应当根据委托书载明证券的名称、买卖数量、出价方式、价格幅度等，按照交易规则代理买卖证券，如实进行交易记录；买卖成交后，应当按照规定制作买卖成交报告单交付客户。证券交易确认行为及其交易结果的对账单必须真实，并由交易经办人以外的审核人员逐笔审核，保证账面证券余额与实际持有的证券相一致。

证券公司应当妥善保存客户开户资料、委托记录、交易记录和与内部管理、业务有关的各项资料，任何人不得隐匿、伪造、篡改或者毁损。上述材料的保存期限不得少于20 年。

（7）证券监督管理机构的监督管理。国务院证券监督管理机构认为有必要时，可以委托会计师事务所、资产评估机构对证券公司的财务状况、内部控制状况、资产价值进行审计或者评估，证券公司应当配合。

证券公司应当按照规定向国务院证券监督管理机构报送业务、财务等经营管理信息和资料。国务院证券监督管理机构有权要求证券公司及其股东、实际控制人在制定的期限内提供有关信息、资料。证券公司及其股东、实际控制人向国务院证券监督管理机构报送或者提供的信息、资料，必须真实、准确、完整。

证券公司的股东有虚假出资、抽逃出资行为的，国务院证券监督管理机构应当责令其限期改正，并可责令其转让所持有证券公司的股权。

证券公司的董事、监事、高级管理人员未能勤勉尽责，致使证券公司存在重大违法违规行为或者重大风险的，国务院证券监督管理机构可以撤销其任职资格，并责令公司予以更换。

证券公司违法经营或者出现重大风险，严重危害证券市场秩序、损害投资者利益的，国务院证券监督管理机构可以对该证券公司采取责令停业整顿、指定其他机构托管、接管或者撤销等监管措施。

在证券公司被责令停业整顿、被依法指定托管、接管或者清算期间，或者出现重大风险时，经国务院证券监督管理机构批准，可以对该证券公司直接负责的董事、监事、高级管理人员和其他直接负责人员采取以下措施：①通知出境管理机关依法阻止其出境；②申请司法机关禁止其转移、转让或者以其他方式处分财产，或者在财产上设定其他权利。

§22. 2. 3 证券登记结算机构

1. 证券登记结算机构的概念

证券登记结算机构是指为证券交易提供集中登记、存管与结算服务，不以营利为目的的法人。证券登记结算机构是科技现代化的产物，它通过证券的无纸化和交易的集中化，一方面保证了证券登记、托管和结算的顺利进行，另一方面通过减少了金钱和证券的实物交割，提高了证券交易效率，保障交易安全，预防信用风险。

2. 证券登记结算机构的设立

设立证券登记结算机构须经国务院证券监督管理部门机构的批准。根据《证券法》第一百五十六条规定，设立证券登记结算机构，须满足下列条件：①自有资金不少于人民币2亿元；②具有证券登记、存管和结算服务所必需的场所和设施；③主要管理人员和从业人员必须具有证券从业资格；④国务院证券监督管理机构规定的其他条件。证券登记结算机构的名称中必须标明证券登记结算字样。

3. 证券登记结算机构的职能

证券登记结算机构履行下列职能：①证券账户、结算账户的设立；②证券的存管和过户；③证券持有人名册登记；④证券交易所上市证券交易的清算和交收；⑤受发行人的委托派发证券权益；⑥办理与上述业务有关的查询；⑦国务院证券监督管理机构批准的其他业务。

§22. 2. 4 证券交易服务机构

1. 证券交易服务机构的概念

证券交易服务机构是指为证券交易提供投资咨询和资信评估的机构，具体包括以下五种机构：投资咨询机构、财务顾问机构、资信评级机构、资产评估机构、会计师事务所。

上述证券服务机构从事证券服务业务，须经国务院证券监督管理机构和有关部门的批准。审批管理办法，由国务院证券监督管理机构和有关部门制定。

2. 证券交易服务机构从业人员

我国《证券法》规定投资咨询机构、财务顾问机构、资信评级机构从事证券服务业务的人员，必须具备证券从业知识和从事证券业务或者证券服务业务2年以上的工作经验，认定标准与管理办法由国务院证券监督管理机构制定。

3. 证券服务机构出具文件责任

证券服务机构为证券的发行、上市、交易等证券业务活动制作、出具审计报告、资产评估报告、财务顾问报告、资信评级报告或者法律意见书等文件，应当勤勉尽责，对所制作、出具的文件内容的真实性、准确性、完整性进行核查和验证。其制作、出具的文件有虚假记载、误导性陈述或者重大遗漏，给他人造成损失的，应当与发行人、上市公司承担连带赔偿责任，但是能够证明自己没有过错的除外。

§22. 2. 5 证券监督管理机构

1. 证券监督管理机构的概念

我国《证券法》中的证券监督管理机构是指中国证券监督管理委员会，该机构是国务院直属事业单位，是全国证券期货市场的主管部门。中国证券监督管理委员会依照

《证券法》对证券市场实行监督管理,维护证券市场秩序,保障证券市场合法运行。

2. 证券监督管理机构的职责

证券监督管理机构依法履行如下职责:①依法制定有关证券商场监督管理的规章、规则,并依法行使审批或者核准权;②依法对证券的发行、交易、登记、托管、结算进行监督管理;③依法对证券发行人、上市公司、证券交易所、证券公司、证券登记结算机构、证券投资基金管理机构、证券投资咨询机构、资信评估机构以及从事证券业务的律师事务所、会计师事务所、资产评估机构的证券业务活动,进行监督管理;④依法制定从事证券业务人员的资格标准和行为准则,并监督实施;⑤依法监督检查证券发行和交易的信息公开情况;⑥依法对证券业协会的活动进行指导和监督;⑦依法对违反证券市场监督管理法律、行政法规的行为进行查处;⑧以及法律、行政法规规定的其他职责。国务院证券监督管理机构可以和其他国家或者地区的证券监督管理机构建立监督管理合作机制,实施跨境监督管理。

3. 证券监督管理履行职责

国务院证券监督管理机构依法履行职责,进行监督检查或者调查,其监督检查、调查的人员少于 2 人,并应当出示合法证件和监督检查、调查通知书。监督检查、调查的人员少于 2 人或者未出示合法证件和监督检查、调查通知书的,被检查、调查的单位有权拒绝。

国务院监督管理机构依法履行职责,被检查、调查的单位和个人应当配合,如实提供有关文件和资料,不得拒绝、阻碍和隐瞒。国务院证券监督管理机构依据调查结果,对证券违法行为作出的处罚决定,应当公开。国务院证券监督管理机构依法履行职责,进行监督检查或者调查时,有关部门应当予以配合。国务院证券监督管理机构依法履行职责,发现证券违法行为涉嫌犯罪的,应当将案件移送司法机关处理。

§22. 3　证券的发行

§22. 3. 1　证券的发行

证券的发行是指证券发行人根据法律的相关规定条件和程序,将自己所发行的证券出售给投资者,以筹集资金的行为。证券发行市场又称为证券初级市场或证券一级市场,它是证券发行人向投资者发行证券的市场。

我国目前对公开发行证券实行核准制,即公开发行证券,必须符合法律、行政法规规定的条件,并依法报经国务院证券监督管理机构或者国务院授权的部门核准;未经依法核准,任何单位和个人不得公开发行证券。但是对于企业直接或间接到境外发行证券或者将其证券在境外上市交易,实行审批制,即境内企业直接或者间接到境外发行证券或者将其证券在境外上市交易,必须经国务院证券监督管理机构依照国务院的规定批准。

§22. 3. 2　公司股票的发行条件

股票发行分为两大类:首次发行股票和上市公司发行新股。

1. 首次发行股票

首次公开发行股票的具体条件:①发行人应当是依法设立且合法存续的股份有限公司。经国务院批准,有限责任公司在依法变更为股份有限公司时,可以采取募集设立方式公开发行股票;②发行人应当具有完整的业务体系和直接面向市场独立经营的能力。

发行人的资产完整、人员独立、财务独立、机构独立、业务独立，在独立性方面不得有其他严重缺陷；③发行人已经依法建立健全股东大会、董事会、监事会、独立董事、董事会秘书制度，相关机构和人员能够依法履行职责；④发行人资产质量良好，资产负债结构合理，盈利能力较强，现金流量正常；⑤募集资金应当有明确的使用方向，原则上应当用于主营业务。

2．上市公司公开发行新股

上市公司发行新股是指上市公司发行股票的行为，其实质是上市的增资行为。上市公司发行新股一方面影响到公司经营状况，另一方面也会影响到新老股东的利益，因此法律对于上市公司发行新股条件设置了严格的条件。《证券法》规定上市公司公开发行新股，应当具备以下条件：①具备健全且运行良好的组织机构；②具有持续盈利能力，财务状况良好；③最近 3 年财务会计文件无虚假记载，无其他重大违法行为；④经国务院批准的国务院证券监督管理机构规定的其他条件。

上市公司发行新股包括两种方式：配售和增发。配售是指向原股东配售股份；增发则是指向不特定的投资者公开募集股份。

上市公开发行新股还可以采取非公开方式，向特定对象发行股票，简称"定向增发"，属于私募发行。非公开发行特定对象应当符合下列条件：①特定对象符合股东大会决议规定的条件；②发行对象不超过 10 名。发行对象为境外战略投资者的，应当经国务院相关部门事先批准。

3．上市公司非公开发行股票

上市公司非公开发行股票，应当符合下列规定：①发行价格不低于定价基准日前 20 个交易日公司股票均价的 90%；②本次发行的股份自发行结束之日起，12 个月内不得转让；控股股东、实际控制人及其控制的企业认购的股份，36 个月内不得转让；③募集资金使用符合规定；④本次发行将导致上市公司控制权发生变化的，还应当符合中国证监会的其他规定。

§22．3．3　公司债券的发行条件

根据我国《证券法》第十六条的规定，公司公开发行公司债券，应当符合下列条件：①股份有限公司的净资产不低于人民币 3000 万元，有限责任公司的净资产不低于人民币 6000 万元；②累计债券余额不超过公司净资产额的 40%；③最近 3 年平均可分配利润足以支付公司债券 1 年的利息；④筹集的资金投向符合国家产业政策；⑤债券的利率不超过国务院限定的利率水平；⑥国务院规定的其他条件。公开发行公司债券筹集的资金，必须用于核准的用途，不得用于弥补亏损和非生产性支出。

有下列情形之一的，不得再次公开发行公司债券：①前一次公开发行的公司债券尚未募足；②对已公开发行的公司债券或者其他债务有违约或者延迟支付本息的事实，仍处于继续状态；③违反证券法规定，改变公开发行公司债券所募资金的用途。

申请公开发行债券，应当向国务院授权的部门或者国务院证券监督管理机构报送下列文件：①公司营业执照；②公司章程；③公司债券募集办法；④资产评估报告和验资报告；⑤国务院授权的部门或者国务院证券监督管理机构规定的其他文件。依照《证券法》规定聘请保荐人的，还应当报送保荐人出具的发行保荐书。

§22. 3. 4　证券的发行程序

1. 证券发行的申报

发行人发行证券，应当依照法定程序向国务院证券监督管理机构或者国务院授权的部门报送发行申请文件。发行人依法申请核准发行证券所报送的申请文件的格式、报送方式，由依法负责核准的机构或者部门规定。申请文件必须真实、准确、完整。为证券发行出具有关文件的专业机构和人员，必须严格遵守法定职责，保证所出具文件的真实性、准确性和完整性。

发行人申请首次公开发行股票的，在提交申请文件后，应当按照国务院证券监督管理机构的规定预先披露有关申请文件。

2. 证券发行的审核

国务院证券监督管理机构设发行审核委员会，依法审核股票发行申请。发行审核委员会由国务院证券监督管理机构的专业人员和所聘请的该机构外的有关专家组成，以投票方式对股票发行申请进行表决，提出审核意见。发行审核委员会的具体组成办法、组成人员任期、工作程序，由国务院证券监督管理机构规定。

国务院证券监督管理机构依照法定条件负责核准股票发行申请。核准程序应当公开，依法接受监督。参与审核和核准股票发行申请的人员，不得与发行申请人有利害关系，不得直接或者间接接受发行申请人的馈赠，不得持有所核准的发行申请的股票，不得私下与发行申请人进行接触。国务院授权的部门对公司债券发行申请的核准，参照上述的规定执行。

国务院证券监督管理机构或者国务院授权的部门应当自受理证券发行申请文件之日起3个月内，依照法定条件和法定程序作出予以核准或者不予核准的决定，发行人根据要求补充、修改发行申请文件的时间不计算在内；不予核准的，应当说明理由。

3. 证券发行的公告

证券发行申请经核准，发行人应当依照法律、行政法规的规定，在证券公开发行前，公告公开发行募集文件，并将该文件置备于指定场所供公众查阅。发行证券的信息依法公开前，任何知情人不得公开或者泄露该信息。

发行人不得在公告公开发行募集文件前发行证券。国务院证券监督管理机构或者国务院授权的部门对已作出的核准证券发行的决定，发现不符合法定条件或者法定程序，尚未发行证券的，应当予以撤销，停止发行。已经发行尚未上市的，撤销发行核准决定，发行人应当按照发行价并加算银行同期存款利息返还证券持有人；保荐人应当与发行人承担连带责任，但是能够证明自己没有过错的除外；发行人的控股股东、实际控制人有过错的，应当与发行人承担连带责任。股票依法发行后，发行人经营与收益的变化，由发行人自行负责；由此变化引致的投资风险，由投资者自行负责。

4. 证券发行的保荐

我国《证券法》第十一条规定，发行人申请公开发行股票、可转换为股票的公司债券，依法采取承销方式的，或者公开发行法律、行政法规规定实行保荐制度的其他证券的，应当聘请具有保荐资格的机构担任保荐人。

证券经营申请注册登记为保荐机构的，应当是综合类证券公司，并向中国证监会提交自愿履行保荐职责的声明、承诺。证券公司申请保荐机构资格，应当具备下列条件：

①注册资本不低于人民币 1 亿元，净资本不低于人民币 5000 万元；②具有完善的公司治理和内部控制制度，风险控制指标符合相关规定；③保荐业务部门具有健全的业务规程、内部风险评估和控制系统，内部机构设置合理，具备相应的研究能力、销售能力等后台支持；④具有良好的保荐业务团队且专业结构合理，从业人员不少于 35 人，其中最近 3 年从事保荐相关业务的人员不少于 20 人；⑤符合保荐代表人资格条件的从业人员不少于 4 人；⑥最近 3 年内未因重大违法违规行为受到行政处罚；⑦中国证监会规定的其他条件。证券经营机构有下列情形之一的，不得注册为保荐机构：①保荐代表人数量少于 2 名；②公司治理结构存在重大缺陷，风险控制制度不健全或者未有效执行；③最近 24 个月因违法违规被中国证监会从名单中去除；④中国证监会规定的其他情形。

个人申请注册登记为保荐代表人的，应当具备以下条件：①具备 3 年以上保荐相关业务经历；②最近 3 年内在应当聘请具有保荐机构资格的证券公司履行保荐职责的境内证券发行项目中担任过项目协办人；③参加中国证监会认可的保荐代表人胜任能力考试且成绩合格有效；④诚实守信，品行良好，无不良诚信记录，最近 3 年未受到中国证监会的行政处罚；⑤未负有数额较大到期未清偿的债务；⑥中国证监会规定的其他条件。保荐人应当遵守业务规则和行业规范，诚实守信，勤勉尽责，对发行人的申请文件和详细披露资料进行审慎核查，督导发行人规范运作。

5. 证券发行的承销

证券承销，是指证券公司依照与证券发行人委托所签订的协议在规定或者约定期限内向社会公开发行的证券的行为。我国《证券法》规定，发行人向不特定对象发行的证券，法律、行政法规规定应当由证券公司承销的，发行人应当同证券公司签订承销协议。

证券承销分为代销与报销两种发行方式。证券代销，是指证券公司代发行人发售证券，在承销期结束时，将未售出的证券全部退还给发行人的承销方式。证券包销，是指证券公司将发行人的证券按照协议全部购入或者在承销期结束时将售后剩余证券全部自行购入的承销方式。

证券的代销、包销期限最长不得超过 90 日。证券公司在代销、包销期内，对所代销、包销的证券应当保证先行出售给认购人，证券公司不得为本公司预留所代销的证券和预先购入并留存所包销的证券。股票发行采用代销方式，代销期限届满，向投资者出售的股票数量未达到拟公开发行股票数量 70% 的，为发行失败。发行人应当按照发行价并加算银行同期存款利息返还股票认购人。公开发行股票，代销、包销期限届满，发行人应当在规定的期限内将股票发行情况报国务院证券监督管理机构备案。

发行人向不特定对象公开发行的证券票面总值超过人民币 5000 万元的，应当由承销团承销，承销团应当由主承销和参与承销的证券公司组成。

§22.4　证券的交易

§22.4.1　证券交易的概念

证券交易，主要指证券买卖，即证券持有人将其拥有的依法发行并交付的证券依照证券交易规则，转让给其他证券投资者的行为。证券发行与证券交易相比，虽然本质都是买卖关系，但是证券发行所涉及的是证券发行人与投资者之间的法律关系，而证券交易涉及的主体均是证券投资者，因此，证券交易市场也被称为"二级市场"。

§22.4.2　证券上市制度

1. 证券上市的概念

证券上市是指已经公开发行上市的证券依照法定的条件和程序到证券交易所挂牌交易过程。证券上市是连接证券一级市场与二级市场的桥梁，是已经依法发行的证券进入证券交易所进行证券交易的前提。

2. 证券上市的条件

（1）股票上市条件。有法定条件与证券交易所定条件之分，前者为最低条件，后者是证券交易所在前者基础上制定的更高的条件。我国《证券法》规定股份有限公司申请股票上市，应当符合下列条件：①股票经国务院证券监督管理机构核准已公开发行；②股本总额不少于人民币 3000 万元；③公开发行的股份达到公司股份总数的 25% 以上；公司股本总额超过人民币 4 亿元的，公开发行股份的比例为 10% 以上；④最近 3 年无重大违法行为，财务会计报告无虚假记载；⑤聘请具有保荐资格的机构担任保荐人。证券交易所可以规定高于上述条件的上市条件，并报国务院证券监督管理机构批准。

（2）公司债券的上市条件。申请公司债券上市交易，应当符合下列条件：①公司债券的期限为 1 年以上；②公司债券实际发行额不少于人民币 5000 万元；③公司申请债券上市时仍符合法定的发行条件。申请可转换为公司股票的公司债券上市的，还应当聘请具有保荐资格的机构担任保荐人。

3. 证券上市程序

（1）公司申请证券上市交易，应当向证券交易所提出申请，由证券交易所依法审核同意，并由双方签订上市协议。证券交易所根据国务院授权的部门的决定安排政府债券上市交易。对证券交易所作出的不予上市、暂停上市、终止上市决定不服的，可以向证券交易所设立的复核机构申请复核。

（2）证券上市申请经核准后，证券交易所即应当与法定人签订上市协议。

（3）股票上市交易申请经证券交易所审核同意后，签订上市协议的公司应当在规定的期限内公告股票上市的有关文件，并将该文件置备于指定场所供公众查阅。签订上市协议的公司除公告上述文件外，还应当公告下列事项：①股票获准在证券交易所交易的日期；②持有公司股份最多的前 10 名股东的名单和持股数额；③公司的实际控制人；④董事、监事、高级管理人员的姓名及其持有本公司股票和债券的情况。

公司债券上市交易申请经证券交易所审核同意后，签订上市协议的公司应当在规定的期限内公告公司债券上市文件及有关文件，并将其申请文件置备于指定场所供公众查阅。

（4）上市信息公开后，发行人即可按照证券交易所安排的时间在证券交易所挂牌交易证券。

4. 证券交易的暂停与终止

证券交易的暂停是指已核准上市的证券，因发生一定事由，由证券主管机关或者证券交易所决定或者自动停止其在交易所的集中竞价交易情形。证券交易的终止则是指已获准上市的证券，已发生法定事由，由证券主管机关或者证券交易所决定终止其上市资格的情形。暂停上市制度与终止上市制度相比较，暂停上市制度只是暂时的停止股票或者债券的交易，并没有否定上市公司的上市资格；而终止上市制度则从根本上、绝对地消灭上市公司的上市资格。

（1）股票交易的暂停和终止。上市公司由下列情形之一的，由证券交易所决定暂停其股票上市交易：①公司股本总额、股权分布等发生变化不再具备上市条件；②公司不按照规定公开其财务状况，或者对财务会计报告做虚假记载，可能误导投资者；③公司有重大违法行为；④公司最近3年连续亏损；⑤证券交易所上市规则规定的其他情形。

上市公司由下列情形之一的，由证券交易所决定终止其股票上市交易：①公司股本总额、股权分布等发生变化不再具备上市条件，在证券交易所规定的期限内仍不能达到上市条件；②公司不按照规定公开其财务状况，或者对财务会计报告做虚假记载，且拒绝纠正；③公司最近3年连续亏损，在其后1个年度内未能恢复盈利；④公司解散或者被宣告破产；⑤证券交易所上市规则规定的其他情形。

（2）公司债券交易的暂停和终止。公司债券上市交易后，公司有下列情形之一的，由证券交易所决定暂停其公司债券上市交易：①公司有重大违法行为；②公司情况发生重大变化不符合公司债券上市条件；③公司债券所募集资金不按照核准的用途使用；④未按照公司债券募集办法履行义务；⑤公司最近2年连续亏损。

公司有第①项、第④项所列情形之一，经查实后果严重的，或者有第②项、第③项、第⑤项所列情形之一，在限期内未能消除的，由证券交易所决定终止其公司债券上市交易。公司解散或者被宣告破产的，由证券交易所终止其公司债券上市交易。

§22．4．3　证券交易信息披露制度

信息披露制度又称为信息公开制度，是指证券发行人、上市公司及其他主体，依照法律规定的方式，将证券发行、交易及与之有关的重大信息予以公开的一种法律制度。在证券市场上，信息披露是表现证券价格的基础，是防止证券欺诈的基本手段，是提高证券市场效率和督促企业改善经营管理的重要手段。

1．证券发行的信息披露

经国务院证券监督管理机构核准依法公开发行的股票，或者经国务院授权的部门核准依法公开发行公司债券，应当公告招股说明书、募集说明书、上市公告书、定期报告和临时报告等。依法公开发行新股或者公司债券的，还应当公告财务会计报告。发行人、上市公司依法披露的信息，必须真实、准确、完整、及时、公平，不得有虚假记载、误导性陈述或者重大遗漏。

2．上市公司定期报告

上市公司应当披露定期报告包括年度报告、中期报告和季度报告。凡是对投资者作出投资决策有重大影响的信息，均应当披露。

年度报告应当在每一会计年度结束之日起4个月内编制完成并披露，且财务会计报告应当经具有证券、期货相关业务资格的会计师事务所审计。中期报告又称为半年度报告，应当在每一会计年度的上半年结束之日起2个月内编制完成并披露。季度报告应当在会计年度前3个月、9个月结束后的1个月内编制完成并披露，且第一季度报告的披露时间不得早于上一年度报告。

3．上市公司临时报告

发生可能对上市公司股票交易价格产生较大影响的重大事件，投资者尚未得知时，

上市公司应当立即将有关该重大事件的情况向国务院证券监督管理机构和证券交易所报送临时报告，并予公告，说明事件的起因、目前的状态和可能产生的法律后果，此为上市公司的临时报告。

此处重大事件包括：公司的经营方针和经营范围的重大变化；公司的重大投资行为和重大的购置财产的决定；公司订立重要合同，可能对公司的资产、负债、权益和经营成果产生重要影响；公司发生重大债务和未能清偿到期重大债务的违约情况；公司发生重大亏损或者重大损失；公司生产经营的外部条件发生的重大变化；公司的董事、1/3以上监事或者经理发生变动；持有公司 5% 以上股份的股东或者实际控制人，其持有股份或者控制公司的情况发生较大变化；公司减资、合并、分立、解散及申请破产的决定；涉及公司的重大诉讼，股东大会、董事会决议被依法撤销或者宣告无效；公司涉嫌犯罪被司法机关立案调查，公司董事、监事、高级管理人员涉嫌犯罪被司法机关采取强制措施；国务院证券监督管理机构规定的其他事项。

4. 信息的发布与监督

上市公司董事、高级管理人员应当对公司定期报告签署书面确认意见。上市公司监事会应当对董事会编制的公司定期报告进行审核并提出书面审核意见。上市公司董事、监事、高级管理人员应当保证上市公司所披露的信息真实、准确、完整。发行人、上市公司公告的信息披露资料，有虚假记载、误导性陈述或者重大遗漏，致使投资者在证券交易中遭受损失的，发行人、上市公司应当承担赔偿责任；发行人、上市公司的董事、监事、高级管理人员和其他直接责任人员以及保荐人、承销的证券公司，应当与发行人、上市公司承担连带赔偿责任，但是能够证明自己没有过错的除外；发行人、上市公司的控股股东、实际控制人有过错的，应当与发行人、上市公司承担连带赔偿责任。

依法必须披露的信息，应当在国务院证券监督管理机构指定的媒体发布，同时将其置备于公司住所、证券交易所，供社会公众查阅。证券监督管理机构、证券交易所、保荐人、承销的证券公司以及有关人员，对公司依照法律、行政法规规定必须作出的公告，在公告前不得泄露其内容。证券交易所决定暂停或者终止证券上市交易的，应当及时公告，并报国务院证券监督管理机构备案。

§22. 4. 4　禁止的交易行为

1. 内幕交易

内幕交易，是指证券交易内幕信息的知情人和非法获取内幕信息的人利用内幕信息买卖其所持有的该公司的证券，或泄露该信息，或建议他人买卖该证券的行为。

证券交易内幕信息的知情人包括：①发行人的董事、监事、高级管理人员；②持有公司 5% 以上股份的股东及其董事、监事、高级管理人员，公司的实际控制人及其董事、监事、高级管理人员；③发行人控股的公司及其董事、监事、高级管理人员；④由于所任公司职务可以获取公司有关内幕信息的人员；⑤证券监督管理机构工作人员以及由于法定职责对证券的发行、交易进行管理的其他人员；⑥保荐人、承销的证券公司、证券交易所、证券登记结算机构、证券服务机构的有关人员；⑦国务院证券监督管理机构规定的其他人。

内幕信息，是指证券交易活动中，涉及公司的经营、财务或者对该公司证券的市场价格有重大影响的尚未公开的信息。下列信息皆属内幕信息：①法律规定上市公司必须信息公开的、可能对股票价格产生较大影响、而投资者尚未得知的重大事件；②公司分配股利或者增资的计划；③公司股权结构的重大变化；④公司债务担保的重大变更；⑤公司营业用主要资产的抵押、出售或者报废一次超过该资产的30%；⑥公司的董事、监事、高级管理人员的行为可能依法承担重大损害赔偿责任；⑦上市公司收购的有关方案；⑧国务院证券监督管理机构认定的对证券交易价格有显著影响的其他重要信息。

证券交易内幕信息的知情人和非法获取内幕信息的人，在内幕信息公开前，不得买卖该公司的证券，或者泄露该信息，或者建议他人买卖该证券、持有或者通过协议、其他安排与他人共同持有公司5%以上股份的自然人、法人、其他组织收购上市公司的股份。

2. 操纵证券市场

操纵证券市场，是指以获取利益或减少损失为目的，利用手中掌握的资金等优势影响证券市场价格，制造证券市场假象，诱导或者致使投资者在不了解事实真相的情况下作出证券投资决定，扰乱证券市场秩序的行为。

操纵市场行为包括：①单独或者通过合谋，集中资金优势、持股优势或者利用信息优势联合或者连续买卖，操纵证券交易价格或者证券交易量；②与他人串通，以事先约定的时间、价格和方式相互进行证券交易，影响证券交易价格或者证券交易量；③在自己实际控制的账户之间进行证券交易，影响证券交易价格或者证券交易量；④以其他手段操纵证券市场。操纵证券市场行为给投资者造成损失的，行为人应当依法承担赔偿责任。

3. 欺诈客户

欺诈客户，是指证券公司及其从业人员在证券交易及相关活动中，进行的违背客户真实意思表示、损害其利益的行为。

禁止证券公司及其从业人员从事下列损害客户利益的欺诈行为：①违背客户的委托为其买卖证券；②不在规定时间内向客户提供交易的书面确认文件；③挪用客户所委托买卖的证券或者客户账户上的资金；④未经客户的委托，擅自为客户买卖证券，或者假借客户的名义买卖证券；⑤为牟取佣金收入，诱使客户进行不必要的证券买卖；⑥利用传播媒介或者通过其他方式提供、传播虚假或者误导投资者的信息；⑦其他违背客户真实意思表示，损害客户利益的行为。证券公司及其从业人员欺诈客户行为给客户造成损失的，行为人应当依法承担赔偿责任。

4. 虚假陈述或信息误导

虚假陈述，是指信息披露义务人违反证券法律规定，在证券发行或者交易过程中，对重大事件作出违背事实真相的虚假记载、误导性陈述，或者在披露信息时发生重大遗漏、不正当披露信息的行为。信息误导包括编造、传播虚假信息等。

5. 其他禁止交易的行为

具体包括：①禁止法人非法利用他人账户从事证券交易；禁止法人出借自己或者他人的证券账户；②依法拓宽资金入市渠道，禁止资金违规流入股市；③禁止任何人挪用公款买卖证券；④国有企业和国有资产控股的企业买卖上市交易的股票，必须遵守国家有关规定。证券交易所、证券公司、证券登记结算机构、证券服务机构及其从业人员对证券交易中发现的禁止的交易行为，应当及时向证券监督管理机构报告。

§22.5 上市公司收购

§22.5.1 上市公司收购的概念

上市公司收购，是指收购人依法通过取得股份的方式成为一个上市公司的控股股东，或通过投资关系、协议、其他安排的途径成为一个上市公司的实际控制人，或同时采取上述方式和途径取得上市公司控制权的行为。上市公司收购对于提高企业资本运营能力，推进企业的规模化发展，调整和优化企业组织结构，推进社会资源的优化配置，具有十分重要的作用。

我国《证券法》规定，上市公司收购包括要约收购、协议收购及其他合法方式的收购。

§22.5.2 要约收购

要约收购，是指投资者向目标公司的所有股东发出要约，表明愿意以要约中的条件购买目标公司的股票，以期达到对目标公司控制权的获得或巩固。要约收购又可以分为自愿收购和强制要约收购。

通过证券交易所的证券交易，投资者持有或者通过协议、其他安排与他人共同持有一个上市公司已发行的股份达到30%时，继续进行收购的，应当依法向该上市公司所有股东发出收购上市公司全部或者部分股份的要约。收购上市公司部分股份的收购要约应当约定，被收购公司股东承诺出售的股份数额超过预定收购的股份数额的，收购人按比例进行收购。

依照上述规定发出收购要约，收购人必须公告上市公司收购报告书，并载明下列事项：①收购人的名称、住所；②收购人关于收购的决定；③被收购的上市公司名称；④收购目的；⑤收购股份的详细名称和预定收购的股份数额；⑥收购期限、收购价格；⑦收购所需资金额及资金保证；⑧公告上市公司收购报告书时持有被收购公司股份数占该公司已发行的股份总数的比例。收购要约约定的收购期限不得少于30日，并不得超过60日。在收购要约确定的承诺期限内，收购人不得撤销其收购要约。收购人需要变更收购要约的，必须及时公告，载明具体变更事项。

被收购的上市公司的股东具有平等参与要约收购的权利，要约人应当向被收购上市公司的所有股东发出收购要约，不能仅向特定的股东发出收购要约；要约收购条件具有统一性，应当适用于被收购的上市公司的全体股东，不能出现要约方面的差别待遇。采取要约收购方式的，收购人在收购期限内，不得卖出被收购公司的股票，也不得采取要约规定以外的形式和超出要约的条件买入被收购公司的股票。

§22.5.3 协议收购

收购人可以依法同被收购公司的股东以协议方式进行股权转让。以协议方式收购上市公司时，达成协议后，收购人必须在3日内将该收购协议向国务院证券监督管理机构及证券交易所作出书面报告，并予公告。在公告前不得履行收购协议。

采取协议收购方式的，协议双方可以临时委托证券登记结算机构保管协议转让的股票，并将资金存放于指定的银行。采取协议收购方式的，收购人收购或者通过协议、其他安排与他人共同收购一个上市公司已发行的股份达到30%时，继续进行收购的，应当向该上市公司所有股东发出收购上市公司全部或者部分股份的要约。但是，经国务院证券监督管理机构免除发出要约的除外。

§22.5.4 上市公司收购的法律后果

收购期限届满，被收购公司股权分布不符合上市条件的，该上市公司的股票应当由证券交易所依法终止上市交易；其余仍持有被收购公司股票的股东，有权向收购人以收购要约的同等条件出售其股票，收购人应当收购。收购行为完成后，被收购公司不再具备股份有限公司条件的，应当依法变更企业形式。

在上市公司收购中，收购人持有的被收购的上市公司的股票，在收购行为完成后的12个月内不得转让。

收购行为完成后，收购人应当在15日内将收购情况报告国务院证券监督管理机构和证券交易所，并予以公告。

【思考题】

1. 证券的概念与种类。
2. 设立证券公司需要符合哪些条件？
3. 公司股票与债券的发行需要哪些条件？
4. 简述《证券法》规定的禁止交易行为。
5. 简述上市公司收购的方式与法律后果。

第 23 章　对外贸易法律制度

§23.1　对外贸易法概述

§23.1.1　对外贸易的概念

对外贸易是指一个国家或地区与其他国家或地区之间所进行的货物、技术和服务等商品交换的一种经济活动，包括进口和出口两部分，又称进出口贸易。

这里所说的"商品"，既包括有形商品，也包括无形商品。《中华人民共和国对外贸易法》（以下简称《对外贸易法》）第二条第二款规定："本法所称对外贸易是指货物进出口、技术进出口和国际服务贸易。"货物，即有形商品；技术和服务，即无形商品。这一定义将贸易内涵从传统的货物贸易扩展到了技术贸易和服务贸易这两大新的领域。这反映了关税与贸易总协定乌拉圭回合谈判取得的成果，也与世界贸易组织规则一致。

因此，根据对外贸易对象的不同，将其分为对外货物贸易、对外技术贸易和对外服务贸易三大类。对外货物贸易是指以有形商品即货物为对象的进出口贸易；对外技术贸易是指以专利技术、商标、计算机软件、专有技术的转让和许可使用为内容的进出口贸易；服务贸易是指以服务的提供与消费为内容的对外贸易活动，这些服务通常包括运输、旅游、金融、保险、专业服务、工程设计、承包工程、电信服务、教育、卫生保健、文化艺术等。

这里所说的"商品的交换活动"，从一个国家的角度看是对外贸易，而从世界范围看就是国际贸易。对外贸易是立足于特定的国家或地区，凡货物、技术或服务跨越本国或地区边境流动，就是本国或地区的对外贸易；而国际贸易则立足于世界范围内各国对外贸易的总和，形成货物、技术以及服务的跨国流动。因此对外贸易与国际贸易作为两个不同的概念，分属于不同范畴，二者之间并不能互相替换。

§23.1.2　对外贸易法的概念和表现形式

1. 对外贸易法的概念

随着经济全球化的不断发展，对外贸易在各国国民经济中占有越来越重要的地位，它对国内产品的生产和销售以及经济社会等方面产生着重大影响，因此，世界各国普遍重视对外贸易，并加强对对外贸易的法律调整，逐步建立起了比较完善的对外贸易法律体系。

对外贸易法这一概念，有狭义和广义两种理解。狭义的对外贸易法主要是指我国立法机关制定的《中华人民共和国对外贸易法》，该法于 1994 年 5 月 12 日经第八届全国人民代表大会常务委员会第七次会议通过，自 1994 年 7 月 1 日起施行；2004 年 4 月 6 日第十届全国人民代表大会常务委员会第八次会议对其进行了修订，将其分为 11 章，共 70 条，于 2004 年 7 月 1 日起施行。该法的立法宗旨是：扩大对外开放，发展对外贸易，维护对外贸易秩序，保护对外贸易经营者的合法权益，促进社会主义市场经济的健康发展。

广义的对外贸易法是指调整国家在管理对外贸易活动中发生的经济关系的法律规范的总称。它的调整对象是在国家协调本国对外贸易活动中发生的经济关系，简称对外贸易关系。因此，调整对外贸易关系的法律规定除了体现在《对外贸易法》中之外，同时也体现在其他有关对外贸易管理的法律、法规等规范性文件中。如以《对外贸易法》和我国加入 WTO 议定书为依据，国务院先后制定了《中华人民共和国货物进出口管理条例》《中华人民共和国技术进出口管理条例》《中华人民共和国反倾销条例》《中华人民共和国反补贴条例》和《中华人民共和国保障措施条例》等一批行政法规。国务院对外贸易主管部门及其他有关部门也制定了一批配套的部门规章。此外，我国在对外贸易方面同外国也签订相关的贸易协定、国际条约以及国际贸易惯例。这些法律规范与《对外贸易法》共同构成了我国对外贸易法律制度的完整法律体系。

2.《对外贸易法》的表现形式

（1）国内立法。《对外贸易法》的国内立法的表现形式，是指《对外贸易法》以及依据该法制定的，规范对外贸易及其管理活动的行政法规、部门规章以及促进对外贸易发展为目的的地方性法规等相关立法。

（2）国际贸易条约。自从我国于 2001 年 12 月 10 日正式成为世界贸易组织的成员国后，为了履行入世的承诺，遵守世贸组织的规则，在对外贸易活动中，我国严格遵守世贸组织协定及其四个附件。此外，为了便于对外贸易的开展，我国与众多国家之间也签订了许多条约、协定，如《联合国国际货物销售合同公约》等。这些条约和协定不仅规范了各缔约方或者参加方对国际贸易的管理活动，同时也制约了不同国家的进出口商之间的国际贸易活动，构成了国际贸易活动的国际法律规范。根据国际法优于国内法的准则，这些国际的条约或协定构成了我国对外贸易法律规范的重要组成部分。

§ 23.1.3　我国《对外贸易法》的基本原则

对外贸易法的基本原则，是对外贸易法确定的法律规范与法律制度的基础，贯穿于对外贸易法的始终。这些基本原则不仅是我国制定各项对外贸易法规的依据，也是各级政府部门管理对外贸易、外贸企业经营运作时必须遵循的基本准则。它在促进对外贸易发展，扩大对外开放，保护对外贸易经营者的合法权益以及维护对外贸易秩序方面具有普遍性指导意义和规范作用。根据我国《对外贸易法》的相关规定，我国对外贸易法的基本原则可概括为以下几项：

1. 国家实行统一的对外贸易制度原则

《对外贸易法》第四条明确规定："国家实行统一的对外贸易制度，鼓励发展对外贸易。"

这里所说的统一，主要是指国家对外贸易制度由中央政府统一制定，在全国范围内统一实施。具体而言，对外贸易制度的统一应当包括外贸法律法规的统一，方针政策的统一，以及各项外贸管理措施、制度的统一。对外贸易是跨国界的商品交换，关系到各国的利益，因此许多有关对外贸易的法律和政策措施，都需要通过国家或政府缔结国际条约或协定予以规范。实行统一的对外贸易制度，不仅是我国市场经济统一性的内在要求，也是在经济全球化背景下实现世贸组织各成员应以统一的方式实施各自的有关国际贸易方面的法律和制度这一世贸组织要求的基础。

2. 依法维护公平、自由的对外贸易秩序原则

维护公平、自由的对外贸易秩序体现了社会主义市场经济的内在要求。公平是我国《对外贸易法》的重要价值取向之一，我国《对外贸易法》第四条明确规定："国家维护公平、自由的对外贸易秩序。"为了使这一原则能够得到落实，在该法的有关条款和其他有关规范性文件中作出了许多具体规定，例如维护公平、自由的对外贸易秩序，鼓励对外贸易的发展，尊重、维护对外贸易经营者的经营自主权，维护公平的进出口秩序，制止和处罚违反对外贸易秩序的各种不正当竞争行为和其他违法行为。只有这样，才能在对外贸易领域营造一个良好的法律环境，保障和促进对外贸易的迅速发展。

3. 保护对外贸易经营者合法权益，促进对外贸易发展的原则

为了适应入世后对外贸易发展的新情况，我国修订后的《对外贸易法》不仅对"保护对外贸易经营者的合法权益"作出了原则性规定，而且通过相关具体条款的规定，将货物和技术进出口贸易领域的对外贸易经营权由许可制改为备案登记制，取得对外贸易经营权的经营者可以依法自主经营、自负盈亏，其合法权益受法律保护。此外，修订后的《对外贸易法》还扩大了从事外贸经营活动的主体范围，凡依法办理工商登记或者其他执业手续的法人、其他组织或者个人，均可依照《对外贸易法》和其他有关法律、行政法规的规定从事对外贸易经营活动。

4. 坚持平等互利、互惠对等的国际贸易关系的原则

平等互利、互惠对等是我国与世界其他国家或地区发展对外贸易一贯奉行的原则，也是国家对外贸易政策的重要组成部分。其中我国《对外贸易法》第五条规定："我国根据平等、互利的原则，促进和发展同其他国家和地区的贸易关系，缔结或者参加关税同盟协定、自由贸易区协定等区域经济贸易协定，参加区域经济组织。"第六条和第七条又进一步规定："中华人民共和国在对外贸易方面根据所缔结或者参加的国际条约、协定，给予其他缔约方、参加方最惠国待遇、国民待遇等待遇，或者根据互惠、对等原则给予对方最惠国待遇、国民待遇等待遇；任何国家或者地区在贸易方面对中华人民共和国采取歧视性的禁止、限制或者其他类似措施的，中华人民共和国可以根据实际情况对该国家或者该地区采取相应的措施。"这三条规定正好体现了平等互利、互惠对等的原则。而长期实践也表明，只有坚持平等互利、互惠对等的国家贸易关系原则，才能与世界各国或各地区建立起正常的、友好的贸易关系，从而实现共赢。

5. 实行货物与技术自由进出口，逐步发展国际服务贸易的原则

《对外贸易法》第十四条规定："国家准许货物与技术的自由进出口，但是法律、行政法规另有规定的除外。"这一规定说明，我国对货物与技术的进出口以自由进出口为原则，除非法律、行政法规明确禁止或者限制进出口外，任何单位和个人均不得对进出口设置限制或禁止措施。此外，《对外贸易法》第二十四条还规定了我国"根据所缔结或者参加的国际条约、协定中所作的承诺，给予其他缔约方、参加方市场准入和国民待遇"。由于我国服务贸易起步较晚，缺乏国际竞争能力，只能通过谈判达成的承诺对外国服务或服务提供者逐步开放我国服务市场，因此，我国对国际服务贸易采取了逐步发展的原则。服务贸易是世界贸易组织管辖的一个重要领域，所以这些规定是与世界贸

易组织相关规定恰好相一致的。

§23.1.4 我国对外贸易工作的管理机构

《对外贸易法》第三条规定："国务院对外经济贸易主管部门依照本法主管全国对外贸易工作。"目前，中华人民共和国商务部是统一领导和归口管理全国对外贸易的国家机关，并且属于在国务院领导下的全国对外贸易的中央行政领导机关。国家发改委、计委、国防科工委、海关等部门都在各自职责范围内管理一部分对外经贸工作。在省、直辖市、自治区人民政府内设立相应的商务厅，在所属人民政府和商务部的双重领导下统一管理本行政区域内的对外贸易。

§23.2 对外贸易经营者

§23.2.1 对外贸易经营者概念

对外贸易经营者是指依法办理工商登记或者其他执业手续，依照对外贸易法和其他有关法律、行政法规的规定从事对外贸易经营活动的法人、其他组织或者个人。其特征如下：

（1）对外贸易经营者不仅可以是法人或者其他组织，也可以是自然人。2004 年我国对《对外贸易法》重大修改之一就是在第八条中增加了个人可以成为对外贸易经营者的规定，允许自然人从事外贸经营活动。此外，对外贸易经营者中的法人也仅包括企业法人和部分事业单位法人，而国家机关法人和社会团体法人是不能成为对外贸易经营者的。这里的其他组织指的是那些不具备法人资格但从事营利性活动的组织，如合伙企业等。

（2）对外贸易经营者必须依法取得对外贸易经营资格。2004 年修改后的《对外贸易法》将对外贸易经营资格的取得由行政许可制改成了登记备案制。该法第九条规定："从事货物进出口或者技术进出口的对外贸易经营者，应当向国务院对外贸易主管部门或者其委托的机构办理备案登记；但是，法律、行政法规和国务院对外贸易主管部门规定不需要备案登记的除外。备案登记的具体办法由国务院对外贸易主管部门规定。对外贸易经营者未按照规定办理备案登记的，海关不予办理进出口货物的报关验放手续。"这一规定表明，对外贸易经营者只要经依法登记就可以从事货物和技术进出口，而无须再经过对外贸易主管部门的许可或其他主管部门的批准。

§23.2.2 对外贸易经营者的条件

根据我国入世议定书中的承诺，2004 年修订的《对外贸易法》不仅将对外贸易经营者的范围扩大到依法从事对外贸易经营活动的法人、其他组织或者个人，而且将货物和技术进出口经营权由审批制改为备案登记制，这实际上就意味着对外贸易经营者只要具备一般民事主体资格，依照本法第九条规定进行备案登记，履行完相应的法定程序后，即可依法从事对外贸易经营活动。当然，由于对外工程承包和劳务合作不仅关系到国家安全和劳动者的合法权益，而且关系到劳动者是否能遵守工程所在国的法律法规以及当地风俗习惯等问题，因此，我国《对外贸易法》第十条第二款特别规定："从事对外工程承包或者对外劳务合作的单位，应当具备相应的资质或者资格。具体办法由国务院规定。"

此外，新修订的《对外贸易法》规定了国家可以对部分货物的进出口实行国营贸易管理。虽然依法备案登记的法人、其他组织或者个人都可以从事对外贸易经营活动，但并不是所有的货物的进出口都可以经营。实行国营贸易管理货物的进出口业务只能由经授权的企业经营，擅自进出口实行国营贸易管理的货物的，海关不予放行。国务院对外贸易主管部门会同国务院其他有关部门将定期确定、调整并公布实行国营贸易管理的货物和经授权经营企业的目录。

§ 23.2.3　对外贸易经营者的权利义务

1. 对外贸易经营者的权利

根据我国《对外贸易法》的有关规定，对外贸易经营者主要享有以下权利：

（1）外贸经营自主权。依法取得对外贸易经营者资格的法人、其他组织或者个人，享有对外贸易经营自主权，可以依法自主经营、自负盈亏。国家保障对外贸易经营者的经营自主权，这是对外贸易经营者的基本权利。对外贸易经营者的经营自主权主要包括自主对外谈判、签约，自主定价，自主确定出口计划，自主决定工资、奖金的分配，自主录用、任免和辞退职工等。

（2）自主使用外汇权。对外贸易经营者在对外贸易经营活动中有权根据《外汇管理条例》和《结汇、售汇及付汇管理规定》办理结汇、售汇、开立外汇账户及对外支付等事宜。

（3）反倾销、反补贴及保障措施的请求权。当对外贸易活动对已建立的国内产业造成实质损害或者产生实质损害威胁，或者对建立国内产业造成实质阻碍的，对外贸易经营者可以向有关部门请求国家采取必要的措施，消除或减轻上述损害或者损害的威胁或者阻碍。

（4）外贸代理权。对外贸易经营者可以在其经营范围内，接受没有外贸经营资格的组织或者个人的委托，代其办理对外贸易业务。接受委托的对外贸易经营者作为被委托方，有权与委托方签订委托合同，享有合同约定的权利。

（5）平等取得进出口单证和享受优惠待遇的权利。即依法平等取得配额、许可证和原产地证等进出口单证的权利；依法平等地享受进出口信贷、出口退税等对外贸易方面的优惠待遇的权利。

（6）公平竞争的权利。根据相关法律规定，在对外贸易活动中，对外贸易经营者享有公平竞争的权利。任何违法违规行为，都将依照相关法律、行政法规规定受到相应的处理、处罚，或被依法追究刑事责任。

（7）依法成立和参加进出口商会的权利。根据《对外贸易法》相关规定，对外贸易经营者可以依法成立和参加有关协会、商会，并接受进出口商会对业务的协调、指导和咨询服务。

（8）根据《对外贸易法》第十三条的规定，对外贸易经营者有权要求有关部门为其提交的与其对外贸易经营活动有关的文件及资料保守商业秘密。

2. 对外贸易经营者的义务

根据《对外贸易法》的规定，对外贸易经营者在对外贸易经营活动中必须履行以下义务：

（1）依法备案登记。根据《对外贸易法》相关规定，从事货物或技术进出口的对外贸易经营者，应当依法向国务院对外贸易主管部门或者其委托的机构办理备案登记；

但是法律、行政法规和国务院对外贸易主管部门规定不需要备案登记的除外。对外贸易经营者未按照规定办理备案登记的，海关不予办理进出口货物的报关验放手续。

（2）依法经营。对外贸易经营者在对外贸易经营活动中，必须依照《对外贸易法》和其他有关法律、法规和规章的规定，依法经营，公平竞争，不得伪造、变造或者买卖进出口原产地证明、进出口许可证；不得骗取国家的出口退税；不得侵害我国保护的知识产权等。

（3）依法结汇、用汇。对外贸易经营者在对外贸易经营活动中，应当依照国家有关规定结汇、用汇。

（4）提供相关信息或资料的义务。根据我国《对外贸易法》相关规定，接受委托的对外贸易经营者应当向委托方如实提供市场行情、商品价格、客户情况等有关的经营信息，履行其与委托方签订的委托合同的义务。其次，对外贸易经营者应当按照国务院对外贸易主管部门的规定，向有关部门提交与其对外贸易经营活动有关的文件及资料。

（5）其他义务。对外贸易经营者从事对外贸易经营活动应当信守合同、保证产品质量、完善售后服务。

§23.3　货物与技术进出口制度

§23.3.1　货物与技术进出口的原则

根据我国《对外贸易法》第十四条规定："国家准许货物与技术的自由进出口，但是，法律、行政法规另有规定的除外。"这一规定体现了我国关于货物与技术进出口贸易管理的基本原则。目前，除了少数货物与技术基于维护国家安全、国内市场供应短缺、保护人民生命健康和生态平衡，或者依据国际条约的规定等原因，以及对其进出口采取许可证或配额管理措施考虑外，都准许自由进出口。

1. 货物进出口管理

根据《货物进出口管理条例》的规定，货物进出口是指从事将货物进口到中华人民共和国关境内或将货物出口到中华人民共和国关境外的贸易活动。

国务院对外贸易主管部门基于监测进出口的需要，可以对部分自由进出口的货物实行进出口自动许可并公布其目录。实行自动许可的进出口货物，收货人、发货人在办理海关报关手续前提出自动许可申请的，国务院对外贸易主管部门或者其委托的机构应当予以许可；未办理自动许可手续的，海关不予放行。

国务院对外贸易主管部门会同国务院其他有关部门，可以制定、调整并公布限制或禁止进出口的货物目录；国家对限制进出口的货物，实行配额、许可证等方式管理；实行配额、许可证管理的货物，应当按照国务院规定经国务院对外贸易主管部门或者经其会同国务院其他有关部门许可，方可进出口。国家对部分进口货物还可以实行关税配额管理。

2. 技术进出口管理

根据《技术进出口管理条例》规定，技术进出口就是指从中华人民共和国境外向中华人民共和国境内，或者从中华人民共和国境内向中华人民共和国境外，通过贸易、投资或者经济技术合作的方式转移技术的行为。这些行为包括专利权转让、专利申请权转让、专利实施许可、技术秘密转让、技术服务和其他方式的技术转让。

国务院对外贸易主管部门会同国务院其他有关部门，根据《对外贸易法》第十六条和第十七条的规定，可以制定、调整并公布限制或者禁止进出口的技术目录；对限制进出口的技术，实行许可证管理；实行许可证管理的技术，应当按照国务院规定经国务院对外贸易主管部门或者经其会同国务院其他有关部门许可，方可进出口。

此外，根据《对外贸易法》第十五条第三款规定："进出口属于自由进出口的技术，应当向国务院对外贸易主管部门或者其委托的机构办理合同备案登记。"经许可或登记的技术进出口合同，合同的主要内容发生变更的，应当重新办理许可或者登记手续。经许可或者登记的技术进出口合同终止的，应当及时向国务院外经贸主管部门备案。

§ 23. 3. 2　对货物、技术限制或禁止进出口的规定

根据《对外贸易法》第十六条规定，国家基于下列原因，可以限制或者禁止有关货物、技术的进口或者出口：

（1）为维护国家安全、社会公共利益或者公共道德，需要限制或者禁止进口或者出口的；

（2）为保护人的健康或者安全，保护动物、植物的生命或者健康，保护环境，需要限制或者禁止进口或者出口的；

（3）为实施与黄金或者白银进出口有关的措施，需要限制或者禁止进口或者出口的；

（4）国内供应短缺或者为有效保护可能用竭的自然资源，需要限制或者禁止出口的；

（5）输往国家或者地区的市场容量有限，需要限制出口的；

（6）出口经营秩序出现严重混乱，需要限制出口的；

（7）为建立或者加快建立国内特定产业，需要限制进口的；

（8）对任何形式的农业、牧业、渔业产品有必要限制进口的；

（9）为保障国家国际金融地位和国际收支平衡，需要限制进口的；

（10）依照法律、行政法规的规定，其他需要限制或者禁止进口或者出口的；

（11）根据我国缔结或者参加的国际条约、协定的规定，其他需要限制或者禁止进口或者出口的。

此外，国家对与裂变、聚变物质或者衍生此类物质的物质有关的货物、技术进出口，以及与武器、弹药或者其他军用物资有关的进出口，可以采取任何必要的措施，维护国家安全。在战时或者为维护国际和平与安全，国家在货物、技术进出口方面可以采取任何必要的措施。

我国《对外贸易法》第十八条规定，以上限制或禁止进出口的货物、技术目录，由国务院对外经济贸易主管部门会同国务院有关部门制定、调整并公布。国务院对外贸易主管部门或者由其会同国务院其他有关部门，经国务院批准，在上述范围内，临时决定限制或者禁止特定货物、技术的进口或者出口。此外，《对外贸易法》第二十三条还规定："对文物和野生动物、植物及其产品等，其他法律、行政法规有禁止或者限制进出口规定的，依照有关法律、行政法规的规定执行。"

§ 23. 3. 3　对限制进出口的货物、技术的配额或者许可证管理

根据我国《对外贸易法》相关规定，国家对限制进口或者出口的货物，实施配额、

许可证等方式管理；对限制进口或者出口的技术，实行许可证管理。实行配额、许可证管理的货物、技术，应当按照国务院规定经国务院对外贸易主管部门或者经其会同国务院其他有关部门许可，方可进口或者出口。国家对部分进口货物可以实行关税配额管理。

进出口货物配额、关税配额，由国务院对外贸易主管部门或者国务院其他有关部门在各自的职责范围内，按照公开、公平、公正和效益的原则进行分配，具体办法由国务院规定。

1. 进出口许可证管理

进出口货物许可证管理，是指国家规定某些商品进出口，必须从对外贸易主管机关领取进出口许可证，没有许可证的一律不准货物进口或出口的一种职能行为。它是政府批准商品的进出口的官方凭证。对进出口商品实行许可证管理的一种主要形式是由国家主管部门制定限制进出口商品的清单。它是一种既严格又灵活的贸易限制手段，体现了国家对对外贸易的宏观管理，是国家以实现宏观经济利益为目的的一种重要管理职能。

进出口货物许可证管理是我国对外贸易管理最重要的手段之一。全国各地区、各单位需要进口货物的，均须按照国家规定的审批权限，经主管部门和归口审查部门批准。凡法律或法规规定凭进口货物许可证进口的货物，除国务院和国务院对外贸易主管部门另有规定外，都必须先申领进口货物许可证，然后经由国家批准经营该项进口业务的公司进行订货，海关凭进口货物许可证和其他单证查验放行。国务院对外贸易主管部门代表国家统一签发进口许可证。国务院对外贸易主管部门授权省级外贸主管机关签发本地区所属各部门部分进口货物许可证；国务院对外贸易主管部门驻主要口岸特派员办事处签发在其联系地区内有关部门的部分进口货物许可证；省级对外贸易主管部门和特派员办事处签发进口货物许可证的范围按国务院对外贸易主管部门的有关通知办理；省级对外贸易主管部门和特派员办事处签发进口货物许可证的工作由国务院对外贸易主管部门直接领导和监督，定期向国务院对外贸易主管部门汇报工作，遇有重要问题随时报告。由此可见，中华人民共和国国务院对外贸易主管部门和它授权的单位以及它的驻口岸特派员办事处是我国负责核准和发给许可证的国家机关。而中华人民共和国海关是对所有进出口商品的进口、出口许可证的监督执行机关，即任何进出口商品都需经设立在口岸的海关查验，有进出口许可证的才予以放行，没有进出口许可证的商品一律不准出入海关。

2. 进口货物许可制度

我国实行统一的货物进口许可制度，其适用范围是有数量限制或其他限制的进口货物。国务院对外贸易主管部门是全国进口许可证的归口管理部门，负责制定进口许可证管理的规章制度，发布进口许可证管理商品目录和分级发证目录，设计、印制有关进口许可证书和印章，监督、检查进口许可证管理办法的执行情况，处罚违规行为。

进口许可证是国家管理货物进口的法律凭证，凡属于进口许可证管理的货物，除国家另有规定外，各类进出口企业应在进口前按规定向指定的发证机构申领进口货物许可证，海关凭进口货物许可证和其他单证查验放行。

发证机构签发进口货物许可证的依据是国务院对外贸易主管部门发布的年度《进口许可证管理商品目录》和《进口许可证管理商品分级发证目录》。进口许可证实行"一证一关"管理，即进口许可证只能在一个直属海关报关。

进口货物许可证的有效期为发证之日起至当年 12 月 31 日。进口许可证应在有效期内使用，逾期自行失效。对未使用的进口许可证，发证机关在办理更改、延期时，在进口许可证发证系统中删除原证，换发新证。进口许可证只能延期一次，延期最长不超过 3 个月。逾期自行失效，海关不予放行。

3. 出口货物许可制度

货物出口许可证是国家批准外贸经营者出口某种货物或技术的证明文件，是我国外贸制方面最基本、最重要的官方文件之一，其使用范围是有数量限制或其他限制的出口货物，对于任何外贸经营者都具有很强的法律约束力。同时它也是海关监管和验放出口货物的重要依据，凡实行出口配额许可证管理和出口许可证管理的商品，各类进出口企业应在出口前按规定向指定的发证机构申领出口许可证，海关凭出口货物许可证和其他单证查验放行，即外贸经营者出口国家规定限制出口的货物，必须事先征得国家的许可，取得出口许可证。

国务院对外贸易主管部门是全国出口许可证的归口管理部门，负责制定出口许可证管理条例、规章制度、发布出口许可证管理商品目录，监督、检查进口许可证管理办法的执行情况，处罚违法行为。发证机构签发出口货物许可证的依据是国务院对外贸易主管部门发布的年度《出口许可证管理商品目录》和《出口许可证管理商品分级发证目录》。出口许可证管理实行"一关一证"和"一批一证"制管理。

对实行出口配额管理的商品，凭外经贸主管部门分配的配额数量领取许可证。对一般许可证管理的商品，凭有效出口合同申领许可证。各类出口配额当年有效。申请出口许可证应提交出口合同和出口许可证申请表、出口企业具有出口经营权的证明文件。出口许可应由企业、机关、团体、学校、或个人分别提出申请，发货前报国务院对外贸易主管部门或经授权的省、自治区，直辖市商务厅（委、局）审批。申请单位和申请人在申报出口许可时，其内容不得弄虚作假，骗取许可。如有违反，必须追究责任，情节严重将依法惩处。申报出口许可经审批机关审核同意后，发给"出口货物许可证"。根据国际惯例，对大宗、散装货物，溢、短装在 5% 以内的，视为正常情况，不必补证；对溢、短装超出 5% 的，应增加发证数量。对非许可证管理的商品，凡经国家批准经营对外贸易业务的外贸企业都可经营，但有外贸自营权的生产企业或实体性企业集团、外商投资企业的经营范围仍为自产产品。出口许可证的有效期应根据合同交货期等实际情况确定，自发证日起最长不超过 6 个月，过期失效，海关不予放行。出口许可证需要跨年度使用时，出口许可证有效期的截止日期不得超过次年 2 月底。出口许可证因故在有效期内未使用，出口企业应在出口许可证有效期内向原发证机构提出延期申请，发证机构收回原证，在发证计算机管理系统注销原证后，重新签发出口许可证。出口许可证未在有效期内用完，出口企业也可向原发证机构申请延期。为在许可证有效期内提出延期申请的，出口许可证自行失效。

需要特别指出的是凡我国规定需申报出口许可的货物，在向海关报关出口时，必须交验出口许可证。海关如发现出口商品与出口许可证不符的，应督促有关单位补办出口许可证或纠正差错后，方可放行。

4. 进出口配额制度

（1）配额的概念和分类。进出口货物配额管理是国家在一定时期内对某些限制进出口商品采取的一种直接数量控制的办法，即对某种商品规定具体的进口或出口数量，超过规定数量则不允许进口或出口。有关配额管理方面的法律、行政法规等构成国家的配额管理制度。其目的旨在调整国际收支和保护国内工农业生产，是非关税壁垒措施之一。

配额分为进口配额和出口配额。进口配额，又称进口限额，是指进口国家为了维护本国利益或保护本国市场不受冲击，在一定时期内，对某些商品的进口数量或金额所进行的限制。在规定时限内，配额以内的货物可以进口，超过配额部分即不准进口，或征收高关税、附加税或罚款后才能允许进口。出口配额，是指出口国家根据国际市场的需求和国内货源的情况所采取的自我控制出口商品数量的做法，即一国政府在一定时期内，对某些出口商品的出口数量或金额规定一个最高限额的制度，限额以内的商品可以出口，限额外商品不准出口或者予以罚款。

（2）我国的进出口配额管理。作为行使对外贸易主权的体现，我国于2001年12月10日入世之前，对相关法律和政策进行了大幅修改，在符合世贸组织规则和精神的基础上，对限制进口或者出口的货物实行许可证管理的同时，还规定了配额制度。根据我国《对外贸易法》第二十条规定，进出口货物配额，由国务院对外贸易主管部门或者国务院有关部门在各自的职责范围内，根据申请者的进出口实绩、能力条件，按照公开、公平、公正和效益的原则进行分配，配额的分配方式和办法由国务院规定。我国的这一规定完全符合世界贸易组织关于例外情况的规定以及世界贸易组织的宗旨。

我国对商品出口实行配额制度。实行配额管理的商品主要有以下两类：一是输往国家和地区有配额限制的货物；二是输往国家和地区市场容量有限，需要控制供应数量的商品。

§23. 4 国际服务贸易制度

§23. 4. 1 国际服务贸易的概念和范围

1. 国际服务贸易概念

国际服务贸易是指服务提供者从一国境内，通过商业现场或自然人现场向消费者提供服务，并获取外汇收入的过程，具体包括跨境交付、境外消费、商业存在、自然人流动等形式，其内容十分广泛。1994年4月15日，《乌拉圭回合多边贸易谈判最后文件》在摩洛哥的马拉喀什签署，《服务贸易总协定》就是这轮回合中重要谈判成果，从此服务贸易被正式纳入多边贸易体制的管辖。该协定的达成，首次确立了有关服务贸易规则和原则的多边框架，促进了服务贸易的自由化。

2. 国际服务贸易的范围

根据《服务贸易总协定》的规定，该协定第一条第二款规定，国际服务贸易主要是通过以下四种形式提供的服务：

（1）跨境交付。指一成员服务提供者在其境内向在任何其他成员境内的服务消费者提供服务，以获取报酬。如中国律师为在美国的客户提供的服务。这种服务提供方式特别强调买卖双方在地理上的界限，跨越国境和边界的只是服务本身，而不是服务提供者或接受者。

（2）境外消费。指一成员的服务提供者在其境内向来自任何其他成员的服务消费者提供服务，即一国消费者到另一国消费。如一成员消费者到另一成员领土内旅游、求学，就医等。这种服务提供方式的主要特点就是消费者到境外去享用服务提供者提供的服务。

（3）商业存在。指一成员的服务者在任何其他成员境内通过商业存在提供服务，即允许一国的企业和经济实体到另一国开业，提供服务，包括投资设立合资、合作和独资企业。这种服务提供方式有两个特点：一个是服务的提供者和消费者在同一成员的领土内；另一个就是服务提供者到消费者所在国的领土内采取了设立商业机构或者专业机构的方式。

（4）自然人流动。指一成员的服务提供者在任何其他成员境内通过自然人存在提供的服务，如专家到国外讲学、作技术咨询指导等。这种服务提供方式与商业存在服务方式的不同之处就在于：以自然人流动方式提供服务，服务提供者没有在消费者所在国的领土内设立商业机构或专业机构。

国际服务贸易大体包括以下 15 类：①国际运输；②国际旅游；③跨国银行、国际融资公司及其他金融服务；④国际保险和再保险；⑤国际信息处理；⑥建筑和工程承包等劳务输出；⑦国际咨询服务；⑧广告、设计、会计管理等服务项目；⑨国家租赁；⑩国际电讯服务；⑪维修、保修、技术指导等售后服务；⑫国际视听服务；⑬教育、卫生、文化艺术等国际交流服务；⑭商业批发和零售服务；⑮其他官方国际服务等。

§23. 4. 2 我国关于国际服务贸易的原则

我国长期以来实行计划经济，不承认第三产业创造的价值，抑制了第三产业的发展，第三产业在国民经济中的含量甚至低于一般发展中国家的水平，成为限制经济发展的"瓶颈"。导致我国服务贸易与货物贸易的发展极不均衡。因此，促进国际服务贸易发展是改善我国产业结构、吸纳经济均衡发展的重要举措。然而，作为发展中国家，我国财力有限，基础薄弱，特别是第三产业在许多领域尚处于幼稚产业阶段，只能采取逐步发展的方针，根据我国服务业的发展情况，逐步向外国服务提供者开放我国的服务市场。这一规定，既符合我国国情，也符合服务贸易总协定对发展中国家"逐步开放"国内服务市场的要求。

除了《对外贸易法》所确立的对外贸易的基本原则外，《对外贸易法》第二十四条还规定了我国国际服务贸易的两项基本原则，即市场准入原则和国民待遇原则。《对外贸易法》第二十四条规定："中华人民共和国在国际服务贸易方面根据所缔结或者参加的国际条约、协定中所做的承诺，给予其他缔约方、参加方市场准入和国民待遇。"这符合我国加入世界贸易组织的承诺。对于与我国没有条约、协定关系的国家，应根据互惠、对等的原则处理与这些国家之间的国际服务贸易关系。

§23. 4. 3 我国限制和禁止国际服务贸易的规定

国际服务贸易在我国尚属一个比较新的领域，为保障我国服务贸易的稳妥发展，我国对外贸易法采取了有限制的开放原则。根据《对外贸易法》第二十六条规定，国家基于下列原因，可以限制或者禁止有关的国际服务贸易：

（1）为维护国家安全、社会公共利益或者公共道德，需要限制或者禁止的；

（2）为保护人的健康或者安全，保护动物、植物的生命或者健康，保护环境，需要限制或者禁止的；

（3）为建立或者加快建立国内特定服务产业，需要限制的；

（4）为保障国家外汇收支平衡，需要限制的；

（5）依照法律、行政法规的规定，其他需要限制或者禁止的；

（6）根据我国缔结或者参加的国际条约、协定的规定，其他需要限制或者禁止的。

此外，根据《对外贸易法》第二十七条规定，国家对与军事有关的国际服务贸易，以及与裂变、聚变物质或者衍生此类物质的物质有关的国际服务贸易，可以采取任何必要的措施，维护国家安全。在战时或者为维护国际和平与安全，国家在国际服务贸易方面可以采取任何必要的措施。

§23.4.4　我国对国际服务贸易的管理

我国《对外贸易法》第二十五条、第二十八条规定，国务院对外贸易主管部门和国务院其他有关部门，依照本法和其他有关法律、行政法规的规定，对国际服务贸易进行管理，制定、调整并公布国际服务贸易市场准入目录。

由于国际服务贸易涉及我国的银行、保险、会计、律师、咨询、旅游、计算机服务、航运、航空和电信等诸多行业，因此，规范国际服务贸易不仅要根据《对外贸易法》，还需要依据其他相关的法律和行政法规。同时，国家必须对国家服务贸易统一管理，统一政策，协调发展。

§23.5　对外贸易秩序和对外贸易促进

§23.5.1　对外贸易秩序

我国《对外贸易法》所规定的对外贸易秩序，主要是指国家运用法律措施规范对外贸易竞争行为，制止不正当竞争与不公平交易，维护本国经济利益，从而形成对外贸易井然有序的发展局面。该法第三十二条、第三十五条规定了对外贸易经营者从事对外贸易活动的行为规范，以及主管机关在管理活动中的职责权限与行为准则：

（1）根据《对外贸易法》第三十二条规定，在对外贸易经营活动中，不得违反有关垄断的法律、行政法规的规定，实施垄断行为。垄断是指少数企业凭借雄厚的经济实力，对生产和市场进行控制，并在一定的市场领域内从实质上限制竞争的一种市场状态。在对外贸易活动中实施垄断行为、危害市场公平竞争的，依照有关反垄断的法律、行政法规的规定处理。如果对对外贸易秩序造成危害的，国务院对外贸易主管部门可以采取必要的措施消除危害。

（2）不得伪造、变造或者买卖进出口原产地证明、进出口许可证。国务院2004年8月18日发布、2005年1月1日起施行的《中华人民共和国进出口货物原产地条例》规定，原产地证书，是指出口国（地区）根据原产地规则和有关要求签发的，明确指出该证中所列货物原产于某一特定国家（地区）的书面文件。该法第二十三条对"提供虚假材料骗取出口货物原产地证书或者伪造、变造、买卖或者盗窃出口货物原产地证书"的行为规定了相应处罚办法。同时，我国《货物进口许可证管理办法》《中华人民共和国货物进出口管理条例》等行政法规，对于进出口许可证的范围、管理、监督、保障、法律责任也作出了规定。

（3）不得骗取国家的出口退税。出口退税是指对出口产品退还其在国内生产和流通环节实际缴纳的产品税、增值税、营业税和特别消费税。出口退税是国际贸易中通常采用的并为世界各国普遍接受的税收制度。有些对外贸易经营者采取欺骗的手段，对所生产或经营的商品假报出口以骗取国家的出口退税。因此，我国《税收征收管理法》

针对这些违法行为也制定了相应的处罚规定。

（4）根据我国《对外贸易法》第三十三条规定，在对外贸易活动中，不得实施以不正当的低价销售商品、串通投标、发布虚假广告、进行商业贿赂等不正当竞争行为。在对外贸易经营活动中实施不正当竞争行为的，依照有关反不正当竞争的法律、行政法规的规定处理。有上述违法行为的，并危害对外贸易秩序的，国务院对外贸易主管部门可以采取禁止该经营者有关货物、技术进出口等措施消除危害。

（5）不得侵害中华人民共和国法律保护的知识产权。我国《对外贸易法》第二十九条规定："国家依照有关知识产权的法律、行政法规，保护与对外贸易有关的知识产权。"随着科学技术飞速发展，对外贸易与知识产权的关系密切，对外贸易经营者应有很强的知识产权观念，必须分清哪些是受我国法律保护的知识产权，从而依法保护自己的知识产权，并且不侵犯他人的知识产权。

（6）我国《对外贸易法》第三十五条规定："对外贸易经营者在对外贸易经营活动中，应当遵守国家有关外汇管理的规定。"1996 年 6 月 20 日经国务院批准，中国人民银行发布了《结汇、售汇及付汇管理规定》，对外贸易经营者必须依法规范结汇、售汇及付汇行为。

（7）我国《对外贸易法》第七章针对"对外贸易调查"的范围、方式以及基本程序规则做了相关规定。其中《对外贸易法》第三十九条规定，有关单位和个人应当对对外贸易调查给予配合、协助。国务院对外贸易主管部门和国务院其他有关部门及其工作人员进行对外贸易调查时，对知悉的国家秘密和商业秘密负有保密义务。

（8）关于违反法律、行政法规规定的其他行为。对外贸易经营者从事对外贸易经营活动，其经济行为必然会涉及相关方面的法律法规，如《进出口商品检验法》《海关法》《产品质量法》《税收征收管理法》等。对外贸易经营者应当遵守法律、依法经营。如有违反对外贸易法规定，危害对外贸易秩序的，国务院对外贸易主管部门可以向社会公告。

§23.5.2　对外贸易促进

1. 对外贸易促进的意义

对外贸易促进，是指为发展对外贸易，便利对外贸易经营者从事对外贸易经营活动而采取的在法律法规政策实施、信息支持、市场开拓、人员培训等方面的服务和支持行为。我国《对外贸易法》第九章规定了对外贸易促进的内容、任务及实施机构等一系列推动对外贸易发展的措施，体现了我国政府加强对外贸易法制建设、依法管理对外贸易活动、支持对外贸易发展的政策。而促进对外贸易，扩大世界资源的充分利用也正是世界贸易组织的宗旨。

随着我国对外开放的不断深入，对外经济贸易已成为我国国民经济的重要组成部分。大力发展对外贸易，有助于加快转变我国对外贸易的增长方式，使对外贸易由过去单纯地追求数量增长转向追求质的提高，努力达到进出口平衡发展；有助于优化贸易结构、深化对外贸易体制改革、促进我国对外贸易的协调发展；有助于更好地为国内经济服务，进一步加快我国对外开放的步伐。

2. 我国促进对外贸易的措施

发展对外贸易，必须以贯彻国家对外贸易发展战略，建立和完善对外贸易促进体系，推进外贸增长方式转变为中心，因此，国家还需采取下列措施促进对外贸易的发展：

（1）根据对外贸易发展的需要，建立和完善为对外贸易服务的金融机构，设立对外贸易发展基金、风险基金。

（2）通过进出口信贷、出口信用保险、出口退税及其他促进对外贸易的方式，发展对外贸易。

（3）建立对外贸易公共信息服务体系，向对外贸易经营者和其他社会公众提供信息服务。

（4）鼓励对外贸易经营者开拓国际市场，采取对外投资、对外工程承包和对外劳务合作等多种形式，发展对外贸易。

（5）对外贸易经营者可以依法成立和参加有关协会、商会。有关协会、商会应当遵守法律、行政法规，按照章程对其成员提供与对外贸易有关的生产、营销、信息、培训等方面的服务，发挥协调和自律作用，依法提出有关对外贸易救济措施的申请，维护成员和行业的利益，向政府有关部门反映成员有关对外贸易的建议，开展对外贸易促进活动。

（6）中国国际贸易促进组织按照章程开展对外联系、举办展览、提供信息、咨询服务和其他对外贸易促进活动。

（7）扶持和促进中小企业开展对外贸易。

（8）扶持和促进民族自治地方和经济不发达地区发展对外贸易。

§23.6 违反对外贸易法的法律责任

§23.6.1 进出口经营者违反对外贸易法的法律责任

1. 违反国家对部分货物的进出口实行国营贸易管理的规定的法律责任

我国《对外贸易法》第十一条规定："国家可以对部分货物的进出口实行国营贸易管理。实行国营贸易管理货物的进出口业务只能由经授权的企业经营；但是，国家允许部分数量的国营贸易管理货物的进出口业务由非授权企业经营的除外。"因此，《对外贸易法》第六十条规定，违反本法第十一条规定，未经授权擅自进出口实行国营贸易管理的货物的，国务院对外贸易主管部门或者国务院其他有关部门可以处5万元以下罚款；情节严重的，可以自行政处罚决定生效之日起3年内，不受理违法行为人从事国营贸易管理货物进出口业务的申请，或者撤销已给予其从事其他国营贸易管理货物进出口的授权。

2. 违反关于进出口限制和禁止有关规定的法律责任

凡是违反我国《对外贸易法》有关进出口限制和禁止性规定的，必将受到相应的法律制裁并承担相应的法律责任。对此，《对外贸易法》第六十一条做了相关规定。

进出口属于禁止进出口的货物的，或者未经许可擅自进出口属于限制进出口的货物的，由海关依照有关法律、行政法规的规定处理、处罚；构成犯罪的，依法追究刑事责任。

进出口属于禁止进出口的技术的，或者未经许可擅自进出口属于限制进出口的技术的，依照有关法律、行政法规的规定处理、处罚；法律、行政法规没有规定的，由国务院对外贸易主管部门责令改正，没收违法所得，并处违法所得 1 倍以上 5 倍以下罚款；没有违法所得或者违法所得不足 1 万元的，处 1 万元以上 5 万元以下罚款；构成犯罪的，依法追究刑事责任。

在上述规定的行政处罚决定生效之日或刑事处罚判决生效之日起，国务院对外贸易主管部门或者国务院其他有关部门可以在 3 年内不受理违法行为人提出的进出口配额或者许可证的申请，或者禁止违法行为人在 1 年以上 3 年以下的期限内从事有关货物或者技术的进出口经营活动。

3. 违反关于禁止或者限制从事有关国际服务贸易的规定的法律责任

《对外贸易法》第六十二条规定，从事属于禁止的国际服务贸易的，或者未经许可擅自从事属于限制的国际服务贸易的，依照有关法律、行政法规的规定处罚；法律、行政法规没有规定的，由国务院对外贸易主管部门责令改正，没收违法所得，并处违法所得 1 倍以上 5 倍以下罚款，没有违法所得或者违法所得不足 1 万元的，处 1 万元以上 5 万元以下罚款；构成犯罪的，依法追究刑事责任。

国务院对外贸易主管部门可以禁止违法行为人自上述行政处罚决定生效之日或刑事处罚判决生效之日起 1 年以上 3 年以下的期限内从事有关的国际服务贸易经营活动。

4. 违反我国《对外贸易法》第三十四条规定的法律责任

根据我国《对外贸易法》第六十三条规定，违反本法第三十四条规定，依照有关法律、行政法规的规定处罚；构成犯罪的，依法追究刑事责任；国务院对外贸易主管部门可以禁止违法行为人自前款规定的行政处罚决定生效之日或者刑事处罚判决生效之日起 1 年以上 3 年以下的期限内从事有关的对外贸易经营活动。

§23. 6. 2　对外贸易管理部门的工作人员违反对外贸易法的法律责任

1. 渎职行为的法律责任

《对外贸易法》第六十五条第一款规定，国家对外贸易工作人员玩忽职守、徇私舞弊或者滥用职权，构成犯罪的，根据《刑法》第三百九十七条规定的国家机关工作人员滥用职权罪、玩忽职守罪和徇私舞弊罪定罪处罚，尚不构成犯罪的，给予行政处分。

2. 受贿行为的法律责任

《对外贸易法》第六十五条第二款规定，依照本法负责对外贸易管理工作的部门的工作人员利用职务上的便利，索取他人财物，或者非法收受他人财物为他人谋取利益，构成犯罪的，依据《刑法》第三百八十五条规定为"受贿罪"，根据受贿所得数额及情节，依照《刑法》第三百八十三条的规定处罚；索贿的从重处罚。尚不构成犯罪的，依法给予行政处分。

【思考题】

1. 简述我国对外贸易法的原则。
2. 我国对外贸易经营者的权利和义务有哪些？
3. 简述货物进出口管理的主要内容。
4. 简述国际服务贸易制度。
5. 我国促进对外贸易的主要措施有哪些？

第五编　仲裁法和诉讼法

第24章　仲裁法律制度

§24.1　仲裁法概述

§24.1.1　仲裁的概念

仲裁是指纠纷当事人双方根据事前或事后达成的仲裁协议，自愿将纠纷提交给仲裁机构审理，由仲裁机构作出对争议双方均有约束力的裁决，而双方当事人都有义务执行裁决的一种争议解决方式。根据这一概念，仲裁具有三层含义：①仲裁是以双方当事人自愿协商为前提的；②仲裁是双方当事人自愿选择的以第三方为中立者进行裁判的争议解决方式；③经过仲裁所作出的裁决，对双方当事人均具有法律约束力。目前世界上大多数国家都承认仲裁的法律地位，运用仲裁方式解决国际经济贸易争端已十分普遍。

§24.1.2　仲裁的历史发展

仲裁作为一种有效的争议解决方式历史久远。一般认为，仲裁最早起源于奴隶制的古希腊、古罗马时期。公元前6世纪，古希腊的城邦国家之间即已采用仲裁的方法解决它们之间的争议；在雅典，人们还经常任用私人仲裁员，根据公平原则解决争议。

早期的仲裁一般都是在民间进行，并以道德舆论来约束当事人。此时的仲裁从形式到内容都较为简单，尚未形成制度，遇有商业纠纷，商人之间就选一个或几个他们信得过的人来为他们的纠纷作出裁判，这是现代仲裁的雏形。

随着商品经济的进一步发展，仲裁中的一些做法逐渐固定化，并进而形成了仲裁法律制度。如英国在1697年就正式制定了第一个仲裁法案，1889年制定了第一部专门的仲裁法。现代西方国家均有系统的仲裁法规和完备的仲裁机构，如英国伦敦仲裁院、美国仲裁协会、瑞典斯德哥尔摩商会仲裁院、瑞士苏黎世商会仲裁院、日本商事仲裁协会。这些机构一般均为非政府性的民间机构，根据自己制定的健全的仲裁规则处理当事人之间的经济纠纷，这些仲裁规则虽不具有国家立法的性质，但是得到国家法律的认可。目前，仲裁作为解决国际经济争议的一种方式，已经得到国际上的普遍承认和广泛应用。20世纪中叶以后，为适应国际贸易发展的需要，产生了国际性的仲裁公约。1958年6月10日，联合国通过了《承认与执行外国仲裁公约》，1976年4月28日联合国国际贸易法委员会通过了《联合国国际贸易委员会仲裁规则》，这些规则在解决国际贸易争端中发挥了重要作用。

我国自古就有类似于仲裁的纠纷解决机制，乡间邻里发生争议，双方当事人一般会邀请共同信赖的第三者出面调停直至裁断。汉代出现的"三老会"制度，即由乡间推选三名德高望重的老人出面解决乡间邻里简单的民事纠纷和商人间的债权债务争议，其性质也与今天的仲裁比较接近。一般认为，这是我国仲裁的初始阶段。

新中国的经济纠纷仲裁制度创始于 1954 年，根据国务院相关规定，中国国际贸易促进委员会先后于 1956 年设立了对外贸易仲裁委员会、1959 年设立了海事仲裁委员会，并制定了相应的仲裁规则。"文革"期间，国内仲裁全面停止。

党的十一届三中全会以后，我国开始逐步建立完善的社会主义法律体系，仲裁制度也得到了恢复和完善。1983 年 8 月，国务院颁布实施了《中华人民共和国经济合同仲裁条例》，该条例规定，经济合同仲裁机关是国家工商行政管理局和地方各级工商行政管理局设立的经济合同仲裁委员会，实行具有行政性质的仲裁。此后，随着对外开放和我国市场经济的建立，行政性仲裁的弊端不断显现，为规范仲裁制度，1994 年 8 月 31 日，第八届全国人大常委会第九次会议通过了《中华人民共和国仲裁法》（以下简称《仲裁法》），于 1995 年 9 月 1 日起施行。随着我国加入 WTO，对外贸易中纠纷日益增多，为了更深层次融入全球化进程，全国人大常委会于 2009 年对该法进行了修正。该法的立法宗旨是：保证公正、及时地仲裁经济纠纷，保护当事人的合法权益，保障社会主义市场经济健康发展。

§24.1.3　仲裁法的概念和适用范围

1. 仲裁法的概念

仲裁法是国家制定或认可的，规范仲裁法律关系主体行为和调整仲裁法律关系的法律规范的总称。仲裁法规定了仲裁的适用范围、仲裁的基本原则和制度、仲裁机构的设立和地位、仲裁庭的组成和仲裁程序的进行、仲裁主体在仲裁中的权利和义务以及仲裁裁决的效力和执行等内容。

仲裁法有广义和狭义之分。狭义的仲裁法即仲裁法典，是国家最高权力机关制定颁行的关于仲裁的专门法律，即《中华人民共和国仲裁法》；广义的仲裁法则包括我国《仲裁法》及相关法律、法规中有关仲裁的规定。

2. 仲裁法的适用范围

仲裁的适用范围，就是争议的可仲裁性，是指哪些纠纷可以通过仲裁解决，哪些纠纷是不能通过仲裁来解决的。

在确定仲裁适用范围时，主要可以依据以下三个原则：①发生纠纷的双方当事人应当是属于平等的公民、法人和其他组织；②仲裁的争议事项应当是当事人可以自由处分的；③实践中仲裁处理的事项仅限于民事经济纠纷，即合同纠纷和涉及其他财产权益的非合同纠纷。

因此，我国《仲裁法》第二条就明确规定："平等主体的公民、法人和其他组织之间发生的合同纠纷和其他财产权益纠纷，可以仲裁。"合同纠纷主要是指经济合同纠纷、技术合同纠纷、著作权合同纠纷、商标许可使用合同纠纷，以及海事、海商合同纠纷等；其他财产权益纠纷主要是指海事、房地产、产品质量、知识产权等领域发生的侵权纠纷。

当然，我国《仲裁法》还规定了以下不可以仲裁的争议事项：

（1）婚姻、收养、监护、扶养、继承纠纷。这类纠纷虽然属于民事纠纷，但是涉及当事人自己不能自由处分的身份关系，因此不能仲裁。

（2）依法应当由行政机关处理的行政争议。由于行政争议涉及国家的行政权，当事人也是无权自由处分的。行政争议只能通过诉讼由人民法院来审理判决。

（3）劳动争议和农业集体经济组织内部的农业承包合同纠纷的仲裁。这类纠纷是可以仲裁的，但是不属于仲裁法的仲裁范围。因此，《仲裁法》第七十七条规定："劳动争议和农业集体经济组织内部的农业承包合同纠纷的仲裁，另行规定。"

§24.1.4　《仲裁法》的基本原则

仲裁法作为一项专门的法律，同其他法律一样，也有其基本的法律原则。根据我国《仲裁法》规定，仲裁法的基本原则包括：

1. 自愿原则

仲裁最本质的特征即尊重当事人的意愿，遵循意思自治原则。自愿原则是仲裁法律制度中最重要的一项法律原则。自愿原则贯穿仲裁程序的始终，是仲裁制度的根本原则，是仲裁制度存在和发展的基础。仲裁法的自愿原则主要体现在：①当事人是否采取仲裁方式解决纠纷，完全出自于共同自愿，即当事人应当自愿达成仲裁协议，没有仲裁协议，一方申请仲裁，仲裁委员会不予受理；有仲裁协议，一方向法院起诉的，法院不予受理；②仲裁委员会应当由当事人协议选定。仲裁不实行级别管辖和地域管辖；③当事人自主决定仲裁庭的组成形式和仲裁员的选任；④当事人双方约定提交仲裁的争议事项；⑤当事人双方可以约定有关审理方式、开庭形式等程序性事项。

2. 以客观事实为依据，以法律为准绳原则

我国《仲裁法》第七条规定："仲裁应当根据事实，符合法律规定，公平合理地解决纠纷。"仲裁应当以事实为依据是指仲裁庭应以客观事实为依据，在当事人举证、质证的基础上，通过对证据的审查判断查清事实，并作出仲裁判决。仲裁以法律为准绳，是指仲裁庭在查清事实的基础上，应当依照现行法律的规定确定双方当事人的权利义务关系。

3. 独立仲裁原则

仲裁的独立性是保障仲裁公平的前提。独立仲裁原则主要有两层含义：一是仲裁机构在设置上独立。我国《仲裁法》第十四条规定："仲裁委员会独立于行政机关，与行政机关没有隶属关系，仲裁委员会之间没有隶属关系。"二是仲裁庭在审理案件时独立。《仲裁法》第八条规定："仲裁依法独立进行，不受行政机关、社会团体和个人的干涉。"仲裁庭对仲裁案件具有独立的审判权和裁决权，仲裁庭的独立性是案件公正裁决的基础。因此，仲裁委员会以及其他行政机关、社会团体和个人不得以任何理由和借口对仲裁庭行使仲裁权的行为进行干预。

4. 一裁终局原则

仲裁实行一裁终局制。根据《仲裁法》相关规定，所谓一裁终局，就是指仲裁裁决作出后，当事人应当履行裁决。一方当事人不履行裁决的，另一方当事人可以依法向人民法院申请执行。如果一方当事人对裁决不服的，就同一纠纷再申请仲裁或者向人民法院起诉的，仲裁机构或人民法院不予受理。实行一裁终局制，既有利于提高解决纠纷

的效率，也有利于保证仲裁的权威性。

5. 或裁或审原则

或裁或审是指双方当事人对所发生的争议事项，或者通过仲裁方式解决，或者通过诉讼方式解决。我国《仲裁法》第五条规定，如果当事人达成仲裁协议，纠纷发生后，任何一方都不能就该争议向人民法院提起诉讼，而应该根据仲裁协议申请仲裁；没有达成仲裁协议的，当事人既可以在争议发生后签订仲裁协议凭此申请仲裁，也可以直接向人民法院提起诉讼，但是二者只能选其一。

6. 公平合理仲裁原则

所谓公平合理仲裁原则，是指仲裁庭在仲裁活动中必须保持中立，平等对待双方当事人，依据事实公平合理地作出裁决。公平合理仲裁原则主要包括两层含义：一是仲裁庭应该平等对待双方当事人；二是仲裁庭应该公平合理地作出仲裁裁决。

7. 法院监督原则

人民法院对于仲裁裁决的执行既要予以协助，同时也要对仲裁进行必要的监督。人民法院对仲裁的监督实行事后原则，裁决作出后方可进入监督程序。法院监督原则主要表现为两个方面：一是允许当事人向法院申请撤销仲裁裁决；二是对仲裁裁决不予执行。

§24. 2 仲裁机构和仲裁协议

§24. 2. 1 仲裁机构

1. 仲裁机构的概念和种类

仲裁机构，是指依法成立的，有权根据仲裁协议受理、裁决仲裁案件并管理仲裁程序的机构。仲裁机构是仲裁制度的重要组成部分。

根据处理争议的仲裁机构有无固定的办公场所和章程，仲裁机构可以分为两种形式：①临时仲裁机构。临时仲裁机构是指发生争议后，根据双方当事人的仲裁协议，临时推举仲裁院组成的审理争议并作出裁决的临时仲裁庭。对争议事项审理完毕作出仲裁裁决后，仲裁庭即可解散。临时仲裁机构最大的优点就在于它的灵活性，它的组成、活动规则、仲裁程序、法律适用、仲裁地点、仲裁方式和费用，都可以由当事人制定或者选择。②常设仲裁机构。常设仲裁机构是指根据国际条约或一国国内立法的规定成立的，有固定的组织形式、仲裁地点、仲裁方式和仲裁员名单，并且具有完整的办事机构和健全的行政管理制度的仲裁机构。一般情况下，争议金额较大且案情比较复杂的纠纷，通常都会交由常设仲裁机构来解决。常设仲裁机构的设立，大大方便了双方当事人，有利于提高办案质量和仲裁效率。

2. 仲裁机构的设立

我国的经济仲裁机构为仲裁委员会。仲裁委员会是我国受理仲裁案件的民间性常设机构，仲裁委员会属于民间组织，独立于行政机关，与行政机构没有隶属关系，各仲裁委员会之间也没有隶属关系。

我国《仲裁法》第十条规定，仲裁委员会可以在直辖市和省、自治区人民政府所在地的市设立，也可以根据需要在其他设区的市设立。仲裁委员会不按行政区域层层设立。仲裁委员会由以上需要设立仲裁委员会的市人民政府组织有关部门和商会统一组建。此外，仲裁委员会还可以在某些行业中设立仲裁中心。设立仲裁委员会，应当经省、自治区、直辖市的司法行政部门登记。

根据《仲裁法》第十一条规定，仲裁委员会应当具备以下条件：

（1）有自己的名称、住所和章程。仲裁委员会的名称应当规范，一般会在仲裁委员会前面加上所在市的地名；其次，仲裁委员会的住所应和主要办事机构所在地相一致；最后，仲裁委员会的章程应当根据《仲裁法》的相关规定来制定。

（2）有必要的财产仲裁委员会所需要的必要财产，主要就包括仲裁工作所需要的设施、装备和独立的经费等。这些必要的财产是保证仲裁活动顺利进行的物质保障。

（3）有该委员会的组成人员。我国《仲裁法》第十二条第一款规定："仲裁委员会由主任1人、副主任2至4人和委员7至11人组成。"这主要是对仲裁委员会组成人员的基本要求。此外，《仲裁法》第十二条还规定了，仲裁委员会的主任、副主任和委员由法律、经济贸易方面的专家和有实际工作经验的人员担任，仲裁委员会的组成人员中，法律、经济贸易专家不得少于三分之二。

（4）有聘任的仲裁员。仲裁员是仲裁委员会聘任的从事仲裁工作的人员，仲裁委员会应当从公道正派的人员中聘任仲裁员。对于仲裁员的资格要求，我国《仲裁法》第十三条对仲裁员的业务水平做了具体的规定：① 从事仲裁工作满8年的；② 从事律师工作满8年的；③ 曾任审判员满八年的；④ 从事法律研究、教学工作并具有高级职称的；⑤ 具有法律知识、从事经济贸易等专业工作并具有高级职称或者具有同等专业水平的。仲裁委员会应当按照不同专业设立仲裁员名册，供当事人选择。

3. 中国仲裁协会

中国仲裁协会是社会团体法人，是仲裁委员会的自律性组织。仲裁委员会是中国仲裁协会的会员。中国仲裁协会的章程由制定。中国仲裁协会的职责主要有：①根据章程对仲裁委员会及其组成人员、仲裁员的违纪行为进行监督。②依照本法和民事诉讼法的有关规定制定仲裁规则。

§24.2.2 仲裁协议

1. 仲裁协议概述

仲裁协议是指双方当事人自愿把他们之间发生或者已经发生的争议提交仲裁解决的协议。仲裁协议是当事人申请仲裁，仲裁委员会受理仲裁申请的重要依据，是整个仲裁活动的前提和基本依据，如果没有仲裁协议，那么从严格意义上讲，仲裁就是不存在的。

仲裁协议具有以下三个法律特征：① 仲裁协议只能由具有利害关系的双方当事人或其合格的代理人订立；②仲裁协议是当事人申请仲裁、排除法院管辖的法律依据；③仲裁协议是仲裁裁决得以执行和承认的依据。

2. 仲裁协议的形式

根据《仲裁法》第十六条第一款的规定，在仲裁实践中，仲裁协议主要有以下三种表现形式：

（1）仲裁条款，即指当事人在合同中订立的，把当事人之间将来可能发生的争议提交仲裁机构进行仲裁解决的协议。这种协议作为合同的一项条款归为合同之中，成为合同的组成部分。其中有关仲裁的内容构成整个合同的一个条款，所以叫仲裁条款。仲裁条款是仲裁实践中最普遍的一种形式。

（2）仲裁协议书，即指在争议发生之前或之后，双方当事人订立的同意将争议提交仲裁的一种独立协议。仲裁协议书，无论形式上还是内容上，都属于独立于合同之外的协议。仲裁条款和仲裁协议书，当事人都应当以书面形式订立。

（3）其他可以说明双方当事人同意将争议提交仲裁的书面文件，如信函、电报、电传等。

3. 仲裁协议的基本内容

仲裁协议的基本内容，是指一份完整、有效的仲裁协议应当具备的约定事项。根据我国《仲裁法》第十六条规定，仲裁协议应当具有下列内容：

（1）请求仲裁的意思表示。这是仲裁协议最重要的内容。在仲裁协议中，当事人应明确表示愿意将争议提交仲裁解决。

（2）仲裁事项，即当事人提交仲裁的具体争议事项。仲裁协议中订立的仲裁事项必须满足两个条件：一是争议事项具有可仲裁性；二是仲裁事项必须明确。

（3）选定的仲裁委员会。当事人应明确选定具体的仲裁委员会。由于仲裁没有法定管辖的规定，所以当事人可以自主选定仲裁委员会，如果当事人在仲裁协议中不选定仲裁委员会，那么仲裁将无法进行。

一份有效的仲裁协议，这三项内容必须同时具备，缺一不可。

4. 仲裁协议的法律效力

一份有效的仲裁协议的法律效力主要表现在以下三个方面：

（1）对双方当事人的法律效力。仲裁协议一旦成立，将对双方当事人都产生法律效力，当事人都将受到所签订的仲裁协议的约束。发生纠纷后，当事人只能向仲裁协议中确定的仲裁机构申请仲裁。

（2）对法院的法律效力。一方面，一份有效的仲裁协议将排除法院的管辖权。我国《仲裁法》明确规定："当事人达成仲裁协议，一方向人民法院起诉的，人民法院不予受理，但仲裁协议无效的除外"；另一方面，有效的仲裁协议是申请执行仲裁裁决时必须提供的文件，在申请法院强制执行仲裁裁决时，仲裁协议是否有效，是法院审查的重要内容之一。

（3）对仲裁机构的法律效力。有效的仲裁协议是仲裁机构受理争议案件的法律依据，也是取得对案件管辖权的关键。我国《仲裁法》第四条规定："没有仲裁协议，一方申请仲裁的，仲裁委员会不予受理。"同时，仲裁机构只能对仲裁协议中约定的争议事项进行仲裁，仲裁范围之外的，仲裁机构无权仲裁。

5. 仲裁协议的无效

根据我国《仲裁法》，仲裁协议应当采用书面形式，并且必须具备三项内容。同时我国《仲裁法》第十七条规定，有下列情形之一的，仲裁协议无效：

（1）约定的仲裁事项超出法律规定的仲裁范围的；

（2）无民事行为能力人或者限制民事行为能力人订立仲裁协议的；

（3）一方采取胁迫手段，迫使对方订立的仲裁协议的。

在仲裁实践中，还需要注意的是，《仲裁法》第二十六条规定："双方当事人已经达成仲裁协议，一方向人民法院起诉却没有声明有仲裁协议，人民法院受理后，另一方应当在首次开庭前提交仲裁协议。人民法院收到仲裁协议后应当驳回起诉，但仲裁协议无效的除外；如果另一方在首次开庭前未对人民法院受理该案提出异议，则视为放弃仲裁协议，人民法院应当继续审理。"

6. 仲裁协议的独立性

我国《仲裁法》第十九条规定，仲裁协议独立存在，合同的变更、解除、终止或者无效，不影响仲裁协议的效力。而且在仲裁实践中，主合同未成立或者未生效一般也不影响仲裁协议的效力。同时我国《合同法》第五十七条也明确规定："合同无效，被撤销或终止的，不影响合同中独立存在的有关解决争议方法的条款的效力。"由此而知，仲裁协议独立于实体合同已是一个普遍认可的事实。

7. 对仲裁协议有异议的案件的处理

根据《仲裁法》第二十条规定，当事人对仲裁协议的效力有异议的，可以请求仲裁委员会作出决定或者请求人民法院作出裁定。一方请求仲裁委员会作出决定，另一方请求人民法院作出裁定的，由人民法院裁定。当事人对仲裁协议的效力有异议，应当在仲裁庭首次开庭前提出。当事人订立仲裁协议后，又对仲裁协议的效力发生异议，如果双方都认为无效，则可以解除仲裁协议。

§24. 3 仲裁程序

§24. 3. 1 仲裁的申请和受理

1. 申请

根据《仲裁法》第二十一条规定，当事人申请仲裁应当符合下列条件：

（1）有仲裁协议；

（2）有具体的仲裁请求和事实、理由；

（3）属于仲裁委员会的受理范围。

当事人申请仲裁，应当向仲裁委员会递交仲裁协议、申请仲裁书及副本。仲裁申请书应当载明下列事项：①当事人的姓名、性别、年龄、职业、工作单位和住所，法人或者其他组织的名称、住所和法定代表人或者主要负责人的姓名、职务；②仲裁请求和所根据的事实、理由；③证据和证据来源，证人的姓名和住所。

2. 受理

根据《仲裁法》第二十四条规定，仲裁委员会收到仲裁申请书之日起5日内，认为符合受理条件的，应当受理，并通知当事人；认为不符合受理条件的，应当书面通知当事人不予受理，并说明理由。

3. 送达与答辩

根据《仲裁法》第二十五条规定，仲裁委员会受理仲裁申请后，应当在仲裁规则规定的期限内将仲裁规则和仲裁员名册送达申请人，并将仲裁申请书副本和仲裁规则、仲裁员名册送达被申请人，被申请人收到仲裁申请书副本后，应当在仲裁规则规定的期限内向仲裁委员会提交答辩书。仲裁委员会收到答辩书后，应当在仲裁规则规定的期限内将答辩书副本送达申请人，被申请人未提交答辩书的，不影响仲裁程序的进行。

§24. 3. 2 仲裁庭的组成

1. 仲裁庭的组成

我国《仲裁法》规定，仲裁庭可以由三名仲裁员或者一名仲裁员组成，仲裁庭的组成形式因此可以分为合议仲裁庭和独任仲裁庭。当事人双方可以约定由合议仲裁庭或独任仲裁庭来审理案件。

（1）合议仲裁庭，简称合议庭，由三名仲裁员组成，设首席仲裁员。当事人约定由合议庭审理案件时，应当各自选定或者各自委托仲裁委员会主任指定一名仲裁员，第三名仲裁员由当事人共同选定或者共同委托仲裁委员会主任指定，第三名仲裁员为首席仲裁员。

（2）独任仲裁庭，由一名仲裁员组成，由当事人共同选定或者共同委托仲裁委员会主任指定一名仲裁员为独任仲裁员，单独审理。

如果当事人没有在仲裁规则规定的期限内约定仲裁庭的组成方式或者选定仲裁员的，由仲裁委员会主任指定。仲裁庭组成后，仲裁委员会应当将仲裁庭的组成情况书面通知当事人。

2. 仲裁员的回避

仲裁员的回避是指与本案或者本案当事人有利害关系的仲裁员以及其他相关人员不参加本案仲裁活动的制度。回避制度旨在保障仲裁公正，防治枉法裁判。我国《仲裁法》第三十四条规定，仲裁员有下列情形之一的，必须回避，当事人也有权提出回避申请：①是本案当事人或者当事人、代理人的近亲属；②与本案有利害关系；③与本案当事人、代理人有其他关系，可能影响公正裁判的；④私自会见当事人、代理人，或者接受当事人、代理人的请客送礼的。

当事人提出回避申请，应当说明理由，在首次开庭前提出。回避事由在首次开庭后知道的，可以在最后一次开庭终结前提出。仲裁员是否回避，由仲裁委员会主任决定；仲裁委员会主任担任仲裁员时，回避决定由仲裁委员会集体决定。

仲裁员因回避或者其他原因不能履行职责的，应当按照《仲裁法》规定重新选定或指定仲裁员。因回避而重新选定或者指定仲裁员后，当事人可以请求已进行的仲裁程序重新进行，是否准许，由仲裁庭决定；仲裁庭也可以自行决定已进行的仲裁程序是否重新进行。

§24. 3. 3　开庭和裁决

1. 开庭

开庭，即开庭审理，是指仲裁庭按照法定程序，对案件进行有步骤有计划的审理。根据《仲裁法》第三十九条规定，仲裁应当开庭进行，即当事人共同到庭，经调查和辩论后进行裁决。当事人协议不开庭的，仲裁庭可以根据仲裁申请书、答辩书以及其他材料作出裁决。仲裁不公开进行，当事人协议公开的，可以公开进行，但涉及国家秘密的除外。

仲裁庭开庭仲裁案件的，仲裁委员会应当在仲裁规则规定的期限内将开庭日期通知双方当事人。当事人有正当理由的，可以在仲裁规则规定的期限内请求延期开庭，是否延期，由仲裁庭决定。

开庭审理时，当事人可以亲自参加，也可以委托他人作为代理人参加。申请人经书面通知，无正当理由不到庭或者未经仲裁庭许可中途退庭的，可以视为撤回仲裁申请；被申请人经书面通知，无正当理由不到庭或者未经许可中途退庭的，可以缺席判决。

2. 证据

《仲裁法》第四十三条规定："当事人应对自己的主张提供证据。"仲裁证据主要有以下 8 种形式：①书证；②物证；③视听资料；④证人证言；⑤当事人陈述；⑥鉴定结论；⑦勘验笔录；⑧电子邮件、手机短信、聊天记录等电子证据。证据应当在开庭时出示，当事人可以质证。

仲裁庭认为有必要收集的证据，可以自行收集。仲裁庭对专门性问题认为需要鉴定的，可以交由当事人约定的鉴定部门鉴定，也可由仲裁庭指定的鉴定部门鉴定。根据当事人的请求或者仲裁庭的要求，鉴定部门应当派鉴定人参加开庭，当事人经仲裁庭许可，可以向鉴定人提问。在证据可能灭失或者以后难以取得的情况下，当事人可以申请证据保全。

3. 辩论

当事人在仲裁过程中有权进行辩论。辩论结束时，首席仲裁员或者独任仲裁员应当征询当事人的最后意见。仲裁庭应当将开庭情况记入笔录。当事人和其他仲裁参与人认为对自己陈述的记录有遗漏或者差错的，有权申请补正。如果不予补正，应当记录该申请。

4. 和解

当事人申请仲裁后，可以自行和解。达成和解协议的，可以请求仲裁庭根据和解协议作出裁判书，也可以撤回仲裁申请。当事人达成和解协议，撤回仲裁申请后反悔的，可以根据仲裁协议申请仲裁。

5. 调解

在作出仲裁裁决前，仲裁庭可以根据当事人的申请或者依职权调解。调解只能在自愿的基础上进行。它可以在仲裁程序开始前进行，也可以在仲裁审理中进行。如果是在仲裁审理过程中进行调解，则应暂时停止审理；如果一方或双方不愿意调解时，则应当停止调解，接着进行仲裁审理。调解达成协议的，应制作调解书或者根据协议的结果制作裁决书。调解书经双方当事人签收后，即发生法律效力。调解书与裁决书具有同等的法律效力。调解不成的或者当事人在调解书签收前反悔的，仲裁庭应当及时作出裁决。

6. 裁决

裁决应当按照多数仲裁员的意见作出，少数仲裁员的不同意见可以记入笔录。仲裁庭不能形成多数意见时，裁决应当按照首席仲裁员的意见作出，裁决书应当写明仲裁请求、争议事实、裁决理由、裁决结果、仲裁费用的负担和裁决日期。当事人协议不愿写明争议事实和裁决理由的，可以不写。仲裁庭仲裁纠纷时，其中一部分事实已经清楚，可以就该部分先行裁决。裁决书自作出之日起发生法律效力，即仲裁裁决是终局裁决，任何一方不得向人民法院起诉，也不允许向其他机构提出变更裁决的请求。

§24. 3. 4　人民法院对仲裁的协助和监督

根据《仲裁法》的规定，人民法院对仲裁活动不予干涉，而是对仲裁活动进行协助和必要的监督。

1. 人民法院对仲裁的协助

（1）财产保全。仲裁财产保全是指经济合同和财产权益纠纷申请仲裁后，在仲裁庭作出裁决前，为保证调解或裁决能够付诸实现，而通过人民法院对当事人的财物采取的一些强制措施。一般情况下，仲裁的裁决都会涉及财产的给付，如果在作出裁决前，财产发生转移、消耗或灭失的，到裁决作出后财产的给付成为不可能，那么仲裁也就失去了它的意义。根据《仲裁法》第二十八条的规定，一方当事人因另一方当事人的行为或其他原因，可能使裁决不能执行或者难以执行的，可以申请财产保全。当事人申请财产保全的，仲裁委员会应当将当事人的申请依照民事诉讼的有关规定提交人民法院，人民法院受理申请后，依据民事诉讼法的相关规定，作出财产保全的裁定并采取财产保全措施。保全措施的内容可以是扣押或者冻结当事人的财产，也可以是对容易变质不易久放的货物进行变卖、保存价款等。为保护被申请人的合法权益，防止申请人滥用财产保全申请权，《仲裁法》同时规定，申请有错误的，申请人应当赔偿被申请人因财产保全所遭受的损失。

（2）证据保全。证据保全是指在证据可能毁损、灭失或者以后难以取得的情况下，为保存期证明作用仲裁委员会将当事人的申请提交证据所在地的人民法院，由人民法院依法采取的对证据加以固定和保护的制度。证据保全是保证当事人承担举证责任的补救方法，其目的就是保障仲裁的顺利进行。根据《仲裁法》第四十六条的规定，在证据可能灭失或者以后难以取得的情况下，当事人可以申请证据保全。当事人向仲裁委员会提出申请后，仲裁委员会不能自己进行证据保全，而只能委托人民法院进行。一般来说，证据保全的方法主要有以下几种：一是向证人进行询问、调查，取得证人证言；二是对可能灭失物进行录像、拍照等；三是对证据进行鉴定或勘验。

（3）对仲裁裁决的执行。仲裁裁决一经作出即具有法律效力，当事人应自觉履行。但仲裁机构没有采取强制措施的权利，因此当仲裁一方当事人不能自觉履行仲裁裁决要求其承担的义务时，另一方当事人可申请法院执行仲裁裁决，法院依照法定程序，强制被执行人履行仲裁裁决所确定的义务。

2. 人民法院对仲裁的监督

我国仲裁实行或裁或审制度，仲裁庭作出的仲裁裁决具有终局性，一经作出即约束双方当事人，不得随意更改，也不允许当事人对仲裁裁决不服再向人民法院提起诉讼。为了保证仲裁机构裁决的正确性和合法性，保护当事人的合法权益，使错误而又具有法律效力的裁决能够得到纠正，《仲裁法》赋予人民法院对仲裁裁决的司法监督权，主要体现在允许人民法院在出现法定情形时撤销仲裁裁决或对裁决不予执行。

（1）撤销仲裁裁决。撤销仲裁裁决应当由当事人提出申请，除非仲裁裁决违背社会公共利益，人民法院一般不主动行使司法监督权而撤销裁决。根据《仲裁法》第五十八条的规定，当事人提出证据证明裁决有下列情形之一的，可以向仲裁委员会所在地中级人民法院申请撤销裁决：①没有仲裁协议的；②仲裁的事项不属于仲裁协议的范围或者仲裁委员会无权仲裁的；③仲裁庭的组成或者仲裁的程序违反法定程序的；④裁决所根据的证据是伪造的；⑤对方当事人隐瞒了足以影响公正裁决的证据的；⑥仲裁员在仲裁该案时有索贿受贿、徇私舞弊、枉法裁判行为的。

从仲裁法的上述规定来看，当事人可以申请撤销仲裁裁决的情况一般限于仲裁程序上的缺陷或者仲裁员的不正当行为。并且，申请撤销仲裁裁决的当事人要承担裁决有法定撤销事由的举证责任。需要注意的是，《仲裁法》对当事人申请撤销裁决的期限作出了明确规定，即应当自收到裁决书之日起 6 个月内提出。超过此期限，人民法院则不再受理当事人撤销裁决的申请。人民法院组成合议庭审查核实后，应当在受理撤销裁决申请之日起两个月内作出撤销裁决或者驳回申请的裁定。在受理撤销裁决的申请后，认为可以由仲裁庭重新仲裁的，通知仲裁庭在一定期限内重新仲裁，并裁定中止撤销程序。仲裁庭拒绝重新仲裁的，人民法院应当裁定恢复撤销程序。

（2）不予执行仲裁裁决。人民法院接到当事人的执行申请后，应当及时按照仲裁裁决予以执行。根据《仲裁法》第六十三条的规定，被申请人提出证据证明仲裁裁决有《民事诉讼法》第二百一十七条第二款规定的情形之一的，经人民法院组成合议庭审查核实，裁定不予执行。这些情形有：①当事人在合同中没有订有仲裁条款或者事后没有达成书面仲裁协议的；②裁决的事项不属于仲裁协议的范围或者仲裁机构无权仲裁的；③仲裁庭的组成或者仲裁的程序违反法定程序的；④认定事实和主要证据不足的；⑤适用法律有错误的；⑥仲裁员在仲裁该案时有贪污受贿、徇私舞弊、枉法仲裁行为的。人民法院认定执行该裁决违背社会公共利益的，可以裁定不予执行。

仲裁裁决被人民法院依法裁定不予执行的，当事人不能申请人民法院再审，但可以根据双方达成的书面仲裁协议重新申请仲裁，也可向人民法院起诉。一方当事人申请执行裁决，另一方当事人申请撤销裁决的，人民法院应当裁定中止执行。人民法院裁定撤销裁决的，应当裁定终结执行。撤销裁决的申请被裁定驳回的，人民法院应当裁定恢复执行。

§24.4　涉外仲裁

§24.4.1　涉外仲裁的含义与法律适用

1. 涉外仲裁的含义

涉外仲裁，也称国际仲裁，主要是指国际经济贸易仲裁，即在国际经济贸易仲裁活动中，当事人根据他们的仲裁协议，自愿将他们之间确定的法律关系上已经发生的争议提交各方都同意的仲裁机构进行仲裁的活动。

涉外仲裁裁决的争议具有涉外因素，主要包括：一是争议的当事人（包括法人和自然人）具有不同的国籍，其主要营业地或住所地不在同一国家，或是依不同国家的法律组成的法人，也可以是自然人；二是争议的标的物具有涉外因素，即争议的标的物所在地是国外或跨越国界；三是争议的法律关系产生、变更或消灭在国外。

我国《仲裁法》规定的涉外仲裁适用于涉外的经济贸易、运输和海事中发生的纠纷，因此涉外仲裁通常又称为国际商事仲裁。

我国《仲裁法》对涉外仲裁与国内仲裁作出了不同规定，所以区分涉外仲裁与国内仲裁则是非常重要的。中国国际经济贸易仲裁委员会是中国的涉外仲裁机构，其受理的仲裁大都为涉外仲裁，其他仲裁委员会如北京、上海等属于地方仲裁机构也可以称为国内仲裁机构，它们受理的仲裁多为国内仲裁。随着我国仲裁事业的发展，中国国际经济贸易仲裁委员会也受理部分国内争议，而地方仲裁机构也可能受理涉外争议，所以涉外仲裁与国内仲裁划分不能以受理机构来划分。根据最高人民法院的意见，法院在认定是涉外仲裁还是国内仲裁时，主要是看所仲裁的民事法律关系的性质，如属于涉外民事法律关系，则为涉外仲裁，反之则为国内仲裁。

2. 涉外仲裁的法律适用

（1）我国涉外仲裁中的程序法律适用。我国涉外仲裁中的程序法律适用，是指我国涉外仲裁机构根据双方当事人之间的仲裁协议以及当事人的仲裁申请，对争议案件进行审理时所适用的程序性法律规范。《中国国际经济贸易仲裁委员会仲裁规则》规定："凡当事人同意将争议提交仲裁委员会仲裁的，均视为同意按照本仲裁规则进行仲裁。但当事人另有约定且仲裁委员会同意的，从其约定。"

（2）我国涉外仲裁中的实体法律适用。我国涉外仲裁中的实体法律适用，是指涉外仲裁机构依据当事人的仲裁审理涉外争议案件时，确定当事人之间争议的实体权利义务关系，判定争议是非曲直所适用的法律规范。涉外仲裁机构没有义务适用仲裁地的冲突规则。涉外仲裁适用实体法律通常有三大原则：

一是当事人选择仲裁实体法原则。这种选择并不是绝对的，如果当事人选择适用我国法律以外的法律或者国际公约作为处理争议案件的实体法时，应当符合下列要求：不得违反我国法令的基本原则和社会公共利益；与争议案件具有一定的联系；须经双方当事人协商一致，并采用书面形式。

二是依据冲突规则或者密切联系确定实体法的原则。如果当事人没有选择所适用的实体法，仲裁庭的确定所适用的实体法时，通常按照以下两种方法：第一是依据冲突规则确定适用的实体法。仲裁庭可以根据争议案件的实际需要，分别适用以下冲突规则确定所适用的实体法：适用仲裁地国冲突规则所确定适用的实体法；适用仲裁庭认为最为适当的或者可适用的冲突规则，如仲裁举行地或者仲裁庭所在地国冲突规则、裁决执行地国家的冲突规则、国际私法公约和交货共同条件中的冲突规则等确定应适用的实体法；适用最密切联系的冲突规则确定适用的实体法。第二是依据密切联系直接确定所适用的实体法。在涉外仲裁实践中，具体可以采取两种做法：第一种方法是比较的方法，即仲裁庭通过对争议案件所涉国家的实体法规则进行分析比较，从而直接确定所应适用的实体法。第二种方法是最密切联系的方法，即仲裁庭通过对与争议案件有关联的各种因素的分析比较，确定适用与争议案件最密切联系国家的实体法。

三是适用国际条约与国际惯例原则。涉外仲裁中，在选择适用实体法时，如果发生争议的双方当事人所在国参加了某一共同的国际公约或者国际条约，或者双方当事人所在国之间签订了双边条约，除非双方当事人之间就争议案件所适用的实体法作出约定，否则，应当直接适用该国际条约或者公约。

§24.4.2　涉外仲裁委员会及其受案范围

涉外仲裁委员会是中国仲裁涉外经济贸易、运输和海事中发生的纠纷的国际性的民间仲裁机构。我国《仲裁法》规定，涉外仲裁委员会可以由中国国际商会组织设立。目前我国设有两个涉外仲裁委员会，分别是中国国际经济贸易仲裁委员会和中国海事仲裁委员会，两者均是由中国国际商会建立。中国国际经济贸易仲裁委员会是 1956 年 4 月正式成立的，它是以仲裁的方式，独立、公正地解决契约性或非契约性的经济贸易等争议的常设仲裁机构。中国国际经济贸易仲裁委员会设在北京，在深圳设有仲裁委员会深圳分会，在上海设有仲裁委员会上海分会。中国海事仲裁委员会成立于 1959 年 1 月，是以仲裁方式，独立、公正地解决产生于远洋、近洋、沿海和与海相通的可航水域的运输、生产和航行等有关过程中所发生的契约性或非契约性的海事争议的常设仲裁机构。海事仲裁委员会设在北京。长期以来，我国受理涉外仲裁案件的仲裁机构只有中国国际经济贸易仲裁委员会和海事仲裁委员会，中国国际经济贸易仲裁委员会和海事仲裁委员会也因此成为专门受理涉外纠纷案件的常设仲裁机构。依照仲裁法设立或重新组建的仲裁机构，如北京仲裁委员会，上海仲裁委员会等在涉外仲裁案件的当事人自愿选择其进行仲裁时，对该涉外仲裁案件具有管辖权。

一般而言，涉外仲裁委员会由主任一人、副主任若干人和委员若干人组成。涉外仲裁委员会的主任、副主任可以由中国国际商会聘任。涉外仲裁委员会可以从具有法律、经济贸易、科学技术等专业知识的外籍人士中聘任仲裁员。

1. 国际经济贸易仲裁委员会受案范围

根据 2014 年 11 月 4 日中国国际贸易促进委员会、中国国际商会修订并通过的，2015 年 1 月 1 日起施行的《中国国际经济贸易仲裁委员会仲裁规则》第三条的规定，仲裁委员会根据当事人的约定受理契约型或非契约型的经济贸易等争议案件，主要受理以下案件：

（1）国际或涉外争议案件；

（2）涉及香港特别行政区、澳门特别行政区及台湾地区的争议案件；

（3）国内争议案件。

2. 海事仲裁委员会受案范围

根据 2014 年 11 月 4 日修订，并于 2015 年 1 月 1 日施行的《中国海事仲裁委员会仲裁规则》第三条规定，中国海事仲裁委员会受理下列海事争议案件：

（1）租船合同、多式联运合同或者提单、运单等运输单证所涉及的海上货物运输、水上货物运输、旅客运输争议；

（2）船舶、其他海上移动式装置的买卖、建造、修理、租赁、融资、拖带、碰撞、救助、打捞或集装箱的买卖、建造、租赁、融资争议；

（3）海上保险、共同海损及船舶保赔争议；

（4）船上物料及燃油供应、担保、船舶代理、船员劳务、港口作业争议；

（5）海洋资源开发利用、海洋环境污染争议；

（6）货运代理，无船承运，公路、铁路、航空运输，集装箱的运输、拼箱和拆箱，快递，仓储，加工，配送，仓储分拨，物流信息管理，运输工具、搬运装卸工具、仓储设施、物流中心、配送中心的建造、买卖或租赁，物流方案设计与咨询，与物流有关的保险，与物流有关的侵权争议，以及其他与物流有关的争议；

（7）渔业生产、渔业捕捞争议；

（8）双方当事人协议由仲裁委员会仲裁的其他争议。

§24.4.3 涉外仲裁的特别规定

（1）涉外仲裁的当事人申请证据保全的，涉外仲裁委员会应当将当事人的申请提交证据所在地中级人民法院。涉外仲裁的仲裁庭可以将开庭情况记入笔录，或者作出笔录，笔录要点可以由当事人和其他仲裁参与人签字或者盖章。

（2）根据我国民事诉讼法的相关规定，当事人提出证据证明涉外仲裁裁决违反法律规定的，可以向人民法院申请撤销或不予执行，人民法院组成合议庭经审查核实，裁定撤销或不予执行。

（3）涉外仲裁委员会作出的发生法律效力的仲裁裁决，当事人请求执行的，一般由被申请人住所地或财产所在地的中级人民法院管辖；如果被执行人或者其财产不在中华人民共和国领域内，应当由当事人直接向有管辖权的外国法院申请承认和执行。此外，根据最高人民法院司法解释（法发〔1995〕18 号），凡一方当事人向人民法院申请执行我国涉外仲裁机构裁决，若有关中级人民法院认为裁决具有民事诉讼法规定的不予执行的情形，在裁定不予执行之前，必须报请本辖区所属高级人民法院进行审查；如果高级人民法院同意不予执行，应将其审查意见报最高人民法院。待最高人民法院答复后，方可裁定不予执行。

我国已于 1987 年 4 月 22 日加入《承认及执行外国仲裁裁决公约》，我国涉外仲裁机构作出的裁决可以在世界上已加入该公约的 80 多个国家和地区得到承认和执行，而不需要考虑这些国家和地区与我国有无司法协助条约。如果被执行人或其财产所在国不属于该公约成员国，则根据被执行国与我国签订的双边条约或协定中订有仲裁裁决执行的规定，由当事人申请或由我国人民法院委托该国法院协助执行；如果被执行国与我国既无双边条约和协定，又无司法协助和互惠关系，应通过外交途径，向被执行国法院申请承认和执行；我国人民法院在互惠的基础上，也可以委托被执行国法院协助执行。

【思考题】
1. 简述仲裁法的适用范围。
2. 简述仲裁法的基本原则。
3. 论述仲裁协议的法律效力。
4. 简述人民法院对仲裁的协助与监督。
5. 试论述国内仲裁与涉外仲裁的联系和区别。

第 25 章　经济诉讼法律制度

§25. 1　经济诉讼概述

§25. 1. 1　经济诉讼与诉讼法

1. 经济诉讼的概念与特点

经济诉讼是指人民法院依照法律规定，在当事人和其他诉讼参与人的参加下，审理经济纠纷案件所进行的活动。

诉讼俗称"打官司"。"诉"是指当事人向法院控告、告诉，即告状；"讼"是指在法官的主持下，当事人在法庭争辩是非曲直。"诉讼"合起来就是指当事人在法官的主持下，在法庭通过争辩来解决和处理所争议的纠纷。经济诉讼具有以下特点：

（1）是行使审判权的基本形式。人民法院在诉讼中居主导地位，通过对案件的审理，公正地解决经济纠纷，这正是法院对具体案件行使审判权的体现。

（2）是当事人解决纠纷的重要手段和司法救济措施。当事人进行诉讼的目的是为了解决纠纷，维护合法权益而寻求公力救助。诉讼的本质正是国家强制解决纠纷的方式，也成为当事人凭借国家力量实现其合法权益的司法救济措施。

（3）是人民法院基于当事人的请求而开始的。在经济诉讼中，本着"不告不理"的原则，当事人不提出请求，人民法院不能主动以职权进行诉讼。

（4）具有程序上的阶段性、连续性和严密性。经济诉讼程序是由若干个既互相联系，又各自独立的阶段组成的。一般分为一审程序、二审程序和执行程序三大诉讼阶段，这些阶段前后衔接，任务各不相同。整个诉讼活动须依照法定程序连续、有序地进行，具有严密性。

2. 诉讼法的概念

诉讼法是关于诉讼程序的法律规范的总称。规范经济诉讼活动正常进行的是相应的民事诉讼法。人民法院审理经济纠纷，适用民事诉讼法的有关规定。1991 年 4 月 9 日正式颁布实施的《中华人民共和国民事诉讼法》（简称《民事诉讼法》）作为国家的基本法之一，规定了民事、经济纠纷案件审理的基本原则、制度和程序，是人民法院受理、审理和执行民事、经济案件在程序方面的法律依据。此后，第十届、第十一届全国人大常委会分别于 2007 年 10 月和 2012 年 8 月 31 日对《民事诉讼法》进行了两次修正。尤其第二次的修订增加了诚实信用原则，新设了公益诉讼、第三人撤销之诉、小额诉讼、行为保全、确认调解协议、直接实现担保物权、检察建议等多项重大诉讼制度，对立案、管辖、调解、证据等制度和相关程序均有比较大的修改。《民事诉讼法》的修改使得经济诉讼程序更为科学，体系更为合理，对于加强法律实施，完善"公正、高效、权威"的经济诉讼制度，保障人民群众经济权益和社会公共利益，促进经济、社会发展，维护社会和谐稳定，保障社会主义建设事业顺利进行具有重大意义。

诉讼法与实体法关系十分密切。实体法是各种直接规定当事人实体权利义务的法律，如《公司法》《合同法》《证券法》等。诉讼法对实体法而言就是程序法，两者是内容和形式的关系，即实体法规定行为准则和权利义务内容，诉讼法规定诉讼规则和进行诉讼的程序和制度。诉讼法的首要任务是从诉讼程序方面保证实体法的正确实施。这是诉讼法的工具价值，即外在价值。诉讼法与实体法又是互相依赖、相辅相成的，这是因为诉讼法还有其自身的独立价值，即内在价值，这就是程序公正。诉讼制度永恒的生命基础在于它的公正性。在经济诉讼中，程序公正包括法官中立、当事人平等、程序公开、程序参与等原则精神。程序公正的价值主要表现为：①程序公正体现着一国司法制度的公正与否，有助于树立公正、民主、法制观念，实现依法治国的目标。②程序公正是司法公正的必然要求。法律的权威最终体现为司法的权威，只有按程序进行公正审判，才能使人民群众对法律和人民法院有高度信任，并对社会起到积极的规范和引导作用。③程序公正强调当事人具有自主平等的诉讼主体地位，使其人格尊严得到尊重，可以体现出一个社会的文明程度。

为了实现诉讼价值目标，有必要对诉讼法律制度进行改革并使之不断完善，其中就包括对经济审判方式的改革。审判方式的改革又会涉及对传统的诉讼体制进行变更，诉讼体制是由其赖以存在的社会环境和经济基础决定的。我国实行社会主义市场经济，市场经济不仅是法制经济、信用经济，也是权利经济。市场主体在经济交往中要自主经营，进行竞争，就应有独立的权利，因而，市场经济体制的主旨思想就是权利本位。这就要求为市场经济服务的法律体系也应以权利本位而构建，反映在经济诉讼中就是诉讼权利本位。因此，为建立与社会主义市场经济相适应的经济审判机制，就法院的审判权力和当事人的诉讼权利的关系而言，也有一个观念上的转变。在计划经济体制下，强调法院行使审判权干预当事人之间的诉讼行为。而在市场经济体制下，不仅要研究法院应如何行使好审判权，也应重视当事人的诉讼权利，审判权应为方便当事人行使诉讼权利而启动、配置、设定和运作。这样才能更好地达到经济诉讼的目的。

§25.1.2　经济审判的基本制度

经济审判的基本制度是人民法院审判经济纠纷案件所必须遵循的基本操作规程，主要包括合议制度、回避制度、公开审判制度、两审终审制度。

1.合议制度

合议制度，是指由三名以上审判人员组成审判组织，代表人民法院行使审判权，对案件进行审理并作出裁判的制度。合议制度是相对于独任制度而言的，后者是指由一名审判员独立地对案件进行审理和裁判的制度。人民法院审理第一审案件，除适用简易程序审理的案件采用独任制外，一律由审判员、陪审员共同组成合议庭或者由审判员组成合议庭；第二审案件由审判员组成合议庭。合议庭的成员必须是单数。陪审员在执行陪审职务时，与审判员有同等的权利义务。合议庭评议案件实行少数服从多数的原则。评议应当制作笔录，由合议庭成员签名。评议中的不同意见必须如实记入笔录。

2.回避制度

回避制度是指审判人员及其他有关人员，遇有法律规定的情形时，退出对某一具体案件的审理或诉讼活动的制度。设立回避制度是为了保证案件的公正审理。法律规定，审判人员、人民陪审员、书记员、翻译人员、鉴定人、勘验人与本案有利害关系或者有其他关系，可能影响对案件公正审理时，当事人有权申请回避或者上述人员自行回避。法院院长担任审判长时的回避，由审判委员会决定；审判人员的回避，由院长决定；其他人员的回避，由审判长决定。申请人对驳回申请回避的决定不服，可以在接到决定时申请复议一次。

3. 公开审判制度

公开审判制度是指人民法院的审判活动依法向当事人和社会公开的制度。公开审判制度是社会主义民主在诉讼中的体现，也是保证司法公正的重要方式。公开审判包括公开审理和公开宣判，其中公开审理是关键。审理案件要公开进行，不仅是法院的工作制度，而且是公开审理的宪法原则的具体体现。人民法院公开审理案件应做到公开开庭，公开举证、质证，公开宣判，但涉及国家秘密、个人隐私或者法律另有规定的除外。公开审理案件，应当在开庭前公告当事人姓名、案由和开庭的时间、地点，以便群众旁听。不论案件是否公开审理，一律公开宣告判决。

4. 两审终审制度

两审终审制度是指一个诉讼案件经过两级人民法院审理即终结的制度。根据人民法院组织法的规定，我国人民法院分为四级：最高人民法院、高级人民法院、中级人民法院、基层人民法院。此外，还有铁路运输法院、海事法院和军事法院三类专门法院。除最高人民法院外，其他各级人民法院都有自己的上一级人民法院。根据两审终审制，一个经济纠纷案件经第一审人民法院审判后，当事人如果不服，有权在法定期限内向上一级人民法院提起上诉，由其进行第二审。二审法院作出的判决、裁定为终审的判决、裁定，当事人不得再行上诉。如果发现终审裁判确有错误，可以通过审判监督程序予以纠正。

§25. 2 经济诉讼的案件管辖

§25. 2. 1 管辖的概念、意义和原则

管辖是指各级人民法院之间以及不同地区的同级人民法院之间，受理第一审经济纠纷案件的职权范围和具体分工。

在诉讼中，管辖和主管是不同的概念，又有着密切的关系。主管是指人民法院的收案范围，主要确定法院与其他国家机关、社会团体之间解决经济纠纷的分工和权限。管辖是在法院系统内部，确定由哪级法院或者哪个法院对第一审经济纠纷案件具体行使审判权。管辖应以主管为前提，又是主管的具体落实。

1. 管辖的意义

（1）明确了法院的管辖权，保证法院真正发挥审判职能，及时行使审判权；

（2）有利于当事人依法向有管辖权的人民法院起诉，行使起诉权，保护其合法权益；

（3）便于国家权力机关、检察机关及人民群众对经济审判工作进行监督，维护法律的尊严。

2. 管辖的原则

（1）便利当事人进行诉讼；

（2）便利人民法院办案；

（3）保证案件公正审理，提高审判效率；

（4）兼顾和均衡各级法院的职能分工与工作负担。

《民事诉讼法》规定的管辖有级别管辖、地域管辖、移送管辖和指定管辖四种。

§25. 2. 2　级别管辖

级别管辖是指划分上下级人民法院之间受理第一审经济纠纷案件的分工和权限。级别管辖是从纵的方向确定各级法院审理第一审经济纠纷案件的权限和范围。划分级别管辖的标准有：案件性质、案情繁简、影响大小和争议金额。

1. 基层人民法院管辖的第一审经济纠纷案件

除法律规定由上级人民法院管辖的第一审经济纠纷案件外，其他第一审经济纠纷案件都由基层人民法院管辖。

2. 中级人民法院管辖的第一审经济纠纷案件

（1）重大涉外案件。是指争议标的额大，或者案情复杂，或者居住在国外的当事人人数众多的涉外案件。

（2）在本辖区有重大影响的案件。

（3）最高人民法院确定由中级人民法院管辖的案件，包括：①海事、海商案件由作为中级法院的海事法院管辖；②专利纠纷案件；③重大涉港、澳、台经济纠纷案件。

3. 高级人民法院管辖的第一审经济纠纷案件

高级人民法院管辖在本辖区有重大影响的第一审经济纠纷案件。重大影响主要依据争议金额确定。各省、自治区、直辖市高级人民法院必须依据最高人民法院对其所规定的争议金额的最低限额受理案件，低于所定限额，高级人民法院认为应由其作为第一审案件受理的，在受理前须报请最高人民法院批准。[①]

4. 最高人民法院管辖的第一审经济纠纷案件

最高人民法院是国家的最高审判机关，其主要任务是监督地方各级人民法院和专门法院的审判工作，作出有关适用法律、法规的司法解释。由最高人民法院管辖的第一审经济纠纷案件有：①在全国有重大影响的案件；②认为应由本院审理的案件。

§25. 2. 3　地域管辖

地域管辖是指按照人民法院的辖区，确定同级人民法院之间受理第一审经济纠纷案件的分工和权限。确定地域管辖的根据：一是人民法院的辖区与行政区域一致；二是当事人、诉讼标的或法律事实与人民法院辖区的关系。地域管辖分为一般地域管辖、特殊地域管辖和专属管辖。

1. 一般地域管辖

又称普通管辖，是指按照当事人的所在地划分案件的管辖法院。通常实行原告就被告原则，对公民提起的经济诉讼由被告住所地人民法院管辖；被告住所地与经常居住地不一致的，由经常居住地人民法院管辖。公民住所地是指公民的户籍所在地，经常居住地是指公民离开住所地至起诉时连续居住一年以上的地方。对法人或者其他组织提起的

---

① 参见《最高人民法院关于各高级人民法院受理第一审民事、经济纠纷案件问题的通知》1999年4月9日。

经济诉讼由被告住所地人民法院管辖。在由被告住所地人民法院管辖不利于当事人诉讼和法院办案的情况下，可以由原告住所地人民法院管辖；原告住所地与经常居住地不一致的，由原告经常居住地人民法院管辖。同一诉讼的几个被告住所地、经常居住地由两个以上人民法院管辖的，各地人民法院都有管辖权。

2. 特殊地域管辖

特殊地域管辖是指以诉讼标的所在地或者引起法律关系发生、变更、消灭的法律事实所在地为标准划分管辖法院。适用特殊地域管辖的有以下情况：

（1）因合同纠纷提起的诉讼，由被告住所地或者合同履行地人民法院管辖。合同或者其他财产权益纠纷的当事人可以书面协议选择被告住所地、合同履行地、合同签订地、原告住所地、标的物所在地等与争议有实际联系的地点的人民法院管辖，但不得违反《民事诉讼法》对级别管辖和专属管辖的规定。

（2）因保险合同纠纷提起的诉讼，由被告住所地或者保险标的物所在地人民法院管辖。

（3）因票据纠纷提起的诉讼，由票据支付地或者被告住所地人民法院管辖。

（4）因公司设立、确认股东资格、分配利润、解散等纠纷提起的诉讼，由公司住所地人民法院管辖。

（5）因铁路、公路、水上、航空运输和联合运输合同纠纷提起的诉讼，由运输始发地、目的地或者被告住所地人民法院管辖。

（6）因侵权行为提起的诉讼，由侵权行为地（包括侵权行为实施地、侵权结果发生地）或者被告住所地人民法院管辖。其中对产品质量不合格造成他人财产、人身损害提起诉讼的，产品制造地、产品销售地、侵权行为地和被告住所地的人民法院都有管辖权。

（7）因铁路、公路、水上和航空事故请求损害赔偿提起的诉讼，由事故发生地或者车辆、船舶最先到达地、航空器最先降落地或者被告住所地人民法院管辖。

此外，铁路运输合同纠纷及与铁路运输有关的侵权纠纷，由铁路运输法院管辖。对因船舶碰撞、海难救助费用、海损事故等提起的诉讼，民事诉讼法也规定了相应的管辖法院。

两个以上人民法院都有管辖权的诉讼，原告可以选择其中一个人民法院提起诉讼；原告向两个以上有管辖权的人民法院起诉的，由最先立案的人民法院管辖。

3. 专属管辖

专属管辖是指法律强制规定特定案件只能由特定人民法院管辖。它是特殊地域管辖的一种，因其诉讼标的具有特殊性，法律规定由特定的法院行使排他的管辖权。包括：

（1）因不动产纠纷提起的诉讼，由不动产所在地人民法院管辖；

（2）因港口作业中发生纠纷提起的诉讼，由港口所在地人民法院管辖。

§25. 2. 4 移送管辖和指定管辖

1. 移送管辖

移送管辖是指人民法院受理案件后，发现本院对该案无管辖权，依法将案件移送给有管辖权的人民法院审理。移送管辖是对案件的移送，而不是对案件管辖权的移送。移送管辖的适用应具备以下条件：

（1）人民法院已受理案件；

（2）移送的人民法院对该案无管辖权；

（3）受移送的人民法院依法享有管辖权。

案件移送后，受移送的人民法院应当受理。如果受移送的人民法院认为受移送的案件依照规定不属于本院管辖的，应当报请上级人民法院指定管辖，不得再自行移送。

2．指定管辖

指定管辖是指上级人民法院依照法律规定，指定下级人民法院对某一案件行使管辖权。即法律赋予上级人民法院在特殊情况下有权变更和确定案件的管辖法院。指定管辖有两种情况：

（1）有管辖权的人民法院因特殊原因，如发生不可抗力或者审判人员全部被申请回避，不能行使管辖权；

（2）人民法院之间就同一案例的管辖权发生争议，协商不成，争议各方应报请共同上级人民法院指定管辖。

§25.3　诉讼参加人

§25.3.1　诉讼参加人的概念

诉讼参加人是指参加诉讼的当事人和与当事人有相似诉讼地位的人。诉讼参加人包括当事人、共同诉讼人、诉讼代表人、法律规定的机关和有关组织、第三人以及诉讼代理人。诉讼参加人享有诉讼权利和承担诉讼义务，除诉讼代理人外，诉讼参加人作为诉讼主体可以实施使诉讼程序发生、发展和终结的诉讼行为，并与案件结果有法律上的利害关系。

诉讼参加人不同于其他诉讼参与人。其他诉讼参与人通常包括证人、鉴定人、翻译人员、勘验人等。他们是为了协助人民法院查明案件事实而参加诉讼的，依法享有诉讼权利和承担诉讼义务，但其诉讼行为不能启动诉讼程序，也与案件结果无法律上的利害关系。

§25.3.2　当事人

1．当事人的概念和特征

当事人是指因经济权益发生争议或受到损害，以自己的名义进行诉讼，并受法院裁判拘束的利害关系人。当事人在不同的诉讼程序中称谓不同，如第一审程序中的原告、被告；第二审程序中的上诉人和被上诉人；执行程序中的申请执行人和被执行人。当事人称谓的不同，表明其在不同的程序中所处的诉讼地位不同，享有的诉讼权利和应承担的诉讼义务不同。

当事人具有以下特征：

（1）经济权利义务关系发生纠纷。当事人是为了维护其经济权益而请求司法保护的，这是其最基本的特征。

（2）以自己的名义进行诉讼。如不以自己的名义起诉、应诉的诉讼代理人，就不是当事人。

（3）与案件审理结果有直接的或者法律上的利害关系。包括为维护自己的经济权益而进行诉讼的直接利害关系人，以及为保护他人的经济权益而进行诉讼的人，如破产程序中的清算组织。

（4）受人民法院裁判的拘束。

2. 当事人的诉讼权利和义务

当事人的诉讼权利是法律赋予当事人维护其经济权益的手段，也是宪法确定的公民基本权利在诉讼法上的体现。

（1）当事人依法享有广泛的诉讼权利，主要有：①起诉权和撤诉权；②承认权和反诉权；③委托代理权；④自行和解和请求调解权；⑤申请回避权；⑥提供证据权；⑦辩论权；⑧上诉权；⑨申请执行权等。

（2）当事人在享有广泛的诉讼权利的同时，应承担相应的诉讼义务。诉讼义务是维护诉讼秩序，保证诉讼顺利进行的法律要求，是对当事人进行诉讼活动的约束，主要有：①必须依法行使诉讼权利；②必须遵守诉讼秩序和法庭纪律；③必须履行发生法律效力的判决书、裁定书和调解书。

§25.3.3 共同诉讼人

1. 共同诉讼人的概念和特征

共同诉讼人是指当事人一方或双方为两人以上，人民法院认为可以合并审理而一同在法院起诉或应诉的人。

共同诉讼人具有以下特征：

（1）诉讼主体人数在两人以上。共同诉讼人可以是共同原告或共同被告，或者双方均在两人以上，但最少有一方在两人以上。

（2）诉讼标的是共同的，或者是同一种类。共同诉讼人与对方之间在实体权利义务上有共同的利害关系，这是进行共同诉讼的前提和基础。

共同诉讼人制度的作用在于：①有利于法院查明案件事实；②保障法院裁判的统一；③节约司法资源，实现诉讼经济。

2. 共同诉讼人的种类

共同诉讼理论上以当事人的诉讼标的是否共同为标准，将共同诉讼人分为必要的共同诉讼人和普通的共同诉讼人。

（1）必要的共同诉讼人。是指对诉讼标的具有共同权利义务关系，必须共同进行诉讼，法院对案件必须合并审理的当事人。如承担连带责任的被代理人和代理人。其特点是：①共同诉讼人必须作为一个整体共同进行诉讼，不能分别进行，为不可分之诉。②一方共同诉讼人中一人的诉讼行为只有经全体确认后，才对全体发生效力，否则只对行为人本人有效，但仍可能对其他共同诉讼人引起一定的法律后果。如一人上诉就可能引起第二审程序的发生。

（2）普通的共同诉讼人。是指因诉讼标的为同一种类，法院认为可以合并审理并经当事人同意而共同进行诉讼的当事人。如租赁合同中分别拖欠租金的各承租人。其特点是：①共同诉讼人对诉讼标的没有共同的权利义务关系，可以选择共同诉讼或另行诉讼，为可分之诉。②每个共同诉讼人的诉讼行为只对自己发生法律效力，对其他共同诉讼人没有约束力。

§25.3.4 诉讼代表人

1. 诉讼代表人的概念和特征

诉讼代表人是指当事人众多的一方推选出代表，由其为维护本方利益而进行诉讼活动的人。诉讼代表人是因当事人一方或双方人数众多的群体诉讼（一般为10人以上）

而设立的，具有以下特征：

（1）诉讼代表人能够代表本方有共同利害关系的全体成员的利益。诉讼活动由推选的诉讼代表人进行，其他成员不可直接行使诉讼权利或承担诉讼义务。

（2）法院作出的裁决不仅对诉讼代表人发生法律效力，对未参加诉讼的群体成员也发生效力。

诉讼代表人制度实质上是共同诉讼人与诉讼代理制度相结合的诉讼主体制度，有利于提高办案效率和质量，符合诉讼经济的目的。

2. 诉讼代表人的种类

（1）人数确定的诉讼代表人。是指共同诉讼的一方人数众多，由其成员推选出 2 至 5 人作为代表人，并授权代表人代为实施诉讼行为的人。其特点是：①人数众多的一方当事人的具体人数在起诉时是确定的；②代表人的诉讼行为对其所代表的当事人发生效力，但变更、放弃诉讼请求和进行和解须经被代表的当事人同意。

（2）人数不确定的诉讼代表人。是指人数众多并具有同一种类诉讼标的的当事人，在起诉时人数不确定，由向法院登记的权利人推选或商定并代表其进行诉讼的人。其特点是：①起诉人虽为明确的经权利人登记的多数人，但与其具有同种利益的当事人在起诉时尚不确定；②未登记的权利人在诉讼时效期间内起诉且其请求成立的，法院可直接裁定按该生效判决、裁定所确定的权利义务执行；③相当于普通的共同诉讼，未登记的当事人可以另行起诉。

§25.3.5　法律规定的机关和有关组织

《民事诉讼法》第五十五条规定："对污染环境、侵害众多消费者合法权益等损害社会公共利益的行为，法律规定的机关和有关组织可以向人民法院提起诉讼。"据此，法律规定的机关和有关组织成为公益诉讼的诉讼主体。

1. 公益诉讼的概念

公益诉讼是指特定的主体根据法律的授权，对违法损害社会公共利益的行为向法院提起的诉讼。

公益诉讼制度是为保护社会公共利益特别规定的一项新制度。公益诉讼的创立，有利于维护环境保护、食品安全、消费者维权等涉及面较广的众多公共领域的公众利益，遏制针对不特定多数人的相关违法侵权行为，完善了通过司法程序保护受损害公共利益的相关主体的权利保障机制和救济路径，为社会的健康和可持续发展提供了制度支撑。同时，公益诉讼的程序和裁判制度仍有待独立与完善。

2. 公益诉讼的适用范围

公益诉讼的适用范围暂限于污染环境、侵害众多消费者合法权益这两类案件。这是鉴于公益诉讼尚处于初步施行阶段，其适用范围可以根据实践的发展稳步拓展。

公共利益的核心在于公共性，涉及不特定多数人的利益。如果针对污染环境、侵害消费者合法权益的行为，直接请求保护个体利益，则不属于公益诉讼的范围，而属于一般普通经济诉讼即私益诉讼。同理，尽管代表人诉讼涉及众多当事人，但受害人可以确定，诉讼目的是为维护个人利益，故仍然属于私益诉讼。

3. 公益诉讼的起诉主体

法律规定的机关和有关组织是公益诉讼的起诉主体，具有提起诉讼的原告资格。诉讼主体资格的特殊性也是公益诉讼与私益诉讼的区别之一。公益诉讼针对的是损害社会公共利益的行为，与原告没有直接的利害关系，判决结果与原告也没有直接关系。公益诉讼的性质决定了原告不能通过诉讼获得私利。立法将公民个人排除在诉讼主体范围之外，明确公民不能以个人身份提起公益诉讼，可以防止个别人借"维护公益"之名谋取私利。

"法律规定的机关"的含义是指可以提起公益诉讼的机关，对此应有明确的法律依据，不仅要求机关的设立和职能由法律规定，其可以提起公益诉讼的权利也要由法律明确规定。"有关组织"是否须由法律规定，尚有争议。至于哪些组织适宜提起公益诉讼，可以在制定相关法律时作出进一步明确规定，还可以在司法实践中逐步探索确定。目前可以考虑将依法登记成立的非营利性环境保护组织、消费者协会纳入其范围之内。

§25.3.6 第三人

1. 第三人的概念和特征

第三人是指为了维护自己的合法权利和利益，而参加到原告、被告已经开始的诉讼中进行诉讼的人。第三人具有以下特征：

（1）对原告、被告争议的诉讼标的有独立请求权，或者案件处理结果可能与其有法律上的利害关系。这是第三人参加诉讼的根据。

（2）第三人参加诉讼的目的在于维护自己的权益。这使得第三人区别于诉讼代理人。

（3）第三人是在他人诉讼开始后，案件审理终结前参加诉讼。第三人可以申请或由人民法院通知其参加诉讼。

2. 第三人的种类

以对他人之间的诉讼标的有无独立请求权为标准，第三人分为有独立请求权的第三人和无独立请求权的第三人。

（1）有独立请求权的第三人。是指对原告、被告之间争议的诉讼标的，认为有全部或部分独立的权利，而参加到已经进行的诉讼中的人。其特点是：①诉讼结构发生变化，存在两个诉讼：即原告、被告之间的本诉和第三人参加的参加之诉；②第三人以本诉的原告、被告作为参加之诉的被告；③诉讼中处于原告的诉讼地位，具有独立的诉讼主体资格。

（2）无独立请求权的第三人。是指对原告、被告争议的诉讼标的没有独立的权利，为维护自己的权益而参加到他人已经进行的诉讼中的人。其特点是：①案件处理结果可能与其有法律上的利害关系，即由第三人承担实体义务或影响其实体权利；②没有独立的诉讼请求，只能参加到当事人一方进行诉讼；③第三人虽有当事人的诉讼权利义务但受到限制，如无权放弃、变更诉讼请求或者申请撤诉，对不服一审判决其承担民事责任的有权提起上诉。

3. 第三人撤销之诉

第三人撤销之诉作为一种非常救济制度，其主要立法目的旨在遏制侵害案外人利益的虚假诉讼行为，对未能参加诉讼获得程序保障的案外人，在判决、裁定、调解书的效力可能影响其权利时提供及时、有效的救济途径。

第三人因不能归责于本人的事由未参加诉讼，但有证据证明发生法律效力的判决、裁定、调解书的部分或者全部内容错误，损害其经济权益的，可以自知道或者应当知道其经济权益受到损害之日起 6 个月内，向作出该判决、裁定、调解书的人民法院提起诉讼。人民法院经审理，诉讼请求成立的，应当改变或者撤销原判决、裁定、调解书；诉讼请求不成立的，驳回诉讼请求。

§25.3.7　诉讼代理人

1. 诉讼代理人的概念

诉讼代理人，是指以被代理人的名义，在诉讼代理权限范围内，为了维护被代理人的合法权益而进行诉讼的人。担任诉讼代理人的基本条件是具有诉讼行为能力，其职责是在诉讼代理权限范围内代为诉讼行为和代受诉讼行为，维护被代理人的合法权益。诉讼代理的范围较民事代理广泛，对具有人身性质的纠纷和侵害行为也可以代理诉讼。诉讼代理人在诉讼中要依法行使诉讼权利，履行诉讼义务，其在代理权范围内的诉讼行为是一种法律上的劳务行为，诉讼代理的法律后果由被代理人承担。但诉讼代理人妨害诉讼的行为所产生的后果，则直接由诉讼代理人承担，不得转嫁给被代理人。

2. 诉讼代理人的种类

以诉讼代理权发生的原因划分，诉讼代理人可分为法定代理人和委托代理人。

（1）法定代理人。是指依照法律规定代理无诉讼行为能力的当事人进行诉讼活动的人。由于法定代理权基于法律规定的亲权和监护权而发生，法定代理人的范围和代理权限也由法律直接规定。无诉讼行为能力人（无民事行为能力人、限制民事行为能力人）的监护人是他的法定代理人。当事人没有监护人的，人民法院可以指定法定代理人。

（2）委托代理人。是指受当事人、法定代理人委托并以他们的名义在授权范围内代为进行诉讼活动的人。下列人员可以被委托为诉讼代理人：①律师、基层法律服务工作者；②当事人的近亲属或者工作人员；③当事人所在社区、单位以及有关社会团体推荐的公民。委托代理人代为诉讼时应向人民法院提交被代理人的授权委托书。

§25.4　经济诉讼程序

§25.4.1　经济诉讼程序的概念和特点

经济诉讼程序是指人民法院审理以及执行经济纠纷案件必须遵循的法定的工作步骤和规范。

经济诉讼程序有审判程序和执行程序。审判程序又有第一审程序、第二审程序、审判监督程序、督促程序、公示催告程序。经济诉讼程序具有以下特点：

（1）强制性。经济审判程序是法律规定的审判程序规则，本身具有强制性。在执行程序中，对已生效的法律文书由人民法院的执行机构采取强制措施，迫使执行义务人履行其法定义务，也使得权利主体的权利通过国家的强制力得以保护和实现。

（2）特定性。经济纠纷案件由人民法院行使审判权和执行权。在法院内部，按照审执分立的原则，案件的审判由审判组织负责，生效裁判的执行由执行机构负责。执行权只能由人民法院的执行机构进行，其他任何组织和机构无权行使这一权力。

（3）法定性。人民法院审理经济纠纷案件必须依照法定程序规定的工作步骤、顺序、内容进行，违反法定审判程序作出的裁判结果当属无效。同样，人民法院的执行机构进行执行工作时，应当遵循执行程序的规定并以生效的法律文书作为执行根据。

§25.4.2 第一审程序

第一审程序是各级人民法院审理第一审经济纠纷案件适用的程序，分为第一审普通程序和简易程序。

1. 第一审普通程序

第一审普通程序是经济纠纷案件审判中最基本的程序，主要包括以下阶段：

（1）起诉和受理。起诉是指原告依法向人民法院提出诉讼请求的诉讼行为。起诉必须符合下列条件：①原告是与本案有直接利害关系的公民、法人和其他组织；②有明确的被告；③有具体的诉讼请求和事实、理由；④属于人民法院受理经济诉讼的范围和受诉人民法院管辖。起诉一般应向人民法院递交起诉状。起诉状应写明当事人的情况、诉讼请求和所根据的事实与理由、证据和证据来源、证人姓名和住所等内容，并按被告人数提出副本。

受理又称立案，是指人民法院接受原告起诉，作出立案审理的决定。人民法院收到起诉状，经审查，符合受理条件的，应当在7日内立案，并通知当事人；不符合受理条件的，应当在7日内作出裁定书不予受理。原告对裁定不服的，可以提起上诉。

（2）审理前的准备。人民法院应当在立案后5日内将起诉状副本发送被告，被告在收到之日起15日内提出答辩状。答辩是被告对原告提出的诉讼请求及理由进行回答、辩解和反驳。被告提出答辩状的，人民法院在收到之日起5日内将其副本发送原告。被告不提出答辩状的，不影响人民法院审理。在审理之前，人民法院应当组成合议庭。

（3）开庭审理。是指人民法院在当事人和其他诉讼参与人的参加下，全面审查认定案件事实，并依法作出裁判或调解的活动。开庭审理分四个阶段：法庭准备、法庭调查、法庭辩论、评议和宣告判决。判决前能够调解的可以进行调解，调解达成协议的应当制作调解书。调解书经双方当事人签收后，即具有法律效力。调解不成的应当及时判决。

2. 简易程序

（1）简易程序。简易程序是指基层人民法院及其派出法庭审理简单案件所适用的诉讼程序。简易程序适用于事实清楚、权利义务关系明确、争议不大的简单经济纠纷案件。原告可以口头起诉，由审判员一人独任审理，对案件可以随到随审，随时传唤当事人、证人，不受普通程序中的法庭调查、法庭辩论等程序的限制。适用简易程序审理案件应当在立案之日起3个月内审结。

（2）小额诉讼程序。小额诉讼程序是指基层人民法院及其派出法庭审理符合简易程序规定的，标的额为各省、自治区、直辖市上年度就业人员年平均工资30%以下的简单案件所适用的诉讼程序。小额诉讼程序是简易程序的再简化，具有一审终审、庭审简化、庭审时间自由、审限压缩等独特制度设计，体现对案件的"快收、快审、快结"，大大方便了当事人诉讼，有助于降低诉讼成本，合理匹配司法资源，快捷、及时、有效地维护当事人的合法权益。

§25.4.3 第二审程序

第二审程序又称上诉审程序，是指上级人民法院对第一审人民法院尚未生效的判决和裁定，由于当事人提起上诉而对案件审理的程序。第二审程序主要包括以下内容：

1. 上诉的提起和受理

上诉必须具备以下条件：

（1）只有第一审案件的当事人才可以提起上诉。

（2）必须在法定期间提起上诉，当事人不服一审判决或裁定的，有权在判决书或裁定书送达之日起 15 日（判决）或 10 日（裁定）内向上一级人民法院提起上诉。

（3）应当提交上诉状，上诉状通过原审人民法院提出。上诉期届满不递交上诉状的，一审裁判即发生法律效力。上诉只能对法律规定的可以上诉的判决、裁定提起。

原审人民法院收到上诉状，应当在 5 日内将上诉状副本送达对方当事人，对方当事人在收到之日起 15 日内提出答辩状。人民法院应当在收到答辩状之日起 5 日内将副本送达上诉人。对方当事人不提出答辩状的，不影响人民法院审理。原审法院收到上诉状、答辩状，应当在 5 日内连同全部案卷和诉讼证据，报送第二审人民法院。上诉人也可以直接向第二审人民法院递交上诉状。

2. 上诉的审理和裁判

第二审人民法院审理上诉案件，除依照第二审程序的规定外，适用第一审普通程序。第二审人民法院应当对上诉请求的有关事实和适用法律进行审查，并组成合议庭开庭审理。经过阅卷、调查和询问当事人，对没有提出新的事实、证据或者理由，合议庭认为不需要开庭审理的，可以不开庭审理。上诉案件可以进行调解。

第二审人民法院对上诉案件经过审理，按照下列情况分别处理：①原判决、裁定认定事实清楚，适用法律正确的，以判决、裁定方式驳回上诉，维持原判决、裁定；②原判决、裁定认定事实错误或者适用法律错误的，以判决、裁定方式依法改判、撤销或者变更；③原判决认定基本事实不清的，裁定撤销原判决，发回原审人民法院重审，或者查清事实后改判；④原判决遗漏当事人或者违法缺席判决等严重违反法定程序的，裁定撤销原判决，发回原审人民法院重审。

原审人民法院对发回重审的案件作出判决后，当事人提起上诉的，第二审人民法院不得再次发回重审。第二审人民法院的判决、裁定是终审的判决、裁定，当事人不得再行上诉。

§25. 4. 4　审判监督程序

审判监督程序又称再审程序，是指法定机关和人员发现已经发生法律效力的判决、裁定确有错误，依法提起并由人民法院对案件进行再审的程序。审判监督程序不是审理经济纠纷案件的必经程序，其设立目的是通过再审使确有错误的判决、裁定得到纠正。适用这一程序审理的理由是已经发生法律效力的判决书、裁定书、调解书确有错误。

人民检察院可以采用抗诉、检察建议等方式对经济审判活动实行法律监督。由于确立了"法院救济先行、检察监督断后"的申请再审程序，规范了当事人行使权利的路径，因此在人民法院以及人民检察院各处理一次后，当事人便不得再行使程序性权利，从而确立了有限再审制度。

1. 审判监督程序的提起

审判监督程序的提起可分为：

（1）基于人民法院行使审判监督权而提起的再审。各级人民法院院长对本院已经发生法律效力的判决、裁定、调解书发现确有错误,认为需要再审的,提交审判委员会讨论。最高人民法院对地方各级人民法院、上级人民法院对下级人民法院已经发生法律效力的判决、裁定、调解书,发现确有错误的,有权提审或指令下级人民法院再审。

(2) 基于人民检察院的检察监督权而提起的再审。最高人民检察院对各级人民法院、上级人民检察院对下级人民法院已经发生法律效力的判决、裁定,发现有本法规定情形的,或者发现调解书损害国家利益、社会公共利益的,应当提出抗诉。地方各级人民检察院对同级人民法院已经发生法律效力的判决、裁定,发现有本法规定情形的,或者发现调解书损害国家利益、社会公共利益的,可以向同级人民法院提出检察建议,并报上级人民检察院备案;也可以提请上级人民检察院向同级人民法院提出抗诉。人民检察院提出抗诉的案件,接受抗诉的人民法院应当自收到抗诉书之日起30日内作出再审的裁定。

(3) 基于当事人的申请而提起的再审。当事人对已经发生法律效力的判决、裁定,认为有错误的,可以向上一级人民法院申请再审;当事人一方人数众多或者当事人双方为公民的案件,也可以向原审人民法院申请再审。当事人申请再审符合法定条件的,人民法院应当再审。当事人对已经发生法律效力的调解书,提出证据证明调解违反自愿原则或者调解协议的内容违反法律的,可以申请再审。经人民法院审查属实的,应当再审。当事人申请再审,应当提交再审申请书等材料,并在判决、裁定发生法律效力后6个月内提出。当事人有本法规定情形的,可以向人民检察院申请检察建议或者抗诉。当事人申请检察建议或者抗诉的前置条件,是经人民法院再审审查或者再审审理。

2. 再审案件的审理

人民法院按照审判监督程序决定再审的案件,应裁定中止原判决、裁定、调解书的执行,另行组成合议庭进行审理。审判监督程序没有专门的审判程序,发生法律效力的判决、裁定是由第一审法院作出的,按照第一审程序审理,所作的判决、裁定,当事人可以上诉;发生法律效力的判决、裁定是由第二审法院作出的,或者是上级人民法院按照审判监督程序提审的,按照第二审程序审理,所作的判决、裁定是发生法律效力的判决、裁定。

§25. 4. 5 督促程序

督促程序是指人民法院根据债权人要求债务人给付金钱、有价证券的申请,以支付令的形式,催促债务人限期履行义务的程序。督促程序的设立目的是为了使债权人通过简便、快捷的方式及时获得清偿,迅速解决债务纠纷。督促程序分为以下阶段:

1. 支付令的申请

督促程序由债权人向人民法院申请支付令开始。申请支付令必须符合下列条件:

(1) 请求给付金钱或汇票、本票、支票以及股票、债券、国库券、可转让的存款单等有价证券。

(2) 请求给付的金钱或者有价证券已到期且数额确定,并写明请求所根据的事实、证据。

(3) 债权人没有对等给付义务,即债权人与债务人没有其他债务纠纷。

(4) 支付令能够送达债务人。债务人不在我国境内,或者虽在我国境内,但下落不明的,不适用督促程序。

债权人申请支付令，必须向债务人住所地的基层人民法院提交申请书。

2. 受理

人民法院对债权人的申请依法审查后，认为债权债务关系明确、合法，请求给付的内容是有根据的，应当受理申请，并在收到申请后 5 日内通知债权人；申请不成立的，应在 15 日内裁定驳回申请，债权人对该裁定不得上诉。

3. 支付令的制作和发出

支付令是人民法院根据债权人的申请，督促债务人限期清偿债务的法律文书。

（1）支付令的内容包括：①债权人、债务人的姓名、名称、住所等基本情况；②债务人应当给付的金钱，有价证券的种类、数量；③债务人清偿债务或提出异议的期限；④债务人在法定期间内不提出异议的法律后果。人民法院对符合法定条件的申请，应当在受理之日起 15 日内以法定的送达方式向债务人发出支付令。

（2）支付令具有裁定的性质，送达后具有以下法律效力：①限期债务人清偿债务的效力。债务人收到支付令在法定期限内不提出异议的，应当自收到支付令之日起 15 日内清偿债务。②具有强制执行效力。债务人自收到支付令之日起 15 日内，既不提出异议又不履行债务的，债权人有权向受诉人民法院申请强制执行。

4. 异议的提出

人民法院发布支付令前只是以债权人一方提出的主张和理由为根据，未经债务人答辩。为平等保护双方当事人的合法权益，法律允许债务人以异议的方式对支付令提出自己的答辩意见。债务人认为不应当清偿债务的，应在收到支付令之日起 15 日内向人民法院提出书面异议。人民法院收到债务人提出的书面异议后，经审查，异议成立的，应当裁定终结督促程序，支付令自行失效。支付令失效的，转入诉讼程序，但申请支付令的一方当事人不同意提起诉讼的除外。

§25．4．6 公示催告程序

公示催告程序是指人民法院根据丧失票据的持票人的申请，以公示方式催告不确定的利害关系人限期申报权利，逾期未申报者，则权利失效，由人民法院通过除权判决宣告所丧失的票据无效的程序。公示催告程序的实质是通过特别程序使票据权利与票据本身相分离，运用除权判决形式对持票人在丧失票据的情况下所享有的权利予以救济。公示催告程序的适用范围，目前限于可以背书转让的票据（汇票、本票、支票）被盗、遗失或灭失引起的申请人提出的请求。此类案件中，只有申请人，而没有确定的对方当事人，即无被申请人。人民法院对案件的审理也是以公告方式来确定票据利害关系人是否存在，以及对申报权利人的主张是否成立。公示催告程序分为以下阶段：

1. 申请和受理

申请人应以书面方式向票据支付地的基层人民法院提出公示催告的申请。申请书应当写明票面金额、出票人、持票人、背书人等主要内容和申请的理由以及事实等。人民法院收到申请后，应当即进行审查，认为符合受理条件的，通知予以受理；不符合受理条件的，在 7 日内裁定驳回申请。

2. 支付和公告

人民法院决定受理申请，应当同时通知支付人停止支付，并在 3 日内发出公告，催促利害关系人申报权利。公示催告期间不得少于 60 日。支付人收到人民法院停止支付的通知，应当立即停止支付，直至公示催告程序终结。公示催告期间，转让票据权利的行为无效。

3. 申报权利

人民法院发出公示催告后，持有票据的利害关系人为维护自己对该票据的权利，防止人民法院判决宣告票据无效，应在公示催告期间或除权判决前向人民法院申报权利。人民法院收到利害关系人的申报后，应当裁定终结公示催告程序。利害关系人申报权利，人民法院应通知其向法院出示票据，并通知申请人在指定的期间察看该票据。如果公示催告的票据与利害关系人出示的票据不一致的，人民法院应当裁定驳回利害关系人的申报。

4. 除权判决

在申报权利的期间没有人申报的，或者申报被驳回的，表明票据上的权利为公示催告的申请人所有，申请人应自申报权利期间届满的次日起一个月内申请人民法院作出宣告失票无效的判决。判决应当公告，并通知支付人。自判决公告之日起，申请人有权依据判决向支付人请求支付或向其他票据债务人行使追索权。

利害关系人因正当理由不能在作出判决前向人民法院申报权利的，自知道或应当知道判决公告之日起一年内，可以向作出判决的人民法院起诉。利害关系人向人民法院起诉的，人民法院可按票据纠纷适用普通程序审理。

§25. 4. 7　执行程序

执行程序是指人民法院根据已经发生法律效力的判决、裁定及其他法律文书的规定，依法强制不履行的义务人履行义务的程序。设立执行程序的目的，是为了保证生效裁判的履行，确保当事人的合法权益。

1. 申请执行

对已经发生法律效力的判决、裁定、调解书和其他应由人民法院执行的法律文书，一方当事人拒绝履行的，对方当事人可以向人民法院申请执行。申请执行时，申请执行人应向人民法院递交申请书及生效的法律文书副本、申请执行人的身份证明等文件、证件。申请执行的期间为两年。申请执行时效的中止、中断，适用法律有关诉讼时效中止、中断的规定。

2. 执行的准备工作

人民法院对于当事人申请执行的案件，由执行庭或执行员负责执行。执行员接到申请执行书或者移交执行书，应当向被执行人发出执行通知，并可以立即采取强制执行措施。

3. 执行措施

（1）执行措施是指法律规定的，强制实现生效法律文书的具体方法和手段。包括以下几种：①查询被执行人的存款、债券、股票、基金份额等财产情况；②扣押、冻结、划拨、变价被执行人的财产；③扣留、提取被执行人应当履行义务部分的收入；④查封、扣押、冻结、拍卖、变卖被执行人应当履行义务部分的财产；⑤搜查被执行人隐匿的财产；⑥强制被执行人迁出房屋或者退出土地；⑦强制被执行人交付法律文书指定交付的财物、票证；⑧强制执行法律文书指定的行为；⑨强制办理或者禁止办理有关财产权证照转移手续；⑩责令被执行人支付迟延履行期间的债务利息、迟延履行金。

（2）人民法院在采取上述①、②、③、④项执行措施后，被执行人仍不能偿还债务的，应当继续履行义务。债权人发现被执行人有其他财产的，可以随时请求人民法院执行。

被执行人不履行法律文书确定的义务的，人民法院可以对其采取或者通知有关单位协助采取限制出境，在征信系统记录、通过媒体公布不履行义务信息以及法律规定的其他措施。

【思考题】

1. 简述经济诉讼的概念及其特点。
2. 第三人的特征是什么？
3. 起诉应当符合哪些条件？
4. 何谓简易程序？适用时应注意什么？
5. 二审案件的裁判有哪几种情况？

参 考 书 目

杨紫烜主编：《经济法》，北京大学出版社 2015 年版。

李昌麒主编：《经济法》，中国人民大学出版社 2011 版。

马洪主编：《经济法概论》，上海财经大学出版社 2014 年版。

史际春主编：《经济法》，中国人民大学出版社 2015 年版。

刘建民主编：《新编经济法教程》，复旦大学出版社 2014 年版。

孙晋主编：《现代经济法学》，武汉大学出版社 2014 年版。

江平主编：《民法学》，中国政法大学出版社 2011 年版。

王利明、杨立新、王轶男、程啸：《民法学》，法律出版社 2015 年版。

魏振瀛主编：《民法》，北京大学出版社 2013 年版。

施天涛：《商法学》，法律出版社 2010 版。

赵旭东主编：《商法学》，高等教育出版社 2015 年版。

全国人大财经委编：《合伙企业法个人独资企业法热点问题研究》，人民法院出版社 1996 年版。

时建中、贾俊玲：《个人独资企业法与个人独资企业管理》，国家行政学院出版社 2000 年版。

全国人大常委会法工委编：《中华人民共和国企业破产法释义》，法律出版社 2006 年版。

王晓晔：《中华人民共和国反垄断法详解》，知识产权出版社 2008 年版。

法律出版社法规中心编：《中华人民共和国反不正当竞争法注释本》，法律出版社 2007 年版。

吴景明：《消费者权益保护法》，中国政法大学出版社 2007 年版。

全国人大常委会法工委编：《中华人民共和国会计法释义》，法律出版社 2000 年版。

吴辛愚、宋粉鲜主编：《税法》，中国人民大学出版社 2012 年版。

张守文：《税法原理》北京大学出版社 2012 年版。

郭明瑞、房绍坤、张平华：《担保法》，中国人民大学出版社 2011 年版。

刘次邦主编：《金融法》，人民法院出版社、中国社会科学出版社 2004 年版。

魏华林主编：《保险法学》，中国金融出版社 1998 年版。

乔欣主编：《仲裁法学》，清华大学出版社 2015 年版。

国务院法制办公室编：《中华人民共和国仲裁法注解与配套》，中国法制出版社 2014 年第三版。